Oberstufe

Découvertes
mit Medien

für den schulischen
Französischunterricht

von
Simone Bernklau
Birgit Bruckmayer
Isabelle Darras
Grégoire Fischer
Ramona Hunzelmann
Ulrike C. Lange
Hanns-Christoph Lenz
Constanze Mack
Christopher Mischke
Steffen Obeling
Michael Pfau
Julitte Ring
Barbara Todtenhaupt
David M. Wysk

Ernst Klett Verlag
Stuttgart · Leipzig · Dortmund

4 La France et la francophonie

Compétences du 21e siècle

10   Facettes de la France

So lernen Sie mit Découvertes

Einstimmung ins Thema

Die **Approche**-Seite am Anfang jedes Moduls führt Sie ins Thema ein und hilft Ihnen, bekannten Wortschatz zu reaktivieren. In der Übersicht **Panorama** erfahren Sie, welche inhaltlichen Schwerpunkte im Modul behandelt werden.

Kompetenzen trainieren

Im Textteil des Moduls bearbeiten Sie abwechslungsreiche Materialien (Zeitungsartikel, Lieder, Romanauszüge, Videos etc.) zum jeweiligen Thema. Mit den vielfältigen Aufgaben trainieren Sie die unterschiedlichen Kompetenzen (Schreiben, Hörverstehen etc.).

Für mehr Unterstützung

En plus – Différenciation

Zu vielen Übungen werden im Anhang **einfachere** oder **schwierigere** Varianten angeboten. Die jeweiligen Aufgaben sind mit einem Kreissymbol ○ ● gekennzeichnet. Im En plus-Teil finden Sie außerdem Zusatzübungen.

Nachschlagen

Stratégies
Hier werden wichtige oberstufenrelevante **Lern- und Arbeitsmethoden** erklärt.

Point info
Hier können Sie Informationen zu landeskundlichen Sachverhalten nachschlagen.

Üben

Die so hervorgehobenen grammatischen Pensen können Sie mit Unterstützung von interaktiven Übungen , Erklärvideos  und passenden Übungen im Arbeitsheft trainieren.

Fit für das Abitur

Auf diesen Seiten können Sie speziell für das Abitur trainieren: **mots et contexte** gibt Ihnen einen Überblick über den thematischen Wortschatz und die darauffolgenden **Klausuren** bereiten Sie sicher auf die Abschlussprüfung vor.

Kompetenzen des 21. Jahrhunderts

Hier setzen Sie sich mit den im 21. Jahrhundert geforderten Kompetenzen auseinander: Kritisches Denken, Kollaboration, Kommunikation und Kreativität.

Symbole im Buch

八八	Partnerarbeit
八八八	Gruppenarbeit
En plus	Zusatzübung
○	einfachere Parallelübung
●	anspruchsvollere Parallelübung
MK	Medienkompetenz
▤	Passende Übung im Cahier d'activités
☆	erhöhtes Anforderungsniveau
⟨⟩	kooperative Lernform

✋ Digitales Zusatzmaterial

A 1 ◁»)	Audio: Podcast, Interview, Reportage, …
V 2 ▷	Video: Erklärvideo, Spielfilm, Kurzfilm
D 3 ▤	Dokument: Digitales Material
I 4 ✋	interaktiv: Interaktive Übungen

Die Medien (Audios, Videos, interaktive Übungen und Dokumente) zum Schulbuch sind online und offline verfügbar.

1. QR-Code scannen oder Link in einen Browser eingeben
2. Mit den persönlichen Klett-Zugangsdaten anmelden
3. Digitale Medien online nutzen oder in die ⟨⟩ **Klett Lernen App** herunterladen

Link
qr.klett.de/LC-H3X-vob

1 Modes de vie en transformation

Générations	Sont né(e)s en	Produit-symbole	Mantra	Perception du futur
BabyBoomers	1945 – 1960	télévision (et le confort en général)	profiter de la vie, accomplissement dans le travail	vision positive, idéaliste
Génération X	1961 – 1980	ordinateur, walkman, magnétoscope	réaliste, rationel et intègre	plutôt pessimiste (guerre froide, fin des Trentes Glorieuses)
Génération Y	1981 – 1995	tablette, téléphone portable	me, myself et my devices	pessimistes (ne pourront pas vivre mieux que leurs parents) = « génération sacrifiée »
Génération Z	1995 – 2010	mobile, clavier tactile, réseaux sociaux, imprimantes 3D, nano-ordinateur	je like et je poste, donc je suis	optimiste
Génération Alpha	> 2010	smartphone, 3D, réalité augmentée, intelligence artificielle, tout en réseau (maison, voiture, frigo…)	génération unique et fière de l'être	angoissante, confiance uniquement en soi-même

https://www.devenir-zen.fr

Stratégie 304

PARLER

1. Décrivez le dessin humoristique. Comment chaque génération est-elle vue par la génération suivante ? Essayez de trouver une explication à ce phénomène.

2. Faites des groupes de 5. Chacun(e) s'occupe d'une des générations de l'infographie. Présentez aux autres membres de votre groupe les caractéristiques de la génération que vous avez choisie, puis comparez-les à celles des autres générations.

3. Associez le classement des différentes générations à votre génération, la génération de vos parents et celle de vos grands-parents. Êtes-vous d'accord avec les caractéristiques nommées ? Pourquoi (pas) ?

Panorama

- Comment trouver son chemin ?
- Regards d'une génération sur l'autre
- Parents-enfants, une relation pas toujours simple
- Des modes de vie pas comme les autres
- Des jeunes qui s'engagent

ÉCOUTER ET
REGARDER

PARLER

1 🔊 ▶ La quête

1 Quand vous étiez enfants, quelles étaient les choses typiques que vous faisiez /
aviez ou qui vous faisaient plaisir ?
Comparez vos réponses avec un(e) partenaire.

2 Regardez le clip officiel de la chanson :
dans quelles situations / actions (ne)
vous reconnaissez-vous (pas) ?

Orelsan

De son vrai nom
Aurélien Cotentin,
Orelsan est un rappeur
et acteur français
né en 1982. Son nom
de scène est une
composition de Orel (abréviation d'Aurélien)
et san (en japonais : monsieur).
Ses albums rencontrent un très grand
succès en France.
Dans son single *La Quête*, sorti en 2022,
il parle de sa jeunesse, de ses amis et de
ses amours avant le début de sa carrière
de rappeur.

une quête
Suche
2 **une odeur**
Geruch
2 **la pâte à
modeler** Knete
6 **se planquer**
(fam.) se cacher
7 **être censé faire
qc** *(eigentlich)*
etw. tun sollen
11 **un cours de
catéchisme**
Religions-
unterricht
16 **la foi** Glaube
18 **être pressé(e)**
es eilig haben
21 **balayer qc**
kehren
22 **une cloque**
Blase
26 **un scratch**
Klettverschluss
29 **un(e) bourge**
(fam.) > un(e)
bourgeois(e)
30 **coûter une
blinde** *(fam.)*
coûter très cher
33 **foutre le bordel**
(vulg.) Chaos
anrichten
35 **se foutre en l'air**
(fam.) se
suicider

Rien peut m'ramener plus en arrière
Que l'odeur d'la pâte à modeler
Maman est prof de maternelle
C'est même la maîtresse d'à côté
5 J'ai cinq ans et j'passe par la fenêtre
Pour aller m'planquer dans sa classe
Elle m'dit : t'es pas censé être là
J'ai dit : près d'toi, c'est là ma place
J'aime que les livres, j'préfère être seul
10 Donc j'suis plus content quand il pleut
J'fais quelques cours de catéchisme
Mais j'suis pas sûr de croire en Dieu
J'ai sept ans, la vie est facile
Quand j'sais pas, j'demande à ma mère
15 Un jour elle m'a dit : j'sais pas tout
J'ai perdu foi en l'univers

À cinq ans, j'voulais juste en avoir sept
À sept ans, j'étais pressé d'voir le reste
Aujourd'hui, j'aimerais mieux qu'le temps s'arrête
20 Ah, c'qui compte c'est pas l'arrivée, c'est la quête

J'balaie les feuilles mortes sur le terrain
Le froid m'fait des cloques sur les mains
J'ai dix ans, j'suis fan de basket
J'm'habille en p'tit américain
25 Mon père, mon héros, m'a offert
Les Jordan huit avec les scratch
Donc j'fais tout pour le rendre fier
Quand il vient m'voir à tous les matchs
J'rentre au collège, on m'traite de bourge
30 Normal, mes chaussures coûtent une blinde
J'veux plus les mettre, mon père s'énerve
Toi t'as tout, nous on n'avait rien
J'ai douze ans, j'fous l'bordel en cours
Pour essayer d'me faire des potes
35 Le prof de musique s'fout en l'air
Il est au paradis des profs

→

43 **lâche** feige
44 **une meuf** (*ver-lan*) une femme
44 **une clope** (*fam.*) Kippe (*ugs.*)
50 **surcoter qc** überbewerten
51 **un(e) frangin(e)** (*fam.*) un frère / une sœur
51 **éclater qn** *ici :* battre qn
53 **en boucle** in Dauerschleife
54 **un gars** (*fam.*) un garçon
55 **sévère** streng
56 **répercuter sur qn** *ici :* an jdm. auslassen

À onze ans, j'voulais juste en avoir treize
À treize ans, j'étais pressé d'voir le reste
Aujourd'hui, j'aimerais mieux qu'le temps s'arrête
40 Ah, c'qui compte c'est pas l'arrivée, c'est la quête

Souvent j'suis tombé amoureux
Mais pour une fois, c'est réciproque
J'abandonne lâchement tous mes potes
J'vois plus qu'ma meuf, on fume des clopes
45 Quatorze ans, j'suis juste un fantôme
Du moins c'est c'que disent mes parents
Chérie veut qu'j'traîne plus qu'avec elle
Pourtant elle m'fait la gueule tout l'temps
Vu qu'j'déménage, ça nous sépare
50 J'me dis qu'l'amour c'est surcoté
Mon frangin m'éclate au basket
Alors j'préfère abandonner
J'ai quinze ans, j'regarde *Kids* en boucle
J'traîne avec des gars comme Casper
55 Mon père est sévère avec moi
Donc j'le répercute sur mon frère

À quinze ans, j'voulais juste en avoir seize
À seize ans, j'étais pressé d'voir le reste
Aujourd'hui, j'aimerais mieux qu'le temps s'arrête
60 Ah, c'qui compte c'est pas l'arrivée, c'est la quête [...]

La Quête © 7th Magnitude, Strong Ninja Editions, Warner Chappell Music France

3 Après avoir lu les paroles, quelle est votre impression de l'enfance et l'adolescence du chanteur ?

PARLER

4 Travaillez à trois.
   a) Chacun(e) examine une des trois phases de la vie du chanteur. Regardez en détail ses activités, ses sentiments, les défis.
   b) Présentez vos résultats à vos partenaires. Puis comparez ces différentes étapes de la vie du chanteur et notez ce qui a changé et ce qui est resté constant.

VOCABULAIRE

5 a) À l'aide des mots de la chanson, faites un filet à mots autour du sujet « grandir ». Vous pouvez y ajouter vos propres idées.
   b) Expliquez quelles expériences du chanteur (ne) vous semblent (pas) représentatives d'un âge particulier. Votre filet à mots peut vous aider.

En plus 260, 1
8, 1 🖹

6 Selon vous, qu'est-ce que le titre de la chanson veut dire ? Proposez un autre titre pour cette chanson.

ÉCRIRE

Au choix

7 Cette chanson vous inspire et vous postez un commentaire sous le clip de la chanson. Vous pouvez y décrire par exemple dans quelle mesure vous vous reconnaissez dans les paroles d'Orelsan et ce que grandir signifie pour vous.

8 Écrivez un refrain et une strophe supplémentaires.
   « À dix-huit ans, j'voulais juste en avoir … »

LIRE

2 Les cheveux longs, les idées larges . . .

PARLER

1 a) Regardez le dessin : pourquoi la communication entre les deux personnes ne fonctionne-t-elle pas ? Faites des hypothèses.

b) Selon vous, quels sont les sujets qui séparent votre génération et celle de vos parents / grands-parents ?

18 **insignifiant(e)** unbedeutend
20 **Tanguy** *Anspielung auf den Film „Tanguy, der Nesthocker"*
23 **la croissance** Wachstum
23 **à perte de vue** endlos
24 **la pilule** Pille
25 **menacé(e)** bedroht
25 **le sida** Aids
28 **quoi que ce soit** irgendetwas
31 **satisfait(e)** *ici :* unbesetzt
44 **désuet / désuète** qui n'est plus à la mode
45 **une horloge parlante** offizielle Zeitansage
47 **un cadran à trous** Wählscheibe am Telefon
49 **encombrant(e)** sperrig
56 **l'index** *(m.)* Zeigefinger
59 **ricaner** auslachen
71 **orner qc** schmücken
73 **une moue** Gesicht, Emoji

Nous étions à l'école primaire, la grande école, comme nous l'appelions. […] Une école de filles. […] En face, il y avait l'école des garçons. Les garçons avaient des maîtres, nous des
5 maîtresses. […] Aujourd'hui, l'école est un « groupe scolaire » mixte. Les élèves s'appellent Enzo, Emma, Lee-Lou, Imane et Liam. En fonction des modes, de l'immigration et des séries américaines. Arya, comme dans *Game of*
10 *Thrones*, Jackson, comme dans *Grey's Anatomy*. Il ne viendrait plus l'idée à personne d'appeler sa fille Martine ou Pascale. […]

Je ne suis pas la seule à chercher les amis du passé. […] Je cherche notre enfance, la fin des
15 années 1960 et le début des années 1970. J'aimerais faire un portrait de groupe de notre génération. […] Nous sommes une génération insignifiante et sans étiquette. Les autres sont X, Y, Z, millénaire, silencieuse, perdue, sacrifiée,
20 bof, portable, Tanguy. De nous, personne ne parle. […]

Nous sommes nées avec le plein-emploi et la croissance à perte de vue. Nous avons fait l'amour la première fois protégées par la pilule
25 et pas encore menacées par le sida. Nous n'avons jamais connu ni guerre ni catastrophe. Nous ne nous sommes jamais battues pour quoi que ce soit. […] Nous avons grandi dans ces années de grâce où la France se portait
30 comme un charme. Il y avait 250 000 offres d'emploi non satisfaites en France en mai 1968 et 114 800 chômeurs enregistrés. On pouvait presque les compter sur les doigts d'une main. […]
35 La France fit venir des immigrés pour donner un coup de main. Les Italiens et les Espagnols vivaient à Strasbourg depuis un moment déjà.

Les Portugais et les premiers Maghrébins arrivèrent plus tard. À Kehl, sur l'autre rive du Rhin, c'étaient les *Gastarbeiter* turcs, les 40 « travailleurs invités » turcs. […]

Nous venons d'une ère préhistorique. Vous êtes des dinosaures, se moquent nos enfants. Tant de gestes désuets qu'ils ne connaissent plus : […] Consulter l'horloge parlante pour régler sa 45 montre. Composer un numéro de téléphone sur un cadran à trous. […] Nous avons connu tour à tour le télex, le fax, le Minitel, les premiers téléphones portables aussi encombrants qu'une petite valise, les premières machines 50 à écrire IBM à boule, le premier ordinateur Amstrad. C'est dire si nous venons de loin.

Aujourd'hui, nous faisons des efforts pour rester dans le coup. Mais nos enfants se moquent de nous. Nous composons nos textos 55 avec l'index uniquement. Nous parlons de notre ordi à la troisième personne. […] Nous nous croyons cool parce que nous sommes sur Facebook. La plateforme des vieux, ricanent nos enfants, qui ont pris la fuite depuis que 60 nous sommes arrivées. Nous postons des selfies pouce en l'air sur WhatsApp.
Nous aimons bien montrer où nous sommes allées en vacances, combien notre famille est unie et notre maison spacieuse. Nous savons 65 à peine ce que c'est qu'Instagram et Snapchat et nous n'envoyons pas de stories avec la photo de ce que nous avons mangé à midi. Les influenceurs sont pour nous des êtres mystérieux avec leurs milliers de followers. 70 Nous utilisons des emojis, ornons nos messages de soleils béats, de pouces levés, de moues désolées.

→

92 **avide de qc**
  gierig nach
92 **une prouesse**
  Meisterleistung
94 **une greffe du cœur** Herz-transplantation

Mais nous écrivons de vraies phrases avec
75 des mots en entier, une ponctuation correcte
et sans fautes d'orthographe. Pas de hello,
oops, tkt, pk, bcp et autres hiéroglyphes dans
nos textos.

Il est facile d'idéaliser la fin des années 1960.
80 Les trains arrivaient à l'heure et personne
ne voyageait sans billet. […] Le dimanche,
il y avait la messe. […] Les enfants n'étaient
pas encore rois. Ils jouaient sur les trottoirs
jusqu'à la tombée de la nuit et ne regardaient
85 la télé que le jeudi après-midi quand il n'y avait
pas école. […] Les couples ne divorçaient pas

et les familles n'étaient pas des patchworks et
rarement monoparentales. En 1968, la majorité
était encore à 21 ans, mais plus pour très
longtemps. […]   90

Ce monde d'où nous venons n'existe plus.
Une époque avide de prouesses techniques.
[…] Le premier homme marchant sur la Lune.
[…] La première greffe du cœur […]
Les bottes étaient hautes, les jupes courtes,   95
les cheveux longs, les idées larges.

Extraits de : Pascale Hugues : L'école des filles (p. 26 – 38)
© Les Arènes, Paris 2021

2 Après avoir lu l'extrait, quels aspects de l'époque présentée sont étranges pour vous ?
Faites des recherches si nécessaire.

3 Complétez le tableau ci-dessous.
a) Quels domaines de la vie quotidienne sont abordés dans cet extrait ?
b) Pour chaque domaine, décrivez la situation dans les années 1960 et 1970 et celle d'aujourd'hui.

○ 260, 2

domaine de la vie	les années 1960 / 1970	aujourd'hui
l'éducation		

VOCABULAIRE
8, 1 ▢

4 Quels mots du texte correspondent aux définitions suivantes ?
a) une classe dans laquelle il y a des garçons et des filles
b) quelque chose qui n'a pas d'importance
c) une période pendant laquelle il n'y a pas de chômage
d) une famille avec seulement le père ou la mère
e) le statut qu'on obtient à l'âge de 18 ans

5 « *Nous sommes une génération insignifiante et sans étiquette.* » (l. 17)
« *Aujourd'hui, nous faisons des efforts pour rester dans le coup. Mais nos enfants se
moquent de nous.* » (l. 53)
a) Expliquez ces deux citations.
b) Dans quelle mesure expriment-elles les sentiments de l'autrice envers les générations
suivantes ?

9, 2 ▢

6 a) Quel est le message du dessin humoristique ?
b) Selon vous, quelles pourraient être les qualités de la génération opposée que les deux personnes voudraient adopter ?

PARLER

c) Travaillez à deux. Prenez chacun(e) un rôle et tour à tour, adressez vos souhaits à votre partenaire. À un signal convenu en classe, changez de rôle.

3 Coming in

LIRE

Stratégie 299

10, 1

1 Expliquez l'expression « faire son coming out ». Quelle pourrait être la signification de « coming in » ?

2 a) Décrivez la première vignette. De quelle façon la dessinatrice accentue-t-elle la situation du « coming out » de la jeune fille ?

b) À votre avis, comment la mère va-t-elle réagir ? Faites des hypothèses.

> **EXPRESSIONS UTILES**
>
> **bügeln** repasser ; **Lamelle** une lamelle ; **Parkett** le parquet ; **Fußboden** le sol ; **sich auflösen** se défaire

3 Lisez les vignettes suivantes et vérifiez vos hypothèses de 2b).

PARLER

4 Imaginez la suite du dialogue entre la mère et la fille et jouez la scène.

Point info 322

Le mariage pour tous

Avec la loi du 17 mai 2013 sur le mariage pour tous, la France a autorisé le mariage entre personnes du même sexe. Cette loi a ouvert de nouveaux droits pour le mariage, l'adoption et la succession au nom des principes d'égalité et de partage des libertés.

5 Avant de lire la deuxième planche de la BD, lisez les informations sur le mariage pour tous.

se propager
sich ausbreiten
blâmer qn
verurteilen
la PMA *la procréa-tion médicalement assistée* künstliche Befruchtung
la GPA *la gestation pour autrui* Leihmutterschaft

○ 260, 3   **6** Analysez le dessin. Comment la dessinatrice met-elle en scène l'attitude des manifestant(e)s envers les personnes homosexuelles et son effet sur la protagoniste ?

7 Expliquez la phrase de la protagoniste « Du coup j'hésite – presque – à les remercier. »

ÉCRIRE   **8** Cette BD a pour titre « Coming in ». Après en avoir lu les extraits, décrivez le développement personnel (son « coming in ») de la protagoniste.

ÉCRIRE   **9** La protagoniste balaie d'un souffle les arguments des personnes qui la critiquent. Elle imagine leur tenir un discours dans lequel elle réagit à leurs critiques. Rédigez ce discours.
Stratégie 311

MAIS, BIZARREMENT, PLUS ILS LUTTAIENT CONTRE NOUS, ET MOINS JE LUTTAIS CONTRE MOI. PLUS ILS LUTTAIENT CONTRE NOUS, ET PLUS JE ME SENTAIS PARTIE INTÉGRANTE DE LA COMMUNAUTÉ LGBTQI *.
DU COUP, J'HÉSITE – PRESQUE – À LES REMERCIER.

*LE FAMEUX LOBBY DES LESBIENNES, GAYS, BIS, TRANS, QUEERS, INTERSEXES.

LIRE
Stratégie 294

4 ☆ Mets-moi mes baskets.

1 Notez vos activités de la semaine : lesquelles sont spontanées / relaxantes / organisées / réfléchies / divertissantes… ?

2 Dans quelle mesure êtes-vous libre dans le choix de vos activités ?

2 **battre qn**
schlagen

3 **maltraiter qn**
misshandeln

9 **dégringoler**
(fam.) absacken

14 **coupable**
schuldig

14 **un déséquilibre**
Ungleichgewicht

15 **prendre le relais
de qn** ablösen

25 **peaufiner qc**
den letzten
Schliff geben

40 **s'étioler**
verkümmern

43 **guetter qc** ge-
spannt warten

45 **inciter qn à
(faire qc)**
ermuntern

48 **faire la grasse
matinée** aus-
schlafen

51 **être sous ses
draps** unter der
Bettdecke sein

52 **planquer qc**
(fam.) cacher

57 **depuis belle
lurette** *(fam.)*
schon seit
ewigen Zeiten

58 **engourdi(e)**
schläfrig

63 **une couette**
Federbett

72 **dans trente
minutes pile**
in genau
30 Minuten

74 **un itinéraire** *ici :*
Runde

On lui a demandé de ne plus le faire, mais elle a préféré continuer. […]. Ma mère ne me bat pas, que je sache. Elle ne me maltraite pas. On l'accuse de faire peser trop de pression sur
5 moi. Mais sans elle et le mal qu'elle se donne, je n'aurais jamais eu mes dix-huit de moyenne. Sur un dossier scolaire, c'est un bon départ, une moyenne constante. En ce moment, j'admets que mes notes dégringolent, mais son
10 soutien est d'autant plus essentiel.

Mes deux ans d'avance pourraient me servir à autre chose que repasser le bac. […] Je m'oppose à ceux qui jugent ma mère coupable de mon déséquilibre actuel, d'autant
15 que quand on quitte l'hôpital, mon père prend le relais des médecins. De nouveau, il explique à ma mère qu'elle doit me lâcher les baskets : la pression est trop forte, le bac n'a pas à être un challenge cette année, il faut me laisser
20 souffler, et si je ne l'ai pas maintenant, je l'obtiendrai l'année prochaine. Et ma mère devient folle quand mon père lui donne tort. On ne va pas laisser Maud se transformer en loque alors qu'elle est presque parfaite ! […]
25 J'ai l'habitude de peaufiner mon travail mais avec Sébastien, j'ai aussi besoin de liberté. Maman a du mal à le comprendre. Elle dit que si Sébastien est un garçon bien, il passera d'abord son bac. […]
30 Pour les exposés de primaire, on creusait chaque sous-ensemble du grand ensemble. Pour mes dissertations de secondaire, nous avons continué à creuser. J'ai toujours joué à la dictée, goûté au musée, fait des voyages
35 culturels. Mes surprises n'ont jamais été des Barbie et des déguisements, des caramels ou du chocolat, mais des bons pour un cours de maths, des entrées au cinéma, une soirée musicale. […] Mais depuis quelque temps,
40 je m'étiole. C'est encore à cause de Sébastien, elle a raison. Mais je n'arrive pas à m'en empêcher. J'adore lui écrire des textos et guetter les siens sans arrêt.

À l'hôpital, on […] a aussi demandé à ma mère de m'inciter à traîner. À la maison, j'entends 45 mon père qui lui fait la morale même si elle ne lui répond plus. Il dit que c'est dimanche. Mais ma mère supporte mal les grasses matinées. Elle rentre dans ma chambre. J'entends mon père lui rappeler qu'elle doit frapper. […] Ça ne 50 me gêne vraiment pas qu'elle entre. Je suis sous mes draps de toute façon. Je planque mon téléphone. Je dis que je dors. D'ailleurs, je n'aime pas trop lui mentir. Mais le dimanche, à neuf heures une, quand elle n'en peut plus 55 de cette grasse matinée forcée, je ne dors plus depuis belle lurette, et j'écris à Sébastien. Elle n'aime pas mes yeux engourdis du matin, elle arrive toujours avec un coton de lotion. L'odeur de mon sommeil n'est vraiment pas 60 son truc. Elle a dressé une liste des expos qu'elle me propose. Je peux choisir. Je reste sous ma couette pour lui répondre. Je n'ai pas tellement envie d'expo.
Je lui demande si elle m'autorise, très excep- 65 tionnellement, à rester au lit. Sébastien ne m'a pas répondu et si je pars au musée, impos- sible de sortir mon portable avec elle à côté… Encore traîner ! Mais ça ne va pas ? Lève-toi et va courir ! Ça te fera du bien ! me dit-elle. […] 70 Elle me retrouvera au lac, à mi-parcours, avec une banane et de l'eau. Dans trente minutes pile. Comme ça, je gagnerai huit minutes sur mon dernier itinéraire. Et promets-moi de ne →

80 **buter** stolpern
89 **la mise en jambes** Aufwärmen

GRAMMAIRE

Les pronoms objets
· On **lui** a demandé…
· On l'accuse…

I 1
interaktive Übungen
12, 2

VOCABULAIRE
Stratégie 288
12, 1

PARLER

Stratégie 295
○ 260, 4
13, 3

ÉCRIRE
Stratégie 312

PARLER

14, 4

75 pas ralentir dans la montée, me dit-elle un ton plus bas.
Je pars courir. Il fait beau. Je finis le circuit en bas de l'immeuble puis je le refais en marche rapide, avec ma mère cette fois.
80 Là, j'arrive à parler sans buter. Elle a pensé au programme de la journée. On va faire un musée ce matin, avant qu'il y ait trop de monde, et profiter de l'heure du déjeuner pour s'offrir un tour à la Cinémathèque.
85 Ensuite, je ferai mes devoirs et si je les ai terminés avant le dîner, on pourra regarder le premier film d'une collection de DVD qu'elle vient d'acheter. […]

Je suis contente de cette mise en jambes et prête pour le programme qui m'attend. Alors 90 je dis à ma mère quelque chose d'important. Je lui dis qu'elle a raison de m'avoir extraite du lit. […] Je suis sans doute déprimée à cause de Sébastien, rien d'autre, et c'est de mon âge. Je dois lui prouver qu'elle a raison. 95 Je lui dis :
— Maman, si je ne le fais pas moi-même dimanche prochain, je t'en prie, mets-moi mes baskets s'il te plaît.

Claire Castillon : Rebelles, un peu, pp. 51–60
(texte écourté) © Éditions de l'Olivier, 2017

3 Présentez Maud : sa famille, ses ami(e)s, son état de santé, son parcours scolaire.

4 Énumérez ce qu'entreprend la mère de Maud dans l'intention de faire du bien à sa fille.

5 a) À l'aide d'un dictionnaire, trouvez le sens des expressions suivantes.

faire peser trop de pression sur qn   inciter qn à traîner   laisser qn souffler

lâcher les baskets à qn   donner tort à qn   faire la morale à qn

être en déséquilibre   se laisser aller   se donner du mal pour qn

se transformer en loque   mal supporter la grasse matinée   maltraiter qn

b) À quel personnage associez-vous ces expressions ? Au père, à la mère ou à Maud ?
c) Travaillez à trois : chacun(e) choisit un personnage. Un(e) élève fait une phrase avec une des expressions de a). Les deux autres réagissent en respectant le caractère de leur personnage.
Le père : Tu dois laisser Maud souffler. C'est important pour elle.
La mère : Mais il est aussi important qu'elle s'entraîne pour être parfaite.
Maud : Oui, je veux être parfaite, mais je veux aussi passer du temps avec Sébastien.

6 a) Relevez les moyens stylistiques par lesquels l'autrice montre que le mode de vie de la mère ne correspond pas tout à fait aux idées de sa fille même si Maud dit *« mets-moi mes baskets »* (l. 98) ?
b) Analysez en quoi la façon dont Maud voit sa vie diverge de celle de sa mère.
c) Dans quelle mesure les parents doivent-ils intervenir dans la vie de leurs enfants ? Justifiez votre opinion.

Au choix

7 Après les reproches de son mari, la mère de Maud réfléchit. Mettez-vous à sa place et écrivez son monologue intérieur. Elle y parle des raisons pour lesquelles elle agit ainsi avec sa fille et de son chagrin d'être mal comprise.

8 Maud et ses parents parlent de leurs prochaines vacances (destination, programme, etc.). À trois, jouez cette discussion. Restez fidèles au caractère des personnages décrits dans l'extrait.

ÉCOUTER
A 1 ◁))
Stratégie 291

5   ◁)) Les ados sont-ils isolés socialement ?

Dans son podcast Veille sanitaire *sur France Inter, Marion Mariani s'intéresse à l'actualité des réseaux.*

Avant l'écoute

PARLER

1   Faites-vous partie d'un groupe sur une messagerie ? Quels sont les avantages et les inconvénients de ces groupes ?

VOCABULAIRE
Stratégie 287

2   À l'aide d'une stratégie, trouvez la traduction correspondante et expliquez à un(e) partenaire pourquoi vous avez choisi cette stratégie.

la pression	Angst	l'anxiété *(f.)*	ausgeliefert
à la merci de	wachsam	une meute	Isolation
l'isolement *(m.)*	verteilt	la géolocalisation	Last
réparti(e)	Druck	une charge	Faktor
un facteur	kennzeichnen	marquer	Zugehörigkeit
vigilant(e)	Ortung per GPS	une appartenance	Meute

Pendant l'écoute

15, 1 🖺

3   Écoutez le podcast une première fois et énumérez
   a) ce qui était important au lycée dans les années 2000.
   b) ce qui est important pour les ados aujourd'hui.

4   Écoutez le podcast une deuxième fois et décrivez quels effets peuvent avoir les applications de messagerie et la géolocalisation sur les ados.

15, 2 🖺

5   Expliquez pourquoi les jeunes ne désactivent pas la géolocalisation.

Après l'écoute

ÉCRIRE

6   Une jeune fille écrit sur un forum : « *J'ai un groupe WhatsApp avec mes amis. Sauf que j'ai découvert qu'ils avaient un groupe à l'identique, mais sans moi dedans. Que dois-je faire ?* »
Répondez dans un post à la question de la jeune fille et donnez-lui des conseils.

> **POUR VOUS AIDER**
> À ta place, je parlerais …
> Tu pourrais par exemple …
> Il serait pas mal de …, etc.

PARLER

7   La vie est constamment en transformation. Faites une liste de choses qu'il aurait fallu garder ou qu'il faudrait inventer et une liste de choses dont il faudrait se débarrasser. Présentez vos idées et discutez des effets que vos propositions pourraient avoir.

LIRE

6   ☆ Je prends ma place dans la nature.

1   À votre avis, quels avantages et quels inconvénients y a-t-il à vivre en ville / à la campagne ? Racontez.

VOCABULAIRE
ㅇㅇ

2   Travaillez à deux. Lisez les annotations et choisissez cinq mots. Expliquez-les ensuite à votre partenaire, soit par une phrase en français, soit en les mimant, soit en les dessinant. Votre partenaire doit deviner le mot.

Passer deux heures à conduire dans le trafic ou à couper du bois ? Clairement le second choix !
Vivre à la campagne implique une routine qui me nourrit et qui a du sens. C'est ce qu'on
5 venait chercher en quittant Montréal pour un village de Brome-Missisquoi. Trois ans plus tard, je peux dire mission accomplie !
Dès la naissance de ma première fille, il y a 10 ans, je voulais pour elle de la vraie nature,
10 pas seulement de l'herbe et des arbres dans lesquels grimper. En 2017, mon chum a fait une dépression. On a réalisé que notre mode de vie montréalais était incompatible avec son bonheur.
15 On a mis les voiles en juillet 2018, peu avant l'arrivée de notre troisième enfant. J'ai démis-sionné. Je voulais travailler moins, dans des tâches plus physiques, moins payantes, plus « improductives », mais plus nourrissantes.
20 J'avais enfin le temps et l'espace pour creuser la piste de l'autonomie alimentaire qu'on avait en ligne de mire en choisissant le sud du Québec, sa météo clémente et ses terres fertiles.

25 Selon l'Institut de la statistique du Québec, si l'on considère les départs seulement, Montréal a perdu un million d'habitants en 20 ans. Cet exode devrait se poursuivre, très majoritairement au profit d'une banlieue qui
30 ne cesse de s'étendre. « *Le changement de vie est au cœur du projet de ceux qu'on appelle les néoruraux, même si, dans ce cas-ci, on parlerait plutôt de 'rurbanité', le village étant localisé dans la dernière couronne de la Communauté*
35 *métropolitaine de Montréal* », explique Dominic Lapointe, professeur au Département d'études urbaines et touristiques de l'UQAM. [...]

On a liquidé notre maison de Montréal en une semaine. Trouver la nouvelle a été long
40 et stressant : il y avait peu de maisons sur le marché, dans lequel les citadins importent leurs pratiques de surenchère. J'étais sur le point d'accoucher. Quand on a enfin déniché la maison de nos rêves et ses quatre hectares,
45 on n'avait pas les moyens de négocier.

Il y a eu des confirmations et des désillusions. Vivre au rythme des saisons et, plus largement, du vivant, m'a fait un bien fou. Finie la dépres-sion saisonnière !

L'automne, maintenant, est la saison des récol-50 tes. On vit sur les réserves et les souvenirs. Il a été doux et long l'an passé, signe, comme les sécheresses successives qui nous font tous manquer d'eau dans mon coin, du changement climatique. Mon écoanxiété n'a pas augmenté 55 pour autant : au lieu, comme avant, de redouter le pire, je m'adapte. [...]

Dans les contrariétés de mon nouveau mode vie figure en première place la dépendance à la voiture. Puis la nécessité de réorganiser 60 complètement mes relations. J'ai l'impression de m'être expatriée à 6 000 km ! Personne n'est venu nous voir, on a dû faire nos preuves, montrer aux vieux voisins notre sérieux dans l'utilisation de la terre, nouer laborieusement 65 de nouveaux liens. [...]

Rien de surprenant pour le géographe. « *La communauté rurale tissée serrée, c'est un mythe*, dit-il. *Dans certains villages, des conflits peuvent amener la moitié de la population à* 70 *haïr l'autre ! Les néoruraux ont aussi tendance à sous-estimer à quel point la campagne est avant tout un espace productif, loin de l'image bucolique et sauvage qu'ils pouvaient en avoir. On exploite le territoire plutôt que de l'habiter.* 75 *[...]* »
Malgré le manque de bibliothèques, d'amitiés fortes et de spontanéité, je ne pensais pas puiser autant de bien-être et de cohérence dans ma nouvelle vie. Je prends ma place dans 80 la nature. Ça n'a pas de prix.

3 Travaillez à deux. A dégage les éléments qui ont poussé le couple à quitter Montréal, B ce qui l'a attiré à la campagne. Puis échangez.

En plus 261, 5

4 Quelles conséquences le mode de vie des néoruraux (l. 32) a-t-il sur la ville de Montréal ?

5 Dégagez du texte ce que le couple a dû faire pour s'installer à la campagne et à quelles difficultés il a été confronté.

16, 1

6 Expliquez comment la narratrice voit sa nouvelle vie à la campagne (l. 46 à 66).

Au choix

ÉCRIRE
○ 261, 6

7 Après avoir passé quelque temps à la campagne, la fille aînée du couple envoie un e-mail à son / sa meilleur(e) ami(e) à Montréal.
Mettez-vous à sa place et écrivez cet e-mail dans lequel vous décrivez votre nouvelle vie, vos attentes et vos sentiments.

Stratégie 302

8 Faites une affiche de votre lieu de vie idéal.
Décrivez l'endroit, les gens (colocataires, voisins / voisines) et les choses qu'il vous semble important d'avoir / d'éviter. Intégrez des photos ou des dessins.
Puis présentez votre lieu de vie idéal en classe.

MÉDIATION
Stratégie 313

7   Minimalistisch leben : Entsorgt und befreit

Vous participez à un projet e-twinning du programme Erasmus sur les modes de vie en transformation. Votre professeur(e) vous demande de trouver des exemples de styles de vie qui sortent de l'ordinaire et de les présenter et comparer aux exemples de votre classe partenaire française. Vous faites une recherche sur Internet et vous tombez sur l'article suivant.

VOCABULAIRE
16, 1

1 Lisez l'article et paraphrasez en français les mots et expressions suivants.
überflüssig (l. 8); *Minimalismus* (l. 26), *ausmisten* (l. 33); *Pendeln* (l. 41); *Tapetenwechsel* (l. 42); *entsorgen* (l. 55); *Stammtisch* (l. 66)

○ 261, 7

2 Présentez dans un article les idées principales du texte à vos partenaires français.

Du besitzt nicht die Dinge, die Dinge besitzen dich, sagt Esther Stark. Sie bezeichnet sich als
5 *Minimalistin und wirbt dafür, sich von viel zu vielen Kleidern, Gegenständen und überflüssigem Ballast zu trennen.*

10 Eine Pflanze auf der Fensterbank, gerahmte Fotos an der Wand, ein Schrank mit Kisten und Kästen. Nach wenigen Dingen sieht es nicht aus bei Esther Stark, die beim Skype-Gespräch mit Kopfhörern im hessischen Münzenberg
15 sitzt. Sie schmunzelt: „Jaja. Der Minimalist hat nur noch, was in einen Rucksack passt, und er lebt in einer weißen Wohnung ohne Möbel." Sie

kennt das typische Bild von einem Minimalisten gut, sie selbst wurde schon damit
20 verglichen. Diese Stereotypisierung findet die 37-jährige Projektleiterin, die seit fünf Jahren minimalistisch lebt, trotzdem nervig. Für sie ist
25 Minimalismus nicht nur das Reduzieren von Gegenständen, sondern „eine Befreiung von Ballast" – sowohl materiell als auch im übertragenen Sinne. Vor fünf Jahren war es so weit: Der zweite Kleiderschrank war
30 voll, es stand im Raum, einen dritten anzuschaffen. Doch Esther Stark merkte, dass sich das für sie falsch anfühlte, und begann auszumisten. „Ach, wieder etwas weg! Mit jedem Teil,

→

35 *das meine Wohnung damals verlassen hat,*
war das wie eine Last, die von meinen Schultern
gefallen ist." Das höre sich zwar komisch an,
sei aber wirklich wie eine Befreiung gewesen.
[…]

40 Neben dem Ausmisten hat sie sich mit dem
gedanklichen Aufräumen beschäftigt. Das
Pendeln, der Bürojob, es war Zeit für einen
Tapetenwechsel. Stark trat eine neue Stelle
als Projektleiterin in der Branche der Mess- und

45 Regeltechnik an, die ihr die Möglichkeit gab,
freier ihre Ideen umzusetzen. Sie arbeitet mit
an dem größten Fernwärme-Projekt
Westeuropas. Außerdem beendete sie die
Freundschaften mit Menschen, deren negative

50 Grundhaltung ihr nicht gutgetan hat. Generell
waren ihre Freunde nicht begeistert von der
Idee eines minimalistischen Lebens, hätten sie
aber *„machen lassen*". Ihre Schminkutensilien
hat sie beispielsweise um 30 Prozent reduziert,

55 heute reichen ihr sechs Nagellackfarben. Alte
Knöpfe oder Handtücher wurden entsorgt oder
verschenkt. Wenn Esther Stark heute in der
Stadt einkaufen geht, überlegt sie vor jedem
Kauf ganz genau, ob sie diesen Gegenstand

60 wirklich braucht. Ihr wichtigster Gegenstand
sei ihr Notizbuch, in das sie jeden Morgen ihre
Gedanken einträgt.
All das schenke ihr Lebensfreude und Zeit. Ihr
neuer Lebensstil ermöglicht es ihr, interessante

65 Menschen kennenzulernen. Besonderen Spaß
bereitet ihr die Teilnahme am Minimalismus-
Stammtisch in Frankfurt. […] Ihr Credo zum
Nachdenken an alle Nichtminimalisten : *„Du*
besitzt nicht die Dinge, die Dinge besitzen

dich!" So gern Esther Stark sich über das
Thema austauscht, so wenig möchte sie es 70
jemandem *„überstülpen*". Mit ihrem Freund
lebt sie mittlerweile zusammen. Für sie ist
ganz klar, *„dass man seinem Partner das nicht*
aufzwingen sollte, sonst geht das in die Hose".
Der Minimalismus sei ihre Sache, und in 75
„ihrem Bereich" lebt sie auf diese Art und
Weise. Vom Gegenstände-Zählen distanziert
sie sich. Sie möchte sich keinem Wettbewerb
getreu dem Motto *„Je weniger ich habe,*
desto besser bin ich oder desto mehr bin ich 80
Minimalist" aussetzen. […]
Für sie gibt es verschiedene Typen. Da gibt es
den *„extremen*" Minimalisten : Er möchte sich
selbst unterbieten und lebt mit so wenigen
Gegenständen wie möglich. Es gibt aber auch 85
den Minimalisten, der sich seinen Wohnort
flexibel aussuchen möchte und deshalb wenig
Gepäck bei sich trägt. Oder den, der einfach
sein Leben vereinfachen möchte. So fällt vor
einem minimalistischen Kleiderschrank die 90
Frage nach dem Outfit für den Tag nicht
sonderlich schwer. Solchen Fragen und zur
Nachhaltigkeit geht Esther Stark auf ihrem
Internetblog „EstherLovesLife" und dem
gleichnamigen Youtube-Kanal nach. In ihren 95
Beiträgen gibt sie einfache Tipps, wie das
Reduzieren der eigenen Habseligkeiten
gelingt oder welche Fehler man vermeiden
sollte. […]
Das Wichtigste in ihrem Leben bleiben aber 100
ihre liebsten Menschen und das mit ihnen
verbrachte Jetzt.

„Entsorgt und befreit", F.A.Z., 19.04.2021, S. 26, Hannah Nies

---

ÉCOUTER ET
REGARDER

V 1 ⊙
Stratégie 292

VOCABULAIRE
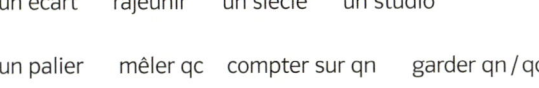
Stratégie 288

8 ⊙ Colocation à tout âge

1 Est-ce que vous aimeriez vivre en colocation ?
Pourquoi (pas) ?

2 Notez pour les mots suivants une définition en français.
Utilisez un dictionnaire bilingue si nécessaire.

un écart   rajeunir   un siècle   un studio

un palier   mêler qc   compter sur qn   garder qn / qc

Présentez ensuite à tour de rôle vos définitions à un(e) partenaire qui devine
le mot en question.

Premier visionnage

3 Décrivez la situation de Lucile et de madame de Laubier.

Deuxième visionnage

PARLER

4 a) En quoi madame de Laubier et Lucile Mouret profitent-elles de la vie en colocation intergénérationnelle ?
     b) Est-ce que vous pourriez envisager de vivre dans une colocation intergénérationnelle ? Discutez en justifiant votre point de vue.

ÉCRIRE
17, 1–2

5 « *Je pense que cela s'est bien passé justement parce que nous sommes différents.* » Commentez ce témoignage d'une dame âgée vivant en colocation avec un étudiant.

LIRE
D 2
Texthilfe

9 ☆ Sois jeune et tais-toi !

1 Quels pourraient être les motifs de la colère de la manifestante sur la photo ?

2 Renseignez-vous sur l'autrice Salomé Saqué : son âge, son métier et sa présence dans les médias.

Connasse ! Crève et fais pas chier ! » Ce sont les mots qu'un actionnaire de TotalEnergies, âgé d'une soixantaine d'années, a assénés le 25 mai 2022 à une jeune militante pour
5 le climat qui bloquait l'entrée de l'assemblée générale du groupe pour en dénoncer les activités climaticides. La séquence a fait le tour des réseaux, les larmes de la jeune femme en ont ému certains, quand d'autres ont fustigé
10 son « *non-respect des règles* » ou l'ont traitée de « *geignarde* ».
[…] La séquence m'a semblé tellement violente que j'ai immédiatement tenté de joindre des témoins de la scène pour m'assurer
15 qu'elle n'était pas tronquée. […] À ma stupéfaction, les réponses sont catégoriques : l'actionnaire a insulté la militante sans avoir été aucunement agressé auparavant. Être confronté à une poignée de jeunes venus
20 remettre en cause sa vision du monde et lui reprocher ses intérêts personnels a suffi à le faire sortir de ses gonds et abandonner toute la bienséance poudrée généralement de mise dans ce genre d'évènement, pour
25 couvrir d'insultes une jeune fille en pleurs. Au nom du respect de leur sacro-sainte liberté, d'autres actionnaires se sont insurgés contre l'occupation pacifiste du parvis du bâtiment

de Total ce jour-là. Comme j'aurais aimé être aux côtés de ces jeunes, pour demander à ces 30 irresponsables actionnaires : et ma liberté à moi, celle de vivre sur une planète habitable, vous en faites quoi ? […]

Je me suis demandé si je faisais encore partie de la « jeunesse ». […] Ce qui est sûr, c'est que 35 pour les plus âgés, j'en fais partie : les séniors ne perdent jamais une occasion de me renvoyer à mon âge pour me discréditer. […] On m'a par ailleurs longtemps affirmé que j'étais « *trop jeune* » pour traiter de sujets aussi 40 sérieux et décisifs que la politique et l'économie. On accuse régulièrement mes analyses de pécher par « *idéalisme* » […] Sur les plateaux TV ou dans la vie, on disqualifie sans cesse mon discours en m'indiquant que 45 je « *ne dirai plus la même chose dans quelques années* », manière de nimber mes convictions de cette « *naïveté fougueuse* » que l'on prête à la jeunesse. Cette jeunesse, toujours cette jeunesse à laquelle on m'assigne, comme si 50 c'était une tare !

→

se taire
schweigen
1 **une connasse**
(vulg., péj.)
Schlampe *(vulg., abw.)*
1 **crever** *(fam.)*
verrecken *(vulg.)*
1 **faire chier qn**
(vulg.) jdm. auf
den Geist gehen
9 **ému(e) < émouvoir** bewegen
9 **fustiger qn**
critiquer
11 **geignard(e)**
(fam.) weinerlich
15 **tronquer qc**
verfälschen
16 **la stupéfaction**
Verblüffung
18 **auparavant**
avant
22 **faire sortir qn de ses gonds** zum
Explodieren
bringen
23 **la bienséance**
Anstand
27 **s'insurger contre qc** sich auflehnen
44 **un plateau TV**
Fernsehbühne
48 **fougueux /
fougueuse**
leidenschaftlich
50 **assigner qn / qc
à qc** zuordnen
51 **une tare** Makel

59 **sauver qn** retten
67 **subir qc** auf sich nehmen
67 **gérer qc** in den Griff bekommen (ugs.)
69 **précédent(e)** vorhergehend
78 **voire** ja sogar
83 **sermonner qn** ins Gebet nehmen (ugs.)
86 **douillet(te)** wehleidig
91 **inculte** ungebildet
92 **abruti(e)** blöd
94 **acerbe** verletzend

Si bien que j'ai fini par ressentir de l'intérieur le discrédit accordé à la jeunesse dans ce pays. […] Je ne pense pas une seconde pécher par
55 naïveté ou idéalisme.
Je suis au contraire persuadée que ma génération est, dans l'ensemble, réaliste, informée et courageuse. Je suis profondément convaincue que notre jeunesse peut sauver
60 l'humanité.

[…] Nous – ma génération et les suivantes – n'étions pas là, quand il aurait fallu prendre des décisions et que rien n'a été fait. Nous ne pouvions ni voter, ni consommer autrement,
65 ni manifester, ni agir d'une quelconque façon, puisque nous n'étions pas nés. Pourtant, c'est bien nous qui subirons et devrons gérer les pires conséquences des décisions politiques des générations précédentes. Il n'y aura pas
70 de retour en arrière en ce qui concerne l'écologie, puisque six limites planétaires sur neuf ont déjà été dépassées.

Dans ces conditions, il n'y a de place ni pour la naïveté, ni pour l'idéalisme. Au vu de la crise
75 écologique, économique et géopolitique que nous traversons, ce sont les générations précédentes qui ont été et sont encore remarquablement naïves, voire irresponsables et égoïstes pour une partie d'entre elles – des qualificatifs pourtant volontiers associés aux
80 « jeunes ». Aujourd'hui, nous ne pouvons plus revenir en arrière. […]

Dans la presse, on nous sermonne, nous qui ne « compren[ons] pas la vraie vie », on parle de « génération narcissique » ou de « génération
85 douillette » quand on ne nous traite pas d'« inconscients » en pleine pandémie. Pire, une petite partie d'entre nous sommes écolos : un « troupeau de moutons » se livrant à une « infâme propagande de la peur ». Sans oublier
90 que nous sommes « incultes » : « Une jeunesse plus abrutie que celle des générations précédentes » pour reprendre les mots du Point. On retrouve cette critique acerbe de la jeunesse dans nombre d'essais dénonçant
95 des jeunes tous plus égocentriques et stupides les uns que les autres. Et nous grandissons avec cette petite musique de fond […].

Extrait de : Salomé Saqué : « Sois jeune et tais-toi »
© Éditions Payot & Rivages, Paris, 2023 (texte écourté)

PARLER
Stratégie 302
○ 261, 8
18, 1

3 Lisez le texte jusqu'à la ligne 33.
   a) Jouez la situation décrite dans le texte. Pour cela, faites des groupes de cinq : deux actionnaires, trois manifestant(e)s. Imaginez les actions des différentes personnes ainsi que leurs échanges.
   b) Après avoir joué votre scène, comparez-la à celles des autres.

18, 1

4 a) Quels sont les sentiments et la réaction de l'autrice face à la scène décrite ?
   b) Mettez-vous à la place de l'actionnaire. Quelles pourraient être les raisons de son comportement ?

5 a) Travaillez à deux. Lisez la fin du texte. A relève dans le texte les reproches faits aux jeunes, B ceux faits aux plus âgés. Donnez des exemples concrets qui pourraient illustrer ces critiques.
   b) Échangez vos résultats. Quels reproches pouvez-vous comprendre ? Lesquels ne sont pas justifiés selon vous ?

VOCABULAIRE
19, 2

6 Reliez les verbes aux compléments correspondants. À l'aide des expressions, écrivez ensuite un court texte sur les conflits intergénérationnels.

reprocher
accuser
dénoncer
bloquer
disqualifier

aux adultes
les manifestant(e)s
la violence
les crimes
le discours
le comportement

de ne pas comprendre
d'être égoïste
de ne pas lutter

20, 3

7 Comment est-ce que l'autrice caractérise sa propre génération ? Êtes-vous d'accord avec son point de vue ? Pourquoi (pas) ?

ÉCRIRE

○ 262, 9
Stratégie 309

LIRE

8 Lisez la citation suivante :

« Quand les vieux et les enfants ne versent plus de larmes, cela signifie que le monde est entré soit dans sa phase la plus paisible, soit dans sa phase la plus terrible. » (Lao She, *Quatre générations sous un même toit*)

a) Expliquez-en le message.

b) Commentez cette citation en vous référant au texte *Sois jeune et tais-toi !*

10 Une jeunesse plurielle

1 Est-ce que vous êtes engagé(e)s ? Si oui, dans quel domaine ? Si non, pourquoi pas ? Comparez vos idées en groupe.

favorisé(e)
privilegiert
attaché(e) à
verbunden mit
ouvrier / ouvrière
Arbeiter-
être favorable à qc
befürworten
transgressif /
transgressive
grenzüberschrei-
tend

Olivier Galland et Marc Lazar, Une jeunesse plurielle – Enquête auprès des 18 – 24 ans, Institut Montaigne, février 2022. (En ligne). https://www.institutmontaigne.org/publications/une-jeunesseplurielle-enquete-aupres-des-18-24-ans (article consulté le 10/01/2023).

2 Travaillez à deux.
  a) A lit les informations sur les démocrates protestataires et les révoltés, B sur les désengagés et les intégrés transgressifs. Puis classez les informations selon ce que vous trouvez surprenant ou pas.
  b) Présentez « vos » groupes de jeunes et leurs caractéristiques à votre partenaire et justifiez votre catégorisation.

20, 1 ; 21, 2

3 Parmi les quatres groupes de jeunes décrits dans les infographies, de quel groupe faites-vous partie ? Justifiez votre opinion.

11 Camille Étienne : « Réveillons-nous ! »

LIRE

Elle a été la star des médias jeudi […] Camille Étienne, jeune diplômée de Sciences-po, sort ce vendredi un livre intitulé *Pour un soulèvement écologique. Dépasser notre impuissance collective* […] À la télévision, on appelle ce genre de personnage un bon client. Il faut dire que la Savoyarde a le sens de la formule et sait parler à un public jeune, très concerné par la crise climatique. […]

Mais quel est son parcours ? La jeune femme de 24 ans relate dans son ouvrage son enfance sportive de skieuse à Peisey-Nancroix, une station hivernale de Savoie, jusqu'à son arrivée rue Saint-Guillaume à Paris sur les bancs de Sciences-po, où elle s'est forgé une culture politique et militante. Diplômée, elle rembourse encore un prêt étudiant et vit de conférences, de ses livres et de cachets artistiques – elle lit des textes de George Sand au théâtre, révèle *l'Obs*.

[…] Camille Étienne s'était fait connaître grâce à une vidéo mêlant militantisme et performance artistique devenue virale et intitulée « Réveillons-nous ! ». […] Dans son discours médiatique plus récent, la jeune femme, décrite comme « *une influenceuse du climat* », se fait l'apôtre d'une radicalité devenue « *nécessaire* ». « *On vit un naufrage, on a besoin d'une autre manière de faire société* », s'explique-t-elle encore auprès du Monde. « *On a tout aussi besoin des gens qui vont péter la porte du capitaine et reprendre le gouvernail que de tous ceux qui sont déjà partis sur les canots de sauvetage* ». […]

Ronan Tésorière, leparisien.fr, 19.05.2023

2 Sciences-po Elite-Hochschule für Politikwissenschaften in Paris
7 un(e) Savoyard(e) qui vient de Savoie
17 un prêt Darlehen
18 un cachet *ici :* Gage
34 se faire l'apôtre de qc sich zum Verfechter machen
36 un naufrage Untergang
40 un gouvernail Ruder
41 un canot de sauvetage Rettungsboot

Stratégie 289

1 Relevez dans l'article les informations données sur Camille Étienne et complétez-les par une recherche sur Internet. Puis faites le portrait de la jeune femme.

2 D'après Camille Étienne, de quelle manière faut-il agir face à la crise climatique ? Expliquez.

ÉCOUTER
A 2
Stratégie 291
21, 1

3 Écoutez l'interview de Camille Étienne dans Planète Bleu s'engage, le podcast de France Bleu qui donne la parole aux personnes qui s'engagent pour la planète. Puis répondez aux questions.
  a) Quelle est la définition de l'activisme pour Camille Étienne et à quoi sert-il ?
  b) De quelle manière peut-on agir en tant qu'activiste ? Donnez des exemples.
  c) Pourquoi est-il urgent d'agir ?
  d) D'après Camille Étienne, quel moyen d'agir a le plus d'impact ?

Au choix

Regardez sur Internet la vidéo *Réveillons-nous !* qu'ont réalisée Camille Étienne, Solal Moisan et Léa Durand pendant le confinement.

PARLER
○ 262, 10

4 À votre avis, dans quelle mesure ce genre de vidéos peut-il « réveiller » le public et le pousser à agir ? Discutez en classe.

ÉCRIRE
Stratégie 309

5 *« Ne rien dire, c'est être d'accord. Ne rien faire, c'est ne pas vouloir que ça change »*. Commentez cette affirmation de Camille Étienne dans *Réveillons-nous !*

LIRE
D 3 🗎
Texthilfe
Point info 323

12 Ta voix compte.

1 Imaginez et décrivez une situation dans laquelle on pourrait dire à une personne : « Ta voix compte. »

2 **une amende**
Bußgeld
9 **soumettre au vote** zur Abstimmung geben
11 **défier qn** herausfordern
14 **une ONG** *(organisation non gouvernementale)* NGO
16 **se saisir de qc** sich mit einer Sache befassen
29 **envisager** *ici :* planen
30 **prendre en compte** mitbedenken
34 **une désaffection** Unbeliebtheit
37 **outiller qn** das nötige Rüstzeug mitgeben
43 **calciné(e)** verkohlt
48 **un rayon** *ici :* Bereich
49 **se battre** lutter

GRAMMAIRE
Les pronoms relatifs
· une association **dont** les actions …
· l'aide **que** j'avais reçue …

I 2 👆
interaktive Übungen
22, 1 🗐

[…] Et si on arrêtait de permettre aux élus de payer une amende quand ils ne respectent pas les quotas de logements sociaux ?
5 Et si la sensibilisation sur le harcèlement scolaire devenait obligatoire dès l'école primaire ?… Ces quelques propositions, sur les 31 premières soumises depuis mi-
10 janvier au vote du grand public, […] défient les 12 candidats à l'élection présidentielle, que les jeunes de ce projet « Ta voix compte », lancé par l'ONG Ashoka France, […] comptent
15 rencontrer un par un. Objectif affiché : amener les candidats à se saisir de ces propositions concrètes, les intégrer dans leur programme, et à les porter au débat public. […]
20 Ces propositions et la démarche qu'elles représentent, Ashoka et les 11 jeunes de 13 à 25 ans, sélectionnés pour leur action et leur tempérament, formés et accompagnés par des mentors, y travaillent depuis près de 6 mois.
25 […] *« Il n'y a pas que l'environnement qui mobilise les jeunes, il y a la santé, l'éducation, le numérique, la citoyenneté, le travail …
Le but est de montrer aux politiques que le monde de demain ne peut être envisagé sans*
30 *prendre en compte la voix de la jeunesse »*, insiste Elsa Grangier, la directrice générale d'Ashoka France. […]
« On assiste au paradoxe d'une grande désaffection des jeunes du vote, alors que près

de 80 % des 16 – 25 ans sont engagés dans des 35 *associations, donc dans la vie citoyenne. Ta voix compte veut outiller cette jeunesse et ceux qui ont envie de devenir de vrais faiseurs, pas des communicants … »*

Parmi les jeunes, il y a Amine, tout juste 18 ans, 40 marseillais des quartiers nord minés par le trafic de drogue, dont le grand frère a été retrouvé assassiné et calciné il y a un peu plus d'un an. L'adolescent a créé *Conscience*, une association dont les actions visent à *« montrer* 45 *aux jeunes des quartiers qu'un autre avenir que les trafics est possible »*, et à aider les familles des victimes du trafic. […] Au rayon santé, il y a aussi Hakaroa, 17 ans, diabétique, qui se bat avec son association *Just Did It* pour faire 50

→

61 **sur un coup de tête** aus einer Laune heraus
62 **parcourir** zurücklegen
66 **faire une maraude** Aktion zur Unterstützung von Obdachlosen
66 **des denrées** *(f., pl.)* Lebensmittel
70 **fédérer** Menschen zusammenbringen
74 **un(e) bénévole** Ehrenamtliche(r)
75 **se relayer** sich abwechseln
82 **les Restos du cœur** *Wohltätigkeitsinitiative für Bedürftige*
84 **s'impliquer** sich einbringen

changer la loi qui interdit certains métiers comme pilote d'avion ou même policier, aux diabétiques et aux porteurs de maladies chroniques. Ambassadrice elle aussi, dont
55 l'action gagne du terrain, Maeva, 18 ans, et son collectif « Stop fisha » contre le cyberharcèlement et le cybersexisme. Le principe : signaler ces comptes diffusant des photos de jeunes filles dénudées, parfois mineures,
60 et apporter une aide juridique aux victimes.

Tout s'est fait sur un coup de tête, et Zakaria mesure le chemin parcouru depuis la naissance de *Cité Solidaire 92*, il y a 4 ans. « *On était trois copains, on a eu l'idée de mettre chacun*
65 *50 euros et d'aller acheter de quoi faire une maraude. On a acheté des denrées et cuisiné un peu, c'était la première fois* », raconte simplement ce jeune de 25 ans, dont le mouvement lancé dans une cité de Nanterre
70 (Hauts-de-Seine) fédère désormais dans toute l'Île-de-France, grâce à la magie des réseaux sociaux. […]
L'association a distribué plus de 20 000 repas et compte environ 150 bénévoles, qui se

relaient tous les samedis, sans exception, 75 pour une maraude au cœur de la capitale, entre Châtelet, Auber et Opéra le plus souvent. « *Les gens ont pris confiance en nous, petit à petit* », se souvient le jeune homme, qui a connu les deux côtés de la précarité, et en 80 a fait sa force d'action : « *Quand j'étais enfant, on était aux Restos du cœur. Lorsque j'en suis sorti, j'ai voulu rendre l'aide que j'avais reçue, et m'impliquer* ». Son bac en poche, Zakaria travaille dans le secteur socio-éducatif, et il 85 a très envie « *de casser les mauvais clichés des jeunes de banlieues. Il y a aussi des jeunes qui s'engagent, la preuve avec nos bénévoles, tous les samedis soir, tu as 25 jeunes qui répondent présent.* 90
Le mot engagement peut faire peur alors que si tu leur proposes simplement de venir ou pas, sans obligation, ils viennent librement », assure Zakaria.
« *[…] Si on fait comprendre aux jeunes qu'ils* 95 *sont entendus, ils iront voter, et demain ça peut changer des choses. J'aime l'idée d'apporter ma pierre à l'édifice* », sourit Zakaria.

Élodie Soulié, leparisien.fr, 09.03.2022

2 Dégagez du texte les raisons pour lesquelles l'ONG Ashoka a lancé le projet « Ta voix compte ».

3 Décrivez en quelques phrases les projets des quatre jeunes.

4 a) Quelle est la relation entre le projet de Zakaria et ses propres expériences ?
b) Quel est le but de son engagement ?
c) Comment Zakaria motive-t-il les jeunes des banlieues à être présents régulièrement ?

VOCABULAIRE

5 En vous aidant du contexte, expliquez avec vos propres mots les phrases / expressions suivantes tirées de l'article.

soumises au vote du grand public (l. 9 – 10)   minés par le trafic de drogue (l. 41 – 42)

l'action gagne du terrain (l. 55)   la magie des réseaux sociaux (l. 71 – 72)

les gens ont pris confiance en nous, petit à petit (l. 78 – 79)   apporter ma pierre à l'édifice (l. 97 – 98)

○ 262, 11

6 Quelles valeurs de la devise républicaine « liberté, égalité, fraternité » retrouve-t-on dans les différents projets du texte ? Justifiez vos réponses.

PARLER / ÉCRIRE

7 Imaginez comment vous pourriez personnellement « *apporter votre pierre à l'édifice* » (l. 97 – 98).
a) Proposez un projet et décrivez-le.
b) Puis échangez vos idées avec deux partenaires. Mettez-vous d'accord sur le meilleur projet et présentez-le en classe.
c) Écrivez un e-mail à l'ONG Ashoka dans lequel vous présentez ce projet en précisant en quoi il correspond aux objectifs de « Ta voix compte ».

Mots et contexte

D 4 📄
thematischer
Wortschatz

I 3 ✋
interaktive
Übungen

D'une **génération** à l'autre, les **modes de vie** changent. Ces **transformations** dépendent des époques que les individus traversent, de l'air du temps, de leurs **quêtes** personnelles aussi.
5 Qu'est-ce qui est important dans la vie ?
La génération **précédente** va trouver la **suivante** plus ou moins **engagée**, plus ou moins **dépendante**, **optimiste** ou, au contraire, plus **négative**. Elle va expliquer ses choix en
10 fonction de ce qu'elle a elle-même vécu et se montrer, parfois, un peu **sévère** avec la nouvelle génération. C'est assez facile de **mettre des étiquettes**, de **reprocher** aux autres de ne pas faire assez d'**efforts** et de leur **faire la morale**.
15 On peut **idéaliser** le passé et dire : « l'**éducation** avant, c'était autre chose ! On avait un respect du **vivre ensemble**, on pouvait **compter sur** les autres, il y avait moins d'**égoïsme**. » Mais la **société** s'est **transformée**. Les familles ont
20 changé. Il y en a de toutes sortes, des **traditionnelles**, des **monoparentales** avec un seul parent, des **recomposées**, des familles avec deux papas ou deux mamans.
Les jeunes ne sont pas les seuls à faire leur
25 **coming out**. Des personnes plus âgées **avouent** aux autres, à leurs parents, à leurs enfants, à leurs amis ce qu'elles n'auraient jamais pu dire avant. Le **mariage pour tous** a changé les **mentalités** et les **rapports** entre les gens.
30 N'est-ce pas un progrès d'avoir la **liberté** d'aimer et de vivre comme on le souhaite

sans être **exclu(e)** ? Est-ce qu'il y avait vraiment plus d'**humanité** avant ? Est-ce qu'on n'**accuse** pas un peu vite la nouvelle génération d'être **irresponsable** parce qu'elle **manque** la chance 35 de s'exprimer avec son vote ?
Aujourd'hui, les jeunes ont de nombreuses convictions. Il ne faudrait pas les **sous-estimer**. Ils n'ont pas moins de **contrariétés**, ils ne sont pas moins **sensibles aux déséquilibres** du 40 monde, ils **se rendent** bien **compte** de ce qui ne va pas. Il y a peut-être moins d'**idéalisme**, moins de **naïveté** chez eux. Ils ont aussi moins le **sentiment d'appartenance à une communauté**. Mais ils savent aussi se montrer 45 plus **compréhensifs** et être **bouleversés** par les **injustices**. Certains sont parfois très **militants** aussi, même s'ils ne **s'impliquent** pas toujours comme **bénévoles** dans une **ONG**. Surtout, la **précarité** des **conditions de vie** n'**incite** pas 50 à s'engager. Quand il faut **lutter** chaque jour et **se battre pour** son **avenir**, on n'a parfois pas le temps ni l'énergie de **militer**. Mais ceux qui **se donnent du mal pour** une cause ne sont pas toujours les plus riches, les plus **privilégiés**. 55 On peut être pauvre et avoir **une vision du monde** à défendre. On peut **redouter** le manque d'argent à la fin du mois et **envisager de** participer à une **manifestation**. Avoir envie de **mobiliser** ses **potes**. Être debout pour 60 ne pas laisser les autres décider à sa place.

1 Cherchez dans le texte tous les mots et expressions autour des sujets « la quête de soi », « les relations humaines » et « s'engager ».

2 Trouvez l'intrus. Puis complétez les listes avec d'autres mots qui conviennent.

a) optimiste   découragé(e)   bénévole   engagé(e)

b) mobiliser   se battre   hésiter   se donner du mal

c) le mariage   le divorce   la quête   la famille

d) s'impliquer   reprocher   faire la morale   accuser

ÉCRIRE

3 Quels sont les aspects qui empêchent les gens de s'engager ou les y encouragent ? Faites deux listes. À l'aide de ces expressions, écrivez un petit texte : quels sont pour vous les aspects qui valent la peine d'être défendus ? Quels défis faut-il surmonter quand on s'engage ?

ÉCOUTER

A 3 🔊

D 5 📄

Abiturformate
Stratégie 291

13 🔊 Les jeunes veulent voir des « nomances ».

« Trouver sa voie, le défi de la jeunesse » est une série d'épisodes sur Radio France dans lesquels la journaliste Margaux Queffelec est partie à la rencontre de jeunes en France.

1 Écoutez le reportage une première fois et résumez en une phrase l'idée principale.

2 Écoutez le reportage une deuxième fois, puis répondez aux questions.
   a) Quelle est la définition de « nomances » ?
   b) Que désirent voir les jeunes dans les nouvelles séries ?
   c) Pourquoi une scène d'une série culte des années 2010 est-elle devenue virale ?
   d) Quelles réactions du public illustrent le changement de mentalités en ce qui concerne les scènes d'amour ?

ÉCOUTER

A 4 🔊

Stratégie 291

14 🔊 Plus de nature dans notre quotidien

1 Écoutez les trois extraits de reportage. Reliez le bon titre à chaque extrait.
Attention : il y a trois titres en trop.

Titres		1	2	3
A	Comprendre ce qui rend heureux			
B	Les dangers des produits alimentaires industriels			
C	Le confort de la vie à Paris			
D	Les jeunes veulent travailler dans les grandes entreprises.			
E	Faciliter les achats locaux et bio			
F	La plupart des Français ne veulent pas habiter en ville.			

LIRE

Stratégie 294

15 Une envie de se sentir utile

1 **bouder**
fernbleiben
8 **retranché(e)**
zurückgezogen
9 **brocarder**
spotten
10 **une frange**
Randgruppe
16 **gonfler**
vergrößern

[…] Ils boudent les urnes, mais prennent la parole sur tous les grands sujets de société. Du climat au sexisme en passant par les violences policières, le racisme ou les inégalités, les jeunes, ces 15 – 24 ans selon la catégorisation usuelle, ne se reconnaissent pas dans la génération « *apathique* », « individualiste », « *retranchée derrière les écrans* » que brocardent facilement leurs aînés – dont une frange de parents.

Leur « *hyperconnexion* » a, au contraire, un effet mobilisateur, disent-ils. À leur crédit, les milliers d'infos, de hashtags et de pétitions qu'ils se partagent d'un clic. Une tendance que la crise sanitaire et le confinement ont encore gonflée.

« *C'est pas parce qu'on n'a connu que la crise qu'on est une génération en crise* », fait valoir Jules, 17 ans […]. À 7 ans, ce natif de Seine-et-Marne intégrait les scouts. À 15 ans, il faisait ses premières marches pour le climat, s'associait à Youth for Climate (un mouvement qui revendique 130 groupes en France), et s'impliquait dans des conseils locaux d'enfants et de jeunes. C'est « *à partir de là* », rapporte-t-il, qu'il est devenu végétarien. « *À partir de là* », aussi, qu'il a commencé à se considérer comme un « *militant* ». […] →

Zoé Faucher, 21 ans, revendique,
30 un peu dans la même veine,
un *« féminisme 2.0 »*. Son engagement la fait graviter autour de
plusieurs associations et collectifs
(les « colleuses », #noustoutes,
35 Bon Chic Bon Genre), et *« inclut*
toutes les minorités de genre et les
minorités ethniques », explique
l'étudiante à Sciences Po Lille.

Dans la rue, à l'école, comme sur les
40 réseaux sociaux, *« c'est au quotidien*
que je partage des informations,
argue-t-elle, *au quotidien que je*
m'engage, en paroles et en actes.
Ça fait partie de moi, ça n'a rien
45 *d'une activité en plus ou d'une*
obligation ».

Ces arguments – *« l'obligation de résultats »*,
« l'engagement au quotidien », *« en actes »* –,
les sociologues les entendent aussi dans
50 les témoignages qu'ils recueillent. À rebours
du discours sur la démobilisation ambiante,
ils dressent le portrait d'une génération
marquée par la panne de l'ascenseur social,
mais qui s'invente de nouvelles modalités
55 d'engagement, d'autres usages de la
citoyenneté.

Les enquêtes ne manquent pas à ce sujet.
Près d'un jeune sur deux (47 %) a, en 2020,
signé une pétition ou défendu une cause sur
60 Internet, un blog ou un réseau social, selon
le baromètre 2020 de la direction de la
jeunesse, de l'éducation populaire et de la
vie associative […] qui s'attache à décrypter
les comportements des 18 – 30 ans. Un ratio
65 en augmentation de 11 points en cinq ans.
Cette enquête confirme la tendance à la
hausse de l'engagement bénévole : celui-ci a
concerné 40 % des jeunes, avec une évolution
positive pour la troisième année consécutive.
70 La participation à des manifestations, à des
grèves ou à des occupations a progressé
chaque année de 2 points entre 2017 et 2020,
pour impliquer 19 % des jeunes.

[…] Leur adhésion à un parti est […] marginale
75 et orientée à la baisse. Ce n'est pas une
découverte : l'élection de 2017 est passée par

là, marquée par le fort abstentionnisme des
jeunes autant que par leur vote protestataire,
aux deux bords de l'échiquier politique.

Des comportements résumés, *« à tort »*, 80
disent les chercheurs, à une forme de
dépolitisation, ce dont ils ne relèvent pas.
« Les jeunes témoignent d'une forte défiance
envers le système politique et ses représen-
tants, observe Anne Muxel, directrice de 85
recherche au CNRS. *Mais leur confiance*
démocratique résiste au développement
d'une citoyenneté de plus en plus critique.
C'est dans cette posture paradoxale qu'ils
deviennent citoyens, et cela les pousse à 90
des mobilisations marquées, parfois radicales,
à la recherche de résultats immédiats. »

[…] Cette mobilisation s'ancre davantage
dans le quotidien qu'elle ne s'affiche
collectivement : on mange autrement ; 95
on s'éclaire, on se lave, on se déplace
autrement ; on achète des vêtements
d'occasion ; on partage les « écogestes »…
« C'est l'activité menée personnellement
qui est au centre de l'engagement », résume 100
un autre observateur de la vie associative,
Philippe Maguin. Avec la conviction que
chacun, en montrant l'exemple dans sa vie
de tous les jours, peut contribuer au
changement. 105

(702 mots)

Extrait d'article – Campus – « Une envie de se sentir utile » :
une nouvelle génération de jeunes engagés – Par Mattea
Battaglia Publié le 26 janvier 2021 © Le Monde

1 Dégagez dans l'article des « *nouvelles modalités d'engagement* » (l. 54 – 55) des jeunes.

2 Expliquez dans quelle mesure Jules et Zoé font partie de la jeunesse décrite dans l'article.

ÉCRIRE

Au choix

3 Est-ce que le fait de s'abstenir aux urnes est automatiquement lié à une dépolitisation ? Prenez position et justifiez votre opinion.

Stratégie 306

4 Vous avez lu un article dans lequel la jeune génération est décrite comme « *apathique* », « *individualiste* », « *retranchée derrière les écrans* ». Vous ne vous reconnaissez pas dans cette description. Écrivez un courrier de lecteur, référez-vous à l'article ci-dessus et à vos expériences personnelles.

ZOOM SUR ... l'opérateur **prendre position et justifier**

Der Operator ***prendre position*** verlangt eine **eindeutige Positionierung** zu einem Thema, einer Fragestellung oder einem Zitat, verbunden mit einer sich anschließenden **Begründung** *(justifiez)*.

Textgliederung Kommentar	ON DIT
1. In der **Einleitung** wird die Fragestellung genannt und erläutert. Anschließend wird eine eindeutige Position eingenommen.	*Est-ce que les jeunes qui ne votent pas ne s'intéressent automatiquement pas à …?* *C'est la question qui se pose quand on discute de …* *À mon avis, / À mes yeux, / D'après moi, / En ce qui me concerne, …*
2. Im **Hauptteil** wird diese Position unter Angabe logischer, nachvollziehbarer Argumente mit Nennung von Beispielen begründet und erklärt. Antizipiert man andere Sichtweisen, sollen diese sofort wiederlegt werden.	*L'auteur / L'autrice a raison / tort de penser que … / quand il / elle affirme que …* *L'opinion / La thèse selon laquelle [Y et Z] est / me semble / parait … (in)acceptable / (peu) convaincante / (in)compatible avec …* *Il est vrai / exact / certain / évident que (+ indicatif), mais …* *J'ai l'impression / Je pense / Je crois / Je trouve / Je suis d'avis que …*
3. Im **Schlussteil** wird ein kurzes Fazit mit Bezug auf die zugrundeliegende Fragestellung gezogen.	*Pour conclure / terminer / résumer, on peut dire que …* *Tout cela montre (clairement) que …*

POUR VOUS AIDER

In der Regel erfordert dieser Operator eine eindeutige und klare Positionierung. Es geht hierbei nicht um das Darstellen beider Positionen und einer anschließenden Stellungnahme. Stattdessen ist Ihre Positionierung vorangestellt und bildet den Ausgangspunkt Ihres Texts. Es folgen im Hauptteil nur solche Argumente, die Ihre zuvor eingenommene Position stützen und erläutern.

2 Vivre les valeurs

PARLER

1 Travaillez à deux.
a) Choisissez chacun(e) une image, puis décrivez-la à tour de rôle et expliquez pourquoi vous l'avez choisie.
b) Lisez la définition du mot valeur. Puis échangez avec votre partenaire : en quoi chacune des images peut-elle être mise en relation avec le mot valeur ?

2 Faites une liste de valeurs qui, selon vous, sont importantes et présentez-la. Si nécessaire, utilisez un dictionnaire (en ligne).

DÉFINITION

valeur ◁)) nom féminin

Ce qui est posé comme vrai, beau, bien, d'un point de vue personnel ou selon les critères d'une société et qui est donné comme un idéal à atteindre, comme quelque chose à défendre.

Panorama

- Les valeurs comme base du bon fonctionnement d'une société
- La liberté a-t-elle des limites ?
- Comment faire face aux tentations et défis du 21e siècle ?
- À quoi rêve-t-on quand on est jeune ?

LIRE

Point info 318, 325, 326

la laïcité Trennung von Staat und Kirche
élire qn wählen
tenir compte de qc beachten
une croyance < croire
imposer qc à qn aufzwingen
se réunir sich versammeln
les droits *(m.)* **de l'homme** Menschenrechte

1 Les valeurs de la République française

Les valeurs de la République

Les valeurs de la République française

Notre pays est une république : la <mark>loi</mark> doit être respectée par tous et le président est élu (ce n'est pas un roi ni un fils de roi). Sa <mark>devise</mark> est « Liberté, égalité, fraternité ». Exemples d'idées importantes dans la République française.

La laïcité

C'est une règle dans notre pays depuis 1905. Elle dit que chacun est libre de choisir sa religion ou de ne pas en avoir. Les chefs du pays prennent des décisions pour tous les habitants, sans tenir compte des religions. Dans les écoles publiques, par exemple, les connaissances sont enseignées à tous de la même manière. Les croyances de chacun doivent rester à la maison, dans la vie privée.

La démocratie

En France, les citoyens <mark>majeurs</mark> ont le droit de voter pour choisir le président de la République, les <mark>députés</mark> et leurs représentants dans les villes, les départements et les régions.

Les libertés...

Les Français ont de nombreuses libertés. Ils ont le droit de s'exprimer, de se réunir, de choisir leurs idées politiques, de posséder ce qu'ils veulent... La liberté de la presse fait partie de ces libertés. C'est le droit des journalistes d'informer (raconter ce qui s'est passé) et d'exprimer leurs opinions. Tout cela, en respectant la loi. Par exemple, les paroles et les actions racistes sont interdites en France.

... et les droits de l'homme

On dit que « la France est le pays des droits de l'homme ». Parce que ces libertés sont écrites dans la Déclaration des droits de l'homme et du citoyen, un texte de 1789. En 1948, les pays du monde ont pris ce texte comme modèle pour créer la Déclaration <mark>universelle</mark> des droits de l'homme.

LIBERTÉ · ÉGALITÉ · FRATERNITÉ

MAIRIE

ART PRESSE

Dico

Loi : règle que tout le monde doit respecter.
Devise : ici, phrase courte qui exprime les valeurs d'un pays.
Majeur : ici, qui a 18 ans et plus.
Député : ici, personne élue qui vote les lois.
Universel : qui concerne le monde entier.

En plus 263, 1
24, 1

1 Travaillez à deux. A lit les textes sur la laïcité et la démocratie et B ceux sur l'égalité, les libertés et les droits de l'homme.
   a) Notez les idées principales de vos textes.
   b) À l'aide de vos notes, présentez à tour de rôle chacune des valeurs républicaines.

2 Notez pour chacune des valeurs liberté, égalité et laïcité un exemple concret de la vie quotidienne. Puis échangez vos idées avec plusieurs autres élèves.

> **POUR VOUS AIDER**
>
> porter un signe religieux ;
> donner son opinion ;
> ne pas faire de différence

VOCABULAIRE

3 Faites un filet à mots autour de la notion « les valeurs » et complétez-le au fur et à mesure du module.

2 ☆ ▷ Les valeurs de l'engagement

Avant le visionnage

1 Sur Internet, faites des recherches sur deux des personnalités suivantes : Bertrand Piccard, Anne Richard, Grand Corps Malade.

Pendant le visionnage

2 Regardez la vidéo une première fois, puis reliez chacune des affirmations suivantes à la personnalité correspondante.

a) Tout le monde est important !   Bertrand Piccard
b) Réalisez vos rêves !   Anne Richard
c) Unis dans la diversité !   Grand Corps Malade

24, 1 🗒

3 Regardez la vidéo une deuxième fois et répondez aux questions suivantes.
a) Par quelle supposition Bertrand Piccard commence-t-il sa déclaration ?
b) Quelle approche particulière a son entreprise ?
c) Quel est le message principal d'Anne Richard ?
d) Quelle limite impose-t-elle ?
e) Pourquoi est-il si important pour Grand Corps Malade d'avoir des rêves ?
f) Quelle importance accorde-t-il aux valeurs transmises par la famille ?

○ 263, 2

Au choix

PARLER
MK

4 Imaginez qu'en tant qu'expert(e), vous êtes interrogé(e) sur l'importance des valeurs. Que répondriez-vous ?
Tournez une courte vidéo ou faites un enregistrement vocal pour présenter et justifier votre point de vue. Les témoignages de la vidéo peuvent vous aider.

ÉCRIRE

5 Le journal de votre école partenaire vous demande de rédiger un article sur une valeur importante dans votre vie.
Rédigez ce texte en justifiant votre choix de valeur. Votre filet à mots de la page 39 peut vous aider.

LIRE

3 Jeunes et féministes

1 Un(e) féministe, qu'est-ce que c'est pour vous ? Expliquez.

Point info 322

2 Avez-vous déjà fait l'expérience ou été témoin d'inégalités ? Si oui, donnez des exemples. Si non, imaginez des exemples posibles.

13 **l'auditoire** (m.)
le public
18 **fédérer**
vereinigen
18 **un combat**
Kampf

« *Qui viendra à la marche le 20 novembre ?* »
Dans la salle de classe d'une annexe de l'université Paris-II-Panthéon-Assas, tous les bras se lèvent spontanément pour répondre
5 à la question posée par Caroline De Haas. Ce mercredi soir de novembre, une soixantaine de jeunes gens se sont rendus à la rencontre organisée par la fondatrice du collectif féministe #noustoutes, à l'approche de la

manifestation annuelle contre les violences 10
faites aux femmes, prévue à Paris une dizaine de jours plus tard.
Dans l'auditoire, la moyenne d'âge ne dépasse pas les 20 ans. Des étudiantes, quelques lycéennes, une poignée de garçons. […] 15
Créé en 2018, dans la foulée de #metoo et de l'élection d'Emmanuel Macron, #noustoutes fédère autour d'un combat principal : la lutte →

23 une cause *ici :* Sache, Angelegenheit
25 **prégnant(e)** important(e)
33 **un(e) militant(e)** aktives Mitglied
36 **un viol** Vergewaltigung
36 **un féminicide** Frauenmord
38 **un(e) interne** un(e) élève dans un internat
39 **une antenne** *ici :* Zweigstelle
44 **repeindre qc** neu streichen
46 **un cirque** Zirkus
47 **la souplesse** Gelenkigkeit
58 **davantage** plus
64 **une suffragette** une militante pour le droit de vote des femmes en Grande-Bretagne (au début du XXe siècle)
67 **être révolté(e)** aufgebracht sein
82 **s'étendre** sich hinlegen
82 **l'espace public** öffentlicher Raum
85 **mettre qc à disposition** zur Verfügung stellen

contre les violences sexistes et sexuelles. […]
20 Opération « Mains violettes » pour dénoncer, sur des tee-shirts, les violences faites aux femmes, distribution de flyers, actions de rue… l'enjeu est de rendre visible la cause, à un moment où la question des violences sexuelles occupe
25 une place prégnante dans la société. Pour les générations nées avec le numérique, l'éducation au féminisme se fait au moins en partie sur les réseaux sociaux, qui ont aussi l'avantage de permettre des mobilisations rapides.
30 Beaucoup partagent un champ lexical militant commun. À l'image de Camille, 17 ans, lycéenne à Amiens (elle souhaite garder l'anonymat, comme toutes les militantes mentionnées par leur seul prénom), qui désigne spontanément la
35 « *lutte contre le système patriarcal* », « *la culture du viol* » ou « *le combat contre les féminicides* » comme moteurs de son engagement.
Pour cette interne en classe de terminale arts et sciences, qui vient de créer une antenne
40 #noustoutes dans son établissement, l'expression du sexisme passe par « *des choses du quotidien, qu'on rencontre toutes* ».
Elle l'observe dans la rénovation récente des sanitaires du lycée, repeints en rose côté filles,
45 en bleu côté garçons. Mais aussi dans les conseils reçus à son cours de cirque : « *On dit aux filles qu'elles doivent travailler la souplesse, la grâce… J'ai entendu ‹tu devrais faire du cirque plus comme une fille›, mais si, moi, j'ai envie de*
50 *faire comme les garçons ?* », s'indigne-t-elle. […]

Leur sensibilisation aux discours féministes les conduit à interroger les modèles avec lesquels elles ont grandi. Ainsi, Paloma, 24 ans, engagée

au sein du collectif #noustoutes82 : « *J'ai des*
55 *cousins de mon âge et, depuis que je suis toute petite, on a eu des traitements différents, sur les horaires, les rôles à la maison. Les garçons avaient le droit de sortir davantage. Je me souviens que mon arrière-grand-mère me disait ‹tu dois savoir*
60 *faire un lit›, et j'ai aussi entendu des phrases comme ‹c'est pas joli ce mot dans la bouche d'une petite fille›* », évoque-t-elle pêle-mêle. C'est au lycée, lors d'une sortie cinéma où elle découvre l'histoire des suffragettes grâce au film réalisé
65 par la Britannique Sarah Gavron et sorti en 2015, qu'elle commence à se sentir « *vraiment révoltée* » par les inégalités. « *J'ai ensuite lu le livre de Malala Yousafzaï [Moi, Malala*, Calmann-Lévy, 2013]*, qui venait de recevoir le prix Nobel*
70 *de la paix, ça m'a beaucoup marquée.* »
Le passage à l'action militante intervient quelques années plus tard, en juillet 2020, quand elle voit passer un appel de #noustoutes en faveur de la création de comités locaux.
75 Paloma rejoint celui de Montauban, dont elle est désormais référente, un rôle qu'elle prend très au sérieux. « *On a distribué des sacs à pain avec des ‹violentomètres›* [infographie qui permet d'évaluer le niveau de violences subies
80 dans un couple] *dans des boulangeries.* » Elle a aussi organisé un die-in – cela consiste à s'étendre par terre dans l'espace public – « *pour alerter sur les féminicides* ». Des mobilisations locales évidemment encouragées par le
85 #noustoutes national, qui met à disposition une boîte à outils pour préparer des actions. […]

M Campus - Solène Cordier « Dans les lycées et les universités, une nouvelle génération de jeunes féministes », Le Monde, 17/11/2021

3 Présentez le collectif #noustoutes, ses buts et ses actions.

4 Quels exemples de sexisme au quotidien le texte donne-t-il ? Connaissez-vous d'autres exemples ? Racontez.

5 Décrivez les modèles avec lequel les jeunes grandissent.

Au choix

PARLER
Stratégie 302

6 Les suffragettes, Malala Yousafzaï : des héroïnes féminines. Connaissez-vous d'autres femmes qui ont marqué la société ? Choisissez une héroïne, faites des recherches et présentez-la dans un monologue minute.

ÉCRIRE
25, 1 📄

7 Proposez une autre action qui permettrait d'attirer l'attention des gens sur l'inégalité des sexes. Pour cela, créez une affiche (numérique), un spot publicitaire ou un post sur Instagram. Présentez votre action. Puis dites quelle action vous semble la plus efficace / difficile / facile à réaliser ? Justifiez vos réponses.

ÉCOUTER ET
REGARDER

27, 1

Point info 318

Stratégie 291

4 ◁⑩ ⊙ **Balance ton quoi**

1   Lisez le titre. À votre avis, de quoi pourrait parler la chanson d'Angèle ?

2   a) Regardez le clip et vérifiez vos hypothèses de l'exercice 1.
     b) Résumez en 2 – 3 phrases de quoi parle la chanson.

3   Caractérisez le style de musique.

Balance ton quoi
Balance ton quoi est une chanson d'Angèle. Le titre fait référence au mouvement #BalanceTonPorc, l'équivalent français de #MeToo.

2 **une chatte** *vulgäre Bezeichnung für weibl. Geschlechtsorgan*
19 **à demi-mot** *andeutungsweise*
21 **laid(e)** *≠ beau*
34 **abuser** *ici : übertreiben*

Ils parlent tous comme des animaux
De toutes les chattes ça parle mal
2018 j'sais pas c'qui t'faut
Mais je suis plus qu'un animal
5 J'ai vu qu'le rap est à la mode
Et qu'il marche mieux quand il est sale
Bah faudrait p't'être casser les codes
Une fille qui l'ouvre ça serait normal

Balance ton quoi
10 Même si tu parles mal des filles
Je sais qu'au fond t'as compris
Balance ton quoi, un jour peut-être ça changera

Balance ton quoi
15 Donc laisse-moi te chanter
D'aller te faire en… hmm
Ouais j'passerai pas à la radio
Parce que mes mots sont pas très beaux
Les gens me disent à demi-mot
20 Pour une fille belle t'es pas si bête

Pour une fille drôle t'es pas si laide
Tes parents et ton frère ça aide
Oh, tu parles de moi
C'est quoi ton problème ?
J'ai écrit rien qu'pour toi le plus beau des poèmes   25
Laisse-moi te chanter
D'aller te faire en… hmm
Ouais j's'rai polie pour la télé
Mais va te faire en…, hmm   30

Balance ton quoi (3x)
Un jour peut-être ça changera
Y a plus d'respect dans la rue
Tu sais très bien quand t'abuses

Balance ton quoi (2x)   35
Laisse-moi te chanter
D'aller te faire en… hmm
Ouais j'passerai pas à la radio
Parce que mes mots sont pas très beaux
[…]   40

27, 2

4   Après avoir lu les paroles, dégagez et expliquez tous les clichés / stéréotypes que la chanson (et le clip) évoque(nt).

○ 264, 3

5   Analysez les moyens que la chanson et le clip utilisent pour lutter contre le sexisme.

6   Pesez le pour et le contre d'une chanson comme moyen de soutenir le mouvement #BalanceTonPorc.

VOCABULAIRE

7   Relevez dans la chanson et dans l'article page 41 les expressions qui parlent des inégalités entre les sexes et intégrez-les dans votre filet à mots de la page 39.

ÉCRIRE

28, 3

8   Ce mois-ci, sur le blog franco-allemand de votre lycée partenaire, tout tourne autour de la musique. On a demandé aux élèves français et allemands de rédiger la critique musicale d'une chanson de l'autre pays (chanson française pour les élèves allemand(e)s et vice-versa). Vous écrivez la critique musicale de *Balance ton quoi*. Votre filet à mots peut vous aider.

5   Différente ?

LIRE

PARLER

Stratégie 304

1 Décrivez l'image ci-contre.

2 Imaginez le quotidien de cette jeune fille.

5 **neutre** neutral
7 **s'éclaircir la gorge** sich räuspern
12 **froncer les sourcils** *(m., pl.)* die Stirn runzeln
12 **se rétracter dans sa coquille** sich in sein Schneckenhaus zurückziehen
15 **un fauteuil roulant** Rollstuhl
22 **bégayer** stottern
28 **une grappe** Traube
35 **une fête foraine** Jahrmarkt
35 **un fusil** Schießgewehr
37 **avoir la trouille** *(fam.)* avoir peur
60 **dévisager qn** anstarren
62 **enceinte** schwanger

Sur le chemin du retour, le prof de sport retient Camille. Il lui demande comment se passe sa rentrée, si elle se sent bien dans sa nouvelle classe, si elle a des amis. À toutes les questions,
5 elle répond un « Ça va » neutre, convaincue qu'il prépare le terrain pour dire autre chose. Il s'éclaircit la gorge et puis :
— Je voudrais te faire une proposition. La semaine prochaine, c'est la semaine du
10 handicap… C'est moi qui m'en occupe au collège.
Camille fronce les sourcils, se rétracte dans sa coquille.
— D'habitude, on fait venir une association
15 de malvoyants, ou des personnes en fauteuil roulant qui témoignent de leur vie quotidienne, bref des gens de l'extérieur. Cette fois, ce serait bien que ce soit toi.
— Moi quoi ? elle interroge, méfiante.
20 — Qui parle de handicap. Et voilà.
— Je suis pas handicapée.
Le prof bégaie :
— Je… Tu… enfin, tu n'as pas…. pas de….
Camille stoppe net, plante ses pupilles dans
25 les pupilles du prof :
— Je suis PAS handicapée.
[…]
Camille pense aux grappes d'yeux. On va la regarder aujourd'hui, demain, encore et encore,
30 au collège. Elle se dit qu'avec sa semaine du handicap, le prof lui donne peut-être une chance de les faire disparaître, ces regards écrasants.
— Alors Camille ?
De les dégommer avec des mots comme on tire
35 sur des ballons de fête foraine avec des fusils et des balles en plastique, paf, paf, paf, il reste plus rien et tu gagnes le gros lot. Elle a un peu la trouille, mais elle s'entend répondre :
— D'accord.
40 Toute la semaine, Camille a pensé à ce qu'elle allait dire. Elle a répété devant le miroir de sa chambre, […] devant sa mère, devant Sarah. Elle était prête. Et maintenant qu'elle est face à la classe, elle a du chamallow dans le cerveau.

— Camille, on t'écoute !   45
— Euh… je commence par quoi ?
— Eh bien. D'où tu viens ?
— Ton histoire ?
— Je suis née à Farjevol, à 500 km d'ici, il y a une rivière, c'est la campagne, il y a une école, 50
un collège, une piscine, des pistes de roller, un parc avec des arbres immenses, mes cousins aussi, mes amis, mon ancienne maison, c'est beau, il fait souvent soleil, pas aussi froid et gris qu'ici, j'ai passé toute ma 55
vie là-bas avec ma mère et ma sœur. […] Il y a une chose très différente entre ici et Farjevol. En plus de la campagne, de l'accent des gens, du temps qu'il fait, tout ça. Là-bas, personne ne me dévisageait. […] Je suis née sans bras. 60
À cause d'un médicament que ma mère a pris quand elle était enceinte, et voilà, ils n'ont jamais poussé. Ma mère a su que je n'aurais pas de bras, elle l'avait vu, à l'échographie, les docteurs étaient prévenus à l'hôpital 65
et ma famille aussi. On m'attendait sans bras, alors je n'ai surpris personne.
Des rires fusent. Elle rougit.
— Pardon… monsieur Georges… a dit qu'il voulait que je vous parle de handicap. Mais 70
je ne suis pas handicapée. Je suis différente. On est tous différents, les cheveux, les yeux, la taille, la voix, disons que je suis un peu plus différente. Par exemple, j'ai des pieds qui me servent de mains. Mes mains ne sont pas 75
au même endroit que vos mains, mais comme vous je me lave les cheveux avec, je m'habille, […]
— Donc, tu es différente, dit Léna, mais pas handicapée ? 80
— Handicapé, ça veut dire qu'il te manque quelque chose. Je trouve qu'il ne me manque rien. Et on dit pas handicapé, en fait. On dit : en situation de handicap. […]   →

85 Ce n'est pas la « personne » qui est handicapée.
C'est le corps « dans certaines situations. »
Par exemple moi à l'escalade. Mais des fois, vous
êtes vous-mêmes en situation de handicap. […]

Abdoulaye triture son stylo.

90 — Des fois, être noir, c'est un handicap.
Toutes les têtes se tournent vers lui.
Abdoulaye fixe son cahier.
— Qu'est-ce que tu veux dire, Abdoulaye ?
demande le prof.
95 — On n'est pas considérés pareil que les autres.
Comme s'il nous manquait des choses. Pas des
bras, ou des yeux, ou des parties du corps.
Certains pensent qu'on n'est pas aussi intelli-
gents, aussi bien que les Blancs, et du coup
100 c'est plus dur de trouver du travail. Ou de louer
un appartement. Parce qu'on est noirs. […]
— Comment ça s'appelle, demande le prof,
cette façon de considérer inférieures certaines
catégories de personnes parce qu'elles sont
différentes ? 105
— L'injustice !
— Le racisme…
— Le sexisme !
— Il y a un mot qui résume tout ça… alors ?
— Discrimination ! s'exclame Aurélien 110
(évidemment).
— Exactement. Parfois, les personnes en
situation de handicap, elles aussi sont
discriminées.
Arthur lève la main, tracassé. 115
— Mais alors Camille… il ne faut plus qu'on
te regarde ?
— Ben, si…… Mais pas de cette manière –
et elle écarquille les yeux exagérément.
Vague de rires dans la classe. 120
— Pas comme une chose bizarre.

Extrait de : Valentine Goby, „L'anguille" (p. 69 – 76),
texte écourté © Éditions Thierry Magnier, 2020

29,1 🖥

3 Résumez l'extrait en quelques phrases.

○ 264, 4

4 Caractérisez Camille.

29, 2 🖥

5 Relevez dans les lignes 28 à 44 les expressions qui montrent que Camille ne se sent pas toujours à l'aise et expliquez le langage imagé.

6 Expliquez la déclaration faite par Camille : « *Mais je ne suis pas handicapée. Je suis différente.* » (l. 70 – 71). Qu'en pensez-vous ?

ÉCRIRE

Au choix

Stratégie 312

7 Le soir, Camille repense à la discussion qui a eu lieu en classe. Écrivez son monologue intérieur en tenant compte des doutes qu'elle avait avant de prendre la parole.

8 Vous participez au projet « L'Europe des droits de l'homme » qui lutte contre les discriminations en Europe. Choisissez une situation concrète et imaginez ce qu'on pourrait faire pour lutter contre cette forme de discrimination. Sur le site du projet, présentez la situation choisie et les mesures qu'on pourrait prendre.

ÉCOUTER
A 5 🔊
Stratégie 291

6 🔊 Social bar

Dans le podcast Les bonnes ondes *sur France Inter, Sébastien Sabiron emmène les auditeurs et auditrices à la découverte d'un social bar dans le XIIe arrondissement de Paris.*

Avant l'écoute

1 À votre avis, un social bar, qu'est-ce que c'est ? Faites des hypothèses et échangez-les en classe.

Pendant l'écoute

2 Écoutez le reportage une première fois et vérifiez vos hypothèses de l'exercice 1. Puis expliquez l'idée générale d'un social bar.

30, 1 🖹

3 Écoutez le reportage jusqu'à 02'10" et notez les défis qu'on donne aux client(e)s du bar. Puis comparez vos résultats avec un(e) partenaire et complétez votre liste.

4 Écoutez la fin du reportage et répondez aux questions suivantes.
  a) Quels types de soirées sont organisés ?
  b) Comment devient-on actionnaire et quels en sont les avantages ?
  c) Qu'est-ce qui est prévu dans les années à venir ?

Après l'écoute

5 Imaginez d'autres défis pour les client(e)s du social bar. Puis, en groupe, jouez ces défis.

PARLER
ⵔⵔ

○ 264, 5

6 Choisissez un des rôles et à deux, discutez du concept du social bar.

A Vous êtes grand(e) fan du social bar et vous essayez de persuader votre ami(e) de vous accompagner.

B Vous êtes un peu timide et n'aimez pas trop les bars en général. Vous n'êtes pas convaincu(e) par l'idée du social bar.

LIRE

7 ☆ Facettes de la vie

3 **les CRS** Bereitschaftspolizei
7 **un parvis** Vorplatz
7 **une grenade lacrymogène** Tränengasbombe
10 **le bitume** Asphalt
12 **une arcade sourcilière** Augenbrauenbogen
14 **une gerbe** eine Fontäne
21 **les détritus** *(m., pl.)* les déchets
29 **un rassemblement** Versammlung

aboutir à finir par
négligeable vernachlässigbar

C'est quoi, déjà, ce coup-ci ? Dans les rues autour de la gare Saint-Lazare des CRS casqués courent derrière
5 des manifestants avec des foulards devant le visage. Sur le parvis, une grenade lacrymogène explose. Deux manifestants tombent sur
10 le bitume noir et humide. Une dizaine de CRS se mettent à leur taper dessus. Une arcade sourcilière s'ouvre dans un bref hurlement et une impressionnante gerbe de sang. D'autres manifestants se
15 rapprochent et lancent des projectiles sur les forces de l'ordre. Celles-ci répliquent par une nouvelle grenade lacrymogène.

Un peu plus loin, aban-
donnée près d'une poubelle verte destinée 20 aux détritus recyclables, une banderole dit : « CHOISIR ENTRE LA TERRE ET LE CIMETIÈRE ; C'EST 25 MAINTENANT ! » Ouais, c'est ça,

effectivement, ce soir : un rassemblement contre le réchauffement climatique*. Minh Tuan trouve bizarre 30 de défendre une telle cause en hiver.

Assise face à lui à l'étage du Burger King situé à l'intérieur de la gare, Chloé colle son

→

* **Réchauffement climatique :** aboutira potentiellement, d'ici la fin du XXIᵉ siècle, à la quasi-extinction de notre espèce. En 2020, une partie non négligeable de la population commence à en prendre conscience, mais une partie encore moins négligeable continue à s'en moquer. Minh Tuan, Chloé et Gaspard appartiennent aux deux groupes à la fois.

■ GRAMMAIRE
Le participe présent
essayant de filmer… : comme elle essaie de filmer…

I 4 ✎
interaktive Übungen
32, 3 📄

■ GRAMMAIRE
Le gérondif
en jouant : pendant qu'elle joue

I 4 ✎
interaktive Übungen
V 3 ▶
Erklärvideo
32, 3 📄

l'urticaire (*f.*) Hautausschlag
à la sauvette auf dem Schwarzmarkt

---

téléphone à la vitre, essayant de filmer les
35 affrontements comme elle peut. Gaspard, lui, casse des ampoules de Phénergan* dans son gobelet de Sprite.
— T'arrives à filmer, avec la nuit ? interroge Minh Tuan.
40 — Ouais, répond Chloé en jouant avec les réglages de son téléphone. En zoomant bien je peux même, genre, avoir les détails des blessures et tout !
— Tu vas le foutre sur Insta ? demande
45 Gaspard en mélangeant sa boisson codéinée avec sa paille.
— Peut-être en story, oui…
— Fous-leur un filtre pour qu'ils aient tous des oreilles de chien ou un truc comme ça !
50 Les trois lycéens éclatent de rire, tandis que Chloé met en ligne sa vidéo.
#ViolencesPolicières
#AttentionChiensMéchants
#LaBonneAmbi
55 Gaspard termine la confection de son breuvage […].

Minh Tuan sourit, adossé à la vitre du fast-food. De l'autre côté de celle-ci, les CRS continuent à casser les gueules des manifestants. Voilà
60 ce qu'on gagne, à vouloir sauver cette planète de merde… Entre les tables, un SDF promène sa mauvaise odeur et sa main tendue de client en client, pour la troisième fois depuis que Minh Tuan et les autres sont là. Pour la
65 troisième fois également, l'adolescent sort une pièce d'un euro de la poche de sa veste et la pose sur le coin de la table, la désignant d'un mouvement du menton lorsque l'homme vient chercher son tribut. Tout en reprenant
70 sa lean, Gaspard le regarde s'éloigner avant de se tourner vers Chloé et Minh Tuan.
— Vous pourriez être clochards pendant un an, si après on vous filait un salaire de deux mille euros tous les mois pendant le reste de votre vie ?
75 — Qui c'est qui le filerait ? demande Chloé.
— Je sais pas. L'État.
— Ce serait grave chelou, non, que l'État organise des trucs comme ça ?
— C'est juste une hypothèse. Pour savoir.
80 — Une hypothèse de merde, wesh !

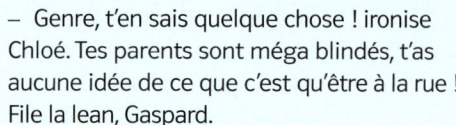

— Franchement je sais pas si je le ferais, coupe Minh Tuan. Deux mille euros, c'est pas si
85 ouf comme salaire.
— Ouais, mais c'est toute ta vie, alors que t'as juste à être clochard un an !
90 — Un an c'est long, quand t'es à la rue.
— Genre, t'en sais quelque chose ! ironise Chloé. Tes parents sont méga blindés, t'as aucune idée de ce que c'est qu'être à la rue ! 95 File la lean, Gaspard.
— Parce que toi, si ?! Chloé Vaguaire, experte internationale de la misère et de la survie en terrain hostile !
— Je connais toujours ça mieux que toi ! 100
— N'importe quoi ! T'habites un pavillon et ta mère est une putain de dentiste !
— Ton père est diplomate, tocard !
— Le mien est responsable du rayon jardin à Auchan, intervient Gaspard d'une voix pensive. 105 Je suis le plus proche d'être SDF.
— Et donc, tu le ferais, alors, toi, ton pari de merde ? demande Chloé. Tu serais clochard pendant un an ?
— Je crois, oui… Toi ? 110
— Non, répond la jeune femme d'une voix traînante, alourdie par la codéine. La rue ça craint, pour une meuf […]
Minh Tuan se détourne de la conversation pour regarder une nouvelle fois par-dessus 115 son épaule, vers le parvis de la gare. Même si les cris continuent, ils se sont éloignés. Il ne reste plus devant Saint-Lazare que quelques petits groupes de CRS et une grosse flaque brillante. Elle semble rouge. Elle est 120 rouge. Probablement du sang. Certainement du sang. Par le truchement du reflet dans la vitre, Minh Tuan aperçoit le SDF, de retour pour un quatrième euro.
— Venez, on se casse, propose-t-il en 125 soupirant. J'en ai marre d'être ici.

Vincent Mondiot : Les derniers des branleurs ; pp. 11 – 15
© Actes Sud, 2020 (texte écourté)

---

* **Phénergan :** sirop codéiné contre l'urticaire. Uniquement disponible sur ordonnance ou à la sauvette dans certains quartiers de Paris. C'est ce canal qui a les faveurs de Gaspard.

31, 1

1 a) Racontez ce qui se passe à l'extérieur autour de la gare St. Lazare et à l'intérieur du Burger King.

b) Décrivez la réaction de Chloé, Gaspard et Minh Tuan aux évènements.

2 Travaillez à trois. Chacun(e) s'occupe d'un des jeunes.
Expliquez comment votre personnage réagit à la question posée par Gaspard (l. 72 – 74).
Présentez ses arguments.

PARLER

3 a) Que pensez-vous de la réaction de votre personnage ? Discutez en justifiant votre avis.

b) Et vous, que répondriez-vous à la question de Gaspard ? Justifiez votre réponse.

VOCABULAIRE

4 À l'aide d'un dictionnaire (en ligne), reliez les expressions en français familier à leur équivalent en français standard.

un clochard (l. 72)	un(e) incapable
filer (l. 75)	c'est dangereux
grave chelou (l. 77)	fou
un truc (l. 78)	une chose
ouf (l. 86)	partir
genre, t'en sais qc (l. 83)	un SDF
méga blindé(e) (l. 94)	comme si tu le savais
un(e) tocard(e) (l. 103)	une femme
ça craint (l. 112)	donner
une meuf (l. 113)	très riche
se casser (l. 125)	très étrange

PARLER

32, 2

5 Travaillez à trois.

a) Réécrivez l'échange entre Chloé, Gaspard et Minh Tuan (l. 72 – 113) en français standard. L'exercice 4 peut vous aider.

b) Puis répartissez les rôles des trois jeunes entre vous. Lisez à voix haute l'extrait pour un autre groupe – une fois dans la nouvelle version, puis une fois dans la version originale.

c) Le groupe spectateur décrit ensuite l'effet de cette modification sur la scène.

ÉCRIRE

○ 265, 6

6 Réagissez dans un post à la story de Chloé sur les réseaux sociaux (l. 32 – 53).

LIRE

8 ☆ **La fin justifie les moyens.**

D 6
Texthilfe

Point info 318

un grand-duc
Großfürst
une calèche
Pferdekutsche
lâche + courageux

1 a) Le titre est un proverbe. Trouvez son équivalent en allemand.

b) Imaginez une situation dans laquelle ce proverbe pourrait s'appliquer.

En février 1905, à Moscou, un groupe de terroristes organise un attentat à la bombe contre le grand-duc Serge, oncle du tsar.
Le militant Yanek Kaliayev, choisi pour lancer la bombe, n'ose pas le faire à cause de la présence de deux enfants dans la calèche. Stepan, un autre militant, lui reproche d'avoir été lâche.
Cet extrait présente la discussion entre Kaliayev, sa compagne Dora, Stepan et Annenkov, le chef du groupe terroriste.

Albert Camus et *Les Justes*
Albert Camus
(1913 – 1960) est un écrivain et journaliste français. Il a également écrit de nombreuses pièces de théâtre. *Les Justes* paraît en 1949 et a pour sujet l'attentat de 1905 contre le grand-duc Serge.

GRAMMAIRE
La phrase conditionnelle
Si vous y **croyiez**…, que **pèserait**…

I 5 🖐
interaktive Übungen
V 4 + 5 ▷
Erklärvideos
36, 5 🖵

Stepan : L'Organisation t'avait commandé de tuer le grand-duc.

Kaliayev : C'est vrai. Mais elle ne m'avait pas demandé d'assassiner des enfants.

5 **Annenkov** : Yanek a raison. Ceci n'était pas prévu.

Stepan : Il devait obéir.

[…]

Dora : Ouvre les yeux et comprends que
10 l'Organisation perdrait ses pouvoirs et son influence si elle tolérait, un seul moment, que des enfants fussent broyés par nos bombes.

Stepan : Je n'ai pas assez de cœur pour ces niaiseries. Quand nous nous déciderons
15 à oublier les enfants, ce jour-là nous serons les maîtres du monde et la révolution triomphera.

Dora : Ce jour-là, la révolution sera haïe de l'humanité entière.

Stepan : Qu'importe si nous l'aimons assez fort
20 pour l'imposer à l'humanité entière et la sauver d'elle-même et de son esclavage.

Dora : Et si l'humanité entière rejette la révolution ? Et si le peuple entier, pour qui tu luttes, refuse que ses enfants soient tués ?
25 Faudra-t-il le frapper aussi ?

Stepan : Oui, s'il le faut, et jusqu'à ce qu'il comprenne.

[…]

Annenkov : Stepan, tout le monde ici t'aime et
30 te respecte. Mais quelles que soient tes raisons, je ne puis te laisser dire que tout est permis. Des centaines de nos frères sont morts pour qu'on sache que tout n'est pas permis.

Stepan : Rien n'est défendu de ce qui peut
35 servir notre cause.

[…] Des enfants ! Vous n'avez que ce mot à la bouche. Ne comprenez-vous donc rien ? Parce que Yanek n'a pas tué ces deux-là, des milliers d'enfants russes mourront de faim pendant des
40 années encore. Avez-vous vu des enfants mourir de faim ? Moi, oui. Et la mort par la bombe est un enchantement à côté de cette mort-là. Mais Yanek ne les a pas vus. Il n'a vu que les deux chiens savants du grand-duc.
45 N'êtes-vous donc pas des hommes ? Vivez-vous dans le seul instant ? Alors choisissez la charité et guérissez seulement le mal de chaque jour, non la révolution qui veut guérir tous les maux, présents et à venir.
50 **Dora** : Yanek accepte de tuer le grand-duc puisque sa mort peut avancer le temps où les

enfants russes ne mourront plus de faim. Cela déjà n'est pas facile. Mais la mort des neveux du grand-duc n'empêchera aucun enfant de mourir de faim. Même dans la destruction, il y 55 a un ordre, il y a des limites.

Stepan : Il n'y a pas de limites. La vérité est que vous ne croyez pas à la révolution. Si vous y croyiez totalement, complètement, […] que pèserait la mort de deux enfants ? Vous vous 60 reconnaîtriez tous les droits, tous, vous m'entendez. Et si cette mort vous arrête, c'est que vous n'êtes pas sûrs d'être dans votre droit. Vous ne croyez pas à la révolution.

Kaliayev : Stepan, j'ai honte de moi et pourtant 65 je ne te laisserai pas continuer. J'ai accepté de tuer pour renverser le despotisme. Mais derrière ce que tu dis, je vois s'annoncer un despotisme qui, s'il s'installe jamais, fera de moi un assassin alors que j'essaie d'être un 70 justicier. […] Frères, je veux vous parler franchement et vous dire au moins ceci que pourrait dire le plus simple de nos paysans : tuer des enfants est contraire à l'honneur. Et, si un jour, moi vivant, la révolution devait se 75 séparer de l'honneur, je m'en détournerais. Si vous le décidez, j'irai tout à l'heure à la sortie du théâtre, mais je me jetterai sous les chevaux.

Stepan : L'honneur est un luxe réservé à ceux 80 qui ont des calèches.

Kaliayev : Non. Il est la dernière richesse du pauvre. Tu le sais bien et tu sais aussi qu'il y a un honneur dans la révolution. C'est celui pour lequel nous acceptons de mourir. 85

Extrait de : Albert Camus, „Les Justes",
acte 2 (écourté) © Gallimard, 1950

2 Exposez le problème dont il est question dans ce texte.

34, 1

3 Quelles sont les deux pensées qui s'affrontent dans cette scène ?
Au nom de quelles valeurs ?

4 À deux, dégagez les arguments des protagonistes en complétant le tableau suivant. Puis décidez quels arguments sont plus convaincants pour vous et expliquez pourquoi.

Arguments de Stepan	Arguments d'Annenkov, de Kaliayev et Dora

EXPRESSIONS UTILES

Comparer

… tandis que … ; … pendant que … ; … alors que … ; Contrairement à … ; À l'inverse de … ; Comparé à …

5 Montrez par quels moyens stylistiques (syntaxe, champs lexicaux, …) Albert Camus souligne l'aspect dramatique de cette scène.

34, 2 ; 35, 3–4
Stratégie 295

6 A-t-on le droit de recourir à des actions illégales pour défendre une cause ?
Discutez en groupes.

PARLER
○ 265, 7

7 Un engagement (p.ex. des actions pour sauver la planète) vous tient particulièrement à cœur. Jusqu'où seriez-vous prêt(e)s à aller pour défendre votre position ? Quelles sont les limites morales que vous fixez à votre engagement ? Rédigez un commentaire personnel.
Faites aussi référence au titre.

ÉCRIRE
Stratégie 309

LIRE

9   Ado et accro

1 De quoi est-ce que vous ne pourriez absolument pas vous passer ? Pensez-vous que vous y êtes accros ? Pourquoi (pas) ?

Ils souffrent d'une dépendance aux jeux vidéo et refusent d'aller à l'école. […] Une situation difficile pour les familles qui se sentent abandonnées face à cette addiction.

5 […]

Enfermés dans leurs chambres, ces jeunes jouent en ligne, parfois jusqu'à 70 heures par semaine. Coupés du monde extérieur, ils ont déserté l'école, rompu tous liens avec le monde
10 extérieur.

Leurs derniers interlocuteurs sont les parents qui les nourrissent et les joueurs qui partagent leurs parties de Fortnite, Minecraft et autre League of legends. […]
15 Environ 5 à 9 % des adolescents sont touchés par une addiction aux jeux vidéo selon une étude d'Emma Boussand et Laelia Benoit. L'écrasante majorité sont des garçons.
« Le phénomène est sans doute sous-évalué, car
20 *nous avons de plus en plus d'appels, y compris*

de parents d'enfants en primaire, le confinement imposé par le Covid a sans doute aggravé la situation », note Sandrine Chambaretaud, correspondante de l'association Phobie Scolaire en Île-de-France. 25

« Tant qu'il joue, l'adolescent s'oublie et ne souffre plus, il ne se sent ni seul, ni nul » […]
Thomas Gaon est spécialiste des addictions sans produit (jeux vidéo, jeux d'argent, sexe…). Dans son cabinet de l'hôpital Marmottan 30 →

9 **déserter** quitter
9 **rompre qc** abbrechen
11 **un interlocuteur / une interlocutrice** Gesprächspartner(in)
17 **une étude** Studie
18 **écrasant(e)** überwältigend
23 **aggraver qc** rendre plus grave

GRAMMAIRE
La négation
· Il **ne** se sent **ni** seul, **ni** nul.
· Il **n'**est **plus** allé…
· Ils **ne** connaissent **aucune** fille.

I **6**
interaktive Übungen
37, 2

(Paris 17e), ce psychologue reçoit des dizaines de jeunes accros aux jeux vidéo chaque semaine. Pour lui, la première question à se poser n'est pas « *Pourquoi cet enfant joue aux*
35 *jeux vidéo ? Mais pourquoi cet enfant ne va plus à l'école ?* ». Harcèlement, phobie scolaire, dépression, timidité extrême, sont autant d'explications au décrochage scolaire. Face à un sentiment d'impuissance et de vulnérabilité
40 extrême, les jeux vidéo semblent un refuge idéal. […]
Pour Léo, c'est une dépression qui a tout déclenché. Et en fin de 6e, il n'est plus allé à l'école. « *Ce n'est pas qu'il ne voulait pas,*
45 *mais il ne pouvait pas, il était anxieux et souffrait de phobie scolaire* », précise sa mère, Stéphanie. Par la suite, ses parents apprendront qu'il a été harcelé à l'école. Aujourd'hui, Léo, 17 ans, suit par intermittence des cours
50 à distance au CNED en classe de première. Enfin, en ce moment il est en « *pause* », nous dit sa mère qui a bien essayé quand il était plus jeune de supprimer ses jeux, sans succès. Depuis, le jeune garçon joue aux jeux vidéo
55 toute la journée, la nuit aussi, et se lève vers 14 heures, en oubliant parfois de manger. Son absentéisme scolaire a fait l'objet de plusieurs signalements de la part de l'école. « *Une assistante sociale est venue à la maison, ils ont*
60 *parlé ensemble de sa souffrance, elle lui a dit de penser à sa santé avant tout. Si la situation était déjà difficile, la mort accidentelle de son père il y a deux ans n'a évidemment rien arrangé.* », soupire Stéphanie […]
65 Elle se console en se disant qu'il s'instruit aussi un peu sur Internet, apprend des langues

étrangères, s'intéresse à la géopolitique. Mais elle s'inquiète surtout de son avenir. « *Il a peu d'amis, et ne sort qu'une fois par mois au maximum* ». […]
70 Certains ont tôt fait de juger les parents : « *Il suffit de supprimer l'ordinateur, de confisquer le téléphone et il n'y aura plus de problème* ». Pas si simple. Lorsque les jeunes sont contraints par leur famille d'interrompre
75 une partie, le vide de leur existence éclate à nouveau et la détresse refait surface.
« *Pour continuer à jouer, les enfants peuvent se livrer à des colères terribles* », […] confirme Thomas Gaon. Impuissants, les parents cèdent
80 et la situation perdure. […]

Au fil du temps, la situation s'aggrave. […] « *Souvent les jeunes qui s'enferment complètement dans les jeux vidéo jusqu'à la déscolarisation ne savent faire que ça. […]*
85 affirme Thomas Gaon. […] « *Ils n'ont pas fait de crises d'adolescence, ne sont pas sortis, ne connaissent aucune fille et n'ont pas vraiment grandi sur le plan intellectuel* », déplore le psychologue. […]
90

Afin de prévenir l'addiction, Thomas Gaon préconise la mise en place d'une « hygiène numérique ». Selon lui, c'est aux parents de poser un cadre. […] « *L'enfant doit pouvoir jouer, mais les parents doivent s'assurer que*
95 *cela n'empiète ni sur son travail ni sur son temps libre* », affirme le psychologue. […]

Sophie de Tarlé et Paul-Henri Wallet,
14/04/2022, www.etudiant.lefigaro.fr

2 Résumez le sujet du texte en une à deux phrases.

36, 1 **3** Dégagez du texte
  a) les causes et les conséquences d'une addiction aux jeux vidéo en général.
  b) les causes et les conséquences de l'addiction aux jeux vidéo chez Léo.
  c) les mesures proposées pour faire face à une addiction aux jeux vidéo.

En plus 265, 8 **4** Parmi les mesures proposées, lesquelles vous semblent les plus efficaces ? Justifiez votre avis.

VOCABULAIRE **5** Trouvez dans le texte tous les mots autour du domaine de la santé. Puis comparez votre liste avec un(e) partenaire.

Au choix

ÉCRIRE

Stratégie 309

6 Écrivez un commentaire en comparant les deux citations suivantes :
« *On ne peut guérir de la tentation. Seulement s'en éloigner.* » (Umar Timol)
« *Le seul moyen de se délivrer de la tentation, c'est d'y céder.* » (Oscar Wilde)

PARLER

○ 265, 9

Stratégie 300

7 Pensez-vous que les adolescents ont trop de libertés ou qu'il y a, au contraire, trop de restrictions ? Discutez de la question en donnant des exemples.

LIRE

10 Peur du lendemain

PARLER

1 Quand vous pensez à l'avenir, y a-t-il des choses qui vous inquiètent parfois ? Lesquelles ? Expliquez pourquoi.

2 Lisez la définition de l'écoanxiété et donnez deux exemples de menaces.

3 Travaillez à trois. Chacun(e) s'occupe d'un témoignage.
   a) Dégagez de votre témoignage les éléments suivants.

DÉFINITION

écoanxiété ◁)) nom féminin

Peur causée par les menaces environnementales qui pèsent sur la planète

	Gingko	Marina	Néreide
causes de l'écoanxiété			
craintes concrètes			
réactions face à la situation			

   b) Présentez vos résultats à vos partenaires. Puis complétez le tableau avec les informations données par les autres membres de votre groupe.

2 **miner qn / qc** zermürben
3 **s'enraciner** sich festsetzen
4 **affecter qn / qc** avoir des conséquences sur
9 **un dérèglement** Störung
11 **angoisser qn** faire peur
14 **atroce** horrible
15 **infliger qc à qn** zufügen
17 **les semblables** *ici :* les êtres humains
18 **un caprice** Laune
20 **j'ai beau …** sosehr ich auch …
20 **s'acharner à** essayer encore et encore

Face à la catastrophe climatique, l'écoanxiété mine de plus en plus sévèrement notre psyché. Elle s'enracine chez les nouvelles générations, dont les vies seront dramatiquement affectées
5 par les désastres à venir. Reporterre a recueilli leurs témoignages.
[…]

Gingko, 15 ans, « La majorité des gens sont insensibles au dérèglement de notre planète »
10 Je me sens très différente des autres jeunes de mon âge. C'est en partie ce qui m'angoisse. J'ai l'impression que la majorité des gens sont totalement insensibles au dérèglement de notre planète, insensibles aux atroces
15 souffrances que l'on inflige aux êtres vivants innocents que ce soit les animaux ou les végétaux, mais aussi nos semblables qui

doivent supporter les déchets de nos caprices à l'autre bout du monde… Je suis écoanxieuse parce que je vois que j'ai beau m'acharner à vouloir sauver le monde, il y aura toujours ces gens, là-haut, qui nous dirigent, qui nous manipulent, qui détruisent sans pitié le monde 20

→

24 **la croissance**
Wachstum

28 **une famine**
Hungersnot

31 **un(e) militant(e)
écologiste** Um-
weltaktivist(in)

35 **entrevoir qc**
ahnen

45 **bâtir qc**
construire

50 **la rage de vivre**
Drang zu leben

53 **se manifester**
se montrer

55 **pousser qn**
antreiben

60 **l'ampleur** (f.)
Ausmaß

65 **une rue mar-
chande** une
rue avec des
magasins

67 **gâcher**
verderben

68 **saper le moral**
(fam.) aufs Ge-
müt schlagen

69 **contraindre qn
à qc** obliger

74 **au sein de qc**
innerhalb

75 **surmonter**
dépasser

avec pour seul moteur l'argent et la croissance
25 et qui vraisemblablement ne s'arrêteront pas.

J'ai peur qu'on n'y arrive pas. Peur que demain,
la vie soit un enfer entre les guerres, les
famines, les sécheresses, les inondations et la
disparition de la vie. »

30 **Marina, 19 ans, « L'écoanxiété touche tous les
militants écologistes un jour ou l'autre »**
Je suis engagée depuis plus de trois ans dans
le mouvement écologiste. L'écoanxiété est
arrivée avec. J'en souffre régulièrement. L'état
35 dans lequel nous laissons entrevoir notre futur
n'est pas acceptable. Il m'arrive parfois de me
dire que se battre ne sert plus à rien, qu'il faut
abandonner et arrêter de donner de l'énergie
pour un combat déjà perdu. Ce sentiment me
40 poursuit au quotidien, dans tous les aspects de
ma vie. J'ai changé mon alimentation et ma
façon de voir les choses. Je ne souhaite pas
avoir d'enfant, je ne veux pas laisser quelqu'un

vivre dans le monde que nous sommes en train
de bâtir. J'essaie pourtant de garder de l'espoir. 45
Si l'écoanxiété touche tous les militants
écologistes un jour ou l'autre, nous nous
remotivons toujours et continuons le combat. »

**Néreide, 18 ans, « Cette angoisse s'est
transformée en rage de vivre »** 50
L'écoanxiété représente pour moi la peur du
futur, mais aussi l'angoisse du présent. Elle se
manifeste tout le temps et sous différentes
formes. Elle rythme ma vie, mes décisions. Elle
m'empêche parfois de dormir et me pousse à 55
réfléchir, mais surtout, elle me force à agir. Car
chez moi, cette angoisse se révèle souvent dès
que je vois des nouvelles sur l'état de notre
planète, un film, un documentaire ou encore
une photo sur l'ampleur de nos déchets. Mais 60
aussi quand je me promène dans certains lieux,
lorsque je me rends compte de la façon dont
l'Homme a transformé le paysage, ne laissant
plus de place à la végétation ou encore quand
je me rends dans des rues marchandes, rues 65
exemplaires de la surconsommation. […]
Si cette angoisse me gâche parfois la vie, me
sape le moral et m'empêche de sourire autant
que je le voudrais, elle me contraint aussi à
l'action. […] Si cette peur est toujours présente, 70
elle s'est peu à peu transformée en rage de
vivre, en la volonté farouche de défendre ce
qui me paraît important. Elle me pousse à
m'engager au sein de dynamiques collectives
qui me permettent de surmonter cette 75
angoisse paralysante afin de la transformer en
force militante.

Gaspard d'Allens et Alain Pitton, Reporterre.net, 28/04/2022

En plus 266, 10

4 Avec quelles parties des témoignages êtes-vous / n'êtes-vous pas d'accord ? Dans quels
domaines avez-vous des craintes / des sentiments semblables ? Discutez.

VOCABULAIRE

5 Faites une liste des mots / expressions autour de l'écologie.

Au choix

PARLER
Stratégie 305
MK
38, 1 📄

6 Votre lycée partenaire prépare un documentaire composé de témoignages vidéo autour
de la question : quel rôle joue l'écoanxiété dans votre vie ? On a demandé à votre classe
d'y participer.
Donnez votre position dans une courte vidéo. Les expressions de l'exercice 5 peuvent
vous aider.

ÉCRIRE
Stratégie 309
38, 2–3 📄

7 Face à la crise climatique : continuer à se battre ou est-ce que c'est « *un combat déjà perdu* »
(l. 39) ? Réagissez à l'article et expliquez votre tendance dans un post sur le forum de
Reporterre.

LIRE

PARLER

11 Poursuivre ses rêves

1 Quels rêves avez-vous pour votre avenir ? Racontez.

Solène, le personnage principal de cet extrait, est une brillante avocate. Un jour, elle a un burn-out et se retrouve dans une maison de santé où elle lit par hasard une annonce accrochée au mur.

5 **une vocation** Berufung

6 **foisonnant(e)** *ici :* blühend

7 **révéler des dispositions particulières** avoir un grand talent

14 **Colette** écrivaine française

15 **Virginia Woolf** écrivaine anglaise

17 **se montrer réticent(e)** Vorbehalte haben

21 **un sentier battu** festgefahrener Weg

27 **Ernest Hemingway** écrivain anglais

43 **un cabinet** *ici :* Kanzlei

62 **grignoter** wörtlich: essen

64 **impavide** sans peur

65 **rassasier qn** sättigen

Mission d'écrivain public. Nous contacter.
À la lecture de l'annonce, Solène est parcourue d'un étrange frisson. Écrivain. Un mot seulement, et tout revient.

5 Avocate, ce n'était pas sa vocation. Enfant, Solène avait une imagination foisonnante. À l'adolescence, elle avait révélé des dispositions particulières en français. Ses professeurs s'accordaient à dire qu'elle était
10 douée. Elle noircissait des cahiers de poèmes, de nouvelles qu'elle ne se lassait pas d'inventer. Elle rêvait en secret de devenir écrivaine. Elle s'y voyait déjà, assise à un bureau sa vie durant, un chat sur les genoux comme Colette, dans
15 une chambre à soi telle Virginia.
Lorsqu'elle avait révélé son projet à ses parents, ils s'étaient montrés plus que réticents. Tous deux professeurs de droits, ils considéraient d'un œil méfiant les vocations
20 artistiques, ce chemin à part, méconnu, éloigné des sentiers battus. Il fallait choisir un métier sérieux, reconnu par la société. C'est cela qui comptait.

Un métier sérieux. Peu importe qu'il vous rende heureux.
25 Les livres, ça ne paie pas, avait dit son père. À moins d'être Hemingway, mais ça… écrire, tu peux toujours le faire pour toi. Alors Solène avait ravalé ses espoirs, son chat sur les genoux et ses romans de Virginia. Elle était
30 rentrée dans le rang, en bon petit soldat. Ses parents voulaient une fille avocate, elle se conformerait à leurs souhaits. Elle réaliserait leur projet à défaut du sien. Le droit, ça mène à tout, avait rajouté sa mère. Elle avait menti. Le
35 droit ne mène à rien. Il ne renvoie qu'à lui-même. Il a conduit Solène dans cette chambre aux murs blancs, où elle tente d'oublier les années qu'elle lui a consacrées. Lorsqu'ils lui rendent visite à la maison de santé, ses
40 parents avouent ne pas comprendre son état. Tu as tout pour toi, disent-ils, une place dans un cabinet réputé, un bel appartement…
Et après ? songe Solène amèrement. Sa vie ressemble à une maison témoin que l'on fait
45 visiter. La photo est jolie, mais il manque l'essentiel. Elle n'est pas habitée. Lui revient cette citation de Marilyn Monroe qui l'avait marquée : *Une carrière c'est bien, mais ce n'est pas ce qui vous tient chaud aux pieds la nuit.*
50 Les pieds de Solène sont glacés. Son cœur aussi. Oublier ses rêves d'enfant, c'est facile, il suffit de ne plus y penser. De les recouvrir d'un voile comme on recouvre d'un drap les meubles d'une maison qu'on s'apprête à quitter. À ses
55 débuts au cabinet, Solène continue à écrire, profitant de chaque moment de liberté que lui laissent ses fonctions de collaboratrice. Mais les textes s'espacent. Dans son emploi du temps surchargé, les mots ne trouvent plus
60 leur place. L'avocature est exigeante, Solène l'est aussi. Le travail se met à grignoter ses jours de congé, ses vacances, ses week-ends, ses soirées. Monstre impavide qu'elle ne peut rassasier, il dévore ses sorties entre amis, ses
65 activités. Ses amours, aussi. Des histoires, elle

67 **déclarer forfait**
partir

en a, mais ses amants finissent par déclarer forfait lorsqu'ils comprennent qu'ils ne sont pas de taille à lutter. […]
70 Jusqu'à Jérémy.
Un avocat séduisant, cultivé, plein d'esprit, rencontré lors de l'élection du bâtonnier de Paris. Ils exerçaient tous deux la même profession, ce qui rassurait Solène. Jérémy la
75 comprenait, il avait les mêmes priorités, pensait-elle. Une amie l'avait pourtant

prévenue : « *Deux avocats dans un couple, c'est un de trop.* » Elle ne s'était pas trompée. Jérémy l'a quittée pour une femme moins brillante mais plus disponible, croisée lors d'un dîner où 80 Solène n'avait pu le rejoindre, accaparée par un dossier.
Écrivain public. Les mots sont puissants. Ils sont des bombes à retardement. Solène reste longtemps devant l'intitulé de l'annonce. […] 85

© Laetitia Colombani, Les victorieuses, 2019

2   Décrivez le rêve qu'avait Solène et ce qu'il en est devenu.

3   De quelle manière les parents de Solène ont-ils influencé le choix de leur fille ?

4   Quels effets la profession de Solène a-t-elle eus sur sa vie privée ?

○ 266, 11   **5**   Analysez les moyens stylistiques utilisés par l'autrice pour illustrer ces effets.

ÉCRIRE   **Au choix**

Stratégie 312   **6**   Le soir, à la maison de santé, Solène réfléchit au rêve qu'elle a abandonné. Elle se demande si elle devrait changer de vie. Écrivez son monologue intérieur.

Stratégie 309
38, 1 ▢   **7**   À votre avis, dans quelle mesure la réalisation de ses rêves est-elle importante pour réussir sa vie ? Écrivez un commentaire personnel.

MÉDIATION   # 12   Jugendliche träumen von Beständigkeit.
Stratégie 313

1   Paraphrasez en français les termes suivants :
der Lebensabschnitt (l. 6), *der Lass-Deine-Träume-wahr-werden-Tag* (l. 7), *der Sinn des Lebens* (l. 20), *der Ansporn* (l. 41), *die Weiterbildung zum Betriebswirt* (l. 71).

ÉCRIRE   **2**   Votre correspondant(e) français(e) vous raconte que dans sa classe, beaucoup d'élèves n'ont pas de rêves ou d'objectifs auxquels ils travaillent. Il / Elle vous demande si les jeunes en Allemagne pensent pareil. Sur Internet, vous avez trouvé l'article suivant dont vous présentez les informations essentielles à votre correspondant(e) dans un e-mail.

Goslar. Was fällt euch als erstes ein, wenn euch jemand nach euren Träumen fragt? Jeder von uns hat doch ein Ziel, auf das er gerade hinarbeitet. Das kann beispielsweise etwas 5 *Materielles wie ein neues Handy sein oder ein neuer Lebensabschnitt.*
Morgen ist der Lass-Deine-Träume-wahr-werden-Tag. Der Tag soll dazu motivieren, Ziele zu erreichen und sich ihnen bewusst zu werden. 10 *Die Junge Szene hat Goslarer Jugendliche befragt, wie sie ihre Träume verwirklichen und was sie vom Aktionstag halten.*

Jasmin Schulz erzählt, dass der Tag zwar als Anregung dienen kann und sie an ihre Träume erinnert, es ihrer Meinung nach aber 15 Wichtigeres gibt. Vor allem, weil es heutzutage *„einen Tag für alles"* gibt, ist er für sie nichts Besonderes.
Dennoch sind Träume für die 17-Jährige *„der Sinn des Lebens"*. Die Goslarerin träumt von 20 einer Reise nach Skandinavien. Sie möchte 2021 ihr Abitur bestehen und anschließend Grundschullehramt studieren. Ihren Traum, beim Amerika-Austausch teilzunehmen, hat →

25 sie sich bereits erfüllt. Darauf ist Jasmin ziemlich stolz, denn sie hat sich die Reise allein finanziert. Die Schülerin hat dafür im Großhandel gearbeitet und viel gespart. […]

30 Im Gegensatz zu Jasmin, die grundsätzlich für ihre Träume arbeitet, geht es Anna Lohse entspannter an. *„Ich lasse es einfach auf mich zukommen"*, sagt 35 die 17-Jährige. Die Schülerin ist optimistisch und der Überzeugung, dass sie ihre Träume verwirklichen kann. Sie träumt nach ihrem Fachabitur von einer Reise nach Amerika oder 40 Australien.

Dort möchte sie entweder als Au Pair arbeiten oder Work and Travel leisten. Außerdem will sie beruflich als Chemikerin durchstarten. Sie findet Träume wichtig, weil 45 sie einen Ansporn bieten, Chancen zu ergreifen und etwas zu verändern. *„Ich halte viel von dem Tag, da man sich somit seine Ziele bewusst machen kann"*.

Eugen Romanov sieht das ähnlich und findet, 50 dass man ohne Ziele nicht leben kann. Er sieht regelrecht eine Gefahr darin, keine zu haben. *„Dann kann man aus der richtigen Bahn geraten und sich das Leben ruinieren"*, meint der 18-Jährige. Er ist in Kasachstan geboren 55 und erst vor drei Jahren nach Deutschland gekommen. Seitdem hat er sich bereits einige Träume erfüllt. Er geht zur Schule und hat die deutsche Sprache gelernt. Nachdem er seine Schulausbildung beendet hat, ist es ein 60 Berufswunsch von ihm, Zugführer zu werden. Er kann sich aber auch vorstellen, später als Mechaniker zu arbeiten.

Eugen hat auch Ziele für sein Privatleben. Er möchte eine Frau finden und mit ihr eine Familie gründen. „Mit zwei Kindern.", sagt er. 65 Vom Lass-Deine-Träume-wahr-werden-Tag hält er jedoch gar nichts. Er meint, dass Träume einfach so kommen und man dafür keinen speziellen Tag braucht. […]
Der 22-jährige Thomas Klass hingegen sagt, 70 dass der Tag als „Erinnerung an seine Träume" dient. Es ist ein Ziel von ihm, nach seiner Ausbildung als Groß- und Außenhandels-kaufmann einen Job zu finden. Er könnte sich zudem noch vorstellen, eine Weiterbildung 75 zum Betriebswirt zu absolvieren. Einen Traum hat sich der Goslarer bereits erfüllt: Er hat sein Abitur geschafft.

Generell sind Träume für ihn sehr wichtig und er lernt viel, um sie zu erreichen. Thomas 80 meint: „Du musst was vor den Augen haben, denn ohne ein Ziel kommst du nicht weiter und du darfst nicht stehen bleiben. Stehen bleiben ist das Schlimmste".

Melina Meyer: Jugendliche träumen von Beständigkeit. 11.01.2019, (c) Verlag der Goslarschen Zeitung (gek.)

39, 1 📄

3 Personnellement, quels rêves souhaiteriez-vous réaliser et quelles sont les difficultés qui, selon vous, se présenteraient alors ? Racontez.

POUR VOUS AIDER

Pour exprimer des rêves, utilisez le conditionnel présent.
J'aimerais … / Je voudrais …
Le problème serait …

LIRE

D 7 📄
Texthilfe

13 Tu seras le King !

1 Voilà la couverture du roman et le texte qui est imprimé
au dos. Quelles sont vos attentes ? De quels « rêves trop
grands » le livre pourrait-il parler ?

*« Un texte coup de poing d'une nécessité révoltante,
qui frappe nos mémoires et donne un nom et un visage
à tous les enfants aux rêves trop grands. »*

*Willy, le protagoniste du roman, est un petit garçon africain.
Il veut devenir médecin en France ou à New York. Comme le billet
d'avion coûte trop cher, Willy demande l'aide de Jules et choisit
une autre option…*

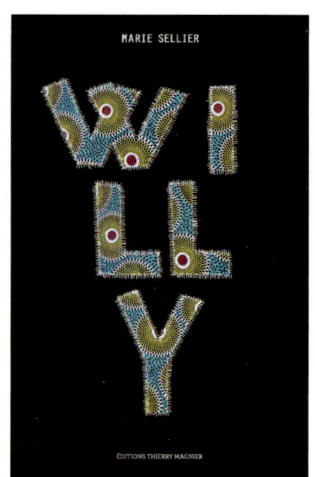

*Le texte suivant
n'est pas annoté.
Si nécessaire,
cherchez les
mots incon-
nus dans un
dictionnaire (en
ligne). N'oubliez
pas : il n'est
pas nécessaire
de chercher
chaque mot pour
comprendre le
texte de manière
globale.*

Jules travaillait en tant que vacataire à
l'aéroport de Diaglo. Il connaissait en détail
l'agencement des lieux, les horaires du
personnel au sol, les petites habitudes de
5 chacun, les plans de vol. D'emblée, il employa
un vocabulaire technique qui impressionna
Willy : vérin technique, cylindre, piston. Il était
évident qu'il maîtrisait son sujet.

— Tu vois, mon gars, les trains se logent sous
10 les ailes. T'es pas bien gros, t'auras largement
la place de tenir. Chambre quatre étoiles pour
s'envoyer en l'air ! Ah ! Ah !
Et en route pour le plus beau des voyages ! Je
te dis pas qu'il ne fait pas un peu froid là-haut,
15 mais on reste dans la troposphère, alors tu
vois !

Willy ne voyait rien du tout, sinon que Jules s'y
connaissait vraiment.
— Faut juste que tu te couvres bien. Une
20 doudoune, des chaussettes, un bonnet et une
couverture, tu seras le King. Et pour
l'atterrissage, pas de problème, il y a des
amortisseurs du tonnerre, l'avion rebondit sur
la piste comme sur un trampoline. C'est cool,
25 mon pote ! Et hop ! Le tour est joué ! Je te jure,
c'est un bon plan. Normalement c'est deux cent
mille mais pour toi je le ferai à cent mille parce
que t'es un pote d'Armand. Tu files le bif et je
t'arrange le coup.
30 Willy dit qu'il allait réfléchir.
— Y a un vol par jour pour Paris. Tu choisis ta
date et je m'occupe de tout. Et hop, à toi
Paname ! C'est pas beau, la vie ?

Au cybercafé, Willy se documenta sur Paris.
Paris, la plus belle des villes, centre névral- 35
gique d'un monde fascinant et inconnu ;
Paris et ses innombrables monuments,
ses cafés, l'animation de ses rues. Là-bas,
à l'ombre de la tour Eiffel et de l'arc de
Triomphe, il pourrait faire de bonnes études. 40
Il travaillerait dur et deviendrait médecin,
peut-être même chirurgien. Il se ferait tout
petit dans le grand appartement du père
d'Armand pour ne surtout pas peser et il
lui rendrait tant de services que celui-ci 45
ne pourrait plus se passer de lui. Il ferait
le ménage, les courses, lui mitonnerait les
plats qu'il avait vu sa mère préparer. Ses
professeurs seraient fiers de lui. On le citerait
en exemple. La France pourrait s'enorgueillir 50
de l'avoir accueilli. Puis, son diplôme en poche,
il reviendrait exercer au pays. Il ouvrirait un
cabinet, travaillerait à l'hôpital, sauverait des
vies et les gens viendraient de loin pour le
consulter. Avec son salaire, il achèterait une 55
grande maison pour toute sa famille, avec
deux salles de bains carrelées, des toilettes
séparées, un salon avec des canapés
moelleux, encore plus beaux et confortables
que ceux de l'oncle Adama et de la tante 60
Clo, et des lits à baldaquin dans les chambres.
On l'appellerait docteur et on parlerait de
lui avec respect. Il serait le King, comme
disait Jules.

Dépêche AFP

Ce matin, un membre du personnel au sol de l'aéroport de Roissy-Charles de Gaulle à Paris a découvert le corps sans vie d'un enfant d'une dizaine d'années dans le train d'atterrissage d'un avion de ligne en provenance de Diaglo. Le jeune légèrement vêtu a sans doute succombé au froid qui sévit à haute altitude. En effet, les températures descendent à – 50 °C entre 9 000 et 10 000 mètres, altitude à laquelle volent les avions de ligne.

Les logements de train d'atterrissage ne sont ni chauffés ni pressurisés. Le jeune n'avait ni passeport, ni carte d'identité, mais on a trouvé dans sa poche un papier froissé portant une adresse inconnue : 22, rue du Roi des Bouffons, Paris.

Marie Sellier : Willy ; pp. 42 – 44, 91 (c) Editions Thierry Magnier, 2021 (texte écourté)

2 Décrivez ce que vous ressentez après avoir lu le texte une première fois et expliquez vos sentiments.

> **EXPRESSIONS UTILES**
>
> pensif / pensive ; perplexe ; étonné(e) ; effrayé(e) ; choqué(e) ; horrifié(e) ; triste ; désespéré(e) ; indifférent(e)

ÉCRIRE
39, 1

3 Qu'apprenez-vous sur Willy ? Décrivez son rêve.

4 Décrivez le comportement de Jules. Comment le jugez-vous ?

5 Dans cet extrait, les rêves et la réalité s'affrontent. Dégagez comment cet affrontement est mis en scène.

Stratégie 295

6 Analysez les moyens stylistiques que l'auteur utilise pour évoquer Paris et expliquez les effets produits.

VOCABULAIRE

7 Trouvez dans le texte les synonymes des mots suivants.

clair   utiliser   très bien connaître   s'habiller   promettre   organiser

se renseigner   être un poids   être fier   travailler   mourir

Au choix

PARLER
○ 266, 12

8 Jeu de rôle : A prend le rôle d'un ami de Willy qui est au courant de son plan et essaie de le convaincre de ne pas partir. B prend le rôle de Willy qui défend sa décision. Trouvez des arguments, puis jouez la discussion.

ÉCRIRE

9 Avant de partir pour l'aéroport, Willy écrit une lettre à ses parents dans laquelle il décrit son rêve et son avenir en France. Rédigez cette lettre.

Mots et contexte

D 8 📄
thematischer Wortschatz

I 7 🏃
interaktive Übungen

La **liberté**, l'**égalité**, la **fraternité** et la **laïcité** sont les quatre grandes **valeurs** de la France. Elles fondent tout le **droit** français. Dans une démocratie, les
5 **citoyens** doivent **respecter** les **lois** qui ont été **votées** par les personnes qu'ils ont **élues**. Mais ils ont aussi le droit d'**exprimer leur opinion** s'ils trouvent une loi **injuste** et qu'ils veulent la changer.

10 Ainsi, la **liberté de la presse** leur **permet de** donner leur avis dans les médias et d'appeler les responsables politiques à **tenir compte des droits humains**.

Les citoyens peuvent **se réunir** dans des
15 **mouvements** qui luttent pour changer les **mentalités** ou **défendre** les droits de l'homme. Le **féminisme**, par exemple, ne tolère pas les comportements **sexistes** dans lesquels les femmes sont **harcelées** et **considérées comme**
20 des objets. Ce mouvement dénonce aussi les différenciations de genre. Il existe de nombreux autres mouvements. Certains veulent agir en **solidarité** avec les **SDF** ou les **personnes en situation de handicap** qui sont souvent
25 **discriminées**. Pour se montrer **solidaires**, leurs **militants** peuvent participer à des **manifestations**. Les **forces de l'ordre** sont alors là pour protéger les **manifestants** et agir avec **humanité**. Il en va de leur **honneur** que les
30 manifestations se passent bien. Mais la liberté des citoyens a des **limites**. Il faut bien **se rendre compte** qu'on ne peut pas dire ni faire n'importe quoi. Ainsi, la loi interdit le **racisme** et les **discriminations**. Elle oblige aussi,
35 par exemple, les élèves et les professeur(e)s à ne pas montrer de **signes religieux** à l'école et à rester **neutres**. Mais chacun est libre de ses **croyances**.

Des mouvements **s'inquiètent** pour la santé des jeunes qu'ils trouvent de plus en plus
40 **anxieux** et parfois même en grande **détresse**. Certains **angoissent** d'aller à l'école et **refusent d'abandonner** leurs chambres. On peut dire qu'ils **souffrent** de **phobie scolaire**. Leur **souffrance** et leurs **angoisses** peuvent
45 être si grandes qu'ils **rompent les liens avec** le **monde extérieur** et **trouvent refuge dans** des **addictions**. Ils pensent ainsi **se consoler** et n'imaginent pas que s'ils sont **accros à** la drogue, aux écrans, aux jeux ou à l'alcool,
50 on peut profiter de leur **vulnérabilité**. Mais il ne faut pas **céder à** la peur et **garder espoir** car il suffit parfois de quelques mots pour retrouver la joie de vivre… et l'énergie de **réaliser ses rêves**. Mais dans le monde
55 d'aujourd'hui, il n'est pas toujours facile de ne pas être **pessimiste** et de ne pas **se décourager**, de continuer à **faire des efforts** et de trouver un vrai **sens à la vie**. Les adultes peuvent aider les jeunes à **surmonter les**
60 **obstacles** et leur montrer qu'il est important de **se battre pour ses rêves** et pour un **avenir meilleur**.

---

1 Cherchez les mots / expressions qui correspondent aux définitions suivantes.

a) la devise de la France
b) le contraire d'interdire
c) un mouvement qui dénonce le sexisme
d) une personne qui n'a pas de logement
e) un synonyme pour la police
f) le fait de ne pas prendre position
g) un synonyme d'avoir peur
h) le fait d'être accro
i) le contraire de se motiver
j) un équivalent d'« avancer malgré les difficultés »

2 a) Relevez les mots et expressions correspondants aux catégories suivantes.

| conflits sociaux et individuels | santé mentale | engagement citoyen |

b) Puis à l'aide des mots et expressions trouvés, écrivez un court texte sur l'une des catégories.

14 Le refus scolaire anxieux augmente.

[…] Alors que le nombre d'élèves frappés par des troubles anxieux augmente, infirmières, conseillers d'éducation, enseignants et chefs d'établissement racontent leurs efforts pour
5 mettre en place un accueil personnalisé et éviter la déscolarisation, et leurs difficultés. « *On bricole* », « *on patauge* », « *on bidouille* ». Que faire quand un enfant ou un adolescent ne peut plus aller à l'école car l'angoisse est trop
10 forte, quand les parents appellent pour dire qu'ils n'ont pas réussi à le faire sortir de sa chambre ou qu'ils sont arrivés devant le collège ou le lycée mais ont dû faire demi-tour, leur progéniture étant dans l'incapacité de
15 franchir les grilles ? Les professionnels de l'éducation se posent la question régulièrement, avec désarroi. Si aucune statistique n'est produite par l'éducation nationale, tous constatent une augmentation depuis quelques
20 années du refus scolaire anxieux, autrefois appelé « phobie scolaire », chez leurs élèves de tous âges, tous milieux sociaux et niveaux scolaires. « *Au moins un ou deux par classe* », estiment des chefs d'établissements. Pour les
25 infirmières, CPE, psychologues, enseignants…, la pandémie de Covid-19 n'y est pas pour rien et ces phobies représentent une facette du mal-être actuel des jeunes, documenté par les études de l'agence Santé publique France : un
30 sur cinq souffre aujourd'hui de troubles dépressifs. « *Certains élèves ont aimé rester chez eux. Ils se sont enfermés dans leur tête et dans leur maison et ne se sont réellement jamais déconfinés* », analyse Carole Zerbib, proviseure
35 adjointe du lycée Voltaire, à Paris. […] Le diagnostic n'est pas toujours simple à poser tant les causes sont multiples. Le harcèlement ou des angoisses de performance peuvent venir détruire le goût de l'école, même en
40 primaire. Les équipes s'attachent néanmoins à repérer le plus tôt possible les premiers symptômes pour éviter l'engrenage qui mène à la déscolarisation. L'anxiété se matérialise d'abord par des maux de ventre, des crises d'angoisse, des absences perlées. « *Soit ça*
45 *passe, soit ça casse, remarque Sandie Cariat, infirmière scolaire dans l'académie de Montpellier et membre du SNICS-FSU. Soit l'élève arrive, avec de l'aide, à gérer ses crises d'angoisse, soit il va s'absenter un jour puis deux,*
50 *puis trois jusqu'à ne plus pouvoir revenir.* » […] Les personnels tentent alors de mettre en commun leurs compétences et de proposer un « projet d'accueil individualisé » adapté. « *Nous sommes très très souples pour réussir à trouver*
55 *la formule qui permettra à l'élève de rester en cours* », note Florence Vincent, principale d'un collège dans l'Oise. « *C'est du cousu main* », abonde Laurence Colin, proviseure d'un lycée professionnel à Arcachon (Gironde). Ici, l'élève
60 viendra seulement deux heures le matin car il ne supporte plus la cantine. Là, il sera autorisé à porter un casque pour s'isoler du bruit. Ces emplois du temps aménagés possèdent néanmoins leurs limites. « *Les élèves se sentent*
65 *décalés. Quand ils reviennent ainsi, ils ont l'impression de ne plus être dans le bain et ont encore moins envie de revenir* », constate Valérie Wolff, infirmière scolaire à Molsheim (Bas-Rhin). […] Le plus important reste de maintenir le lien
70 avec l'élève comme avec sa famille. […] Malgré les efforts, il n'est pas rare que l'établissement scolaire finisse par perdre la trace de ces élèves, lorsqu'ils sont déscolarisés depuis plusieurs mois, voire plusieurs années. Carole Zerbib
75 regrette ces difficultés de suivi : « *Certains élèves sont scolarisés dans des établissements de soins. Ils poursuivent leur scolarité ainsi et sont inscrits chez nous. D'autres n'ont pas de place et je ne sais pas ce qu'ils deviennent.* »
80

(588 mots)
Par Sylvie Lecherbonnier, 19/03/2023 © Le Monde

1 Décrivez brièvement le phénomène du « refus scolaire » et la façon dont il se manifeste.

2 Expliquez pourquoi il est difficile d'en identifier les causes et d'y réagir.

ÉCRIRE

Stratégie 309

Au choix

3 « *L'école doit devenir le lieu où l'enfant peut vivre dans la liberté.* » (M. Montessori) Commentez.

4 Le sujet du prochain numéro du journal de votre lycée partenaire en France est : « L'école du futur idéale ». Votre correspondant(e) vous demande d'y participer et de présenter vos idées sur le sujet dans un article.

LIRE

15 Tu avais envie de travailler ?

Myriam et Paul sont mariés depuis plusieurs années. Malgré les réticences de son mari, Myriam décide de reprendre son travail de juriste.

3 **un strapontin** Klappsitz
12 **un(e) sans-papier** *Ausländer(in), der/die sich illegal in Frankreich aufhält*
19 **voilée** verschleiert
25 **une nounou** Tagesmutter
39 **évincer qn** ausschließen

Aujourd'hui, elle est rentrée plus tôt. Elle a écourté une réunion et reporté à demain l'étude d'un dossier. Assise sur le strapontin, dans la rame de la ligne 7, elle se disait qu'elle
5 ferait une surprise aux enfants. En arrivant, elle s'est arrêtée à la boulangerie. Elle a acheté une baguette, un dessert pour les petits […]. Elle pensait les emmener au manège. Ils iraient ensemble faire les courses pour le dîner. Mila réclamerait un jouet, Adam sucerait un
10 quignon de pain dans sa poussette. […]

Afin de pouvoir reprendre son travail, Myriam cherche avec son mari une nounou pour les enfants.

« *Pas de sans-papiers, on est d'accord ? Pour la femme de ménage ou le peintre, ça ne me dérange pas. Il faut bien que ces gens travail-*
15 *lent, mais pour garder les petits, c'est trop dangereux. Je ne veux pas de quelqu'un qui aurait peur d'appeler la police ou d'aller à l'hôpital en cas de problème. Pour le reste, pas trop vieille, pas voilée et pas fumeuse.*
20 *L'important, c'est qu'elle soit vive et disponible. Qu'elle bosse pour qu'on puisse bosser.* » Paul a tout préparé. Il a établi une liste de questions et prévu trente minutes par entretien. Ils ont bloqué leur samedi après-midi pour trouver
25 une nounou à leurs enfants. Quelques jours auparavant, alors que Myriam discutait de ses recherches avec son amie Emma, celle-ci s'est plainte de la femme qui gardait ses garçons. « *La nounou a deux fils ici, du coup elle ne peut jamais rester plus tard ou faire des baby-*
30 *sittings. Ce n'est vraiment pas pratique. Penses-y quand tu feras tes entretiens. Si elle a des enfants, il vaut mieux qu'ils soient au pays.* » Myriam avait remercié pour le conseil. Mais, en réalité, le discours d'Emma l'avait
35 gênée. Si un employeur avait parlé d'elle ou d'une autre de leurs amies de cette manière, elles auraient hurlé à la discrimination. Elle trouvait terrible l'idée d'évincer une femme parce qu'elle a des enfants. Elle préfère ne pas
40 soulever le sujet avec Paul. Son mari est comme Emma. Un pragmatique, qui place sa famille et sa carrière avant tout.

Voilà ce qui s'est passé avant les deux extraits précédents. Myriam a rencontré par hasard un ancien ami qui lui fait une offre intéressante.

Le lendemain, elle venait à peine de sortir de
45 sa douche quand elle a entendu le signal d'un texto. « *Je ne sais pas si tu envisages de reprendre le droit. Si ça t'intéresse, on peut en discuter.* » Myriam a failli hurler de joie. Elle s'est mise à sauter dans l'appartement et a
50 embrassé Mila qui disait : « *Qu'est-ce qu'il y a, maman ? Pourquoi tu ris ?* » Plus tard, Myriam s'est demandé si Pascal avait perçu son désespoir ou si, tout simplement, il avait considéré que c'était une aubaine de tomber sur Myriam Charfa, l'étudiante la plus sérieuse
55 qu'il ait jamais rencontrée. Peut-être a-t-il pensé qu'il était béni entre tous de pouvoir embaucher une femme comme elle, de la remettre sur le chemin des prétoires. Myriam en a parlé à Paul et elle a été déçue de
60 sa réaction. Il a haussé les épaules. « *Mais je ne savais pas que tu avais envie de travailler.* » Ça l'a mise terriblement en colère, plus qu'elle n'aurait dû. La conversation s'est vite envenimée.
65 →

79 **épanouir qn**
aufblühen lassen

Elle l'a traité d'égoïste, il a qualifié son comportement d'inconséquent.

« Tu vas travailler, je veux bien mais comment on fait pour les enfants ? » Il ricanait, tournant d'un coup en ridicule ses ambitions à elle, lui donnant encore plus l'impression qu'elle était bel et bien enfermée dans cet appartement. Une fois calmés, ils ont patiemment étudié les options. C'est finalement la solution qu'ils ont choisie, après que Paul a affirmé : *« En comptant les heures supplémentaires, la nounou et toi vous gagnerez à peu près la même chose. Mais enfin, si tu penses que ça peut t'épanouir… »*

Elle a gardé de cet échange un goût amer. Elle en a voulu à Paul.

(629 mots)

Extrait de : Leïla Slimani : « Chanson douce »
© Éditions Gallimard, 2016 (texte abrégé)

1 Exposez brièvement les problèmes dont il est question dans ce texte.

2 Caractérisez Myriam et Paul ainsi que leur relation.

ÉCRIRE

Au choix

Stratégie 312

3 Le soir dans son lit, Myriam réfléchit aux propos de son mari. Rédigez son monologue intérieur.

Stratégie 309

4 *« La femme est faite pour céder à l'homme et pour supporter même son injustice. »* (Jean-Jacques Rousseau). Commentez cette citation en vous référant au texte.

ZOOM SUR ... L'opérateur **caractériser**

Mit dem Operator *caractériser* werden Sie aufgefordert, die jeweilige Eigenart von Figuren bzw. Sachverhalten treffend und anschaulich herauszuarbeiten. Es geht hierbei um die Beschreibung von Eigenschaften und die Darstellung von Charakterzügen, die explizit (direkte Charakterisierung) oder implizit (indirekte Charakterisierung) im Text vorkommen können.

ON DIT

1. Einleitung:
   Kurze Vorstellung der Person

   Dans le texte, nous rencontrons le personnage …/X est l'un des personnages les plus importants du récit.

2. Hauptteil:
   – Physische Beschreibung
   – Charakter
   – Beziehung mit anderen Personen
   – Evolution im Lauf der Geschichte

   Sur le plan physique, X est décrit comme …
   En ce qui concerne sa personnalité, X se distingue par …/Son caractère est … et montre …
   X et Y entretiennent une relation complexe …
   Au départ, X était …, mais à la fin, X devient …

3. Schluss:
   Abschließende Zusammenfassung

   En conclusion/En résumé, X est un personnage … qui joue un rôle essentiel dans …

POUR VOUS AIDER

- Beginnen Sie mit äußeren bzw. körperlichen Merkmalen und wenden Sie sich dann der Persönlichkeit und den Charaktereigenschaften zu.
- Übersehen Sie nicht die Motivation sowie die Ziele der Hauptfiguren und nehmen Sie auch die Entwicklung im Verlauf der Geschichte und die Beziehung zu anderen Personen mit in den Blick.
- Untermauern Sie Ihre Aussagen mit Belegen aus dem Text.

L'esprit critique

Croyez-vous qu'Emmanuel Macron a eu une liaison avec sa belle-fille ? Et qu'il ne veut pas serrer les mains des ouvriers parce qu'il les trouve sales ? Non, ce sont des fake news qu'il faut reconnaître. C'est pourquoi il faut avoir l'esprit critique. L'esprit critique nous aide à distinguer les opinions des faits et à apprendre quelque chose de nouveau. Il permet d'analyser des tâches complexes, de ne pas se limiter à une seule option et de travailler de manière professionnelle. Mais cela implique aussi de se remettre en question.
L'attitude critique est également importante dans une démocratie afin de reconnaître des courants antidémocratiques.

Réflexion

D 9
KI-Anwendungen

1 a) À votre avis : image vraie ou infox ? Justifiez vos réponses.

b) À l'aide d'une intelligence artificielle, vous pouvez générer une photo qui montre une scène du quotidien / un évènement à Paris. Peut-on voir si la photo est réelle ou truquée ? De quelle manière ?

Action

2 a) Faites une recherche sur les influenceurs et influenceuses de mode français comme « Léna Situations », « Ms.Rosa Boh-neur » et « Anthonin ». Comment expriment-ils / elles leur identité sociale, leur rôle de genre et que pensent-ils / elles de leur responsabilité écologique ?

b) Présentez vos résultats à l'aide d'une application qui imite les réseaux sociaux, mais changez un des faits pour créer des fake news. Les autres identifient les infox et expliquent grâce à quoi ils / elles les ont reconnues.

Réflexion

3 Résumez sous forme de mots-clés les conclusions auxquelles vous êtes arrivé(e)s, puis visualisez-les. Vous pouvez utiliser un outil numérique, p. ex. un tableau collaboratif.

4 Puis réfléchissez seul(e) : parmi toutes les conclusions, laquelle est la plus importante / étonnante pour vous et pourquoi ? Pensez-vous différemment maintenant ?

5 À deux, comparez vos résultats et expliquez pourquoi vous avez raisonné ainsi. Puis faites des propositions : comment évalue-t-on son esprit critique ? Qu'est-ce qu'on développer / tester ensemble ? Pensez aussi à un projet concret. Présentez vos idées en classe.

Compétences du 21e siècle

La citoyenneté

Quelle est ma place ? Qu'est-ce qui constitue mon identité ? Ce sont des questions auxquelles tout(e) adolescent(e) réfléchit. Qu'est-ce qui se passe dans votre école ? Quelles possibilités avez-vous de prendre part à l'administration de l'établissement, d'avoir votre mot à dire par exemple sur l'utilisation des portables, sur l'installation de fontaines à eau ? Et comment pouvez-vous rendre ce monde meilleur ? En tant que citoyen(ne) de son pays, mais aussi du monde, chacun(e) trouve son rôle et ses possibilités de participation. Les citoyen(ne)s savent développer le monde d'une façon durable, connaissent des modes de vie durables, mais aussi les droits de l'homme et la promotion de l'égalité des sexes par une culture de la paix et de la non-violence. Ils / Elles estiment et valorisent la diversité culturelle. C'est pourquoi les gouvernements des pays, mais aussi l'Union européenne ont fait des lois. Celles-ci règlementent ce que les citoyen(ne)s peuvent faire et ce qu'ils / elles doivent faire.

Réflexion

1 Sondage éclair : avez-vous la nationalité européenne ?
Votez en classe : 👍 : oui / 👎 : non / ✋ : je ne sais pas

Action

D 9 📄
KI-Anwendungen
MK

2 Faites des recherches sur Internet : les droits et obligations suivants existent-ils pour les citoyen(ne)s allemand(e)s, français(es) ou européen(ne)s ? Vous pouvez donner des instructions à un chatbot pour vérifier vos réponses ou bien trouver d'autres exemples.

- l'obligation de protéger l'environnement
- le droit d'obtenir un emploi
- le droit de vote
- le droit d'étudier et de travailler dans n'importe quel pays de l'UE
- la laïcité

- le droit du plurilinguisme
- l'obligation de participer à des manifestations
- le droit d'avoir un animal domestique
- le service militaire obligatoire
- la liberté de réunion (sans armes)

la laïcité la neutralité religieuse de l'État
MK

3 Présentez vos résultats dans un livre numérique. Si possible, utilisez aussi le chatbot pour écrire les textes et chercher des images.

4 Discutez les différences, les points communs et leur origine sous forme d'aquarium : les trois élèves au milieu représentent la France, l'Allemagne et l'Union européenne. Les autres élèves sont assis derrière ce cercle intérieur. Quand ils souhaitent participer à la discussion, ils échangent leur place avec un(e) des élèves assis(es) au centre. Après avoir discuté, demandez-vous : que m'apporte personnellement la citoyenneté ? Où puis-je m'impliquer ?

Réflexion

MK

5 Résumez sous forme de mots-clés les conclusions auxquelles vous êtes arrivé(e)s, puis visualisez-les. Vous pouvez utiliser un outil numérique, p. ex. un tableau collaboratif.

6 Puis réfléchissez seul(e) : parmi toutes les conclusions, laquelle est la plus importante / étonnante pour vous et pourquoi ? Pensez-vous différemment maintenant ?

7 À deux, comparez vos résultats et expliquez pourquoi vous avez raisonné ainsi. Puis faites des propositions : comment peut-on exercer sa citoyenneté ? Qu'est-ce qu'on peut développer / tester ensemble ? Pensez aussi à un projet concret. Présentez vos idées en classe.

3 La France et l'Allemagne au cœur de l'Europe

1 Travaillez à deux.
France ou Allemagne ? À votre avis, dans quel pays ces photos ont-elles été prises ? Justifiez vos réponses.

2 a) Quels clichés connaissez-vous sur la France et l'Allemagne ?
b) Expliquez en quoi un cliché peut être problématique.

Panorama

- Quelle image a-t-on du pays voisin ?
- Retour sur un passé mouvementé
- De la réconciliation à la construction de l'Union européenne
- Partenariats au sein de l'Europe
- L'Europe, c'est quoi pour vous ?

LIRE

1   L'image de l'Allemagne en France

1 À votre avis, quels mots et adjectifs viennent à l'esprit d'un(e) Français(e) quand il / elle pense à l'Allemagne ?

NP non précisé

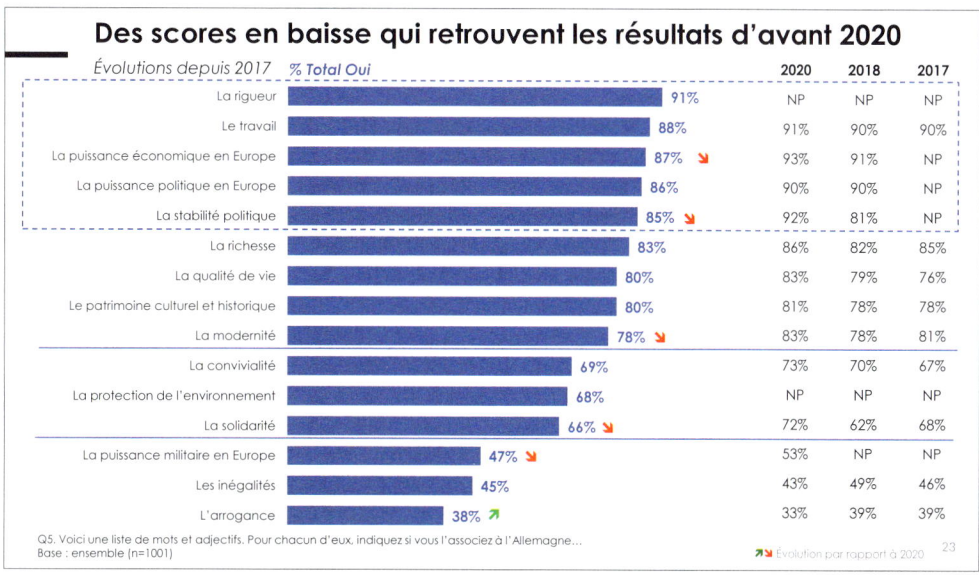

Des scores en baisse qui retrouvent les résultats d'avant 2020

Évolutions depuis 2017	% Total Oui	2020	2018	2017
La rigueur	91%	NP	NP	NP
Le travail	88%	91%	90%	90%
La puissance économique en Europe	87% ↘	93%	91%	NP
La puissance politique en Europe	86%	90%	90%	NP
La stabilité politique	85% ↘	92%	81%	NP
La richesse	83%	86%	82%	85%
La qualité de vie	80%	83%	79%	76%
Le patrimoine culturel et historique	80%	81%	78%	78%
La modernité	78% ↘	83%	78%	81%
La convivialité	69%	73%	70%	67%
La protection de l'environnement	68%	NP	NP	NP
La solidarité	66% ↘	72%	62%	68%
La puissance militaire en Europe	47% ↘	53%	NP	NP
Les inégalités	45%	43%	49%	46%
L'arrogance	38% ↗	33%	39%	39%

Q5. Voici une liste de mots et adjectifs. Pour chacun d'eux, indiquez si vous l'associez à l'Allemagne…
Base : ensemble (n=1001)   ↗↘ Évolution par rapport à 2020   23

Stratégie 303
40, 1 🖿

2 a) Comparez les réponses données dans le diagramme à vos hypothèses de l'exercice 1. Quels domaines associe-t-on le plus souvent à l'Allemagne ?

b) Dans quelle mesure cette image vous semble-t-elle justifiée ?

ÉCOUTER
Λ 6 – 8 🔊
Stratégie 291

2   🔊 Le regard du voisin

Le podcast La Minute des Frontaliers *sur France Bleu Lorraine Nord présente le quotidien et l'actualité dans les pays voisins (Luxembourg, Allemagne, Belgique).*

40, 1 🖿

1 Écoutez le premier extrait du podcast. Résumez ce qu'on apprend sur l'importance de la ponctualité en Allemagne et en France.

2 Écoutez le deuxième extrait. Décrivez comment les Français imaginent un petit-déjeuner typique en Allemagne.

3 Travaillez à trois. Écoutez le troisième extrait qui présente trois objets typiques des Allemands. Chacun(e) s'occupe d'un objet : notez à quoi sert votre objet et ce qu'en pensent les Français. Puis échangez vos résultats.

> **EXPRESSIONS UTILES**
>
> **un entretien d'embauche** Vorstellungsgespräch ; **recevoir qn** jdn. zu Gast haben ; **salé** *ici :* herzhaft ; **le lever** Aufstehen ; **la charcuterie** Wurst ; **un magasin de bricolage** Baumarkt ; **une malle** Überseekoffer ; **un coussin** Kissen ; **un tiroir** Schublade ; **allonger** ausstrecken ; **la (mer) Baltique** Ostsee ; **un chariot** Wagen ; **un tissu** Stoff ; **un(e) baba cool** Hippie ; **recommander** empfehlen

ÉCRIRE

4 Réagissez au podcast dans un message que vous envoyez à la rédaction de Radio France. Réfléchissez aux questions suivantes.
  – Quels aspects (ne) voyez-vous (pas) de la même façon ?
  – Quels effets positifs ou négatifs de tels clichés peuvent-ils avoir ?
  – Quels autres thèmes pourrait-on aborder dans ce podcast ?

3   Un passé mouvementé

Point info 324

Seconde Guerre mondiale	monnaie unique européenne	traité de Maastricht

traité de Rome   traité de l'Élysée / création de l'OFAJ   traité de Paris

accords de Schengen   Première Guerre mondiale   création du programme Erasmus

création d'Arte   retour du train de nuit Paris-Berlin   traité d'Aix-la-Chapelle

1   Regardez les photos : quelle photo correspond à quel évènement ?

2   a) Cherchez la date de chaque évènement et réalisez une frise chronologique.
     b) À deux, choisissez un évènement et faites des recherches sur Internet. Présentez les informations principales sous forme d'une fiche et complétez ainsi la frise.

MK

En plus 267, 1

42, 1

ÉCOUTER ET
REGARDER

4   🔊 ▶ Le soldat

1   Regardez la photo et précisez son contexte historique. Puis faites des hypothèses sur la vie de Pierre Edmond Masson.

2   Regardez sur Internet le clip de la chanson.
     a) Échangez vos premières impressions avec un(e) partenaire.
     b) Comparez vos hypothèses de l'exercice 1 à la réalité présentée dans le clip.

2 **une tranchée**
Schützengraben

4 **piquer** *ici* :
beißen

4 **glacer**
erstarren lassen

7 **ne pas s'en faire**
ne pas se faire
de souci

10 **chasser** jagen

21 **la boue**
Schlamm

21 **une godasse**
(fam.) une
chaussure

25 **un bras**
< embrasser

28 **confier qc à qn**
anvertrauen

35 **prendre soin de
qn** aufpassen

À l'heure où la nuit passe au milieu des
    tranchées
Ma très chère Augustine, je t'écris sans tarder
Le froid pique et me glace et j'ai peur de tomber
5 Je ne pense qu'à toi

Mais je suis un soldat
Mais surtout ne t'en fais pas
Je serai bientôt là
Et tu seras fière de moi

10 À l'heure où la guerre chasse des garçons
    par milliers
Si loin de la maison et la fleur au canon
Ces autres que l'on tue sont les mêmes
    que moi
15 Mais je ne pleure pas

Car je suis un soldat
Mais surtout ne t'en fais pas
Je serai bientôt là

À l'heure où la mort passe dans le fleuve
20   à mes pieds
De la boue qui s'en va, des godasses et des rats
Je revois tes yeux clairs, j'essaie d'imaginer
    l'hiver auprès de toi

Florent Pagny
Florent Pagny est un
chanteur et acteur
français. Il a plusieurs
fois fait partie du jury
de *The Voice*.
Dans sa chanson
Le soldat, il rend hommage aux soldats
tombés lors de la Première Guerre mondiale.

Mais je suis un soldat
Je ne sens plus mes bras   25
Tout tourne autour de moi
Mon Dieu, sors-moi de là

Ma très chère Augustine, j'aimerais te confier
Nos plus beaux souvenirs et nos enfants rêvés
Je crois pouvoir le dire nous nous sommes aimés 30
Je t'aime une dernière fois

Je ne suis qu'un soldat
Non, je ne reviendrai pas
Je n'étais qu'un soldat
Prends soin de toi   35

Le Soldat, T : Bastide, Marie © Cuadrada Productions /
Neue Welt Musikverlag GmbH, Hamburg

○ 267, 2

3 Regardez le clip une deuxième fois et lisez les paroles. Décrivez les conditions de vie dans
les tranchées ainsi que les dangers auxquels le soldat Valentin Grandet est confronté.

Stratégie 295

4 Analysez, en tenant compte de l'emploi des moyens linguistiques, comment le narrateur
exprime son amour pour Augustine.

42, 1

5 a) À partir de quel moment l'histoire connaît-elle un tournant ? Décrivez comment les
sentiments de Valentin et l'ambiance changent.
b) Relevez dans les lignes 19 – 35 les éléments qui montrent que Valentin a compris ce
qui l'attend.

6 Expliquez dans quelle mesure la vidéo souligne le contenu. Faites attention aux aspects suivants.

    les bruits de fond   la musique   les couleurs choisies

7 a) À votre avis, quel pourrait être le lien entre Valentin Grandet et le petit garçon ?
b) Selon vous, dans quelle mesure une chanson permet-elle de rendre l'Histoire plus présente ?

VOCABULAIRE

8 a) Relevez dans la chanson des mots et expressions autour de « la guerre » et faites-en
un filet à mots. Puis complétez le filet avec d'autres mots et expressions qui décrivent
la vie pendant la guerre en général (aussi bien pour les soldats que pour les civils).

                                            le vécu

    les espoirs   la guerre

                             les sentiments

ÉCRIRE

b) Écrivez une réponse d'Augustine aux lettres de Valentin. Décrivez son quotidien loin
du front, ses peurs et ses espoirs. Votre filet à mots peut vous aider.

ÉCOUTER

A 9 🔊

Stratégie 291

Point info 324

43, 1 📄

5   🔊 Rescapée de la rafle du Vél d'Hiv

Dans cet interview diffusée sur France Inter à l'occasion des 80 ans de la rafle du Vélodrome d'Hiver, Rachel Jedinak, une rescapée, raconte son histoire.

Avant l'écoute

1   Informez-vous sur la rafle du Vél d'Hiv à Paris.

Pendant l'écoute

2   Quelles restrictions Rachel Jedinak a-t-elle subies en tant que Juive à Paris ?

3   Qui a initié la rafle ? Et qui a procédé aux arrestations ?

4   Qu'ont fait certains policiers la veille de la rafle ?

5   Qu'est-ce qui se passe le jour de la rafle ?

6   Décrivez la réaction de la population parisienne.

Après l'écoute

ÉCRIRE

Stratégie 309

Au choix

7   La journaliste parle de Rachel Jedinak comme d'un inlassable témoin du passé. Selon vous, pourquoi est-il si important de témoigner inlassablement de ce crime ? Écrivez un commentaire personnel.

8   Comment avez-vous trouvé cette interview ? Réagissez à l'histoire de Rachel Jedinak dans un e-mail que vous adressez à France Inter.

> **EXPRESSIONS UTILES**
>
> **un armistice** Waffenstillstand ; **les fichiers juifs** Registrierungslisten der jüdischen Bevölkerung ; **faire ses commissions** seine Einkäufe machen ; **une pénurie** Mangel ; **un(e) concierge** Hausmeister(in) ; **contrarié(e)** verärgert ; **un lieu festif** Ort, an dem Feste gefeiert werden

LIRE

6   Il faut désobéir.

1   Lisez le titre et imaginez des situations dans lesquelles on peut ou on doit désobéir.

L'extrait suivant se passe en 1942 dans l'est de la France.

> **Il faut désobéir**
> Dans la série *Les trois secrets d'Alexandra* de Didier Daeninckx, Alexandra découvre l'histoire de sa famille pendant la Seconde Guerre mondiale à travers les récits de son grand-père. *Il faut désobéir* décrit la période sous l'Occupation.

désobéir à qn
nicht gehorchen
4 **se faufiler** sich hereinschleichen
8 **un réverbère** Straßenlaterne
15 **un ordre** Befehl

Avant, sans étoile, je pouvais aller partout. Après ce jour-là, une grande partie de la ville m'était interdite. Sarah et moi, on la cachait pour nous faufiler dans la salle du cinéma
5 ou pour entrer dans la bibliothèque.
Un soir, alors que je revenais d'une escapade sans mon étoile, j'ai vu l'ombre d'un policier grandir sous la lumière du réverbère.

J'ai eu peur qu'il me dénonce, et je suis allé me réfugier dans ma chambre, mais j'ai entendu 10 tout ce qu'il disait à mon père.
C'était monsieur Pierre. Je n'oublierai jamais ses mots.
– Ne restez pas là ! Ni cette nuit, ni demain. C'est un ordre… Partez dans la forêt ! Filez et vite ! J'ai 15 encore beaucoup de portes auxquelles frapper.

→

21 **la lune** Mond
21 **un jardin d'ouvriers** Schrebergarten
24 **un sol en terre battue** festgestampfter Boden
26 **être allongé(e)** liegen
33 **une meurtrière** Schießscharte
33 **un fortin** Festung
34 **se hisser sur la pointe des pieds** sich auf die Zehenspitzen stellen
35 **être hérissé(e) d'armes** schwer bewaffnet sein
38 **un wagon à bestiaux** Viehwagen
51 **un puits** Brunnen
55 **avoir failli faire qc** beinahe etw. getan haben
61 **une gamine** *(fam.)* une fille

GRAMMAIRE
L'accord du participe passé
… les cris des enfants **nous** ont réveillé**s**.

I 8 🏃
interaktive Übungen
V 6 ▶
Erklärvideo
44, 2 🖉

Stratégie 294

44, 1 🖉

VOCABULAIRE
👥

ÉCRIRE
En plus 267, 3
45, 3 🖉

On a pris quelques affaires en silence, puis on est partis vers la colline.
Sarah est venue avec nous mais ses parents
20 n'ont pas voulu quitter leur maison.

La lune éclairait les étroits chemins des jardins d'ouvriers et c'est nous, les enfants, qui conduisions les adultes vers le secret de notre cachette. Le sol était en terre battue mais
25 j'étais heureux : pour la première fois de ma vie, j'étais allongé près de Sarah. Je me souviens encore de la chaleur de son bras contre le mien et du moment où la fatigue s'est endormie sur mes paupières.
30 Au petit matin, les hurlements des chiens et les cris des enfants nous ont réveillés. Je me suis levé en sursaut. Mon père regardait la gare, en contrebas, par la meurtrière du fortin. Je me suis hissé sur la pointe des pieds.

35 Des soldats hérissés d'armes entouraient un train de marchandises, et des policiers français obligeaient des vieillards, des femmes, des enfants, à monter dans les wagons à bestiaux. J'ai cru apercevoir la mère de Sarah. Mon père
40 m'a pris dans ses bras.
– Normalement, nous devrions être là-bas…
Pierre nous a sauvé la vie.
J'ai demandé :
    Pourquoi a-t-il fait ça ?

Mon père a remué la tête, les yeux grands 45 ouverts.
– Je ne sais pas.
Nous sommes restés là trois jours entiers, presque sans bouger. Nous allions cueillir quelques fruits, arracher des légumes dans 50 les jardins, tirer de l'eau au puits. Alors que je revenais d'une de mes missions, les bras chargés de provisions, je me suis trouvé nez à nez avec Pierre. Encore lui ! Il passait en vélo sur le chemin. J'ai failli tout faire tomber. 55
– N'aie pas peur… Tu sais bien que je suis avec vous…
Il a mis pied à terre et sorti une enveloppe de sa poche.
– Tiens, ce sont des papiers pour toi et tes 60 parents. Ceux-là sont pour la gamine. Avec ça, vous avez peut-être une chance de vous en sortir…

Extraits de : Didier Daeninckx, « Il faut désobéir »
(p. 7–9 écourté) © Rue du Monde, 2002

2 Pour chaque personnage, notez les informations données dans le texte. Indiquez aussi la relation qui existe entre les personnages.

3 Dégagez dans le texte
   a) les réactions des familles après la visite de Pierre.
   b) le rôle des deux enfants dans ce contexte.
   c) les sentiments du narrateur.

4 Que se passe-t-il le lendemain de la visite de Pierre ?

5 Résumez la situation de la famille et le rôle de Pierre dans le dernier paragraphe.

6 Travaillez à deux. À l'aide des mots donnés, résumez ce qui se passe dans cet extrait. Remettez d'abord les mots dans l'ordre du texte. Puis A commence et fait une phrase avec un mot, B continue avec un autre mot, etc.

   des soldats armés   se réfugier   une enveloppe   un ordre   dénoncer qn

   une cachette   un hurlement   une gamine   filer   un wagon   prévenir qn

7 Après l'arrestation de la famille de Sarah, Pierre repense à la veille quand il a prévenu des familles juives. Imaginez son monologue intérieur.

LIRE
Stratégie 299
Point info 318, 325

7   Madeleine, Résistante

1 Quel(le)s Résistant(e)s connaissez-vous ? Qu'est-ce qu'ils / elles ont fait ?

2 Lisez la première bande de la bande dessinée. Comment Madeleine se voyait-elle dans la Résistance ? Quelle est la réalité ?

> **La Résistance en France**
> Après l'appel du général de Gaulle le 18 juin 1940, la Résistance française s'organise. Il y a la France libre dont les membres ont rejoint de Gaulle à Londres, et la Résistance intérieure dans la zone libre et la zone occupée.

Gare à vous ! Achtung!
clandestin(e) geheim
contrer qc widersprechen
être abreuvé(e) de qc überschüttet sein
Radio Paris *Propaganda-Radio im besetzten Frankreich*
Pierre Dac Humorist bei Radio Londres *(von England aus gesendetes Radioprogramm in frz. Sprache)*
un tract Flugblatt
la craie Kreide
On criait l'espoir ... *Anspielung auf die Protestbewegung der Hausfrauen, die sich für bessere Lebensmittelversorgung stark machten*

fusiller qn
erschießen
une coupure *ici :*
Durchtrennen
le 11 novembre
Feiertag in Frank-
reich zum Geden-
ken des Waffenstill-
stands am Ende
des 1. Weltkriegs
une tombe Grab
la tombe du soldat
inconnu *Ehrengrab*
eines im 1. Welt-
krieg gefallenen
Soldaten, das sich
unter dem Triumph-
bogen in Paris
befindet

[…]
Madeleine aimerait prendre plus de responsabilités et l'a indiqué aux gens qu'elle connaît dans le réseau de Résistance.

une permanence syndicale Dienststelle der Gewerkschaft
faire basculer eine Wendung geben
en notre faveur zu unseren Gunsten
un(e) cheminot(e) Eisenbahner(in)

3 Résumez la BD en deux à trois phrases.

4 Relevez dans la BD les actions de la Résistance française. À quels dangers est-ce que cela expose les Résistant(e)s ?

5 Regardez la troisième bande à la page 70 et expliquez comment les Résistants soutiennent la population.

46, 1

6 Examinez de quelle manière le choix des mots et le langage visuel contribuent à la narration.

47, 2

7 Analysez le graphisme et dites dans quelle mesure le choix des couleurs, les contrastes et les perspectives illustrent le sujet.

Au choix

MK

8 Faites des hypothèses sur l'objet que Madeleine doit transporter. Puis imaginez la suite de cette scène. Vous pouvez par exemple la dessiner sous forme de BD à l'aide d'un outil numérique.

ÉCRIRE

○ 267, 4

9 Pour le Résistant Raymond Aubrac, résister veut dire : *« Ne laisse jamais passer une injustice, sans t'opposer, même par une parole. »*
Êtes-vous d'accord avec cette citation ? Justifiez votre opinion.

PARLER

8 Fraternité

Stratégie 304
Zoom sur l'art 315
47, 1

1 Voici l'un des résultats d'un projet artistique binational entre la France et l'Allemagne. Décrivez le tableau : quels éléments pouvez-vous identifier ? Dans quelle mesure est-ce que le tableau illustre le projet ?

D 9
KI-Anwendungen

2 Qu'associez-vous au mot fraternité ? Notez vos idées. Puis faites vous-même un dessin sur ce thème ou bien générez un tableau à l'aide d'un programme d'intelligence artificielle. Exposez vos tableaux en classe et votez pour celui qui, selon vous, représente le mieux la fraternité.

Duo Luc Demissy & Jürgen Zimmermann "Fraternité-Brüderlichkeit" (2018)

LIRE
D 10
Texthilfe
VOCABULAIRE

9 ☆ Célébrer l'amitié franco-allemande

1 Reliez les expressions françaises à leur traduction allemande. Utilisez un dictionnaire si nécessaire.

a) les rangées de croix s'étendant à l'infini
b) sceller la réconciliation
c) le socle d'un lien inaltérable
d) tisser mille fibres d'une rive à l'autre
e) les décisions qui s'imposent
f) en matière énergétique
g) défricher le chemin de la réconciliation
h) compter sur la détermination
i) un arbre de vie de la souveraineté

1 der Kern einer unverwüstlichen Beziehung
2 die zwingenden Entscheidungen
3 den Weg der Versöhnung ebnen
4 ein Lebensbaum der Selbstbestimmung
5 die Versöhnung besiegeln
6 unendliche Reihen von Kreuzen
7 tausend Fasern von einem Ufer zum anderen weben
8 auf Entschlossenheit zählen
9 im Bereich der Energie

À Paris, lors de la cérémonie de commémoration du 60ᵉ anniversaire du traité de l'Élysée le 22 janvier 2023, Emmanuel Macron a tenu un long discours sur les relations franco-allemandes, dont voici un extrait.

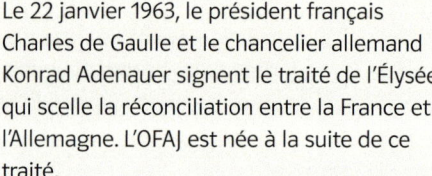

Le traité de l'Élysée
Le 22 janvier 1963, le président français Charles de Gaulle et le chancelier allemand Konrad Adenauer signent le traité de l'Élysée qui scelle la réconciliation entre la France et l'Allemagne. L'OFAJ est née à la suite de ce traité.

4 **tous trois** *die Vorredner waren Olaf Scholz und die Präsidentinnen der frz. Nationalversammlung und des dt. Bundestages*
9 **un jumeau / une jumelle** Zwilling
11 **une forge** Schmiede
12 **l'émulation** *(f.)* Wetteifer
14 **la couronne franque** Frankenkrone *(Anspielung auf das Frankenreich vom 5. bis 9. Jhd.)*
17 **la déraison** Unvernunft
24 **respectif / respective** jeweilig
24 **l'altérité** *(f.)* Andersartigkeit
25 **confondant(e)** frappierend
28 **accomplir qc** vollbringen
31 **âpre** bitter
32 **étroit(e)** eng
36 **un cimetière** Friedhof
44 **demeurer** rester
48 **à la faveur de** zugunsten

Mesdames et Messieurs, chers amis, Je suis très heureux, très heureux de vous retrouver pour célébrer comme vous venez de le faire à l'instant, tous trois, l'amitié franco-allemande
5 entre nous, et avec vous, représentantes et représentants de nos parlements, nos gouvernements, nos sociétés civiles et nos jeunesses.

Nos deux pays, jumeaux d'histoire et de
10 destins, ont vécu tant d'années en miroir, dans la forge même de leur identité. Ils ont alterné pendant tant de siècles entre l'émulation, la fascination, la compétition. Unis sous la même couronne franque, jusqu'à ce que l'histoire
15 ne les sépare – car il y eut, mille ans avant les tranchées de Verdun, le traité de Verdun. Rivaux ou alliés, ennemis jusqu'à la déraison, au cours de l'époque où l'on comptait ce temps commun au rythme des guerres, avant, entre
20 et après. Si bien que parler de l'Allemagne, pour un Français, c'est toujours parler d'une part de soi-même.
Pourtant, il a fallu, pour accepter cette part respective d'altérité si proche, d'identité
25 si confondante, l'acte fondateur que nous commémorons aujourd'hui. Le 22 janvier 1963, l'Allemagne de Konrad ADENAUER et la France du Général DE GAULLE accomplissaient un immense geste de courage.

Ce jour-là, nos deux pays qui avaient été les 30 plus âpres ennemis, décidaient de devenir les plus étroits alliés. Ils refermaient presque 100 ans de guerre moderne et de tragédie universelle que nous rappellent encore aujourd'hui les rangées de croix s'étendant 35 à l'infini dans nos cimetières militaires. Ce jour-là, en scellant leur réconciliation, nos deux pays décidaient d'ouvrir « *toutes grandes les portes d'un avenir nouveau pour l'Allemagne, pour la France, pour l'Europe* 40 *et par conséquent pour le monde* », selon les mots du Général DE GAULLE.

Soixante ans après sa signature, le traité de l'Élysée demeure le socle de ce lien inaltérable, exemplaire entre nos deux pays, unis pour 45 la paix, la liberté, la défense de nos valeurs démocratiques. Unis dans le rêve commun de l'Europe à la faveur de mille fibres tissées d'une rive à l'autre du Rhin à travers ces routes millénaires. […] 50
Nous avons aussi su prendre les décisions qui s'imposaient pour nous-mêmes, pour la réduction de nos dépendances stratégiques, pour une Europe plus forte et souveraine en matière énergétique, technologique, militaire, 55 industrielle, alimentaire. […] Et grâce à ces →

57 **d'ores et déjà** bereits jetzt
72 **accélérer** beschleunigen
73 **un investisse- ment** Investition

décisions, d'ores et déjà notre Union n'est plus la même. Et les choix faits ces derniers mois en matière de défense, en matière énergétique
60 par nos deux pays sont des choix historiques qui nous permettront de continuer, d'avancer et d'aller plus loin. Mais le travail qui reste à accomplir est immense, pour atteindre notre objectif d'une Europe plus souveraine, plus
65 démocratique et plus solidaire. […]
Et l'Allemagne et la France, parce qu'elles ont défriché le chemin de la réconciliation, doivent devenir pionnières pour la refondation de notre Europe ensemble. Pionnières d'abord,
70 pour bâtir ensemble un nouveau modèle énergétique par-delà nos différences. Nous devons encourager et accélérer au niveau européen les investissements publics et privés nécessaires à la transition écologique. […]
75 Alors sachez toutes et tous ici aujourd'hui, pouvoir compter sur notre détermination ensemble à continuer à faire de l'amitié entre

l'Allemagne et la France l'un des arbres de vie de la souveraineté européenne. […]
Vive l'amitié entre l'Allemagne et la France   80
et vive notre Europe !

Extrait de : DISCOURS DU PRÉSIDENT DE LA RÉPUBLIQUE À L'OCCASION DE LA CÉLÉBRATION DU 60ÈME ANNIVERSAIRE DU TRAITÉ DE L'ÉLYSÉE.
Emmanuel Macron, Président de la République, 22/01/2023, (Site de la Présidence de la République)

2 À qui Emmanuel Macron s'adresse-t-il dans ce discours ?

48, 1 📑 **3** Quels sont les deux thèmes principaux qu'évoque Emmanuel Macron ?

4 À l'aide du texte et de vos connaissances en histoire, expliquez la phrase suivante :
« l'époque où l'on comptait ce temps commun au rythme des guerres, avant, entre et après »
(l. 18 – 19).

5 Nommez les raisons pour lesquelles, d'après Emmanuel Macron, le 22 janvier 1963 marque un tournant. Quels changements évoque-t-il ?

6 Quels sont les défis du couple franco-allemand à l'avenir ?

48, 2 📑 **7** Relevez dans le texte deux figures de style qui montrent l'importance
a) du traité de l'Élysée.
b) de la France et de l'Allemagne en Europe.

ÉCRIRE
Stratégie 306 **8** Mettez-vous à la place d'un(e) journaliste qui assiste à ce discours et rédigez l'article qu'il / elle écrit pour le numéro du lendemain de son journal. Présentez dans votre article le cadre dans lequel ce discours a été prononcé et résumez-en les grandes idées.

LIRE

10 Premier échange franco-allemand

6 **sceller qc** besiegeln

Roche-sur-Yon. L'occasion pour les jeunesses des deux pays de se découvrir autrement, moins de 20 ans après la Seconde Guerre mondiale.

C'était il y a 60 ans déjà : l'amitié franco-allemande scellée en 1963 grâce au traité de l'Élysée. Un peu moins de 20 ans après la fin de la Seconde Guerre mondiale, le président français Charles de Gaulle et le chancelier   5

→

10 allemand Konrad Adenauer signent en février ce texte afin de définir le cadre d'une coopération franco-allemande dans plusieurs domaines.

C'est à ce moment que l'Office franco-
15 allemand pour la jeunesse (OFAJ) voit le jour. Dans un contexte post-guerre mondiale et en plein milieu de la guerre froide, les deux chefs d'État pensent que « *la jeunesse se trouve appelée à jouer un rôle déterminant dans la*
20 *consolidation de l'amitié franco-allemande* » et dans le maintien de la paix. Le traité permet alors la création d'un lieu d'échange, de découverte de l'autre et de « *compréhension mutuelle* ».

25 L'OFAJ propose à des jeunes Allemands et Français d'apprendre à mieux se comprendre et se connaître par le biais de l'apprentissage de la langue et de visites entre les deux pays sous forme de camps de vacances. Ces sortes
30 de colonies d'été font évoluer la manière dont est vu le pays voisin, qui n'est finalement pas si différent.

Un premier échange à La Roche-sur-Yon
En 1963, La Roche-sur-Yon accueille le tout
35 premier échange organisé par l'Office franco-allemand de la jeunesse. Pour beaucoup d'Allemands, ce voyage en France est le premier comme en témoignent les archives de 1963 de l'OFAJ. Arrivés en Vendée, ils logent
40 chez des familles d'accueil et se retrouvent avec des Français lors d'activités sportives ou de cours de langues.

Les premiers échanges sont hésitants, bafouillants, dur de communiquer lorsque les
45 mots manquent et que l'apprentissage de la langue est à ses prémices. Pas de quoi entamer le moral des étudiants, ils sont aussi là pour

progresser en allemand ou en français. Des professeurs de langues des deux pays sont présents et jouent un rôle crucial dans le bon
50 fonctionnement de ces journées. […]

Après cette visite à La Roche-sur-Yon, c'est au tour des Français de se rendre en Allemagne. En 1964, ils font cap sur Honnef, en Rhénanie, où les paysages sont toujours marqués par les
55 bombardements de la Seconde Guerre mondiale.

Une amitié franco-allemande qui perdure
Aujourd'hui encore, l'Office franco-allemand pour la jeunesse permet à des jeunes Français
60 et Allemands de se rencontrer et de partager des expériences communes. En 60 ans d'existence, près de 9,5 millions de jeunes ont participé aux quelque 382 000 échanges organisés entre les deux pays selon les chiffres
65 de l'Office franco-allemand pour la jeunesse. Son rôle a évolué au cours de ces années, l'Office propose maintenant des échanges pour faire des stages, du bénévolat, des formations d'animateurs, des voyages linguistiques ou
70 encore des échanges interprofessionnels.

© Eva Giandomenico, ouest-france.fr, 04.07.2023

1 Dans quel but le président français Charles de Gaulle et le chancelier allemand Konrad Adenauer ont-ils signé le traité de l'Élysée en 1963 ?

2 Précisez le contexte historique dans lequel l'Office franco-allemand pour la jeunesse (OFAJ) a vu le jour et relevez les objectifs qu'il se fixe.

3 Décrivez le déroulement du premier échange franco-allemand.

4 Présentez le bilan de l'OFAJ depuis sa création en 1963 et l'évolution de ses activités.

5 À deux, faites une liste des expressions utilisées dans cet article pour parler de l'amitié franco-allemande et de l'échange. A s'occupe des lignes 1 à 32, B s'occupe des lignes 33 à 71. Puis échangez et complétez vos listes.

VOCABULAIRE

48, 1; 49, 2

Au choix

PARLER
MK
Stratégie 305

6 Vous voulez motiver les élèves de votre lycée à participer à l'échange avec le lycée partenaire français. Tournez une courte vidéo en français dans laquelle vous présentez les avantages d'un tel échange. Les expressions de l'exercice 5 peuvent vous aider.

ÉCRIRE
Stratégie 309

7 *« La jeunesse se trouve appelée à jouer un rôle déterminant dans la consolidation de l'amitié franco-allemande »* (l. 18 – 20). Êtes-vous d'accord avec cette citation ? Justifiez votre opinion dans un commentaire personnel, vous pouvez utiliser les expressions de l'exercice 5.

11 Ein Jahr im Alltag der Anderen

MÉDIATION
Stratégie 313
ÉCRIRE
○ 267, 5
49, 1 ▢

1 Votre correspondant(e) français(e) voudrait partir en Allemagne après le bac. Vous venez de lire cet article sur le volontariat franco-allemand et vous lui présentez dans un e-mail les motifs qui ont conduit Kim et Clément à choisir le volontariat, l'importance de ce programme et les tâches concrètes effectuées par les deux jeunes.

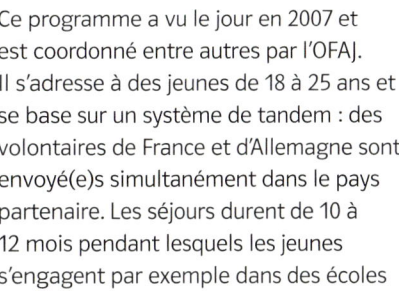

Le volontariat franco-allemand

Ce programme a vu le jour en 2007 et est coordonné entre autres par l'OFAJ. Il s'adresse à des jeunes de 18 à 25 ans et se base sur un système de tandem : des volontaires de France et d'Allemagne sont envoyé(e)s simultanément dans le pays partenaire. Les séjours durent de 10 à 12 mois pendant lesquels les jeunes s'engagent par exemple dans des écoles ou des associations.

[…] Ein kräftiger Kulturschock, die Auszeit im fremden Land, der engagierte Einsatz für die Städtepartnerschaft – oder vielleicht doch irgendwie von allem etwas? Kim Charlotte
5 *Amelung (22) und Clément Bacholle (22) tauchen aktuell in das Alltagsleben des Pendants ein: Beide unterstützen über den „Deutsch-Französischen Freiwilligendienst der Gebietskörperschaften" für die Dauer eines*
10 *Jahres […] die kommunalen Verwaltungen in Münster und Orléans, hier insbesondere die städtepartnerschaftlichen Bemühungen. Im Doppel-Interview sprechen beide über ihre Beweggründe und erläutern, wie sich ihr Alltag*
15 *gestaltet.*

Auslandserfahrungen wollen viele junge Menschen sammeln. Weshalb ging es für Sie „gleich ums Eck" nach Orléans in Frankreich beziehungsweise Münster in Deutschland?

20 **Kim Amelung:** Ich habe bereits in meiner Schulzeit Auslandserfahrungen in einem etwas ferneren Land, nämlich Brasilien, gesammelt. Dort habe ich ein Jahr verbracht und mein Interesse für andere Sprachen und Kulturen
25 entdeckt. Jetzt ging es mir nicht darum, einfach irgendwo anders Luft zu schnuppern, vielmehr wollte ich mich nun für internationale Zusammenarbeit und Begegnungen engagieren. Dies

leitete mich dann – insbesondere in Zusammenhang mit meinem Interesse für das 30 Savoir-vivre, die französische Sprache sowie die Städtepartnerschaft zwischen Münster und Orléans – „gleich ums Eck" nach Orléans!

Clément Bacholle: Ich glaube nicht, dass junge Franzosen oder Deutsche während ihres 35 Studiums so oft ins außereuropäische Ausland gehen. Die meisten gehen im Rahmen des Erasmus-Programms in eine europäische Großstadt wie Paris, Berlin oder Barcelona. Ich denke jedoch, dass die Entscheidung, in 40 eine kleine oder mittelgroße Stadt zu gehen und nicht in eine globalisierte Großstadt, viel exotischer ist. Ich persönlich habe mich für Münster entschieden, weil ich Deutschland nur aus Berlin oder München kannte, die beide 45 sehr kosmopolitische Großstädte sind. Ich wollte wirklich ein anderes Deutschland kennenlernen, das der mittelgroßen Städte, das authentischer ist und in dem ich mich weniger zurechtfinden würde. Außerdem ist 50 Westfalen eine Region, die ich überhaupt nicht kenne – und ich würde mich sehr freuen, sie zu entdecken. […]

→

Mit heutigem Blick: Weshalb ist ein solcher
55 *Austausch bedeutsam?*

Kim Amelung: Städtepartnerschaften
ermöglichen einen Austausch, der in vielerlei
Hinsicht wichtig ist. Zum einen wird ein
sprachlich, kultureller Austausch ermöglicht,
60 der es erlaubt, viel über das andere Land zu
lernen und Weltoffenheit und interkulturelle
Kompetenz zu erwerben. Zum anderen wird
ein fachlicher Austausch ermöglicht, der es
erlaubt, sich über aktuelle Themen wie zum
65 Beispiel die Mobilität in den beiden Städten
auszutauschen und vom jeweils anderen Land
zu lernen. Darüber hinaus existieren natürlich
noch viele weitere Möglichkeiten des Aus-
tauschs. All diese erlauben es, die deutsch-
70 französische Freundschaft zu stärken, das
Gefühl europäischer Einheit zu vermitteln
und damit den Frieden aufrechtzuerhalten.
Clément Bacholle: Die Städtepartnerschaft
zwischen einer französischen und einer
75 deutschen Stadt, Münster und Orléans,
ermöglicht es meiner Meinung nach, die
deutsch-französische Zusammenarbeit im
Rahmen der Europäischen Union auf eine
lokale und für die Bürger konkretere Ebene
80 zu bringen. Es ist eine weniger abstrakte Art
und Weise, die Partnerschaft zwischen den
beiden Ländern zu leben: Man trägt Projekte
und mögliche Probleme, die die Bürger direkt
betreffen, in den Vordergrund. Beispiele
85 hierfür sind Überlegungen zu Verkehr,
Recycling oder der Austausch zwischen den
Gedenk- und Kulturstätten in jeder Stadt.

Ein ganzes Jahr lang wollen Sie diese Städte-
partnerschaft nun stärken und mit Projekten
wie Aktionen unterstützen – was haben Sie 90
sich da vorgenommen?

Clément Bacholle: Wir stehen erst am Anfang
unseres Freiwilligendienstes, aber es zeichnen
sich bereits einige Projekte ab. Kim und ich
möchten eine Veranstaltung im Rahmen der 95
deutsch-französischen Tage im Januar organi-
sieren. Ich werde das Internationale Büro
bei der Organisation der „Twin City Games
Münster" unterstützen, bei denen Jugend-
delegationen aus jeder Partnerstadt Münsters 100
in Sportspielen verschiedene Themen zum
Jubiläum des Westfälischen Friedens
behandeln.
Kim Amelung: Konkret würde ich gern
gemeinsam mit Clément ein neues Projekt im 105
Rahmen der Städtepartnerschaft konzipieren,
die Ideen dafür entwickeln sich peu à peu. […]

ÉCOUTER ET
REGARDER

V 7 ⏵

12 ⏵ De la Guadeloupe en Allemagne

Avant le visionnage

1   Pourriez-vous envisager de passer un an à l'étranger ?
Pourquoi (pas) ? Quels pourraient être les avantages
d'une telle expérience ?

Pendant le visionnage

2   Quelle expérience Grégory a-t-il faite en 2013 ?

3   Comment cette expérience a-t-elle influencé sa vie
professionnelle ?

4 Quels sont les atouts de la jeunesse selon Grégory ?

50, 1 📄 **5** Quel est le plus grand mérite de l'OFAJ ?

Après le visionnage

PARLER
51, 2 📄

6 Le site de l'OFAJ propose aux jeunes de France et d'Allemagne beaucoup de possibilités de se rencontrer et de faire des expériences dans le pays voisin.
Choisissez une des possibilités, cherchez des informations sur l'offre choisie et présentez-la en classe.

LIRE

13 ☆ Arte souffle ses 30 bougies.

1 Regardez-vous Arte ? Si oui, quelles émissions regardez-vous ? Si non, dites pourquoi.

VOCABULAIRE
Stratégie 288
🧍🧍

2 a) Lisez les mots et expressions suivants. Si vous ne les connaissez pas, cherchez-les dans un dictionnaire (en ligne).
b) Puis travaillez à deux. A explique un des mots / des expressions (à l'aide d'un exemple, d'un synonyme…), B dit de quel mot / quelle expression il s'agit. Puis changez de rôle.

une audience record   rapprocher   les peuples européens   une vocation

concevoir qc   l'entente *(f.)*   la liberté d'expression   la redevance   la désinformation

15 **à l'échelle de**
auf der Ebene von
21 **pile** exactement
23 **incarner** verkörpern
30 **ébranler** ins Wanken bringen
34 **se rappeler** se souvenir
34 **un fondateur / une fondatrice** Gründer(in)

Trente ans, l'âge des nouveaux horizons ? À l'heure de souffler ses bougies, Arte affiche une santé de jeune première en France – audience
5 record de l'antenne […], boom des visionnages sur la plateforme Arte.tv (plus de 1,8 milliard de vidéos vues, soit une hausse de 68 % en deux ans), succès sur les réseaux
10 sociaux… – mais aussi de grandes ambitions à l'étranger.

La chaîne franco-allemande voit grand : elle entend devenir pleinement un média européen,
15 pensé à l'échelle du continent et proposant des œuvres conçues collectivement par des équipes internationales. Après tout, Arte n'est-il pas l'acronyme d'« Association relative à la télévision européenne » ? Le choix des
20 programmes prévus à l'antenne le 30 mai prochain, pile trente ans après la soirée d'ouverture réalisée en mai 1992 en direct de l'opéra de Strasbourg, incarne cette volonté renouvelée. […]

Tout un symbole : « *Arte est une utopie qui* 25
dure depuis trente ans, explique son président,
Bruno Patino. *Sa raison d'être était de*
rapprocher les peuples européens par la
culture. À l'heure où la guerre en Ukraine
ébranle tout le continent, cette mission résonne 30
encore plus fort. Arte doit plus que jamais
devenir le label culturel européen référent. »
Pourtant, au départ, « *ce n'était pas gagné* »,
se rappelle son fondateur Jérôme Clément, →

GRAMMAIRE

Le participe passé
· les programmes
prév**us**
· des œuvres
conç**ues**

I 9
interaktive Übungen
52, 2

35 président de 1991 à 2011. *« Si la chaîne avait
dès le début une vocation européenne, elle est
longtemps restée franco-allemande. »* Elle l'est
encore aujourd'hui dans ses structures et son
organisation. *« Depuis le début, quand on*
40 *conçoit un programme, on se pose la question :
qu'est-ce que les Allemands vont en penser ?
Est-ce que ça va les intéresser ? »*, explique
Boris Razon, le directeur éditorial d'Arte
France. […]

45 L'association n'a pas toujours été simple.
*« Il y avait un gros travail de réconciliation et de
compréhension mutuelle à faire »*, se souvient
Jérôme Clément. L'entente tout comme
l'architecture de la chaîne sont désormais
50 solides. *« Tous les mois à Strasbourg se tient
la conférence des programmes, où sont invitées
les chaînes partenaires pour une confrontation
des points de vue »*, explique Boris Razon.
Mais à la fin de la discussion, le dernier mot
55 revient au duo fondateur franco-allemand.
Un processus diplomatique qui se rapproche
finalement de celui de l'Union européenne …
Consciente de la nécessité de s'ouvrir davantage, Arte travaille activement à élargir son
60 réseau de chaînes européennes partenaires.
[…]

L'implantation largement réussie en Pologne
a donné des idées – et conforté la place de la
chaîne dans des pays aux régimes conserva-
teurs. *« Arte est une fenêtre de liberté partout* 65
où la liberté d'expression est menacée »,
avance Boris Razon. […]

Pour qu'Arte puisse combattre sur le même
ring, elle doit encore renforcer son modèle.
Mais avec quel financement ? L'annonce de la 70
suppression de la redevance par Emmanuel
Macron, devant prendre effet dans les
prochains mois, suscite une forte inquiétude.
*« Les sociétés de l'audiovisuel public doivent
disposer d'une ressource pérenne afin d'assurer* 75
leur indépendance, revendique Bruno Patino.
*Nos partenaires allemands, eux, viennent
d'augmenter le montant de la redevance pour
se donner les moyens de lutter contre la
désinformation croissante. »* Tout est une 80
question de choix politique. Comme celui pris
il y a trente-deux ans par le couple Mitterrand-
Kohl, signant à Berlin un traité interétatique
pour poser les fondements d'une chaîne
culturelle européenne… 85

Extrait de : Étienne Labrunie, « À 30 ans, Arte voit
toujours plus grand », Télérama, 25/05/2022

51, 1

3 Présentez la place qu'occupe actuellement Arte dans le monde des médias.

4 Décrivez sa mission.

5 Pourquoi est-ce qu'à ses débuts Arte n'était pas vraiment un média européen ?

52, 3   **6** *« La chaîne franco-allemande voit grand »* (l. 12 – 13). Expliquez cette phrase.

Au choix

PARLER
MK

7 Cherchez sur Internet la grille des programmes d'Arte et choisissez-y un film,
une série, un documentaire ou un reportage qui vous intéresse.
Après l'avoir regardé(e), présentez votre choix dans un monologue minute.

ÉCRIRE
Stratégie 305

Vous voulez intéresser plus de jeunes Européen(ne)s au programme d'Arte.
Pour cela, vous élaborez le synopsis d'une série dont l'action se passe dans
plusieurs pays européens. Commencez par décrire brièvement l'action
principale, imaginez les personnages et choisissez les lieux dans lesquels
se déroule la série.

LIRE

D 11

Texthilfe

Le texte suivant n'est pas annoté. Si nécessaire, cherchez les mots inconnus dans un dictionnaire (en ligne). N'oubliez pas : il n'est pas nécessaire de chercher chaque mot pour comprendre le texte de manière globale.

14 L'Europe nous apporte beaucoup.

[…] Moins d'un an avant les élections européennes, la plateforme Make.org a lancé au printemps une grande consultation à destination des jeunes citoyens de l'UE. […]

5 La question peut paraître vaste : *« Quelles sont vos idées pour bâtir ensemble une Europe capable de répondre aux défis de demain ? »*

Pourtant, depuis le début de l'été, la plateforme Make.org […] a déjà reçu plus 10 de 1 500 propositions et 150 000 votes. Cette grande consultation s'adresse aux jeunes citoyens européens, moins d'un an avant les élections […]. Parmi les sujets qui engendrent le plus de réactions et de commentaires, ceux 15 liés aux institutions, au fonctionnement de notre démocratie et à l'économie de l'Union européenne.

Le projet « EurHope » va durer un an. *« Les résultats de la consultation seront transformés* 20 *en 'agenda citoyen' »*, explique Alicia Combaz, la cofondatrice et directrice générale de Make.org. Les priorités seront ensuite présentées lors d'un évènement organisé en novembre à Madrid, en Espagne. *« On va* 25 *demander aux partis européens de se positionner dessus, pour connaître leur avis et savoir ce qu'ils proposent »*, poursuit-elle. […]

Nous sommes allés en discuter avec des jeunes européens, rassemblés sur un chantier 30 international, à Longueville, village rural au sud de la Seine-et-Marne. Ils sont une dizaine à vivre ensemble pendant deux semaines. Le projet est organisé par l'association Concordia. L'objectif : créer un lieu de vie dans ce village 35 de moins de 2 000 habitants. Un barbecue en briques se dresse. Les jeunes travaillent dessus depuis une semaine. Ils ont nettoyé les briques, venues d'une ancienne usine démolie, et ont appris à fabriquer du ciment.

40 À quelques mètres de là, un autre petit groupe s'affaire avec des palettes en bois, une visseuse dans la main. Des bancs prennent forme. C'est Émeline qui dirige les travaux. *« Je me sens plus européenne que* 45 *française, j'aime voyager, j'aime l'échange culturel »*, raconte cette architecte de 32 ans.

Elle a déjà participé à plusieurs chantiers internationaux, en Islande et en Espagne. *« Il faudrait que les gens soient un peu plus éduqués à l'Europe. Il y a eu beaucoup* 50 *d'abstention aux dernières élections européennes, on ne se sent pas assez concernés »*, déplore Émeline. […]

Ici, l'anglais est roi pour se comprendre. Il y a une Polonaise, une Ukrainienne, trois Italiennes 55 et un jeune Hongrois, Benedek, 20 ans. Cet habitant de Budapest étudie les langues à l'université. En début d'année, il est parti en Roumanie, avec le programme Erasmus. Il voyage en Europe depuis ses 16 ans. Alors 60 forcément, il se sent européen. *« Je ne peux pas imaginer vivre sans l'Union européenne »*, assure-t-il. Pour Benedek, *« l'Europe nous apporte beaucoup »*. Pourtant, il sent qu'un certain nombre de ses concitoyens ne voient 65 pas l'Europe d'un bon œil, mais plutôt comme *« une source d'argent. »* Selon lui, *« l'UE est parfois traitée comme un ennemi qui vient nous ennuyer. Nous devons changer le point de vue de l'ancienne génération, ce qui est très* 70 *difficile. »* […]

Pour ces jeunes européens, qui ont toujours connu l'UE, *« ce serait inimaginable de vivre sans Europe »*, lance Olivia. Cette Polonaise de 23 ans vit à Varsovie, sa famille habite en Italie. 75 *« L'UE fait partie de ma vie depuis toujours. Je suis européenne depuis que je suis née. Je vois les bonnes choses que l'Europe a apportées »*, selon elle. Olivia va voter pour la première fois aux élections européennes l'année prochaine. 80 *« Je trouve que parfois, c'est difficile de savoir ce qu'il se passe »*, regrette-t-elle.

Comme Olivia, Daniela aimerait être davantage *« sensibilisée »* au sujet de l'Union européenne. Ses actions, ses prérogatives, 85 ses votes : *« Je crois juste que le défaut de l'Europe réside dans le fait qu'elle devrait faire un peu plus de publicité pour mieux se faire connaître auprès des jeunes, parce que ce n'est pas possible d'avoir 26 ans comme* 90 *moi et ne pas savoir ce que fait exactement la Commission européenne »*, selon cette

→

Italienne, étudiante en langue. « *L'Europe doit faire beaucoup de publicité, non seulement dans les écoles, mais aussi en général sur l'emploi, parce qu'il y a beaucoup de projets d'emplois que* malheureusement beaucoup de gens ne connaissent pas. » […]

95

© Victor Vasseur : « L'Europe nous apporte beaucoup » : ces jeunes veulent améliorer l'Union européenne de demain ; 26/07/23 France Inter © Radio France

53, 1

1 Présentez le projet de la plateforme Make.org.

2 Décrivez le but du chantier international à Longueville.

3 Analysez les avantages et les problèmes qui, selon les jeunes présentés dans l'article, sont liés à l'Union européenne.

VOCABULAIRE
53, 2

4 Faites un filet à mots autour de l'Europe.

ÉCRIRE
54, 3
Stratégie 309

Au choix

5 « *Il faudrait que les gens soient un peu plus éduqués à l'Europe.* » (l. 49 – 50).
Prenez position sur cette citation en tenant également compte des mesures qui pourraient être prises dans ce sens.

MK
Stratégie 305

6 Vous voulez intéresser les jeunes un peu plus à l'Union européenne et leur en montrer toute la diversité. Pour cela, votre lycée réalise une campagne vidéo en plusieurs langues.
Vous vous occupez de la partie en français. Tournez une courte vidéo publicitaire pour cette campagne. Votre filet à mots de l'exercice 4 peut vous aider.

> **POUR VOUS AIDER**
>
> Vous pouvez parler :
> • des avantages.
> • des projets qui existent pour les jeunes.
> • de vos propres expériences.

LIRE

15 Mon Europe à moi

55, 1

1 Terminez la phrase suivante : Mon Europe à moi, c'est …

la parentalité
‹ les parents
un écart
Diskrepanz
ubuesque absurd
gérer qc verwalten

Le projet Mon Europe à moi *a été lancé en 2022 à l'occasion de la conférence sur l'avenir de l'Europe. Son but était de donner la parole aux jeunes Européens, de noter leurs attentes auxquelles ont ensuite réagi des experts et des membres du Parlement européen.*

Épisode 2
Mon Europe à moi : « Pourquoi n'y-a-t-il pas une reconnaissance des parentalités LGBT+ dans toute l'UE ? »

L'absence de législation européenne sur le sujet et le grand écart entre les différentes lois des pays membres sont parfois à l'origine de situations ubuesques.

Épisode 3
Mon Europe à moi : « À quand un réseau de trains européen géré par l'UE ? »

Voyager d'un bout à l'autre de l'Europe en train reste pour l'instant un exercice complexe. Mais selon l'eurodéputée EELV Karima Delli, les choses pourraient évoluer grâce à l'Union européenne.

**un poing
impuissant(e)**
machtlos

Épisode 5
**Mon Europe à moi : « À quand
un Erasmus qui s'adresse vraiment à tous les jeunes ? »**

L'Union européenne s'est engagée sur un nouveau programme
Erasmus+ qui devrait s'ouvrir à
de nouveaux publics.

Épisode 10
**Mon Europe à moi : « L'Europe
devrait passer toutes ses décisions au crible de la lutte contre
le réchauffement climatique. »**

L'UE s'est fixée des objectifs de
réduction des gaz à effet de
serre ambitieux.
Mais y arrivera-t-elle ?

Épisode 11
**Mon Europe à moi : « Je pense
qu'il faut mettre en place un
salaire minimum européen. »**

Les sujets sociaux sont encore
bien peu traités par l'UE. Mais
cela pourrait changer avec la
mise en place de règles communes aux vingt-sept au sujet du
salaire minimum.

Épisode 13
**Mon Europe à moi : « L'UE doit
se concentrer sur sa mission
principale : garantir la paix. »**

L'Union européenne a-t-elle
permis la paix sur le Vieux Continent, ou la paix a-t-elle permis à
l'Union d'exister ?

Épisode 18
**Mon Europe à moi : « Pour que
l'UE soit plus démocratique,
il faudrait mieux informer les
citoyens. »**

On parle souvent d'un déficit
démocratique de l'Union européenne. Comment réformer les
institutions pour donner plus de
place aux citoyens ?

Épisode 19
**Mon Europe à moi : « Il faut que
l'UE tape du poing sur la table
pour défendre la liberté de la
presse. »**

Le journalisme indépendant et
le pluralisme des médias sont
menacés dans de nombreux
pays de l'Union européenne.
Pourtant, celle-ci semble impuis-
sante. Jusqu'à quand ?

Extrait de : Mon Europe à moi – Épisodes 2, 3, 5, 10, 11, 13, 18, 19. Par Fabien Jannic-Cherbonnel

2 Faites un sondage en classe et classez les demandes selon l'importance qu'elles
ont pour vous.

3 Répartissez entre vous les huit demandes. Chacun(e) fait des recherches sur son
sujet. Présentez dans un texte les informations trouvées et partagez-les sur un
mur virtuel collaboratif.

4 a) Formulez votre propre proposition pour
« Mon Europe à moi ». Quel est pour vous
le sujet le plus urgent ? Présentez votre
proposition sous forme d'une affiche
(numérique).
b) Puis choisissez en classe la proposition
que vous enverriez à un(e) expert(e)
de l'UE.

○ 268, 6 **5** Inventez votre propre utopie européenne.
Qu'est-ce qui rendrait cette utopie unique ?

POUR VOUS AIDER

Vous pouvez par exemple décrire :
• les valeurs
• la société
• les moyens de transport
• les conditions de travail
• des manifestations culturelles
• l'environnement

Mots et contexte

D 12 📄
thematischer
Wortschatz

I 10 🏃
interaktive
Übungen

Aujourd'hui encore, la **Première** et surtout la **Seconde Guerre mondiale** occupent toujours une place très importante dans les esprits. Les gens veulent par exemple comprendre
5 comment les **ennemis** d'hier ont pu, après une **victoire** ou une **défaite**, signer un **traité de paix** et devenir les amis qu'ils sont aujourd'hui. Il n'y a plus de **témoins** de la **Grande Guerre** et presque plus de gens, **rescapés**, **survivants**
10 ou **résistants**, pour témoigner de ce qu'a été e **conflit armé** de 1939 – 45. Mais de nombreux livres et films racontent l'**Occupation**, la **collaboration** et la **Résistance**, mais aussi les **persécutions**, les **arrestations**, les **rafles**
15 d'enfants **juifs**, la **déportation** et les **camps de concentration** et finalement la **Libération**.

Dans le cas de la France et de l'Allemagne, il y a eu tant de **ressentiment** entre les deux pays qu'on peut se demander comment ils ont
20 réussi à **se réconcilier** et à vaincre les **rivalités**, les **tensions** et les **préjugés**. Il ne suffit pas de **signer** l'**armistice**, de **ratifier un traité** ou de **négocier** un **accord** pour créer des **liens entre** deux pays. Il faut aussi avoir vraiment envie de
25 **coopérer** et faire un effort de **compréhension mutuelle**. Mais la **réconciliation** ou l'**amitié franco-allemande** n'est pas qu'un **processus diplomatique** entre deux pays voisins. Ce **rapprochement** bilatéral doit aussi être une
30 réalité dans la vie des gens et c'est là le rôle que jouent les **jumelages** et tous les **échanges** entre les deux pays.

Permettre à ses **citoyen(ne)s** de vivre en **paix** et faire de l'Europe une **puissance économique**

ont été les premiers objectifs de la **construc-** 35 **tion européenne**. Aujourd'hui, en Europe, tout le monde trouve normal que l'euro soit la **monnaie unique européenne**, qu'il y ait la **libre circulation des personnes et des marchandises** et qu'on discute de l'**élargisse-** 40 **ment** de l'**Union européenne**.
Peut-être même qu'aujourd'hui, de nombreux citoyens des **États membres** sont contents de leur **citoyenneté européenne**. En cela, la **mobilité** des jeunes générations qui peuvent, 45 grâce à Erasmus, étudier dans différents pays de l'UE joue un rôle important : comment, en effet, se sentir européen(ne) quand on n'a jamais quitté son pays ?
Pourtant, après la Seconde Guerre mondiale, 50 en pleine **reconstruction**, l'**instauration** de nouvelles relations entre pays voisins n'a pas été simple. Les États ont dû **s'engager dans** un long travail pour **créer** une **alliance** et **mettre en œuvre**, dans un premier temps, l'**Europe** 55 **communautaire** et le **marché commun**, puis l'**union monétaire**.
Aujourd'hui, les États européens doivent **s'unir** pour répondre aux nécessités de la **transition écologique** et doivent **réaffirmer** leur volonté 60 d'agir ensemble. Mais surtout, ils doivent montrer à leurs citoyens que l'Union européenne ne s'intéresse pas qu'aux questions économiques et à la **croissance**, mais qu'elle veut aussi lutter pour aider les 65 gens à avoir une vie meilleure.

1 Classez les mots du texte selon les thèmes représentés sur les photos.

👥 **2** Travaillez à deux. A imagine cinq questions sur les paragraphes 1 et 2 (La France et l'Allemagne, l. 1 à 32), B cinq questions sur le paragraphe 3 (l'Europe, l. 33 à 66). Répondez aux questions de votre partenaire en utilisant le vocabulaire du texte.

16 Il faut s'en aller…

5 une convocation
Vorladung
25 une TSF Radio-
gerät
**27 un poste à
galène** Vorläufer
des Radiogeräts
35 un manège
Karussel
39 des hirondelles
(f., pl.) ici : des
policiers à vélo
qui surveillaient
les quartiers de
Paris dans la
nuit
43 rayer *ici :* faire
disparaître
47 la populace *(péj.)*
der Mob
49 un cabas un sac
de courses
52 le reniement
Verleugnung
74 spolier qn
berauben

À la maison, on parlait d'arrestations de Juifs
étrangers. Tout proche, le gymnase Japy
faisait office de centre de rassemblement.
Au printemps, six cents hommes du XIe avaient
5 reçu une convocation par la poste, sous la
forme d'un billet vert. Il fallait se rendre au
commissariat avec un membre de sa famil
le ou une connaissance, pour « un examen
de situation ». Piège parfait : ils avaient été
10 retenus par la police, et ceux qui les
accompagnaient devaient aller chercher leur
valise. On ne les avait jamais vus revenir.
L'angoisse des adultes voyageait vers des
villes inconnues. Pithiviers, Beaune-la-Rolande,
15 Drancy. En août, la police française avait
bloqué les rues du quartier, fermé les stations
de métro, emmené des pères de famille,
des vieillards, des étudiants, des blessés
de guerre, tous étrangers. Le serrurier
20 mutique avait fait partie du voyage.
Ces gens, disait-on, avaient été « transférés ».
Vers où ? Et pourquoi ? Parce que leurs noms
étaient trop difficiles à prononcer…

Un jour, en rentrant de l'école, Hannah avait
25 trouvé une tache claire à la place de la TSF.
Comme tous les Juifs, Haïm avait dû apporter
son poste à galène au commissariat. Elle se
sentait trahie par son père qui s'était plié
à cette réquisition. Pour elle qui avait appris
30 à se réveiller et à s'endormir en écoutant les
nouvelles, c'était comme si les Allemands
avaient dérobé une part de sa vie. Bientôt ils
voleraient peut-être ses jouets, sa collection
de timbres. Elle ne pouvait plus aller jouer
35 au manège de la place Voltaire ou au square.
Pas le droit de monter ailleurs que dans la
dernière voiture du métro, désormais réservé
aux Juifs, ou de sortir après 20 heures.
Et mieux valait obéir. Les « hirondelles »
40 de la gendarmerie qui circulaient par deux
sur leurs vélos noirs ne plaisantaient pas.

Les Behar avaient l'impression qu'une vie
s'organisait sans eux, qu'on les rayait
lentement de la photo, qu'ils seraient bientôt
invisibles. Cécile craignait de revivre le 45
cauchemar roumain. Les affiches stigmatisant
les Juifs, les injures à l'école, la populace
poussant les vieilles Juives du tramway et
renversant leur cabas par terre. À l'époque,
elle priait pour qu'on la croie chrétienne. Avec 50
ses cheveux blonds et ses yeux clairs, c'était
plausible. Elle avait honte de ce reniement,
mais préférait la honte à la peur. Elle gardait
un terrible souvenir d'une promenade sur
une avenue de Bucarest avec sa cousine Ida. 55
En s'amusant à sauter du trottoir, la petite
qui devait avoir sept ans avait innocemment
bousculé un sergent. L'homme avait saisi
le bras de la gamine et l'avait cassé en deux,
comme on brise une branche morte. Le 60
craquement résonnait encore dans le crâne
de Cécile. Où vivait Ida aujourd'hui ? On n'avait
plus de nouvelles de la Roumanie. L'Est
semblait avoir disparu, avalé par les nazis.

« Il faut s'en aller, répétait Cécile, tout cela 65
va mal finir.
– Où veux-tu partir ? répliquait Haïm. En zone
libre, on ne connaît personne.
– Il y aura bien des paysans pour nous cacher,
moyennant finances. 70
– On ne risque rien, martela Haïm. Le consulat
général de Turquie a protesté dès le début
contre le statut des Juifs qui spolie ses
ressortissants et permet d'interner les
étrangers. Quand quelqu'un est arrêté, les 75
autorités se débrouillent pour le faire sortir
s'il possède un passeport en règle. On n'est
pas en Pologne ou en Roumanie. Il y a encore
des lois. »

(568 mots)
Ariane Bois : Le monde d'Hannah (p. 79 – 83, texte écourté)
© Charleston Poche, Paris 2022

1 Résumez la situation des Juifs et les discriminations auxquelles ils sont confrontés.

2 Analysez les sentiments d'Hannah, de sa mère Cécile et de son père Haïm face à leur situation
et leurs expériences.

ÉCRIRE

Au choix

Stratégie 302

3 La discussion entre Haïm et Cécile continue. Ils réfléchissent à leurs possibilités et aux conséquences positives et négatives possibles. Finalement, ils prennent une décision. Rédigez leur dialogue.

Stratégie 306

4 On vous a demandé d'écrire un article pour le journal scolaire de votre lycée partenaire. Le thème, c'est « L'amitié franco-allemande vue par les jeunes allemands » et lors de vos recherches, vous êtes tombé(e) sur cette citation de la ministre des affaires étrangères Annalena Baerbock lors d'un discours en 2023 : « *Notre amitié demeure la clef de la paix en Europe. […] C'est au quotidien que nous devons œuvrer en faveur de cette amitié : par des rencontres directes, des projets concrets et surtout, en nous engageant corps et âme.* » Écrivez l'article en vous référant à la citation et en concrétisant ce qu'Annalena Baerbock propose.

ZOOM SUR … L'opérateur résumer

Beim Operator *résumer* sollen bestimmte Informationen oder Sachverhalte im Text strukturiert und knapp in eigenen Worten wiedergegeben werden, ohne diese zu kommentieren.

Lesen Sie die Aufgabenstellung genau durch und fassen Sie nur die geforderten Informationen oder Sachverhalte in sinnvoller Reihenfolge komprimiert zusammen (und nicht, wie beim klassischen „résumé", den gesamten Textinhalt).

ON DIT

Au début, on apprend que …
Puis il est décrit comment …
Après / Ensuite / À la fin …
Premièrement … Deuxièmement …
En plus … / En outre … / Par ailleurs …

POUR VOUS AIDER

- Verbinden Sie die Sätze mit logischen (z. B. aufzählenden) Konnektoren.
- Verwenden Sie keine wertenden Ausdrücke oder Redemittel.
- Vermeiden Sie rein ausschmückende Ausdrücke und Wörter wie z. B. Adjektive, die keinen konkreten Bezug zur Aufgabenstellung haben.

MÉDIATION
Stratégie 313
ÉCRIRE

17 Gegen Vorurteile helfen Begegnungen.

1 Votre correspondant(e) français(e) envisage d'organiser un camp de jeunes pour favoriser la compréhension mutuelle entre les jeunes français et allemands et s'intéresse aux projets qui existent déjà dans ce domaine. Vous avez trouvé l'article suivant. Présentez-lui dans un e-mail les activités, les objectifs et les défis du camp.

Das deutsch-französische Jugendcamp verbindet junge Menschen aus beiden Nationen. Es findet abwechselnd in Meximieux und Denkendorf statt. Sprachbarrieren gibt es zwar, doch Hindernisse für neue Freundschaften sind sie kaum. 5

→

In Frankreich und Deutschland erstarken rechts-
nationale Kräfte. Die Gefahr einer europäischen
Desintegration wächst. Wenn Menschen aus
10 verschiedenen Nationen zusammenkommen,
kann dies solchen Tendenzen entgegenwirken.
Auch Städtepartnerschaften, wie sie seit 1986
zwischen Denkendorf und Meximieux bestehen,
schaffen wichtige völkerverbindende Bande.
15 Schon der Élysée-Vertrag, der vor 60 Jahren
geschlossen wurde, setzte auf die Jugend. Diese
Idee griff man in Denkendorf auf und initiierte
gemeinsam mit den französischen Partnern
1997 das erste deutsch-französische Jugend-
20 camp. Seither kommen – mit Ausnahme der
Coronajahre 2020 und 2021 – im jährlichen
Wechsel junge Menschen im Alter zwischen
12 und 16 Jahren für eine Woche in Denkendorf
oder Meximieux zusammen. *„Die meisten*
25 *Austausche finden zwischen Schulen statt"*, sagt
Armin Seidel, der Vorsitzende des Denkendorfer
Partnerschaftskomitees. *„Deshalb ist das*
Jugendcamp etwas Besonderes." […]

Auch in diesem Jahr kamen 30 Kinder und
30 Jugendliche aus beiden Ländern in Denkendorf zusammen. Übernachtet wurde in
gemischt-nationalen Gruppen auf Feldbetten
in Schlafsälen im CVJM-Vereinshaus. Und auch
die jungen Betreuer – in diesem Jahr waren sie
35 zwischen 18 und 24 Jahre alt – stammen aus
beiden Nationen. Viele von ihnen sind ehema-
lige Teilnehmer. Das jeweilige Partnerschafts-
komitee übernehme zwar die Vorbereitung vor
Ort, organisiere das Programm mit Ausflügen
40 und die Verpflegung. *„Doch sonst mischen wir*
uns in die Betreuung nicht ein", sagt Seidel.
Überwiegend sind die jungen Menschen unter
sich. Das Spektrum der Aktivitäten ist groß:
Ausflüge unter anderem in den Freizeitpark Trips-
45 drill, zum Stocherkahnfahren nach Tübingen, zu
Ritter Sport nach Waldenbuch und zu den
Deutschen Instituten für Textil- und Faserfor-
schung im Körschtal standen auf dem Programm, ebenso wie ein Kinoabend, eine Rallye
50 durch den Ort und Freibadbesuche.[…]

Abseits der Programmpunkte wurde spielerisch
die jeweils fremde Sprache eingeübt. *„Es gibt*
auch Teilnehmer, die die Sprache nicht oder nur
wenig können. Trotzdem klappt die Verständi-
55 *gung wunderbar"*, berichtet Seidel. Auch rund
ums große Lagerfeuer entstand viel Gemein-
schaftsgefühl. Nationalistische Tendenzen hat
er bei den Jugendlichen nicht beobachtet:
„Bei den jungen Leuten spielten politische
Strömungen keine Rolle. Sie wollten einfach 60
Spaß zusammen haben."

Das Jugendcamp habe keinen explizit politischen Bildungsauftrag, betont Seidel. *„Es ist*
vielmehr ein Herzensbildungsauftrag." Auch
wenn Seidel sagt, der Jugendaustausch habe 65
keinen vordergründig politischen Ansatz, ist
er davon überzeugt, dass die Begegnung
unterschwellig Vorurteile und Feindseligkeiten
abbauen kann oder diese vielmehr erst gar
nicht aufkommen lässt. Den Élysée-Vertrag 70
verstehe er als Auftrag, *„Ressentiments aus der*
Geschichte anzusprechen, aber auch neuen
Nationalismen entgegenzuwirken". Der Jugendaustausch setze darauf, dass sich Jugendliche
im Alltag kennenlernen, sich austauschen und 75
einander schätzen lernen. *„Jugendliche erleben,*
wenn sie miteinander Spaß haben, das Fremde
als nicht bedrohlich. Sie erfahren, dass es keinen
Grund gibt, andere Nationen zu bekämpfen." Mit
seinen Aktivitäten wolle das Partnerschafts- 80
komitee präventiv wirken. *„Wir wollen, dass*
fremdenfeindliche Einflüsse nicht einsickern
ins Bewusstsein der jungen Menschen." […]

Über das Jugendcamp seien teilweise lang-
jährige Beziehungen auch zwischen Familien 85
entstanden. Auf privater Ebene laufe viel
zwischen Meximieux und Denkendorf, so
Seidel. Und auch zum Ehestifter wurde das
Jugendcamp vor einiger Zeit. Braut und Bräuti-
gam hatten sich im Camp kennengelernt und 90
später in Meximieux geheiratet.

Armin Seidel setzt auf Kontinuität in Sachen
Völkerverständigung: Begegnungen zwischen
jungen Menschen seien nicht erst heute
wichtig, sondern seien es schon vor 60 Jahren 95
gewesen, als noch die Nachwirkungen des
Zweiten Weltkriegs Franzosen und Deutsche
trennten. Das Erstarken rechter Kräfte in
beiden Ländern bereitet Armin Seidel Sorge.
„Doch ich habe die Hoffnung, dass die breite 100
Basis von mehr als 2000 deutsch-französischen
Partnerschaften einen Beitrag leistet,
Bestrebungen von Rechts entgegenzuwirken."

(584 mots)
Ulrike Rapp-Hirrlinger: „Gegen Vorurteile helfen
Begegnungen" in Stuttgarter Nachrichten v. 16.08.2023

4 La France et la francophonie

I 11 🎧
Quiz

1 Faites le quiz et testez vos connaissances sur la francophonie. Faites des recherches sur Internet si nécessaire.

1 Où trouve-t-on le plus de personnes qui parlent français ?
- 🟦 en Afrique
- 🔴 en Europe
- ⭐ en Asie

2 Qu'est-ce que le « yassa » ?
- 🟦 un plat sénégalais avec de la viande ou du poisson, du riz et des légumes
- 🔴 une danse traditionnelle québécoise (on crie « Yassa ! » en dansant)
- ⭐ un fromage suisse

3 Parmi ces personnalités, laquelle n'est pas francophone ?
- 🟦 l'acteur Omar Sy
- 🔴 le footballeur Youssoufa Moukoko
- ⭐ la chanteuse Olivia Rodrigo

4 Parmi les régions suivantes, lesquelles sont francophones ?
- 🟦 le Québec
- 🔴 la Louisiane
- ⭐ les Bermudes

5 La langue française …
- 🟦 pourrait être la langue la plus parlée au monde en 2050.
- 🔴 a été officiellement élue « plus belle langue du monde ».
- ⭐ est la deuxième langue officielle dans les trois « Länder » allemands frontaliers de la France.

6 L'expression babeler …
- 🟦 veut dire « bavarder » en Belgique.
- 🔴 n'existe pas !
- ⭐ veut dire « apprendre une langue étrangère » en drehu, une langue parlée en Nouvelle-Calédonie.

PARLER

2 a) Montréal, Alger et Cilaos sont situées dans des pays francophones. Reliez ces villes aux photos ci-dessus.
b) Choisissez une de ces villes et présentez-la dans un monologue minute.

Panorama

- La francophonie, qu'est-ce que c'est ?
- Retour sur le passé colonial
- France – Algérie : une histoire mouvementée
- Bienvenue dans les DROM-COM
- Regards sur le Québec

1   Ma langue

GRAMMAIRE

**Les pronoms
démonstratifs**
Cette langue, c'est
celle avec laquelle …

I 12 ✍
interaktive Übungen
56, 2 🗐

Ma grand-mère détestait la langue française. Mon père racontait qu'elle se mettait en colère quand elle entendait ses enfants s'exprimer dans cette
5 langue. La langue de l'école coloniale où était inscrit mon père. La langue des riches, des colons, la langue des gens éduqués qui la regardaient de haut. Ma grand-mère ne savait ni lire
10 ni écrire et je peux comprendre sa rage quand elle voyait ses enfants, hauts comme trois pommes, déclamer en riant un poème de Ronsard.

Moi-même, je n'ai pas toujours eu avec la
15 langue française un rapport apaisé. Enfant, je voulais comprendre pourquoi c'était cette langue que nous parlions. Pourquoi, alors que nous étions marocains, que nous vivions à Rabat, nous exprimions-nous dans cette
20 langue-là ? Je percevais, même enfant, que cela avait à voir avec notre classe sociale, avec notre degré d'éducation. Et cette langue, d'une manière ou d'une autre, finissait par rimer avec domination.
25 Et puis elle est devenue mienne. […] Cette langue, c'est celle avec laquelle j'ai dit je t'aime. Celle avec laquelle j'ai dit adieu à ceux que j'aimais et c'est dans cette langue que j'ai fredonné à leur oreille avant de les laisser
30 partir.

Leïla Slimani
Cette journaliste et écrivaine franco-marocaine est née en 1981 à Rabat au Maroc. Son deuxième roman *Chanson douce* a obtenu le prix Goncourt. Dans *Nos langues françaises* (2022), Leïla Slimani a demandé à une dizaine de personnalités de répondre à la question suivante : parler français, qu'est-ce que cela veut dire aujourd'hui ?

Ma langue, oui, et si je me suis engagée pour cette belle idée de francophonie, c'est précisément pour ça. Pour que qui que ce soit, quelles que soient sa couleur, sa religion, son origine, puisse dire : c'est ma langue. Qu'elle 35 ne fasse plus mal à celui qui ne la parle pas mais qu'elle soit au contraire un outil de réconciliation et d'affirmation de soi. Cette francophonie, je ne peux non plus l'envisager comme un monolithisme. Car nombre d'entre 40 nous, francophones, sommes aussi des plurilingues. Souvent, nous rêvons dans une langue, nous pensons dans une autre, le français cohabite avec l'arabe, le wolof, le créole. Et je vois dans ce multilinguisme 45 l'espoir d'un monde ouvert, où l'on n'est pas sommé de choisir un camp.

© Extrait de : Leïla Slimani « Nos langues françaises »
p. 5 – 6 © Éditions du Patrimoine, 2022

1 Résumez en une à deux phrases de quoi parle le texte.

2 Expliquez pourquoi Leïla Slimani n'a « *pas toujours eu avec la langue française un rapport apaisé* » (l. 14 – 15). Prenez également en compte dans votre réponse l'attitude de sa grand-mère envers le français.

3 Décrivez comment son rapport au français a évolué.

4 Qu'est-ce que l'idée de la francophonie représente pour Leïla Slimani ?

5 Expliquez la phrase suivante « *Qu'elle ne fasse plus mal à celui qui ne la parle pas… »* (l. 35 – 36) dans son contexte historique.

VOCABULAIRE

6 Faites un filet à mots autour de la langue avec les mots et expressions que vous trouvez dans le texte.

PARLER

○ 268, 1

56, 1 🗐

7 Dans quelle mesure le fait de parler plusieurs langues permet-il de s'ouvrir sur le monde ? Notez vos idées, puis discutez en classe. Votre filet à mots de l'exercice 6 peut vous aider.

ÉCOUTER
A 10
Stratégie 291

2   Le français vit partout où on le parle.

Marion L'Hour reçoit sur France Inter Barbara Cassin, la commissaire permanente de la cité internationale de la langue française qui est inaugurée le jour-même à Villers-Cotterêts.

1   Selon Barbara Cassin, quelle est la caractéristique du français ?

2   D'après elle, où se trouve la véritable langue française° ?

3   Pourquoi peut-on dire que le français est une « langue monde » ?

4   Comment est-ce qu'on fait vivre le français dans la cité ? Donnez des exemples.

5   Dans l'interview, Marion L'Hour rappelle qu'on parle français hors de France. Regardez sur la carte pages 330 – 331 dans quels pays on parle également français. À votre avis, pourquoi le français y est-il utilisé ?

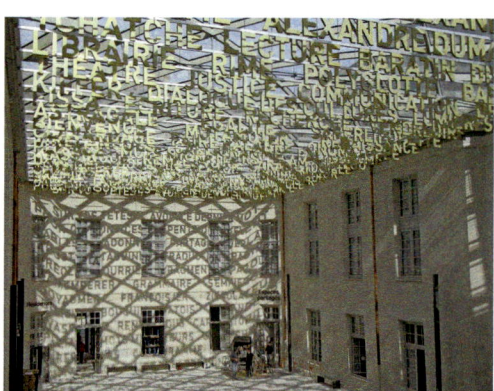

MK
Stratégie 289
57, 1

6   Sur Internet, faites des recherches sur l'ordonnance de Villers-Cotterêts et expliquez en quoi elle constitue un évènement clé pour la langue française.

LIRE
MK
57, 1

3   Le hip-hop transcende les frontières.

1   Sur Internet, faites des recherches sur les Jeux de la Francophonie : date, lieu, pays participants, disciplines proposées.

L'OIF

Les Jeux de la Francophonie sont organisés par l'Organisation internationale de la Francophonie. L'OIF a été créée en 1970 et regroupe aujourd'hui 88 États et gouvernements. Un de ses premiers objectifs est de promouvoir la langue française et la diversité culturelle au sein de l'espace francophone et elle propose à cet effet des évènements destinés à faire vivre la francophonie aux États membres.

9   **remporter**
ici : gagner
10 **à quatre reprises**
quatre fois
10 **décrocher**
ici : gagner
14 **plonger dans qc**
ici : mitnehmen

Les Jeux de la Francophonie de Kinshasa 2023 sont maintenant un souvenir, proche encore mais les échanges avec les artistes et athlètes qui ont marqué cette édition, se poursuivent.
5 Ainsi de Mohamed Xavier Goudiaby, membre du Power Crew du Sénégal. Créé en 2013, à son initiative et celle de son frère et de Francis Bboy Venome, le Power Crew Sénégal a déjà remporté le championnat national du pays
10 à quatre reprises et il a décroché plusieurs titres lors de compétitions nationales et internationales. Dans cette interview, Mohamed Xavier Goudiaby revient sur son parcours à Kinshasa et nous plonge dans
15 l'univers du Breaking au Sénégal.

En tant que membre du groupe Power Crew qui représentait le Sénégal aux Jeux de la

Francophonie 2023, pouvez-vous nous parler des défis que vous y avez rencontrés ?
Bien sûr. Pour moi, le défi le plus marquant
a été de montrer au monde le niveau élevé
du Breaking au Sénégal. Nous voulions inspirer   20

→

23 prouver (angl.)
to prove
24 à l'échelle mon-diale auf inter-nationaler Ebene
26 puissant(e)
kraftvoll
28 favoriser qc
begünstigen
30 un ressenti
Gefühl
36 transcender qc
überwinden
39 l'envergure (f.)
Tragweite
53 la détermination
Entschlossenheit
53 acharné(e)
ici : hart
55 pousser qn à (faire) qc ici :
dazu bringen, dass …

les danseurs de notre pays en prouvant que nous pouvons évoluer et réussir à l'échelle
25 mondiale.

Le hip-hop est un langage artistique puissant. Comment pensez-vous que votre style de danse a favorisé les connexions entre les différentes cultures francophones lors de ces jeux, et quel
30 *était le ressenti sur scène ?*
Le hip-hop est un vecteur de connexion culturelle. Notre style de danse a créé des liens forts entre les diverses cultures francophones présentes aux jeux. Sur scène, j'ai ressenti cette
35 connexion à travers les réactions du public. Le hip-hop transcende les frontières linguistiques et géographiques, c'est ce qui le rend si puissant. […]

Participer à un évènement de cette envergure est une expérience unique. Quels souvenirs
40 *et moments mémorables allez-vous conserver de votre parcours aux Jeux de la Francophonie 2023, et comment cela continuera-t-il à influencer votre évolution en tant que danseur ?*
45 Il y a de nombreux souvenirs, mais je vais particulièrement chérir le sentiment d'avoir réalisé notre rêve en participant et en remportant des médailles. Cette expérience restera gravée dans ma mémoire. En tant que
50 danseur, elle renforce ma confiance en notre style et rappelle que les rêves peuvent devenir réalité avec détermination et travail acharné. Cela alimente ma passion pour la danse et me pousse à repousser mes limites.
55

© Extrait de : Yasmine Taviot : « Francophonie 2023 :
Entretien avec Xavier Goudiaby »

2 Relevez dans l'interview toutes les informations sur le Power Crew et présentez le groupe. Puis regardez sur Internet une vidéo du groupe pour vous faire une idée de leur style de danse.

3 De quelle manière le hip-hop contribue-t-il à créer des liens entre les cultures ?

4 En vous basant sur l'interview, expliquez pourquoi les Jeux de la Francophonie représentent une chance pour de jeunes artistes francophones.

VOCABULAIRE

5 Trouvez dans l'interview les adjectifs correspondants aux noms suivants. Puis, à l'aide de ces familles de mots, faites deux phrases sur les Jeux de la Francophonie.

la culture   le monde   une nation   la puissance   un(e) artiste

une langue   la mémoire

LIRE

4   Petite histoire coloniale

58, 1 ; 59, 2

1 Que savez-vous sur le passé colonial de l'Allemagne et d'autres pays européens ?

se lancer dans
sich stürzen
une conquête
(angl.) conquest
un comptoir
Kontor

Le premier empire colonial
La France se lance dès le XVIᵉ siècle dans la conquête de nouveaux territoires. Le premier empire colonial comprend des territoires nord-américains (Québec, Louisiane …), l'Inde, des îles des Antilles ainsi que la Réunion et l'île Maurice. Mais à la fin de l'époque napoléonienne, l'empire colonial français ne compte plus que la Guadeloupe, la Martinique, la Réunion et quelques comptoirs.

Le second empire colonial
Au XIXᵉ siècle, une nouvelle politique coloniale est mise en place et au début du XXᵉ siècle, la France a le deuxième plus grand empire colonial après la Grande-Bretagne.

une colonie de peuplement
Siedlungskolonie
un protectorat
Verwaltungs-
begriff aus der
Kolonialzeit
étendre qc
erweitern
convoiter qc
begehren
léguer qc à qn
vermachen
le travail forcé
Zwangsarbeit
une plantation
Plantage
un chantier de travaux publics
Straßenbau-
arbeiten
l'abolition (f.) **de l'esclavage** (m.)
Abschaffung der
Sklaverei

Le Maghreb
En 1830, la France part à la conquête de l'Algérie qui devient une colonie de peuplement dans laquelle beaucoup d'Européens viennent s'installer. À l'Algérie s'ajoutent ensuite les protectorats français de Tunisie (en 1881) et du Maroc (1912).

L'Afrique subsaharienne
Partant des comptoirs qu'elle avait au Sénégal et en Côte d'Ivoire, la France étend son domaine aux pays du Sahel (Burkina Faso, Mali, Mauritanie, Niger, Tchad). À la fin de la Première Guerre mondiale s'y ajoutent les colonies allemandes du Togo et du Cameroun.

L'Indochine
Ce territoire est difficilement conquis par la France entre 1858 et 1907 et comprend la colonie de Cochinchine (aujourd'hui le sud du Vietnam) et 4 protectorats (l'Annam, le Tonkin, le Cambodge et le Laos). Il s'agit du territoire le plus riche et le plus peuplé.

Madagascar
L'île de l'océan Indien réussit à conserver son indépendance jusqu'à la fin du XIXe siècle, mais devient finalement une colonie française en 1896.

Le Pacifique
Au XIXe siècle, les îles du Pacifique sont très convoitées par toutes les puissances coloniales européennes. La Nouvelle-Calédonie est annexée en 1853, le royaume de Tahiti devient d'abord protectorat français avant d'être légué à la France.

Statut des populations autochtones
Les populations autochtones n'ont pas le même statut que les Français et n'ont pas de droits. Elles sont souvent soumises au travail forcé, par exemple dans les plantations ou sur les chantiers de travaux publics. La grande majorité d'entre eux ne peuvent pas obtenir la nationalité française. Une exception concerne les populations des Antilles et de la Réunion qui obtiennent la nationalité française après l'abolition de l'esclavage en 1848.

Stratégie 289

○ 269, 2

2 a) Présentez les grandes dates de la colonisation mentionnées dans les textes sous forme de frise chronologique.
b) Puis cherchez sur Internet quand les pays colonisés par la France ont obtenu leur indépendance et complétez votre frise.

3 Décrivez le changement d'attitude envers la colonisation en tenant compte du contexte historique des deux citations.

« Partout où notre drapeau se dresse, les populations accourent, se mettent à son abri, sachant qu'il les libère de l'anarchie et leur apporte la paix, la protection, le bien-être. Oui, cette guerre coloniale […] est par excellence une guerre constructrice, une œuvre de paix et de civilisation […]. »

Louis Hubert Gonzalve Lyautey (1854 – 1934)

« La colonisation fait partie de l'histoire française. C'est un crime, c'est un crime contre l'humanité, c'est une vraie barbarie et ça fait partie de ce passé que nous devons regarder en face en présentant aussi nos excuses à l'égard de celles et ceux envers lesquels nous avons commis ces gestes. »

Emmanuel Macron, Président de la République Française, 2017, lefigaro.fr, 28/11/2017

LIRE

5   L'exposition coloniale de 1931

1 L'extrait suivant est tiré du roman *Des sauvages et des hommes*. Remettez le titre dans le contexte de la colonisation.

VOCABULAIRE
Stratégie 287

2 À l'aide d'un mot de la même famille ou d'une autre langue, trouvez la signification des mots suivants.

la gloire   dédié(e)   bénéficier   concerner   un manque   exposer   un veston

une subtilité   une manœuvre   une exhibition   en marge de   une confirmation

considérer   nécessiter   une anticipation

En 1930, Georges Bartholomoy et Maurice Seguin de la Fédération française des anciens coloniaux cherchent une solution à des problèmes financiers de leur association.

la Fédération française des anciens coloniaux Verband ehemaliger Kolonisten
2 **tousser** husten
3 **un mouchoir** Taschentuch
7 **des problèmes de trésorerie** des problèmes financiers
20 **une décennie** Jahrzehnt
24 **fidèle** wirklichkeitsgetreu
29 **un bienfait** Errungenschaft
30 **s'étendre** sich erstrecken
30 **au-delà de qc** über etw. hinaus
34 **s'esclaffer** rire très fort
40 **benoit(e)** scheinheilig
40 **l'artisanat** *(m.)* Handwerk
41 **assoiffé(e) de sang** blutdürstig
43 **un pouce** Daumen

— Des Canaques* ! […]
— Eh bien, quoi, des Canaques ? toussa Bartholomoy dans un mouchoir tiré de sa poche. Ils ne sont pas aux portes de Paris,
5 que je sache !
Seguin s'avança vers son ami […].
— La voilà, la solution à nos problèmes de trésorerie. Des Canaques* ! Des Canaques à Paris ! […]
10 — Eh bien, explique-toi ! […]
— Bien. Tu n'es pas sans savoir que l'année prochaine se tiendra l'Exposition coloniale, au bois de Vincennes.

Bartholomoy ne prit même pas la peine de
15 répondre. Évidemment. L'Exposition coloniale de 1931 était déjà de toutes les conversations. Entièrement dédiée à la gloire de la mission civilisatrice de la Troisième République, elle s'annonçait grandiose. L'évènement de la
20 décennie. Deux cents colonies y seraient représentées, du Gabon à la Guyane, en passant par le protectorat du Maroc ou les Indes. Chacune d'entre elles occuperait un pavillon fidèle à l'architecture de son
25 territoire. […] Les Parisiens vivraient une expérience unique : faire le tour du monde en une journée, tout en bénéficiant d'une leçon de choses et d'humanité. Encore une preuve que les bienfaits de la colonisation

s'étendaient bien au-delà des frontières des territoires concernés. […]
30
— C'est notre chance, Georges. Profitons de ce manque pour faire venir une troupe !
— Mais pour quoi faire ? s'esclaffa Bartholomoy.
— Comment ça, pour quoi faire ? Pour les
35 exposer, voyons ! Les Canaques ont toujours eu beaucoup de succès, tu sais bien. […]
— Nous offrirons un spectacle autrement plus passionnant que celui d'indigènes présentant benoitement leur artisanat, poursuivit Seguin.
40 Des Canaques ! Des Canaques assoiffés de sang !
Amusé, Bartholomoy enfonça ses pouces dans les poches de son veston.

→

* Kanak bedeutet Mensch und ist der Name der indigenen Bevölkerung Neu-Kaledoniens. Im vorliegenden Text wird der Name in der Schreibweise der frz. Kolonisten verwendet.

48 **indigne**
unwürdig
49 **dans**
l'enceinte *(f.)*
auf dem Gelände
60 **un enclos**
Tiergehege
61 **raisonnable**
angemessen
62 **un frisson**
Schauder
70 **rallier** *ici :*
erreichen
72 **fournir** donner
74 **une igname**
Jamswurzel
83 **efficace**
wirksam
89 **un angle**
Blickwinkel

45 – Des Canaques assoiffés de sang ? Tu sembles
oublier un détail. Le maréchal Lyautey l'a dit
lui-même, « aucune monstruosité indigène
indigne de la République » ne sera tolérée dans
l'enceinte de l'Exposi …

50 D'un geste de la main, Seguin coupa la parole
de son ami.
– Attends, je n'ai pas terminé.
Il inclina son buste en avant […]
– Écoute, car c'est là que réside toute la subti-
55 lité de la manœuvre. Pour garder la main sur
le contenu de l'exhibition, nous exposerons les
Canaques en marge de l'Exposition coloniale.
Au Jardin d'Acclimatation, à côté des crocodiles.
Je viens d'en obtenir la confirmation : il est
60 possible de louer un enclos, à un prix tout à fait
raisonnable. […]

Le public veut du frisson, le public veut se
faire peur, le public veut voir …
Il marqua une pause :
– … des bêtes. […]   65
– Pourquoi pas, marmotta le président.
C'est à considérer.
– C'est à considérer rapidement ! Une telle
entreprise nécessite de l'anticipation. Il faut
plus de deux mois pour rallier la France depuis   70
la Nouvelle-Calédonie. […]
– Alors, fournis-moi des chiffres. En plus du
voyage, il faudra les loger, les habiller, les
nourrir. Les ignames ne poussent pas sur
le Champ-de-Mars. […]   75
Des Canaques.
Pourquoi pas.
Et surtout, quoi de plus concret pour soutenir
la mission civilisatrice de la colonisation, à
l'heure où certains illuminés se permettaient   80
d'émettre des protestations* ? Montrer au
peuple parisien dans quel état primitif on avait
trouvé ces populations serait bien plus efficace
que la meilleure des argumentations.
Bartholomoy tira une longue bouffée de son   85
cigare.
Sans compter que les Canaques seraient
sûrement très heureux de venir à Paris.
Oui, examiné sous cet angle, c'était presque
une bonne action.   90

© Annelise Heurtier : Des sauvages et des hommes, 2022

* À l'occasion de l'exposition coloniale, le Parti Communiste Français a lancé une campagne anticoloniale.

3 Décrivez le « projet » que Maurice Seguin présente dans le texte ci-dessus à son ami
Georges Bartholomoy. Pour quelles raisons le projet pourrait-il avoir du succès ?

Stratégie 307   **4** Caractérisez en quelques mots les deux interlocuteurs. Justifiez vos réponses par des
citations du texte.

Stratégie 295   **5** Quels éléments de cet extrait montrent que les deux hommes déshumanisent les Kanaks
59, 1 🗐   et qu'ils se croient supérieurs ?

6 Relisez la fin du texte (l. 76 – 90). Qu'est-ce qui montre que Georges Bartholomoy est conscient
que le « projet » de son ami est ignoble ?

7 a) Quelles missions la colonisation prétend-elle avoir ?
b) Expliquez en quoi le terme « mission civilisatrice » ne correspond en rien à la réalité
de l'histoire coloniale.

PARLER
🔲 MK   **8** Est-ce qu'il y a eu des évènements semblables en Allemagne où on a exposé des personnes
venant des colonies ? Faites des recherches sur Internet, puis présentez vos résultats sous
Stratégie 289   forme d'un court reportage radio.

LIRE

6   Claude et Hamid

Zoom sur l'art 314

« Féerie inespérée et qui ravit l'esprit ! Alger a passé mes attentes. Qu'elle est jolie, la ville de neige sous l'éblouissante lumière ! Une immense terrasse longe le port, soutenue par des arcades élégantes. Au-dessus s'élèvent de grands hôtels européens et le quartier français, au-dessus encore s'échelonne la ville arabe, amoncellement de petites maisons blanches, bizarres, enchevêtrées les unes dans les autres, séparées par des rues qui ressemblent à des souterrains clairs. […] »

Guy de Maupassant, 1881

Léon Cauvy, Alger la Blanche, 1912

1   Comment la ville d'Alger est-elle vue par le peintre français Léon Cauvy et l'écrivain français Guy de Maupassant ?

Stratégie 304

a)   Commencez par décrire le tableau. Puis dites quelles associations et quels sentiments il provoque en vous.

Stratégie 288

b)   Lisez la citation de Guy de Maupassant et cherchez les mots inconnus dans un dictionnaire. Mettez ses impressions en relation avec le tableau.

c)   À deux, résumez vos conclusions en complétant la phrase suivante :
Alger est présentée comme une ville …

2   Discutez avec votre partenaire de l'exercice 1c). Pensez-vous que le tableau et la citation donnent une impression réaliste de la ville ? Pourquoi (pas) ? Tenez compte de la date du tableau et de la citation ainsi que de la nationalité de Cauvy et Maupassant.

Dans L'Art de perdre, *on suit sur plusieurs générations l'histoire de la famille Zekkar. L'extrait suivant se passe à la fin des années 1950. Claude, un Français, habite avec sa fille Annie et sa sœur Michelle à Palestro en Kabylie. Il y tient l'épicerie du village et achète l'huile d'olive d'Ali Zekkar, qui a réussi à devenir propriétaire de quelques terres. Hamid, le fils d'Ali et Yema, a le même âge qu'Annie.*

5 **le veuvage**
Witwerschaft
9 **une ineptie**
Dummheit
11 **une crête**
Bergkamm
15 **briser** brechen
15 **tacite** still-
schweigend
18 **une épicerie**
Lebensmittel-
geschäft

Quand Michelle, Annie et Hamid se trouvent avec lui dans l'épicerie, Claude se sent bien. Il se dit qu'ils forment ensemble une tribu étrange, une négation
5 de sa solitude et de son veuvage. Il parle de Hamid à son entourage comme de « ce petit Arabe que nous avons quasiment adopté ». Yema se grifferait le visage si elle l'entendait proférer une ineptie pareille
10 mais Claude, qui n'est jamais monté sur

la crête, peut imaginer que le garçonnet a besoin de cette nouvelle famille qu'il a décidé de lui donner.
L'affection du commerçant pour Hamid ne parvient pas à briser l'un des interdits tacites   15
de la société coloniale : la séparation du domaine public et du domaine privé. C'est toujours dans l'épicerie que l'on accueille le petit garçon et son père, jamais dans l'appartement au-dessus, ou bien juste le   → 20

28 **domestique** privé(e), familial(e)
29 **un antre** Zufluchtsort
29 **le foyer** Heim
30 **demeurer** rester
33 **s'épanouir** sich entfalten
33 **le rez-de-chaussée** Erdgeschoss
45 **enlever** entführen
67 **un(e) dignitaire** Würdenträger(in)
77 **un(e) paysan(ne)** Bauer / Bäuerin
79 **hausser les épaules** mit den Schultern zucken

GRAMMAIRE
Le subjonctif
Il voulait que sa fille **aille** …

I 13
interaktive Übungen
V 8
Erklärvideo
61, 2

temps qu'Annie monte y chercher un jouet.
Et la chose se répète dans tout le pays à
diverses échelles : si les différentes populations qui l'habitent se croisent, se parlent,
25 se connaissent, c'est au détour d'une rue,
devant l'étalage d'un magasin, aux terrasses
de certains cafés mais ce n'est jamais –
ou très rarement – dans la sphère domestique,
l'antre secret du foyer qui demeure
30 strictement communautaire.
Claude aime peut-être le petit garçon comme
un fils, ainsi qu'il le dit, mais son amour ne
s'épanouit qu'au rez-de-chaussée.
Là, dans la boutique, il apprend à Hamid
35 quelques mots français pour qu'il puisse saluer
les clients qui entrent.
– Boujou ! lance le gamin comme si c'était
le cri d'un animal fabuleux chaque fois que
quelqu'un passe la porte.
40 Les réactions sont diverses.
– Vous n'avez pas peur ? demande un jour
une cliente qui le voit jouer avec Annie.
– Peur de quoi ? dit Claude.
– Pour des raisons d'hygiène, déjà, hésite
45 la cliente. Et puis … il pourrait l'enlever.
– Il a trois ans !
Claude éclate de rire. La dame, non. […]
– Vieille peau, dit Michelle quand elle sort.
– Auvoi ! crie Hamid.
50 Claude le corrige avec une fermeté de
professeur : « Au revoir. » L'épicier rêve que

le garçon aille à l'école quand il en aura l'âge.
Annie vient d'y entrer et Claude l'a inscrite
à l'école publique, pas dans une de ces
institutions catholiques que lui préfèrent la 55
plupart des Français. Il voulait que sa fille aille
dans un établissement qui soit comme le
pays – pas forcément celui qu'il habite mais
celui qu'il voudrait habiter : mixte. Il a réalisé
lors de la rentrée scolaire que presque tous les 60
élèves étaient des petits Européens, fils et filles
de ceux qui ne pouvaient pas payer les écoles
privées. Quant aux rares musulmans (Claude
ne sait jamais comment les appeler, il passe
d'un terme à l'autre sans que jamais aucun 65
d'eux ne le satisfasse), ce sont les fils des
dignitaires locaux – tous des garçons, dont
les parents sont tous déjà *francisés*. Il n'y a
pas de rencontre, pas de mixité ni de fraternité
joyeuse sur les bancs de l'école. Or, pour 70
Claude, il est évident que l'Algérie ne pourra
être construite de manière concertée que
si l'on enseigne indifféremment aux enfants
de chacun. Il lui parait également évident
que Hamid n'aura de choix dans la vie que 75
s'il a reçu une éducation. C'est pour lui la
seule arme dont dispose un fils de paysan.
Quand il parle de l'avenir de Hamid à Ali,
celui-ci hausse les épaules.

Alice Zeniter : *L'Art de perdre* (p. 56 – 58, texte écourté)
© Éd. Flammarion 2017

Point info 323

3 Lisez les informations sur les pieds-noirs à la page 323. Puis expliquez en une phrase et avec vos propres mots qui sont les pieds-noirs.

60, 1

4 a) Résumez ce qu'on apprend sur la vie quotidienne dans la « société coloniale ».
b) Nommez les différences entre les enfants des colons et les enfants arabes.

5 Expliquez la phrase « *Claude aime peut-être le petit garçon comme un fils, ainsi qu'il le dit, mais son amour ne s'épanouit qu'au rez-de-chaussée.* » (l. 31-33)

Stratégie 307

6 Faites le portrait de Claude.
a) Notez d'abord tout ce que vous apprenez sur sa vie, son comportement et sa façon de penser.
b) Qu'est-ce que ces informations révèlent sur sa personnalité et son attitude ?

● 269, 3
61, 3

7 Comment jugez-vous l'attitude et le comportement de Claude envers Hamid ?
Et leur relation ? Notez au moins 5 phrases que vous aimeriez dire à Claude.

LIRE

Stratégie 304
Point info 320

VOCABULAIRE
Stratégie 287

7 ☆ La nuit des pères

1 Décrivez la photo, puis mettez-la en rapport avec les informations données sur la guerre d'Algérie.

2 À l'aide d'un mot de la même famille ou d'une autre langue, trouvez la signification des mots suivants.

un cri   la terreur   la pacification   une baie

rebelle   militant(e)   la garde de nuit   un lancer

la transpiration   un paquetage   flamber

les préparatifs guerriers   glacé(e)

3 Lisez le début du texte (l. 1 – 11).
Quelles pourraient être les raisons du cri du père de la narratrice ? Faites des hypothèses.

La guerre d'Algérie

La lutte pour l'indépendance a éclaté en 1954 et a été caractérisée par de terribles violences entre les forces françaises et le Front de libération nationale (FLN). Le cessez-le-feu de 1962 a conduit à l'indépendance de l'Algérie.

---

1 **fuir qc** fliehen
2 **la cloison** Trennwand
4 **arracher du sommeil** aus dem Schlaf reißen
5 **s'évaporer** sich in Luft auflösen
16 **s'engouffrer** hineinströmen
16 **un tas de tôle** Blechhaufen
18 **le sursis universitaire** Aufschub aufgrund eines Universitätsstudiums
19 **révoquer qc** widerrufen
21 **la chair fraîche** Frischfleisch
25 **insoumis(e)** aufsässig
35 **un(e) sursitaire** vom Wehrdienst Zurückgestellte(r)
39 **le pas cadencé** Gleichschritt
39 **un exercice de tir** Schießübung
41 **une pompe** Liegestütze

J'ai fui ton cri, la nuit, mon père. Mon visage de l'autre côté de la cloison, si près du tien, de celui de maman, et, presque chaque nuit, ce cri de terreur qui m'arrachait du sommeil.
5 […] Au matin, tout s'était évaporé. Tu n'as jamais répondu à mes questions, maman, alors j'ai arrêté de demander. Tu as dû faire un cauchemar, ma chérie. Je l'ai cru. Mais non. Ce cri du ventre, de gorge, ce long cri de
10 terreur, c'était le tien, mon père. Je n'ai reçu que du silence en réponse. […]

Peu avant sa mort, le père raconte.

J'ai embarqué à Marseille le 9 mars 1960, dans un uniforme trop grand pour moi. Sur le Sidi Ferruch, je me souviendrai toujours de ce nom.
15 Nous étions mille jeunes types à nous engouffrer dans ce vieux tas de tôle destiné au transport des moutons. La lettre était arrivée à la maison trois mois plus tôt. Mon sursis universitaire était révoqué, je devais partir.
20 Appelés du contingent, on disait comme ça. Mission de pacification. Besoin de chair fraîche pour les armes, plutôt. Les évènements, comme disaient les journaux. Des mots qui ne disent rien. Il n'y avait pas à discuter. Je n'étais
25 ni insoumis, ni rebelle, ni militant, un simple étudiant de vingt ans qui voulait devenir prof de lettres et qui devait tout arrêter du jour au lendemain sans comprendre où on l'envoyait. […]

Je me souviens de notre arrivée au matin, de la 30 lumière dans la baie d'Alger, oui, surtout ça, la lumière. Et du bleu encore, du blanc, comme je n'en avais jamais vu. […] Nous avons découvert que nous étions tous dans la même situation, des sursitaires à qui l'on avait dit : Terminé ! 35 Aucun de nous ne se sentait soldat, militaire, et cela nous a aidés à tenir, à supporter les ordres absurdes, les gardes de nuit, les entraînements, le pas cadencé, les exercices de tir, les lancers de grenades et les manœuvres, la course 40 à pied et les séances de pompes, les trous à creuser, les marches forcées avec un sac de vingt kilos accroché au dos. […]   →

GRAMMAIRE
Les pronoms
possessifs
Ce cri…, c'était **le**
tien…

I 14 ✍
interaktive Übungen
63, 3 🖥

Un matin, nous sommes montés dans un
45 camion, nous ne savions pas où nous allions.
Il y avait la poussière, la chaleur, la soif, la
transpiration, le poids des paquetages. Puis
il y a eu un train, des wagons à bestiaux avec
de la paille au sol, on devait pisser directement
50 à l'extérieur, ça a duré des heures, il se murmu-
rait qu'on nous convoyait en Kabylie. Je n'avais
jamais entendu ce nom. En parlant avec les
anciens, j'ai su qu'on était bien en Kabylie,
à l'est d'Alger, et que ça chauffait pas mal
55 par là. […]
L'assaut avait été décidé pour la nuit du
9 décembre. Il y a eu les préparatifs guerriers,
les ordres, la hâte, les moteurs qui tournent,
et on a terminé à pied, dans la caillasse et le
60 froid. On a encerclé la mechta, on a foncé sur
la dernière maison, la plus éloignée, celle qui
nous avait été désignée. Les soldats sont
entrés, ils ont cassé tout ce qu'ils pouvaient,
des jarres, des cruches, des plats, ils ont
65 bousculé la famille, une douzaine de
personnes, les ont fait sortir pour les regrouper.
[…] Il y avait des enfants, des hommes âgés.
Et puis un échange de coups de feu, un blessé
chez nous, deux types abattus en face.
70 Les soldats sont devenus comme fous, ils ont
fini de détruire tout ce qu'ils pouvaient et ils

ont mis le feu. Les murs ont flambé comme
de la paille. En dehors du cercle de flammes,
c'était la nuit noire, glacée. […]

Quelques mois plus tard, le 19 mars 1962,   75
à midi, les accords d'Évian ont été signés,
le cessez-le-feu a été déclaré sur tout le
territoire algérien. Je croyais repartir dans les
jours suivants ou dans quelques semaines.
Illusion. Il a fallu encore quatre longs mois   80
avant de rentrer. Nous sommes partis en
laissant sur place ceux qu'on appelait les
harkis, les supplétifs étrangers engagés à
nos côtés, malgré leurs supplications. On
partageait tout avec eux depuis des mois […].   85

J'étais un fantôme en rentrant ici après vingt-
huit mois de vie volée. Plus de deux ans.
On parlait encore des évènements, un drôle
de mot pour dire l'horreur des deux côtés,
pour dire un peuple que rien ne peut arrêter   90
lorsqu'il a décidé de reprendre sa liberté. À la
radio, on entendait du rock, du twist, Johnny
Hallyday, Sylvie Vartan, Françoise Hardy, on
allait au cinéma voir Brigitte Bardot, Alain
Delon. Je n'appartenais plus à ce monde-là.   95

Extrait de : Gaëlle Josse *La nuit des pères*
© Éditions Noir sur blanc, 2022

62, 1 🖥

4 Lisez la fin du texte et présentez les différents évènements dont il est question dans le texte.

5 a) Comparez la situation du père avant son départ en Algérie à celle après son retour
en France.
b) Analysez comment ce qu'il a vécu a conduit à ce changement.

🔵 269, 4
62, 2 🖥

6 À l'aide de quels moyens stylistiques l'autrice décrit-elle les atrocités de la guerre ?

7 À votre avis, pourquoi le père n'a-t-il jamais parlé jusqu'à présent de la guerre à ses enfants ?

ÉCRIRE
🔵 270, 5

8 Imaginez une lettre que le père écrit à sa famille en France dans une des situations suivantes.

| juste après son arrivée en Algérie | après l'assaut | pendant qu'il attend son retour en France |

ÉCOUTER
A 11 🔊
Stratégie 291

8   🔊 Comment traiter du passé colonial aujourd'hui ?

Dans l'émission Les matins de France culture, *le journaliste Guillaume Erner reçoit Hugues Nancy, le réalisateur de* Colonisation, une histoire française. *Cette série télévisée revient en trois épisodes sur la construction de l'empire colonial français.*

63, 1

1 Écoutez l'émission et choisissez la phrase qui résume le mieux le contenu de cet extrait.

a L'extrait présente les personnes qui ont critiqué la colonisation.

b L'extrait parle des aspects positifs de la colonisation.

c D'après l'extrait, il faut se confronter à la réalité du passé colonial.

2 Écoutez l'interview une deuxième fois et répondez aux questions suivantes.
a) Comment les Français ont-ils traité la question de la colonisation dans le passé ?
b) Quelle image les Français de l'époque avaient-ils de la colonisation ?
c) Quelles personnes se sont élevées contre la colonisation ? Présentez la critique de Maupassant.
d) Selon Hugues Nancy, quelles sont les deux attitudes qu'on trouve aujourd'hui par rapport à la façon de traiter le passé colonial ?
e) Quel est le but de la série télévisée d'Hugues Nancy ?

ÉCRIRE

○ 270, 6

64, 2

3 Exposez dans un commentaire personnel pourquoi la colonisation n'est pas une histoire terminée.

MÉDIATION

Stratégie 313

65, 1 ; 66, 2

9 Auf den Spuren des Kolonialismus

1 Votre correspondant(e) français(e) vient de lire un article sur le changement de noms de rues en Allemagne en raison du passé colonial. Il / elle vous demande s'il existe en Allemagne d'autres initiatives qui sensibilisent à l'histoire coloniale. Vous lui présentez dans un e-mail le projet « Decolonize Wuppertal ».

Die Initiative „Decolonize Wuppertal" setzt sich kritisch mit der Kolonialgeschichte der Stadt auseinander – damit das Zusammenleben heute besser wird. Dafür nehmen sie die
5 Bürger mit auf einen besonderen Spaziergang. *„Fällt Ihnen zum Thema Völkerschau, Menschenzoo etwas ein?"*, fragt Phyllis Quartey in die Runde.

Im ersten Augenblick vielleicht eine unge-
10 wöhnliche Frage für einen Spaziergang an einem sonnigen, kalten Sonntagmorgen im Zentrum Wuppertals. Doch ihre etwa 30 Zuhörerinnen und Zuhörer sind nicht überrascht. Denn deshalb sind sie hier:
15 Sie wollen erfahren, was zur Zeit des Kolonialismus, im 18. und 19. Jahrhundert, in ihrer Stadt passiert ist – und wie es noch heute nachwirkt.

„Das waren Veranstaltungen und Shows, wo Menschen aus anderen Ländern ausgestellt worden sind", antwortet eine junge Frau. *„Zur Attraktion von Weißen."* Phyllis Quartey von der Initiative „Decolonize Wuppertal" nickt und →

ergänzt: „*Die Shows haben viel mit Stereotypen und Klischees gearbeitet. Es sollte sehr wild aussehen, so dass der westliche Mensch sieht, dass er zivilisierter und besser ist.*" Viele der Betroffenen seien verschleppt oder unter falschen Versprechungen angeheuert worden, erklärt sie weiter.

Und an diesem Ort, heute das Rex Kino in Wuppertal Elberfeld, früher das Theater Eden, hätten solche Völkerschauen stattgefunden. „*Wir sind mit den heutigen Besitzern in Kontakt getreten*", ergänzt Meieli Borowsky-Islam. „*Wir haben gefragt, ob es denn möglich wäre, so etwas wie eine Gedenktafel anzubringen.*" Damit jeder Passant erkennen kann, was hier einst geschah. Die Besitzer hätten sich offen gezeigt, jetzt sei man im Austausch. „*Mal schauen, was sich daraus entwickelt.*"

Rassistische Denkmuster durchbrechen

Erinnern und erklären, welches Menschenbild in der Zeit des deutschen Kolonialismus entstanden ist, das ist „Decolonize Wuppertal" wichtig. Vor zwei Jahren gründete Borowsky-Islam mit zwei Freunden die Initiative. […] Es geht auch um die Frage, wie man heutzutage mit dem damaligen Unrecht umgehen sollte. […]

Wirtschaftliche Blüte durch Kolonialismus

Die Gruppe spaziert weiter. Neben der Unterstützung von Kolonialisten durch Wuppertaler geht es auch um die Profite der alten Industriestadt durch die damaligen Warenströme. „*Ich denke, dass es in jeder Stadt solche Geschichte gibt*", erklärt „Decolonize"-Mitgründer Dirk Jädke die Auswahl dieses Themas für den Spaziergang. „*Wir hatten sehr viel Textilhandel. Dabei hat Wuppertal durch den Kolonialismus profitiert, sonst hätte es diese Blütezeit […] gar nicht gegeben.*"

„Decolonize" organisiert nicht nur den Spaziergang. Sie planen auch Materialien für den Schulunterricht, wollen Lesungen und Konzerte veranstalten – das alles in ihrer Freizeit. Außerdem setzen sie sich für die Umbenennung von Straßen und Geschäften mit kolonialen Bezügen ein. Gerade ist in der Stadt eine Diskussion um den Namen der Mohrenapotheke entbrannt. Unbekannte hatten sie beschmiert, den Namen durchgestrichen.

„Decolonize Wuppertal" lehnt solchen Vandalismus ab, die Diskussion um den Namen aber finden sie richtig. „*Es geht darum, was für Symbole in der Öffentlichkeit präsent sind und was die mit den Menschen, die in dieser Stadt leben, machen. Darüber muss man diskutieren*", sagt Urs Lindner von der Initiative. „*Wenn man zu dem Schluss kommt, dass es eben rassistische Symbole sind, dann ist die Frage, ob man die heute noch braucht. Unserer Meinung nach braucht man sie nicht.*" […]

Aus: Caroline Hoffmann "Auf den Spuren des Kolonialismus", 19.03.23, unter: https://www.tagesschau.de/

LIRE
D 13 📄
Texthilfe
67, 1 🗐
VOCABULAIRE

10 ☆ L'Algérie aujourd'hui – un pays francophone ?

1 Reliez les définitions aux mots et expressions correspondants. Si nécessaire, utilisez un dictionnaire.

a) une personne qui utilise une langue	1. la progéniture
b) les enfants	2. la réussite
c) au départ	3. susciter
d) recommander qc	4. initialement
e) avoir pour conséquence	5. l'adhésion
f) le fait de devenir membre	6. un locuteur, une locutrice
g) un synonyme de succès	7. prôner qc

8	**écarter qc** verdrängen
13	**au sein de** innerhalb von
15	**de souche arabe** arabischer Herkunft
19	**susciter** hervorrufen
27	**dès** ab … *(Zeitpunkt)*
32	**un(e) fonction-naire** Beamter / Beamtin
33	**édicter qc** *ici :* erlassen
40	**achever** vollenden
42	**une couche** (soziale) Schicht
48	**céder à qc** nachgeben
66	**valable** *ici :* vorhanden
68	**le pouvoir** Macht
68	**un manuel scolaire** Schulbuch
70	**comme tel(le)** an sich
80	**une bourse** Stipendium

L'Algérie est le troisième pays francophone dans le monde, avec un peu moins de 15 millions de locuteurs. Pourtant, le pays n'est pas membre de l'OIF […].

5 **Pour comprendre la dynamique actuelle du français et de sa symbolique en Algérie, il faut revenir à la colonisation et à l'indépendance. À partir de quand le français a-t-il été écarté au profit de l'arabe en Algérie ?**

10 *Gilbert Grandguillaume* :* C'est au moment de l'indépendance que se pose la question de l'arabisation. À cette époque, la langue française était largement dominante au sein des langues écrites. Concernant les langues 15 parlées, certaines étaient de souche arabe dialectal et d'autres des langues berbères. À l'indépendance, la logique était que le pays retrouve sa langue nationale. Mais cela a suscité beaucoup de résistance parce que 20 la langue arabe dans sa langue modernisée n'était pas du tout présente en Algérie. Les Algériens ne connaissaient que l'arabe coranique qui était vu comme la langue de la religion. La réaction des Algériens dans 25 les années 1960 – 1970 a été de dire : « Vous allez nous faire revenir au XIVe siècle ». Dès la deuxième ou troisième année de l'indépendance, il a été décidé de réintroduire cette langue arabe dans les écoles, dans 30 l'enseignement et dans l'administration. Elle était une langue inconnue pour tous les fonctionnaires qui étaient en poste. Des décrets ont été édictés à cette époque-là pour obliger les fonctionnaires à l'apprendre. 35 Mais cet arabe coranique était une langue très difficile à maîtriser. Il y a eu de ce fait beaucoup de résistance à son apprentissage. Toute cette politique d'arabisation qui s'est déroulée jusqu'à maintenant ne s'est jamais 40 complètement achevée. Cette langue arabe n'est pas la langue de la réussite sociale ni économique. Les couches privilégiées ont prôné l'arabisation d'un point de vue politique, mais à côté faisaient et font apprendre une 45 autre langue à leurs enfants, l'anglais ou le français. Même les gens d'origine sociale modeste veulent une bonne éducation pour leurs enfants. Ils ne cèdent donc pas à l'arabisation totale car ils savent que leur

* anthropologue et spécialiste du Maghreb

progéniture ne trouvera pas de travail avec 50 cette langue arabe coranique initialement utilisée dans les textes religieux. […]

Aujourd'hui, la langue française tient en réalité une grande place en Algérie, troisième pays francophone dans le monde selon les chiffres 55 de l'OIF. Où est-elle enseignée et parlée ?

Gilbert Grandguillaume : Le bilinguisme arabe et français est pratiqué en Algérie, dans les écoles primaires, dans le secondaire et à l'université également, pour certaines 60 matières. Histoires, sciences humaines et les matières idéologiques sont celles qui ont été arabisées à l'indépendance. Les sciences exactes et essentielles sont restées en français ou sont passées à l'anglais. 65

Le bilinguisme est aussi valable dans certaines administrations. Il existe une tolérance du pouvoir. Le français est dans les manuels scolaires. Le bilinguisme n'est pas reconnu comme tel, mais il est largement pratiqué. 70 L'Algérie n'a pas besoin, en ce sens, de l'aide de l'OIF. Ces dernières années, il y a eu une relance de la coopération avec la France sur le thème de la langue française et de la formation universitaire. Cela s'est fait de façon 75 bilatérale. L'Algérie n'a pas besoin de passer par une adhésion à la francophonie pour obtenir l'aide dont elle pourrait avoir besoin. Il y a toujours des programmes de formation, d'échanges, de bourses données à des 80 étudiants algériens, entre la France et l'Algérie.

Extrait de : Séraphine Charpentier « Sommet de la Francophonie : pourquoi l'Algérie ne veut pas d'une adhésion à l'OIF ? » © TV5 Monde

67, 2 📖

2 Décrivez la situation linguistique en Algérie au moment de l'indépendance du pays et la situation linguistique actuelle.

3 Expliquez la politique d'arabisation du gouvernement algérien.

4 Analysez la raison pour laquelle le français joue encore aujourd'hui un grand rôle en Algérie.

5 D'après Gilbert Grandguillaume, pourquoi l'Algérie n'est-elle pas membre de l'OIF ?

PARLER

○ 270, 7

6 Mettez cette interview en rapport avec le texte *Ma langue* (p. 89).
Quels parallèles voyez-vous entre ce que dit Leïla Slimani et les positions de Gilbert Grandguillaume ?

LIRE

11 La première ville francophone du monde

1 À votre avis, où pourrait se trouver la 1ère ville francophone du monde ? Faites des hypothèses.

9 **la ville lumière** Paris
23 **passer inaperçu(e)** unbemerkt bleiben
29 **pinailler** *(fam.)* auf Kleinigkeiten herumreiten
29 **contester** anzweifeln
30 **la fiabilité** Zuverlässigkeit
30 **un recensement** Erhebung *(von Daten)*
33 **aisé(e)** flüssig
41 **le bas latin** Vulgärlatein *(Vorstufe der romanischen Sprachen)*
48 **une posture** Finstellung
53 **un idiome** une langue

C'est le fait majeur de l'histoire récente du français : la France est devenue minoritaire dans la francophonie. Et c'est une bonne nouvelle !

5 Quelle est la plus grande ville francophone du monde ? Paris ? Vous n'y êtes pas. Montréal ? Bruxelles ? Encore moins. Non, la bonne réponse est Kinshasa, en République démocratique du Congo. La ville lumière
10 figure désormais à la deuxième place de ce classement, devant Abidjan, Montréal, Casablanca, Yaoundé, Douala, Antananarivo, Dakar et Alger, pour ne citer que les dix premières.

15 « *Dans son rapport Les villes du monde en 2016, l'ONU indique que Kinshasa comptait 12,1 millions d'habitants au 1er juillet 2016, soit davantage que l'agglomération parisienne, estimée à 10,9 millions* », précise Ilyes Zouari,
20 le président du Centre d'étude et de réflexion sur le monde francophone (CERMF).
C'est le fait majeur de l'histoire du français de ces dernières années et il est largement passé inaperçu : la France est devenue minoritaire
25 dans le monde francophone. Et le mouvement ne fait que commencer. Dans quelques décennies, 70 % des locuteurs de notre langue vivront en Afrique et moins de 20 % en Europe. Bien sûr, on peut pinailler en contestant la
30 fiabilité des recensements et en se demandant si l'appellation « locuteur du français » doit être réservée à ceux qui pratiquent cette langue au quotidien de manière aisée ou

élargie ou toute personne capable de soutenir une conversation simple de temps en temps.
35 Mais cela ne modifie qu'à la marge le constat : les Français n'ont plus le monopole du français. Faut il s'en inquiéter ? Sûrement pas ! En fait, ce retournement traduit l'incroyable succès de ce qui n'était au haut Moyen Âge qu'une forme
40 de bas latin parmi d'autres et qui, au fil des siècles, a fini par s'étendre sur la planète entière. Cela vaut mieux, beaucoup mieux, que de faire partie des 2000 langues qui, par les hasards de l'histoire et des rapports de force,
45 risquent d'avoir disparu d'ici à la fin du siècle.

En revanche, il est clair que nous allons devoir abandonner certaines de nos postures traditionnelles. Et ce pour une raison simple :
50 le français n'appartient pas seulement à ses écrivains, à ses enseignants, ni même à ses académiciens, mais à l'ensemble de ses locuteurs. Aussi notre idiome va-t-il nécessairement s'ouvrir davantage au →

⁵⁵ vocabulaire des autres pays de la francophonie. Dans quelque temps, nous utiliserons peut-être le suisse agender (noter un rendez-vous), le québécois divulgâcher (« spoiler »), l'antillais maman-violon (violoncelle), le haïtien bêtiser ⁶⁰ ou le wallon avant-midi. Et nous puiserons, je l'espère, dans l'exceptionnel lexique venu d'Afrique. Personnellement, j'ai un faible pour le sénégalais camembérer (sentir mauvais des pieds), le tchadien cadeauter (ou cadonner), le camerounais motamoter (réciter mot à mot ⁶⁵ des phrases de manière mécanique, sans comprendre ce que l'on dit). […]

Michel Feltin-Palas © L'Express

2 Présentez l'évolution de la répartition des locuteurs de français dans le monde.

68, 1 📄

3 a) Décrivez la position de l'auteur face à cette évolution.
   b) Précisez les transformations nécessaires qui en résultent pour les Français et le français.

VOCABULAIRE

4 Expliquez ce que « bêtiser », « avant-midi » et « cadeauter / cadonner » veulent dire (en français standard).

En plus 271, 8

5 Cherchez sur Internet cinq autres mots / expressions venant de pays francophones comme « magasiner » (québecois) pour « faire les courses » qui vous semblent être plus parlants que leur équivalent français. Puis faites un quiz en classe.

MK

● 271, 9

6 Travaillez à trois. Répartissez entre vous les villes mentionnées dans l'article. Puis réalisez les cartes d'identités de « vos » villes. Réunissez ensuite vos cartes d'identités sur un mur virtuel collaboratif.

Carte d'identité de …

Pays :
Nombre d'habitants :
Langue(s) parlée(s) :
Spécialité / tradition / lieu ou monument à visiter / personnalité :

ÉCOUTER ET REGARDER

K.AP'S

V 9 ▷

12 ▷ La France n'est pas seulement l'Hexagone.

Avant le visionnage

1 Lisez le titre et expliquez-le.

Pendant le visionnage

2 Regardez la vidéo et dites comment on appelle les territoires présentés au début.

3 Nommez les caractéristiques de ces territoires.

4 À l'aide des informations données, faites le portrait de La Réunion (distance de Paris, position géographique, nombres d'habitants, atouts et particularités).

5 Puis présentez les raisons pour lesquelles la vie à La Réunion n'est pas seulement « paradisiaque ».

Après le visionnage

ÉCRIRE

Stratégie 312

68, 1 ; 69, 2 📄

6 Vous avez trouvé une offre de service civique à La Réunion dans le domaine de l'environnement. Rédigez votre lettre de motivation dans laquelle vous présentez les raisons pour lesquelles vous avez choisi La Réunion.

LIRE

13 Le dilemme des jeunes Réunionnais

1 À votre avis, quel pourrait être le dilemme des jeunes Réunionnais ? Faites des hypothèses.

7 **aspirer à qc**
streben nach
13 **restreint(e)**
begrenzt
15 **le taux de chô-
mage** Arbeits-
losenquote
26 **une formation
en techniques
d'intégration
multimédia**
*in etwa: Aus-
bildung zum
Medienfachwirt
digital*
32 **un BTS** *(brevet
de technicien
supérieur)*
Fachhochschul-
abschluss
58 **payer** sich be-
zahlt machen
69 **l'atterrissage**
(m.) Landung

Chaque année, beaucoup de jeunes
vivant à La Réunion doivent quitter
leur île pour tenter une nouvelle
aventure. En effet, cette île
française de l'océan Indien, située à
5 9 386 km de Paris, n'offre pas toutes
les opportunités auxquelles aspire
une jeunesse de plus en plus
désireuse d'améliorer ses chances
10 de réussir et de s'ouvrir au monde.

À La Réunion, les offres de formation post-bac sont beaucoup plus
restreintes qu'en métropole. […]
De plus, dans cette île ultramarine,
15 le taux de chômage des jeunes
avoisine les 60 %, un record
national ! Alors, ils s'éloignent de chez eux.
Tous les ans, 2 200 étudiants réunionnais,
majeurs et titulaires au minimum d'un
20 baccalauréat partent en métropole. Aidés par
les politiques publiques à la mobilité, ils
s'installent de préférence dans le sud de la
France, dans des pays de l'UE ou encore plus
loin. […]

25 **Partir : un choix difficile ?** […]
Bryan, 21 ans, suit depuis un an une formation
dans un Centre d'études générales et
professionnelles (Cégep) en techniques
d'intégration multimédia au Québec. […]
30 *« Je ne savais pas ce que j'allais faire après
le bac. J'avais plusieurs choix : partir en France
faire un BTS ou faire autre chose, travailler.
Je savais déjà que mon oncle était au Canada
depuis trois ans, il était en « techniques
35 d'intégration multimédia », c'est ce que je fais
actuellement. […] ».*

Savoir s'adapter
Bien sûr, se retrouver dans un nouvel environnement, loin de sa famille, de ses habitudes
40 culturelles et religieuses demande à ces jeunes
une grande capacité d'adaptation. Certains s'y
plaisent beaucoup malgré la différence de
température et de climat, les longs trajets en

transport en commun et les villes où l'on ne
voit pas la mer.   45
Loïc est parti à 22 ans dans l'espoir de trouver
du travail en métropole. Malgré ses recherches
d'emploi, il n'avait trouvé localement aucune
opportunité et ne voulait pas rester sans
perspective d'avenir. *« Je suis resté 6 mois à*   50
*Nîmes. J'ai trouvé rapidement du travail dans
un fast-food ce qui m'a permis d'acquérir de
l'expérience professionnelle. Le climat doux du
Sud me rappelait La Réunion et mon séjour
m'a beaucoup plu. Je suis rentré depuis peu et,*   55
*riche de nouvelles compétences, j'ai trouvé
rapidement un travail. Je suis content, car
mon départ a payé ».*
En revanche, tout n'a pas été facile pour Vanille
qui n'a pas réussi à s'adapter en métropole.   60
*« Je n'ai absolument pas réussi à m'y faire.
Tout m'était étranger. Moi qui avais l'habitude
de passer les fêtes, les week-ends en famille,
de m'amuser, je ne comprenais pas l'isolement
et le sérieux affichés par les Français. Tout me*   65
*semblait gris, triste. Quand je suis revenue,
je me suis dit que jamais je ne retournerai vivre
là-bas, jamais ». […]*

L'atterrissage au Québec s'est, par contre, bien
passé pour Bryan. *« À mon arrivée, il y avait un*   70
accueil pour les étudiants internationaux. Nous

→

77 dépaysé(e)
verloren
83 une boîte *(fam.)*
une entreprise
93 exigu / exigüe
ici : angespannt

étions repartis dans plusieurs régions, je suis dans la région de la Gaspésie. L'adaptation a été difficile, car il y avait le manque de la famille, 75 *mais sinon la vie étudiante est super. Dans mon Cégep, il y a près d'une centaine de Réunionnais. On n'est pas trop dépaysé. Au début, je ne savais pas si j'allais rester, mais maintenant j'aime ce que je fais. Je souhaiterais développer un site* 80 *Web dans le marketing en ligne. Cela se rapproche de ma formation de base. Avec mes connaissances, je pourrais créer peut-être un jour ma boîte au Québec. Je suis parti pour rester, mais je reviendrai peut-être un jour ».*

85 Le départ de La Réunion permet, quoi qu'il en soit, à de nombreux jeunes de poursuivre leurs études et d'acquérir une première expérience professionnelle. La perspective d'un retour définitif sur l'île mère peut être troublante 90 pour certains. Redoutant de tourner une page enrichie de nouvelles expériences […] ou de se confronter à la réalité d'un marché du travail exigu, peu reviennent s'installer dès leur formation terminée.

Extrait de : « Faut-il partir pour réussir ? Le dilemme des
jeunes Français de La Réunion » © RFI

2 Résumez les raisons pour lesquelles les jeunes quittent La Réunion.

3 À l'aide des informations du texte, faites la liste des avantages et des inconvénients d'un départ de La Réunion qu'aurait pu rédiger un(e) des jeunes avant de partir.

69, 1 📄 **4** Qu'est-ce qui a facilité l'adaptation de Loïc et de Bryan ?

VOCABULAIRE **5** Relevez dans l'article les mots et expressions qui se réfèrent aux sujets « une grande capacité d'adaptation » et « le monde du travail »

ÉCRIRE
Stratégie 309 **6** Partir ou rester ? Pourriez-vous envisager de quitter votre pays pour vos études ou pour trouver un travail ? Pesez le pour et le contre dans un commentaire. Le vocabulaire de l'exercice 5 peut vous aider.

LIRE
D 14 📄
Texthilfe

14 ☆ Nirliit

Nirliit signifie oie en inuktitut et comme les oies, la narratrice, originaire de Montréal, revient tous les étés à Salluit, une petite ville tout au nord du Québec.

une oie Gans

1 Regardez les photos à la page 106. Comment imaginez-vous la vie à Salluit / dans le Grand Nord (du Canada) ? Racontez.

Les Inuits
Il s'agit du peuple autochtone de l'Arctique. En inuktitut (la langue inuit), « inuit » signifie « peuple ». La majorité des Inuits habite dans les régions du nord du Canada.

3 l'agitation *(f.)*
ici : Großstadt-
getriebe
8 un détroit
Meerenge
9 s'éclater
explodieren
10 une falaise Fels
11 un poing Faust
14 bouleversant(e)
überwältigend
20 se foutre de qc
(fam.) egal sein

DES FOIS ON SE SENT BIEN et protégés parce qu'on est seuls et tranquilles au bord d'un fjord magnifique, parce qu'on est loin de l'agitation des grandes villes, parce qu'en grimpant en 5 haut de n'importe laquelle des montagnes autour on peut embrasser tout le village d'un seul regard, faire mentalement le chemin du fond de la baie au détroit, voir le ciel qui s'éclate en mille couleurs quand le soleil 10 commence à descendre derrière les falaises.

Une beauté en forme de coup de poing dans le ventre, il y a juste la toundra qui fait ça, paysage complètement démesuré et bouleversant tout seul au bout du monde avec si peu de gens pour l'admirer. Des fois on 15 oublie tout le reste, on est complètement pris par le vent du Nord, on écoute les nouvelles de la ville qui ne parlent jamais de nous, qui se passent ailleurs, loin, dans un autre pays, et on s'en fout autant que les gens là-bas se foutent 20

→

VOCABULAIRE (marginal glossary)

21 **le brouillard** Nebel

25 **branché(e) dans la même fréquence** auf der gleichen Wellenlänge schwingen

27 **lié(e)** verbunden

29 **l'ADN** *(m.)* DNA

30 **le sang** Blut

31 **les Premiers peuples** les habitants du Canada avant la colonisation

34 **dispersé(e)** verteilt

37 **s'empresser de faire qc** sich beeilen

40 **se rétrécir** enger werden

40 **l'algonquin, l'iroquois, l'innu** langues autochtones du Canada

43 **une mamelle** Euter

46 **un(e) paysan(ne)** Bauer / Bäuerin

de nous. Quand le brouillard recouvre les maisons et que les avions n'atterrissent plus pendant des jours, le reste du monde n'existe pas et il n'y a que nous, ici, seuls. Mais des fois 25 aussi, on est branchés sur le Nord et sur le reste du monde dans une même fréquence. Des fois tout est lié, d'un bout à l'autre de cet immense pays. Le Nord est inscrit dans notre ADN comme une trace lointaine dans le sang, 30 dans notre sang où coule aussi celui des Premiers peuples, pour la plupart de nous autres les Blancs, souvenez-vous de vos arrière-arrière-arrière-grands-mères, jeunes gens. Nous vivons dispersés sur cet énorme 35 continent, dans des villes et des villages qui portent de jolis noms à faire rêver les

Européens, de jolis noms qu'on s'empresse de traduire parce que nous sommes si fiers de savoir que « Québec » veut dire *là où le fleuve se rétrécit* en algonquin, que « Canada » 40 signifie *village* en iroquois ou que « Tadoussac » vient de l'innu et se traduit en français par *mamelles*. Nous avons de jolis mots dans le dictionnaire comme *toboggan*, *kayak* et *caribou*, il fut une époque où des hommes issus 45 de générations de paysans de père en fils entendaient l'appel de la forêt et couraient y rejoindre les *Sauvages*, il fut un temps où nous étions intimement liés, mais nous avons la mémoire courte, hélas. 50

Extrait de : Juliana Léveillé-Trudel « Nirliit »
© Éditions La Peuplade, 2015

2 Présentez en une phrase ce que décrit la narratrice dans cet extrait.

3 a) Relevez dans le texte les mots et expressions qui

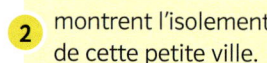

1 décrivent le paysage autour de Salluit

2 montrent l'isolement de cette petite ville.

   b) Puis décrivez la vie à Salluit et comparez cette description aux réponses que vous avez données dans l'exercice 1.

4 Qui est « nous » dans la première partie (l. 19 – 21) et dans la deuxième partie du texte (l. 31 – 32) ?
Qu'est-ce que cela dit sur la relation de la narratrice avec les habitants de Salluit / les Premiers peuples ?

5 Analysez de quelle façon les différentes populations du Québec sont liées.

ÉCRIRE
○ 271, 10
69, 1 ▭

6 La narratrice écrit une lettre à une de ses amies à Montréal dans laquelle elle lui explique pourquoi elle revient tous les étés à Salluit.
Imaginez à quoi ressemble son quotidien dans le Grand Nord, ce qu'elle raconte des habitants, etc. et rédigez cette lettre.

ÉCOUTER

15 🔊 Je me souviens

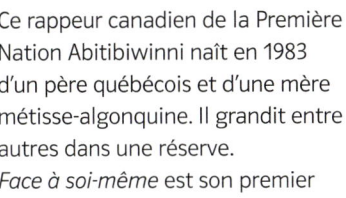

Samian
Ce rappeur canadien de la Première Nation Abitibiwinni naît en 1983 d'un père québécois et d'une mère métisse-algonquine. Il grandit entre autres dans une réserve.
Face à soi-même est son premier album.

4 **un guerrier / une guerrière**
< la guerre
6 **l'abdomen** *(m.)* le ventre
7 **un poing** Faust
13 **rez** *(angl.)* Reservat
13 **redneck** *(péj.)* Bezeichnung für arme weiße Landarbeiter
14 **anishinaabemowin** *Sprache der Ojibwe*
15 **algonquin(e)** zum Stamm der Algonkin gehörig
21 **une réserve** Reservat
22 **l'eau** *(f.)* **potable** Trinkwasser
29 **bâtir** construire

Fidèle à moi-même, depuis „Face à soi-même",
   j'aborde les mêmes thèmes
Toujours à cœur ouvert avec la même peine
Toujours le même, un guerrier des temps modernes
5 Et si j'rap encore, c'est qu'j'ai toujours cette
   rage dans l'abdomen
J'me suis battu à poings levés, j'ai mené l'bon combat
Même si parfois ça devait être David contre Goliath
Les chemins faciles n'ont jamais été une option
10 Si tu savais c'que ça m'a coûté d'rapper mes opinions
J'n'ai jamais mis d'gants blancs, j'n'ai jamais fait semblant
Trop blanc pour les rouges, trop sauvage pour les blancs
Pourtant, mes racines viennent du Québec, mais parfois, j'suis trop rez pour les rednecks

Refrain [en anishinaabemowin]

15 Premier rappeur algonquin, c'est c'qu'ils ont dit
Je porte le message des Anciens, ceux de mon pays
Je n'oublie pas d'où j'viens, je n'oublie pas mes origines
Je n'oublie pas ma terre natale, la profondeur de mes racines
L'injustice est partout, c'qui fait que j'rap encore
20 Si j'dois mettre des gants blancs, c'est pour frapper au corps
*Les réserves dans l'nord, pour vous c'n'est pas rentable
J'y pense à chaque fois qu'j'urine dans d'l'eau potable
J'préfère apprendre de vos erreurs que de les revivre
Et non, j'suis pas assez con pour brûler des livres**
25 J'préfère les lire et changer l'cours de l'histoire
Toujours la même devise, tant que j'rap, y'a d'l'espoir

Refrain [en anishinaabemowin]

Racisé par le système depuis la loi sur les sauvages***
Je parcours mon pays sur des rails bâtis par l'esclavage
30 J'ai grandi sur une réserve au nord de l'Amérique
Uh, okay, j'répète
Racisé par le système depuis la loi sur les sauvages
Je parcours mon pays sur des rails bâtis par l'esclavage
J'ai grandi sur une réserve au nord de l'Amérique
35 Viens que j't'explique c'est quoi le racisme systémique

* Anspielung auf den Plan Nord, Infrastrukturplan für den Norden Québecs, der von den Gegnern als nicht rentabel bezeichnet wird
** Anspielung auf eine Aktion, in der an Schulen Bücher verbrannt wurden, die rassistische Inhalte in Bezug auf die indigene Bevölkerung verbreiten
*** kanadisches Gesetz von 1876 über die rechtliche Situation der First Nations

Je me souviens © Samian & Dopeboyz Music

1 Écoutez la chanson. De quoi parle-t-elle ?

2 Dégagez dans les paroles les informations que Samian donne sur lui-même.

71, 1 📄   **3** Expliquez en quoi Samian est un « guerrier des temps modernes » (l. 4).

○ 271, 11   **4** Quels moyens stylistiques utilise-t-il pour souligner son appartenance à sa culture ?

Stratégie 291   **5** Dans quelle mesure le style de musique renforce-t-il le message du texte ?

PARLER   **6** Quelle est la position de Samian envers l'action décrite à la ligne 24 ?
Que pensez-vous d'une telle action ? Discutez en classe.

Mots et contexte

D 15
thematischer Wortschatz

I 15
interaktive Übungen

Maîtriser le français permet de communiquer en **France métropolitaine** et aussi dans ce qu'on appelle les **DROM** (départements et régions d'outre-mer) comme la Guyane et les
5 **COM** (collectivités d'outre-mer) comme la Polynésie française ou la France de l'**outre-mer**. Mais la **francophonie** est plus grande encore. Le français est une des **langues officielles** de nombreux pays dans le monde. Il **cohabite** avec
10 d'autres langues et **rassemble** des pays très différents.

Les **locuteurs francophones** utilisent alors le français en plus de leur **langue maternelle** ou de **dialectes**. Leur **bilinguisme** et même plus
15 souvent encore leur **multilinguisme** aident à la **promotion** du français et participent à la **diversité culturelle**. On observe parfois un **recul** du français **au profit d'**autres langues dans certains pays. Mais inversement, il y a aussi
20 un retour du français dans d'autres régions. Les **frontières linguistiques** peuvent ainsi bouger, contrairement aux frontières **géographiques**. Dans de nombreux pays, les couches sociales les plus **privilégiées** souhaitent que leurs
25 enfants apprennent le français et bénéficient ainsi d'une meilleure éducation. En effet, si leurs enfants **adoptent** cette langue, ils pourront **établir des liens** à l'étranger, y étudier et **faire partie d'**une **communauté** la plus
30 large possible.
C'est l'**Organisation internationale de la Francophonie (OIF)** qui a pour mission de **promouvoir** la langue française dans le monde.

Au départ, le français en **Afrique subsaharienne** ou dans le **Maghreb** comme en **Algérie**, est 35 un **héritage colonial**. Il était d'abord la langue de la **colonisation**. À chaque **empire colonial**, **colonie de peuplement** ou **protectorat**, sa langue dominante. Celle-ci **s'est implantée dans** un **territoire**, puis **répandue** en même 40 temps que les colons **s'y sont établis** et qu'ils l'ont **envahi**, **annexé**, **conquis** en regardant de haut leurs habitants et en évoquant une **prétendue mission civilisatrice**. Les **populations** de ces territoires n'ont pas eu d'autre choix 45 que de **subir** cette **domination injuste**, souvent une **oppression** qui s'accompagnait d'une **exploitation** des **richesses du sous-sol** et qui rappelait l'époque de l'**esclavage**. À l'**école coloniale**, leurs enfants devaient apprendre, 50 par exemple, que leurs **ancêtres** étaient les Gaulois. L'attitude des **colons** a alimenté le sentiment d'**injustice** chez les peuples **colonisés** et les a poussés à demander l'**indépendance**. Ils ont souvent dû s'engager 55 dans des **guerres d'indépendance** comme en **Indochine** pour obtenir satisfaction. Parmi ces **conflits**, la **guerre d'Algérie** reste un évènement très important de l'histoire de la **décolonisation**. Pendant plusieurs années, les **forces françaises** ont **affronté** les **combattants** du 60 **FLN**. Les pertes humaines ont été énormes. Finalement, après un **cessez-le-feu** qui a mis fin à huit années de guerre, la France a décidé de **se retirer**, mais ce **retrait** a été un drame 65 pour les Français d'Algérie aussi appelés les **rapatriés** ou les **pieds-noirs** qui ont dû partir.

1 Trouvez dans le texte un mot de la même famille.

| indépendant(e) | oppresser | reculer | divers(e) | exploiter | dominer | combattre |

| un privilège | l'adoption (f.) | riche |

2 Relevez dans le texte tous les mots et expressions qui se rapportent aux sujets suivants :

| Les raisons de la colonisation | Les conséquences de la colonisation |

| La francophonie aujourd'hui |

ÉCRIRE
3 À l'aide des mots et expressions de l'exercice 2, rédigez le script d'une vidéo explicative qui montre pourquoi le français est une des langues les plus parlées au monde.

LIRE
Stratégie 294

16 Un lieu pour réconcilier les mémoires ?

26 **un crime contre l'humanité** *(f.)* Verbrechen gegen die Menschlichkeit
31 **mémoriel(le)** < la mémoire
38 **une préconisation** une recommandation
72 **un clivage** Spaltung

À l'occasion de la journée nationale des mémoires de la traite de l'esclavage et de leurs abolitions, retour sur la proposition de la députée de l'Isère, Caroline Abadie, de création
5 d'un musée d'histoire de la colonisation. C'est dans un rapport parlementaire, que la députée La République En Marche de l'Isère Caroline Abadie expose l'idée de créer un musée de l'histoire de l'esclavage et de la
10 colonisation. « *L'objectif est de raconter ces histoires de façon apaisée* » explique-t-elle. Alors que le débat public est fréquemment tourmenté par ces questions, la députée insiste : « *Il faut stimuler les débats à partir*
15 *d'éléments historiques factuels* ». « *L'Histoire est complexe. Ce qui n'empêche pas de la comprendre, sans glorifier, ni fantasmer.* » Ce projet de musée a pour ambition, selon la députée, d'exposer et de rassembler les
20 recherches sur l'histoire coloniale et l'esclavage. Un lieu pour fédérer les savoirs, et qui « *pourrait se déplacer partout en France* ».

Un lieu pour réconcilier les mémoires ?
En France, c'est seulement en 2001, avec la loi
25 Taubira, que l'État a reconnu officiellement la traite et l'esclavage comme un crime contre l'humanité. Dans le même temps, le 10 mai est devenu journée nationale des mémoires de la traite de l'esclavage et de leurs abolitions.

Pour Caroline Abadie, l'ambition est de taille 30 et le débat mémoriel est nécessaire : « *Ce ne doit pas être un débat politique mais scientifique, et je préfère que la polémique soit dans un musée que dans la rue où l'on propose par exemple de déboulonner des statues.* » 35 Au total, le rapport de la mission d'information, fruit de près de dix mois de travaux et d'une centaine d'heures d'auditions, émet 57 préconisations qui doivent permettre d'apporter une « *réponse universaliste déterminée* » 40 au niveau « *extrêmement préoccupant* » du racisme et de l'antisémitisme en France.

« Un musée oui, mais avec quel objectif ? »
L'idée d'un tel musée n'est pourtant pas nouvelle. À sa création, le musée de l'Immi- 45 gration à Paris, portait partiellement cette ambition de raconter l'histoire de l'esclavage et de la colonisation. Créé en 2007, le projet du musée, répondait à un « *besoin de reconnaissance et de mémoire* » de la part des 50 immigrés et de leurs descendants. Mais le choix du site, le palais de la Porte Dorée, ne fait pas au départ consensus. Le bâtiment est marqué par son histoire : « *musée des colonies* », inauguré en 1931 à l'occasion 55 de l'exposition coloniale de la même année. Aujourd'hui, la France possède 12 022 musées. Et le projet d'un musée entièrement consacré aux périodes coloniales et esclavagiste de la France peine à aboutir. 60 « *Il y a beaucoup de chantiers, mais jamais de mise en chantier. C'est compliqué à imaginer* », affirme l'historien Benjamin Stora, spécialiste notamment des guerres de décolonisation. En janvier dernier, Benjamin Stora avait remis 65 un rapport à Emmanuel Macron. L'historien y avait recommandé la mise en place d'une commission « Mémoire et Vérité » chargée d'impulser des initiatives mémorielles communes entre la France et l'Algérie. 70

« *Le sujet de la colonisation est brûlant en France. Il y a encore un clivage politique, et des partisans de la colonisation française* », explique-t-il en faisant référence à l'actualité. En particulier à la tribune de militaires, 75

publiée sur le site de Valeurs actuelles ce 9 mai. Son titre : « pour la survie de notre pays ». Et dans l'hypothèse de création d'un musée de l'histoire de la colonisation, Benjamin Stora
80 s'interroge : « *Un musée oui, mais avec quel objectif ? On ne peut pas montrer un épisode de l'histoire en étant neutre. On ne pourrait pas*

imaginer un musée pour défendre l'esclavage. C'est pareil pour la colonisation. Ces sujets impliquent un engagement. »
85

(624 mots)

Mérième Stiti : « Mémoires : un musée de l'histoire de l'esclavage et de la colonisation en France est-il possible ? » 10/05/21, france3-regions.francetvinfo.fr

1 Résumez les étapes du projet de création d'un musée de l'histoire de l'esclavage et de la colonisation.

2 Analysez les raisons et les défis liés à la création d'un tel musée.

ÉCRIRE

Au choix

3 Un tel musée permettrait-il de rendre le passé colonial plus accessible aux jeunes générations ? Pesez le pour et le contre.

4 Vous avez lu dans un journal français que le mémorial national des victimes de l'esclavage, promis par Emmanuel Macron en 2018, serait érigé dans les jardins du Trocadéro, à l'endroit où a été signée la Déclaration universelle des droits de l'homme en 1948. Réagissez à cette annonce dans un post sur le site du journal dans lequel vous parlez de la valeur symbolique du lieu choisi et présentez votre avis sur l'importance de tels lieux de mémoire. Vous pouvez aussi parler des lieux de mémoire en Allemagne.

ZOOM SUR ... L'opérateur **peser le pour et le contre**

Der Operator *peser le pour et le contre* verlangt, ein Thema (mit der Fragestellung „ja" oder „nein") zu erörtern, d.h. Argumente für und gegen den Sachverhalt zu nennen, diese abzuwägen und abschließend Stellung zu beziehen. Meist tritt er bei der Zieltextsorte dialektischer *commentaire personnel* auf.

	ON DIT
1. Das Thema / die Fragestellung wird in einem einleitenden Satz aufgeworfen.	*À l'heure actuelle, on peut se demander / il s'agit de savoir / on peut se poser la question de savoir si …*
2. Die Standpunkte und die jeweiligen Argumente werden nachvollziehbar strukturiert (d.h. an letzter Stelle kommen die Argumente der Seite, die der eigenen Position entspricht) und überzeugend (d.h. mit Begründungen und Beispielen) präsentiert und abgewogen.	*D'un côté, … . De l'autre (côté) … Il est vrai / indéniable / incontestable / certain que … Mais / Pourtant / Par contre / En revanche / Contrairement à …*
3. Abschließend wird der eigene Standpunkt begründet ausformuliert.	*Après avoir pesé le pour et le contre / Étant donnés les aspects qui parlent pour et contre … , je pense / suis d'avis que … On voit donc que … / J'en tire donc la conclusion … / Pour conclure, j'aimerais souligner / dire …*

17 Ein unglaubliches Jahr in Benin

MÉDIATION
Stratégie 313
ÉCRIRE

1 Votre ami(e) français(e) voudrait faire connaissance avec une culture complètement différente en passant un an dans un autre pays. Mais il / elle a aussi peur du « choc culturel » et des défis auxquels il / elle sera confronté(e). Vous venez de lire un article sur deux jeunes filles qui ont passé un an au Bénin, un pays d'Afrique occidentale.
Pour encourager votre ami(e), vous lui présentez dans un e-mail les expériences des deux jeunes filles et ce qu'elles ont appris de ce séjour.

Nadja (19) und Fiona (19) arbeiteten ein Jahr lang in einem Waisenhaus mit und unterstützten das Personal vor Ort bei der Arbeit mit den Kindern. […] Sie berichten
5 *von der Offenheit und Hilfsbereitschaft der Menschen, von intensiven Begegnungen und aufregenden Reisen.*

Als wir dann […] nach insgesamt 8 Stunden Flug aus dem Flugzeug steigen, wurden wir
10 zunächst von einem Schwall feucht-warmer Luft erdrückt. […] Zu Beginn der Trockenzeit sollten wir aber erst so richtig zu spüren bekommen, was ein Klimaunterschied zu bedeuten hat. […] Die Fahrt von Cotonou nach
15 Porto-Novo – zu zehnt eingeengt in einem Minibus – war holprig und aufregend. Nadja stellt einen ersten Vergleich auf: „Hier ist es ein bisschen wie in Südfrankreich". Tatsächlich erinnern Pflanzen und Architektur ziemlich an
20 Südfrankreich, von der Sprache mal ganz abgesehen. Aber schon am nächsten Tag wird klar: Benin ist nicht wie Südfrankreich, auch nicht wie irgendetwas anderes, das ich kenne. Benin ist nicht vergleichbar, Benin ist einfach
25 Benin. Die Wiege des Voodoo, das Land der Zems und Märkte, Heimat von Köstlichkeiten wie *pâte* und *alloko*. Ein Land, das uns immer wieder überraschen wird; ein Land, das unser Zuhause wird; ein Land, das Fiona und ich
30 lieben lernen werden. […] In einer fremden Kultur zu leben, erfordert Offenheit, es kostet auch Energie, aber es macht auch jede Menge Spaß. Hier führt jeder mit jedem auf der Straße Smalltalk, wir werden immer von allen Seiten
35 begrüßt. Ich fühle mich nicht nur wie der Gast unserer Mentoren, sondern wie der Gast aller Beniner, denn genauso werde ich behandelt. Um mich in der fremden Kultur zurechtzu-finden, bekomme ich von allen Seiten Hilfe.
40 Wo überquere ich wie am besten die Straße, wie finden wir beim Verhandeln die richtigen

Preise heraus, wie isst man die kleinen wilden Mangos. […] Und irgendwann ist es ganz normal, die Tomaten zum richtigen Preis auf dem Markt zu besorgen, bei Stoffen knallhart
45 zu verhandeln und der Schneiderin per Bluetooth einen Screenshot des Kleides zu schicken, das man gerne hätte. Es ist Alltag, auf dem Weg zur Arbeit Ziegen und Hühnern auszuweichen, die Wäsche von Hand zu
50 waschen und mit den Taxis von Ort zu Ort zu reisen, eingequetscht zwischen Menschen und mit einem fremden Kind auf dem Schoß. Und man kann sich gar nicht mehr vorstellen *nicht* « Bon travail ! » zu sagen, wenn man an
55 jemanden vorbeikommt; ohne Moskitonetz zu schlafen oder keine frische Ananas auf dem Heimweg genießen zu können.
Wir wurden mutiger, haben uns pudelwohl gefühlt und viel von Benin gesehen. Den
60 Nationalpark im Norden, wo wir aus nächster Nähe Löwen bewundern konnten; Ganvié, ein Pfahldorf auf dem Lac Aheme; die traumhaften Strände von Grand Popo; die alten Paläste von Abomey – und natürlich immer wieder
65 die Hauptstadt Porto-Novo und die Metropole Cotonou. […]
Es ist uns sehr schwer gefallen, uns von Benin zu verabschieden. Es war ein unglaubliches Jahr, in dem wir beide unvorstellbar viel
70 gesehen, erlebt und gelernt haben. Und das ist es, was bleibt: Ein ganz anderer Blickwinkel, ein anderes, tieferes Verständnis von der Welt, dem das so abgegriffene Wort „Perspektiv-wechsel" einfach nicht gerecht wird. Eine
75 kritischere Sichtweise auf unsere Kultur teilweise, auf jeden Fall eine differenziertere. Ein ganz neues Selbstbewusstsein, andere Prioritäten. „Interkulturelle Kompetenz", Erfahrungen, Glück. Und so viel Dankbarkeit.
80

(555 mots)
Aus: „Ein unglaubliches Jahr in Benin",
unter: https://www.evim-freiwillig.de

La créativité

Imaginez un influenceur ou une influenceuse qui donne des conseils de beauté ou de fitness qui génèrent des millions de clics. Grâce à sa créativité, il / elle gagne beaucoup d'argent. La créativité n'ouvre pas seulement la porte à la fortune, mais aussi à la découverte et l'innovation. La créativité n'est pas seulement le fait de réaliser quelque chose de ses propres mains ou d'inventer quelque chose. La créativité vous incite à créer une idée ou une conception qui est nouvelle. Elle vous pousse à aller vers l'inconnu et peut-être même vers l'impossible pour obtenir une nouvelle perspective. Pour cela, il faut du courage et de la curiosité. Parfois, une nouvelle idée mène dans une impasse ; mais même l'échec aboutit le plus souvent à quelque chose de nouveau.

Réflexion

1 a) Qu'est-ce qu'on peut faire avec cet objet ? En groupe, imaginez un produit.

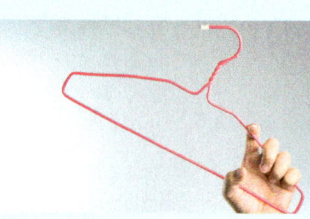

 b) Essayez ensuite de « vendre » votre produit à un autre groupe.

 c) Réfléchissez comment vous avez réussi à trouver des idées créatives et à réaliser la tâche.

 d) Si possible, demandez à une intelligence artificielle ce qu'on peut faire avec cet objet. Ses idées sont-elles moins / aussi / plus créatives que les vôtres ?

D 9
KI-Anwendungen

MK

Action

2 Simulation globale – version courte :

 a) Regardez la vidéo sur le quartier Plateau Mont-Royal à Montréal où la gentrification se manifeste.

 b) Imaginez des identités fictives (nom, âge, caractère, aspect physique, situation familiale, profession, hobbys), puis choisissez une personne. Si vous le souhaitez, générez à l'aide d'une intelligence artificielle votre propre avatar dans le style d'une BD.

 c) Seul(e), imaginez des incidents et des évènements de la vie quotidienne : une fête, la naissance d'un enfant, un emménagement, une séparation, un mariage, l'achat d'un animal de compagnie, une intervention de la police, …

 d) Jouez spontanément les évènements / incidents. Réfléchissez rapidement à ce que votre personnage pourrait dire ou faire et réagissez.

 e) Dans quelles situations vous a-t-il été facile / difficile d'être créatif / créative ? Pourquoi ?

V 10

la gentrification
transformation d'un quartier au profit d'une classe sociale supérieure

MK

Réflexion

 MK

3 Résumez sous forme de mots-clés les conclusions auxquelles vous êtes arrivé(e)s, puis visualisez-les. Vous pouvez utiliser un outil numérique, p. ex. un tableau collaboratif.

4 Puis réfléchissez seul(e) : parmi toutes les conclusions, laquelle est la plus importante / étonnante pour vous et pourquoi ? Pensez-vous différemment maintenant ?

5 À deux, comparez vos résultats et expliquez pourquoi vous avez raisonné ainsi. Puis faites des propositions : comment peut-on exprimer sa créativité ? Qu'est-ce qu'on peut développer / tester ensemble ? Pensez aussi à un projet concret. Présentez vos idées en classe.

La curiosité

Souvenez-vous de votre premier jour d'école – la curiosité d'apprendre. Où est-elle aujourd'hui ? Depuis l'enfance, la curiosité nous pousse à chercher constamment de nouvelles informations et à élargir nos connaissances. Malheureusement, cette curiosité décline avec l'âge. Mais la curiosité est essentielle dans un monde où les informations et les technologies évoluent rapidement. Elle peut nous conduire à poser des questions et à chercher des solutions, ce qui est une compétence-clé pour résoudre les problèmes complexes du 21ᵉ siècle. En cherchant constamment à apprendre et à explorer, nous pouvons trouver de nouvelles idées et approches qui peuvent conduire à des innovations et nous aider à nous adapter aux changements rapides de notre monde.

Réflexion

1 Décrivez la photo. Quel rapport a-t-elle avec les informations données dans l'encadré dessus ? Racontez.

Action

D 9 🗐
KI-Anwendungen
[MK]

2 Sur Internet, renseignez-vous sur le spectacle d'hologrammes au zoo d'Amnéville. Utilisez un moteur de recherche ou demandez à une intelligence artificielle de vous présenter les informations les plus importantes.

[MK]

3 Dans quelle mesure peut-on considérer les hologrammes comme une utilisation sensée des outils numériques ?
Prenez en considération la curiosité des gens, le besoin d'information, le fait de donner une image réaliste des animaux, l'habitat naturel des animaux, la protection d'espèces protégées.
Discutez en groupes de 4 – 6 élèves. Seul(e), commencez par noter vos arguments / des mots-clés. Avec les autres élèves, faites ensuite un cercle.
Prenez deux crayons / stylos : quand vous voulez prendre la parole, posez un crayon / stylo au centre du cercle. Lorsque tous les crayons / stylos ont été déposés, chacun(e) peut prendre librement la parole. À la fin de la discussion, faites avec les autres groupes une synthèse et une évaluation.

Réflexion

[MK]

4 Résumez sous forme de mots-clés les conclusions auxquelles vous êtes arrivé(e)s, puis visualisez-les. Vous pouvez utiliser un outil numérique, p. ex. un tableau collaboratif.

5 Puis réfléchissez seul(e) : parmi toutes les conclusions, laquelle est la plus importante / étonnante pour vous et pourquoi ? Pensez-vous différemment maintenant ?

6 À deux, comparez vos résultats et expliquez pourquoi vous avez raisonné ainsi.
Puis faites des propositions : comment peut-on évaluer sa curiosité ?
Qu'est-ce qu'on peut développer / tester ensemble ? Pensez aussi à un projet concret.
Présentez vos idées en classe.

5 Individu et société

1 Regardez le dessin sans tenir compte des mots. Quelles sont vos premières impressions ? Échangez avec un(e) partenaire.

VOCABULAIRE

2 a) Lisez les mots dans les bulles. Organisez-les dans un associogramme. Si nécessaire, utilisez un dictionnaire (en ligne).

b) Choisissez-en 2 ou 3 et cherchez un exemple de la vie quotidienne dans lequel l'individu se trouve face à la société.

PARLER

c) Comparez les exemples qui illustrent les mots et discutez en petits groupes : l'individu peut-il vivre librement dans la société ? Justifiez votre réponse.

Panorama

- Libertés individuelles et vivre ensemble
- Conceptions de vie : attentes de la société et individualisme
- L'égalité et ses limites
- Se retrouver en marge de la société Handicap et inclusion

1 ☆ Peut-on vraiment être libre en société ?

LIRE

1 Quand est-ce que vous (ne) vous sentez (pas) libres ? Échangez à deux.

2 D'après vous, la liberté, qu'est-ce que c'est ? Formulez une définition.

7 **se heurter à qc** konfrontiert werden
9 **nuire à qn / qc** schaden
10 **autrui** qn d'autre
21 **une espèce** Art
21 **viser** zielen
22 **une proie** Beute
23 **cesser** s'arrêter
33 **un besoin** Bedürfnis
35 **sous peine de …** um zu vermeiden, dass …
42 **primer sur qc** überwiegen
48 **la Déclaration des droits de l'homme et du citoyen** Erklärung der Menschen- und Bürgerrechte
54 **avoir des bornes** (f.) avoir des limites
56 **la jouissance** Genuss

C'est en commençant à vivre en groupe, en société que l'être humain a vu sa liberté limitée. Seul, dans la nature, il était totalement libre
5 *de ses mouvements, de ses actes. Puis vint le groupe. La liberté des uns s'est alors heurtée à celle des autres. Comment en vivant ensemble être libre sans nuire*
10 *à autrui ?*

Aux origines : la liberté naturelle (complète)

Imaginez un animal seul dans la nature. Il a faim, il mange.
15 Il obéit à ses désirs, ses instincts (on appelle cela l'état de nature). Il est totalement libre. C'est la liberté naturelle, qui seule peut être une liberté complète. Imaginez
20 maintenant le même animal, il a faim, mais un autre animal de la même espèce a faim lui aussi, vise la même proie et ne compte pas partager. Là cesse la liberté totale, quand deux individus sont mis en présence parce
25 que l'envie de l'un et celle de l'autre peuvent entrer en conflit.

Puis vint la liberté civile (conditionnée)

Appliquons l'exemple de notre animal placé face à un adversaire visant la même proie que
30 lui à l'être humain. De la même façon, lorsque les êtres humains ont commencé à vivre ensemble, en groupe, a cessé leur liberté naturelle. Répondre uniquement à ses besoins et envies est rapidement devenu impossible
35 sous peine de vivre dans un monde chaotique et violent parce qu'alors c'est la loi du plus fort qui s'applique. Les êtres humains se sont fixé des règles pour pouvoir vivre ensemble. On perd ainsi une part de notre liberté naturelle
40 en accédant à la liberté civile qui se caractérise par le respect des lois, de certains interdits.

©GELUCK

L'idée est que l'intérêt général prime sur l'intérêt individuel. Les lois, la justice définissent ce que les individus ont le droit de faire ou non dans la société civile.
45 Ceux-ci obéissent non plus à leurs instincts mais aux lois.
L'article 4 de la Déclaration des droits de l'homme et du citoyen de 1789 résume cette complexité de la liberté confrontée
50 à la vie en société : « *La liberté consiste à pouvoir faire tout ce qui ne nuit pas à autrui : ainsi, l'exercice des droits naturels de chaque homme n'a de bornes que celles qui assurent aux autres Membres de la*
55 *Société la jouissance de ces mêmes droits. Ces bornes ne peuvent être déterminées que par la Loi.* »
Nous sommes donc libres, mais cette liberté est conditionnée au fait de vivre ensemble.
60

Extrait du dossier « Une liberté … des libertés »,
Carole Billiout, Kezako mundi n° 56 (mars 2022),
Enrick B. Editions

72,1 ▢

3 À l'aide des informations de l'article, expliquez en quoi se différencient la liberté naturelle et la liberté civile. Pour cela, complétez le tableau suivant.

	la liberté naturelle	la liberté civile
L'individu obéit à / aux …		
Ce qui est important, c'est …		
La vie est « réglée » par …		
Les conséquences sont		

PARLER
○ 272, 1

4 Travaillez en groupe. Imaginez une situation concrète. Jouez-la une fois dans le contexte d'une « liberté naturelle » et une fois dans celui d'une « liberté civile ».

5 a) Regardez le dessin humoristique page 115. Quel est son message ?
     b) Mettez-le en rapport avec l'article.

LIRE

2   Heureusement que tu es vaccinée !

PARLER

1 Parmi les aspects suivants, quel est celui qui influence le plus / le moins votre première impression d'une personne que vous rencontrez pour la première fois ? Expliquez.

son style   son langage corporel (mimique, gestes)   sa façon de parler

son comportement   ce qu'il / elle dit

2 **renier qn / qc**
   verleugnen
4 **refiler qc à qn**
   (fam.) ici :
   anstecken
4 **Marine** *la meil-*
   leure amie de
   la narratrice
14 **se planquer**
   (fam.) se cacher
18 **un(e) taulard(e)**
   (fam.) qn qui
   est en prison
20 **le fer** Eisen
23 **une carapace**
   Panzer
25 **se trouer** *ici :*
   sich piercen
   lassen
30 **être de mauvais
   conseil** ne pas
   donner de bons
   conseils

Je ne vois pas pourquoi je demanderais à Ethan de retirer ses piercings. Ce serait le renier ou, pire, aller dans le sens de ma mère qui dit qu'il va me refiler toutes sortes de maladies. Marine
5 a tort quand elle me conseille de formater Ethan pour qu'il plaise à ma mère. Je tiens au contraire à le laisser libre d'être lui-même. Et c'est à ma mère de comprendre mon histoire et d'accepter mes goûts.

10 Heureusement que tu es vaccinée contre le tétanos ! m'a-t-elle lancé. Elle ne lui a pourtant jamais parlé. Elle l'a seulement vu par la fenêtre, et quand elle a compris qu'on montait ensemble à la maison, elle s'est planquée dans
15 sa chambre. Elle n'est pas capable d'aller au-delà de l'apparence d'Ethan, et elle n'a pas envie de découvrir qui il est. Ses tatouages lui donnent l'air d'un taulard ; ses piercings, d'une bactérie. Ma mère a quand même traité Ethan
20 de bactérie ! Oui, il y a du fer sur son blouson et il porte du métal en plusieurs endroits de son corps, mais c'est sa façon à lui d'avoir une

carapace. Ma mère ne comprend rien à ce besoin de se trouer. Elle, elle s'enferme dans sa chambre. Eh bien lui, il se troue la peau. Ils sont 25 tous les deux fragiles à leur façon. Je vais partir, ils sont trop nuls dans cette famille et une chose est sûre, je ne le regretterai pas. Marine est trop soumise à ses parents alors elle est de mauvais conseil. Elle prend son cas 30 pour une généralité. Sous prétexte qu'elle a obligé son copain à retirer son iPod de ses oreilles pour dire bonjour à sa mère, elle

→

croit que tout le monde doit faire comme elle.
35 En fait, elle est carrément castratrice. Marine
se vante d'avoir gagné puisque sa mère adore
son copain, mais moi je veux laisser Ethan libre
d'être lui-même, parce que je n'ai jamais été
aussi heureuse de ma vie et que je n'ai pas le
40 droit de m'opposer à ce qu'il est profondément.
À ce que je sais, il n'est ni une mine de fer ni
un gisement d'acier, dit ma mère. Elle se croit
drôle. J'adore la tolérance d'Ethan. Elle me
change de ma mère. Il comprend tout à fait
45 qu'on n'aime pas ses tatouages.

Il est l'inverse de ce qu'il affiche. Il a un fauve
dans le cou, mais en vrai, il est doux. Il n'a
aucune brutalité. […] Avec le copain de ma
sœur, ma mère est gentille, elle fait preuve
50 d'attention, rien que pour lui, elle lui garde des
boîtes d'allumettes pour sa collection. […]
Quand on en parle avec Ethan, il dit qu'il
comprend ma mère. Il m'a proposé de lui écrire
une lettre. Il fait beaucoup de fautes et je ne
55 sais pas comment les corriger sans le vexer.
[…] Ce soir, ma sœur négocie un week-end
avec son copain. Mon père n'est pas de l'avis
de ma mère quand elle tique pour un week-
end complet. Ils ont bientôt dix-huit ans et si
60 elle les empêche de s'aimer, ils vont se rebeller.
Mais l'ambiance est joviale et ma sœur met
tant d'humour dans ses demandes qu'elle
obtient toujours ce qu'elle veut. Et c'est là
qu'Ethan sonne. Je sais que c'est lui parce qu'il
65 m'a prévenue qu'il sonnerait trois coups.
Mon père regarde par le judas. C'est l'époque
des étrennes ? Ma mère fronce les sourcils :
Demande qui c'est ! Ethan ! crie Ethan.
Ma mère me regarde. Je fais l'étonnée. Il se
70 pointe chez nous comme ça ? Sans prévenir ?

L'effet de surprise opère. Mon père lui ouvre,
mais sa tête donne le fou rire à ma sœur.
Du coup, ma mère se déride. Ethan s'assoit
et j'essaie de ne pas remarquer qu'il a mis
75 son sac à dos comme je n'aime pas, accroché
sur le devant de sa cuisse. Je préfère quand
on est seulement tous les deux. Il est moins
naturel, là. Il s'est incliné pour dire bonjour.
Je préfère quand il parle normalement, parce
80 que depuis qu'il est arrivé, il structure ses
phrases et le résultat n'est pas français. Ma
mère lui propose un dessert, mais j'apprends
qu'il a du cholestérol. Il confond avec diabète.

Ma mère plaisante et lui offre une banane
plutôt que la mousse au chocolat prévue pour 85
le dîner. Quand je le vois l'accepter, l'ouvrir,
et croquer dedans, je n'ai plus aucun sentiment.
On débarrasse, il aide mais il oublie de retirer
le sac à dos de sa cuisse, alors il se cogne au
buffet, et ça fait tinter le service de verres 90
qui est posé dessus. Je l'emmène faire un tour
dans ma chambre.
Ethan déclare que mon père est passable.
Il trouve ma mère coincée et désagréable.
Et il commence à l'imiter, avec ses bracelets 95
aux poignets. Il a sonné à l'improviste, elle lui
a posé des questions sur ses études. Elle a
même trouvé une question sur son blouson.
Elle a demandé s'il avait lui-même ajouté les
piques. Et elle n'était pas moqueuse. Elle a 100
essayé de faire bien, elle n'a même pas rejoint
papa et ma sœur dans leurs petits rictus. Oui,
me dit Ethan, vraiment, ta mère, c'est le genre
frustrée. Pas comme toi ! murmure-t-il en
s'approchant pour m'embrasser. Le fauve dans 105
son cou ressemble soudain à un chihuahua.
Les piques de son blouson ramollissent. On
dirait des cheveux, des bouts de laine. Ses
bagues tête de mort clignotent. Il ressemble
à une fête foraine. Voyant rouge, c'est mort. 110
Je ne veux pas l'embrasser. Il est là, avec ses
grosses pattasses pleines de bleu, à vouloir
me tenir les joues pour me rouler une pelle
en mauvais français. Son sac à dos toujours
scotché à sa cuisse, il bute dans le pied de 115
mon bureau. La table tremble. Mes poissons
se cognent contre leur petit rocher. Oups,
pardon les mecs, dit Ethan en posant les
mains sur le bocal. Puis il les rapproche de
moi. Il ne comprend rien. Il ne sent rien. 120
C'est peut-être son diabète.

Claire Castillon : Rebelles, un peu (texte écourté)
© Éditions de l'Olivier, 2017

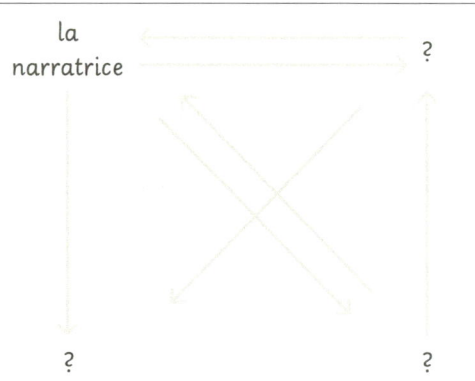

D 16 🗎
digitale Vorlage

2 Lisez le texte jusqu'à « bactérie » (l. 19). Quelle relation existe entre les personnages du texte ?
Complétez le sociogramme, notez une information par flèche.

○ 272, 2

3 Analysez dans les lignes 1 à 70 l'attitude de la mère de la narratrice envers Ethan.

PARLER
Stratégie 302
73, 1 🗎

4 Travaillez à quatre (la narratrice, sa mère, sa sœur et Ethan).
Imaginez la suite et la fin de l'histoire après l'arrivée d'Ethan, puis jouez la scène.

5 Lisez l'extrait jusqu'à la fin. Comment trouvez-vous cette fin ? Comparez à votre jeu de rôle de l'exercice 4.

Stratégie 295
74, 2 🗎

6 a) Travaillez à cinq. Mettez-vous à la place de la narratrice et réfléchissez aux raisons du changement de son regard sur Ethan entre le début et la fin de l'extrait.
Tenez pour cela compte des moyens stylistiques utilisés.
b) Imaginez ensuite les questions que vous aimeriez poser à la narratrice sur ce changement de regard.
c) Puis mettez en commun : un(e) élève prend le rôle de la narratrice et s'assoit sur une chaise, les autres élèves se placent autour et lui posent toutes leurs questions.
Changez de rôle jusqu'à ce que chacun(e) ait pris place sur la chaise.

VOCABULAIRE

7 Reliez ce qui va ensemble et faites des phrases.

être l'inverse		la visite d'Ethan
s'opposer		ses parents
renier		se rebeller
être soumis(e)		le comportement de la mère
se vanter	à	prévenir ses parents
être capable	de	son succès
proposer	−	venir plus tard
vexer		l'ami de sa sœur
imiter		son copain
regretter		sa famille
conseiller		ne pas annoncer sa visite
oublier		sa meilleure copine

LIRE
Stratégie 299

3 Marcher en dehors des clous

1 Qu'est-ce que vous ne feriez jamais en public ? Pourquoi ?

2 Regardez la BD (page 119) sans lire le texte.
a) Quelles sont les actions de l'homme à la barbe ?
b) Quelles sont les réactions des autres personnes ?
c) Comment trouvez-vous le comportement de cet homme ? Pourquoi ?

3 À votre avis, pourquoi se comporte-t-il de cette façon ? Faites des hypothèses.

un hareng
Hering
l'indécence *(f.)*
Unanständigkeit
**amener qn
à faire qc**
veranlassen
etw. zu tun
**se conformer
à qc** sich
anpassen
s'exercer
s'entraîner

4 Lisez maintenant la BD.

    a) Nommez les raisons que donne Diogène pour ses actions et comparez-les à vos hypothèses de l'exercice 3.

    b) Imaginez les raisons des réactions des autres personnes envers Diogène.

5 Dans la dernière vignette, Diogène dit qu' *« il faut oser marcher en dehors des clous »*.

    a) Remplacez les points d'interrogation dans les bulles de la dernière vignette par des questions.

    b) Expliquez l'origine de cette expression du XXᵉ siècle à l'aide de la photo ci-contre.

    c) Expliquez ce que représentent les « clous » dans cette métaphore. Puis reformulez l'expression avec vos propres mots.

74, 1 ; 75, 2

6 À votre avis, pourquoi est-il important de marcher parfois en dehors des clous ? Donnez des exemples.

PARLER

7 À deux, parlez de situations concrètes dans lesquelles d'autres personnes (n')ont (pas) influencé / (n')influencent (pas) votre comportement et dites pourquoi.

LIRE
D 17
Texthilfe
Point info 326

VOCABULAIRE
Stratégie 288

4 ☆ « L'enfer, c'est les autres ! »

1 Terminez cette phrase :
Pour moi, l'enfer, c'est …

2 a) Cherchez dans un dictionnaire (en ligne) les mots et expressions suivants :

un(e) orphelin(e) ; demander la main de qn ; fusiller qn ; l'insolence *(f.)* ; un assassin ; se taire ; la torture ; un bourreau

> **Jean-Paul Sartre et *Huis Clos***
> Sartre (1905 – 1980) est un philosophe et écrivain français. Il est un représentant de l'existentialisme, un courant philosophique selon lequel l'être humain est maître de ses actes et de son destin.
> *Huis-clos* est une pièce de théâtre en un acte.

    b) Travaillez à deux. Choisissez un(e) mot / expression et expliquez-le / la en français à votre partenaire. Il / Elle dit de quel mot / quelle expression il s'agit. Puis changez de rôle.

11 **Plaît-il ?**
Wie bitte?
18 **s'absenter**
ici : mourir
19 **un(e) subalterne**
Untergebene(r)

Garcin, *brusquement à Inès* : Allons, pourquoi sommes-nous ensemble ? Vous en avez trop dit : allez jusqu'au bout.
Inès, *étonnée* : Mais je n'en sais absolument
5 rien.
Garcin : Il faut le savoir. *Il réfléchit un moment.*
Inès : Si seulement chacun de nous avait le courage de dire …
Garcin : Quoi ?
10 **Inès** : Estelle !
Estelle : Plaît-il ?

Inès : Qu'avez-vous fait ? Pourquoi vous ont-ils envoyée ici ?
Estelle, *vivement* : Mais je ne sais pas, je ne sais pas du tout ! Je me demande même si ce 15 n'est pas une erreur. *(À Inès.)* Ne souriez pas. Pensez à la quantité de gens qui… qui s'absentent chaque jour. Ils viennent ici par milliers et n'ont affaire qu'à des subalternes, qu'à des employés sans instruction. Comment 20 voulez-vous qu'il n'y ait pas d'erreur. Mais ne souriez pas. *(À Garcin.)* Et vous, dites quelque

→

GRAMMAIRE
Le conditionnel passé
Qu'**auriez-vous fait** à ma place ?

I 17
interaktive Übungen
77, 3

chose. S'ils se sont trompés dans mon cas, ils ont pu se tromper dans le vôtre. *(À Inès.)* Et
25 dans le vôtre aussi. Est-ce qu'il ne vaut pas mieux croire que nous sommes là par erreur ?
Inès : C'est tout ce que vous avez à nous dire ?
Estelle : Que voulez-vous savoir de plus ? Je n'ai rien à cacher. J'étais orpheline et pauvre,
30 j'élevais mon frère cadet. Un vieil ami de mon père m'a demandé ma main. Il était riche et bon, j'ai accepté. Qu'auriez-vous fait à ma place ? Mon frère était malade et sa santé réclamait les plus grands soins. J'ai vécu six ans
35 avec mon mari sans un nuage. Il y a deux ans, j'ai rencontré celui que je devais aimer. Nous nous sommes reconnus tout de suite, il voulait que je parte avec lui et j'ai refusé. Après cela, j'ai eu ma pneumonie. C'est tout. Peut-être
40 qu'on pourrait, au nom de certains principes, me reprocher d'avoir sacrifié ma jeunesse à un vieillard. *(À Garcin.)* Croyez-vous que ce soit une faute ?
Garcin : Certainement non. *(Un temps.)* Et vous,
45 trouvez-vous que ce soit une faute de vivre selon ses principes ?
Estelle : Qui est-ce qui pourrait vous le reprocher ?
Garcin : Je dirigeais un journal pacifiste. La
50 guerre éclate. Que faire ? Ils avaient tous les yeux fixés sur moi. « Osera-t-il ? » Et bien, j'ai osé. Je me suis croisé les bras et ils m'ont fusillé. Où est la faute ? Où est la faute ?
Estelle, *lui pose la main sur le bras* : Il n'y a pas
55 de faute. Vous êtes…
Inès, *achève ironiquement* : Un Héros. Et votre femme, Garcin ?
Garcin : Eh bien, quoi ? Je l'ai tirée du ruisseau.
Estelle, *à Inès* : Vous voyez ! Vous voyez !
60 Inès : Je vois. *(Un temps.)* Pour qui jouez-vous la comédie ? Nous sommes entre nous.
Estelle, *avec insolence* : Entre nous ?
Inès : Entre assassins. Nous sommes en enfer, ma petite, il n'y a jamais d'erreur et on ne
65 damne jamais les gens pour rien.
Estelle : Taisez-vous.

Inès : En enfer ! Damnés ! Damnés !
Estelle : Taisez-vous. Voulez-vous vous taire ? Je vous défends d'employer des mots grossiers.
Inès : Damnée, la petite sainte. Damné, le 70 héros sans reproche. Nous avons eu notre heure de plaisir, n'est-ce pas ? Il y a des gens qui ont souffert pour nous jusqu'à la mort et cela nous amusait beaucoup. À présent, il faut payer. 75
Garcin, *la main levée* : Est-ce que vous vous tairez ?
Inès, *le regard sans peur, mais avec une immense surprise* : Ha ! *(Un temps.)* Attendez ! J'ai compris, je sais pourquoi ils nous ont mis 80 ensemble.
Garcin : Prenez garde à ce que vous allez dire.
Inès : Vous allez voir comme c'est bête. Bête comme chou ! Il n'y a pas de torture physique, n'est-ce pas ? Et cependant, nous sommes en 85 enfer. Et personne ne doit venir. Personne. Nous resterons jusqu'au bout seuls ensemble. C'est bien ça ? En somme, il y a quelqu'un qui manque ici : c'est le bourreau.
Garcin, *à mi-voix* : Je le sais bien. 90
Inès : Eh bien, ils ont réalisé une économie de personnel. Voilà tout. Ce sont les clients qui font le service eux-mêmes, comme dans les restaurants coopératifs.
Estelle : Qu'est-ce que vous voulez dire ? 95
Inès : Le bourreau, c'est chacun de nous pour les deux autres.

Extrait de : Jean-Paul Sartre, « Huis clos », pp. 38 – 42
© Éditions Gallimard, 1947

Stratégie 294

3 Nommez les protagonistes, la situation dans laquelle ils se trouvent et le sujet de leur conversation.

Stratégie 307
76, 1

4 a) Travaillez à deux. A fait le portrait d'Estelle, B fait celui de Garcin. Puis échangez vos informations.
b) Qu'est-ce qu'Estelle, Garcin et Inès ont en commun ?

○ 273, 3
77, 2 🗐

5 Expliquez pourquoi Inès traite Estelle de « *petite sainte* » (l. 70) et Garcin de « *héros sans reproche* » (l. 71).

6 À la fin de l'extrait, Inès dit que « *le bourreau, c'est chacun de nous pour les deux autres.* » (l. 96). Qui est le bourreau dans cet extrait ? Justifiez votre avis en tenant compte du comportement, du langage et des paroles de la personne choisie.

● 273, 4
Stratégie 309

7 Choisissez la citation qui vous parle le plus. Expliquez pourquoi vous (n')êtes (pas) d'accord avec la citation choisie et illustrez votre position par des exemples concrets.
« *L'enfer, c'est les autres* » (Jean-Paul Sartre)
« *La liberté des uns s'arrête là où commence celle des autres.* » (John Stuart Mill)
« *L'homme est condamné à être libre.* » (Jean-Paul Sartre)

ÉCOUTER

5   🔊 ☆ Tu seras viril mon kid

VOCABULAIRE

1 a) Cherchez dans un dictionnaire (en ligne), la signification du mot viril.
b) Qu'est-ce que vous associez à ce mot ? Notez vos réponses dans un filet à mots.

78, 1 🗐

2 Après avoir lu le titre de la chanson, à quel style de musique vous attendez-vous ? Faites des hypothèses.

Eddy de Pretto
Eddy de Pretto est un auteur-compositeur-interprète et acteur français. Dans ses chansons, il traite de questions de société telles que l'orientation sexuelle, l'homophobie, les sites de rencontre…

2 **une gueule**
(fam.) un visage
3 **surpasser**
übertreffen
4 **une once**
ici : Hauch
5 **un air** *ici :*
Gesichts-
ausdruck
7 **castrer**
kastrieren
7 **une vocalise**
*Melodie, die
nur auf Vokale
gesungen wird*
9 **groguiser**
abschwächeln
*(Wortschöpfung
des Sängers)*
10 **un messie**
Messias
11 **Apollon**
*dieu grec de
la beauté*
14 **abusif / abusive**
übermäßig
17 **une bagarre**
Schlägerei
17 **forger le mental**
die Psyche
formen
19 **néfaste**
unheilvoll
19 **un gaillard** Kerl
22 **balancer** jeter
22 **invulnérable**
unverwundbar

Tu seras viril mon kid, je n'veux voir aucune larme glisser
Sur cette gueule héroïque et ce corps tout sculpté
Pour atteindre des sommets fantastiques que seule une rêverie pourrait surpasser
Tu seras viril mon kid, je n'veux voir aucune once féminine
5 Ni des airs, ni des gestes qui veulent dire
Et Dieu sait, si ce sont tout de même les pires à venir
Te castrer pour quelques vocalises
Tu seras viril mon kid, loin de toi ces finesses tactiques
De ces femmes origines qui féminisent, groguisent
10 Sous prétexte d'être le messie fidèle de ce fier modèle archaïque
Tu seras viril mon kid, tu tiendras dans tes mains l'héritage iconique d'Apollon
Et comme tous les garçons, tu courras de ballons en champion
Et deviendras mon petit héros historique

Virilité abusive
15 *Virilité abusive*

Tu seras viril mon kid, je veux voir ton teint pâle se noircir
De bagarres et forger ton mental
Pour qu'aucune de ces dames te dirige vers de contrées roses
Néfastes pour de glorieux gaillards
20 Tu seras viril mon kid, tu hisseras ta puissance masculine
Pour contrer cette essence sensible que ta mère
Nous balance en famille, elle fatigue ton invulnérable Achille

→

23 **l'abondance** *(f.)*
ici : la richesse
25 **cracher** spucken
26 **dopé(e)** gedopt
26 **la chair** Fleisch
28 **un caïd**
Gangsterboss
30 **jouir** genießen
33 **prôner** stolz
präsentieren
33 **un chibre**
(vulg.) un pénis

Tu seras viril mon kid, tu compteras tes billets d'abondance
Qui fleurissent sous tes pieds, que tu ne croiseras jamais
25 Tu cracheras sans manière en tous sens
Défileras fier et dopé de chair, de nerf protéiné
Tu seras viril mon kid, tu brilleras par ta force physique
Ton allure dominante, ta posture de caïd
Et ton sexe triomphant pour mépriser les faibles
30 Tu jouiras de ta rude étincelle

Virilité abusive (x 4)

Mais moi, mais moi, je joue avec les filles
Et moi, et moi, je ne prône pas mon chibre
Mais moi, mais moi j'accélèrerai tes rides
35 Pour que tes propos cessent et disparaissent

Kid, T: Eddy Antoine Jean de Pretto
© Universal Music Publishing GmbH, Berlin

Stratégie 291

3 Écoutez la chanson et vérifiez vos hypothèses sur le style de musique.
Trouvez-vous qu'il correspond au titre ? Dites pourquoi (pas).

4 Lisez les paroles de la chanson et répondez aux questions suivantes.
a) Qui s'adresse au « kid » en disant « tu » dans les deux premiers couplets ?
b) Qui répond dans le troisième couplet en disant « Mais moi, je … » ?

○ 273, 5

5 a) Eddy de Pretto utilise de nombreuses métaphores dans sa chanson.
Choisissez-en deux et expliquez comment elles soulignent la position du locuteur.
b) Comment réagit « je » dans la troisième strophe ? Analysez pour cela les répétitions dans cette strophe.

6 Dans le refrain, Eddy de Pretto dénonce la « virilité abusive ».

○ 273, 6

a) Expliquez ce qu'est la virilité abusive. Donnez des exemples concrets de la vie quotidienne.

78, 2 ; 79, 3

b) À votre avis, quel rôle jouent ici la société et une éducation qui fait la différence entre les filles et les garçons ?

ÉCRIRE

7 Postez un commentaire sous le clip de la chanson. Vous pouvez y parler par exemple du concept de la virilité et de son côté abusif que dénonce la chanson.
Votre filet à mots de l'exercice 1 peut vous aider.

ÉCOUTER
A 12
Stratégie 291

6 🔊 il, elle, iel

Le podcast Affaire en cours *de Radio France interviewe Julie Neveux, maîtresse de conférences en linguistique à la Sorbonne, sur le pronom iel.*

Avant l'écoute

1   a)   Regardez l'exemple de post sur les réseaux sociaux.
Que pensez-vous du fait que certaines personnes indiquent les pronoms avec lesquels elles aimeraient qu'on s'adresse à elles ? Quelles en sont les raisons ? Discutez à deux.
    b)   Traduisez la phrase suivante en allemand et en français : « *My friend Jo is coming to France. They want to learn french.* ». Expliquez les difficultés de la traduction.

2   Le nouveau pronom « iel » figure depuis 2023 dans le dictionnaire Le Robert.
Lisez la définition et utilisez ce pronom pour corriger votre traduction française de l'exercice 1b).

DÉFINITION

---

iel, iels 🔊 pronom personnel

Rare   Pronom personnel sujet de la troisième personne du singulier *(iel)* et du pluriel *(iels)*, employé pour évoquer une personne quel que soit son genre.
iel se définit comme non binaire.
Les stagiaires ont reçu les documents qu'iels doivent signer.

Pendant l'écoute

80, 1 🖺

3   Écoutez la première partie de l'interview (jusqu'à 02'51").
Dégagez
    a)   l'effet de ce nouveau pronom pour la linguiste.
    b)   la raison pour laquelle les lexicographes ont introduit le pronom dans le dictionnaire.

4   Écoutez la deuxième partie de l'interview et expliquez
    a)   le défi que représente l'emploi de ce pronom.
    b)   la situation dans les autres langues.

> **EXPRESSIONS UTILES**
>
> **la communauté LGBT+** LGBT+-Community ; **le système binaire** binäre Geschlechtsordnung ; **la visibilité** Sichtbarkeit ; **une requête** (Such-)Anfrage ; **inabouti(e)** *ici :* erfolglos ; **un pronom non genré** geschlechtsneutrales Pronomen

Après l'écoute

PARLER
Stratégie 300
80, 2 🖺

5   Actuellement, on ne trouve pas de pronom non genré dans les dictionnaires allemands. Cherchez sur Internet les propositions qui ont déjà été faites.
À votre avis, dans quelle mesure la langue doit-elle refléter les évolutions de la société ? Discutez en classe.

ÉCOUTER ET
REGARDER

7   ⊙ Le cri défendu

Avant le visionnage

1   Le court métrage que vous allez regarder s'appelle *Le cri défendu*.
    a)   Cherchez dans un dictionnaire (en ligne) le sens de « défendu ».
    b)   À votre avis, de quoi va parler le court métrage ? Faites des hypothèses.

H24
La production « H24 » (arte 2021) comporte 24 courts métrages indépendants qui sont inspirés de faits réels. *Le cri défendu* est l'un d'entre eux.

Stratégie 292

Pendant le visionnage

2 Cherchez sur Internet le court métrage *Le cri défendu* dans la production « H24 » (arte). Commencez par le regarder jusqu'à 00'53''. À votre avis, comment l'histoire va-t-elle continuer ?

3 Regardez le court métrage jusqu'à la fin.
   a) Dans quels lieux se trouvent les personnages ?
   b) Comment réagit l'employée ? Comment réagissent les clients ?
   c) Quel est le message de ce court métrage ? Réfléchissez d'abord seul(e) et échangez ensuite avec un(e) partenaire. Puis mettez en commun en classe.

Stratégie 293
81, 1

4 Regardez le court métrage une deuxième fois.
   a) Faites deux groupes. Chaque groupe se concentre sur les aspects suivants.

A	B
• le ton de la voix de l'employée • le rythme de ses paroles • les mots / expressions qu'elle répète	• le jeu de l'employée (gestes, mimique, …) • les moyens filmiques utilisés (plans de la caméra, effets spéciaux, …)

   b) Échangez vos résultats au sein de votre groupe.
   c) Puis mettez en commun avec l'autre groupe et précisez le message du court métrage en tenant compte de votre analyse.

Après le visionnage

5 Selon vous, le court métrage réussit-il à sensibiliser le public au problème ? Pourquoi (pas) ?

6 Comment trouvez-vous les réactions de l'employée et des clients ? Pouvez-vous comprendre leur attitude ? Justifiez votre opinion.

ÉCRIRE

○ 273, 7
Stratégie 312

Au choix

7 Le soir, un(e) des client(e)s repense à la scène et à la façon dont il / elle a réagi. Rédigez son monologue intérieur.

Stratégie 309

8 D'après vous, dans quelle mesure une personne devrait-elle intervenir lorsqu'elle est témoin de violences envers une autre personne ? Rédigez un commentaire.

EXPRESSIONS UTILES

maltraiter qn misshandeln;
être violent(e) gewalttätig sein;
avoir le nez qui saigne Nasenbluten haben; **avoir un bleu** einen blauen Fleck haben; **détourner le regard** den Blick abwenden; **prendre parti pour qn / qc** Partei ergreifen

LIRE

D 18 📄

Texthilfe

VOCABULAIRE

Stratégie 288

8   Nous ne sommes pas tous égaux.

1 Lisez le titre et prenez position.

2 Reliez la définition au mot correspondant, utilisez un dictionnaire si nécessaire.

a) le fait de ne pas être égal

b) la façon de voir les choses

c) le fait de beaucoup parler

d) le contraire d'une qualité

e) une personne qui est en-dehors de la société

f) le fait de ne pas réussir à l'école

1   bavard

2   l'échec *(m.)* scolaire

3   un défaut

4   un(e) marginal(e)

5   une vision

6   l'inégalité *(f.)*

Ben à Fabien

Je suis dans le train, j'ai acheté des journaux, c'est très rare. Je viens de lire que
5 statistiquement, les adultes qui ont été en échec scolaire votent moins que les autres, voire pas du tout, et qu'ils se méfient globalement de
10 toutes les institutions. Il y a parmi eux de grands artistes, de grands entrepreneurs, de grands artisans, de grandes gens. Alors c'est dommage de se passer d'eux
15 plus tard quand il s'agit de participer à ce qui fait de nous un peuple.
Ça veut dire que l'école, autant que d'être le lieu de l'instruction, est celui de la citoyenneté. Et lorsqu'elle échoue dans un domaine, elle
20 renonce aux deux. […]

Fabien à Ben

Ah l'école… vaste sujet mon cher Ben Mazué. Je pourrais t'en parler des heures avec autant de convictions que d'incertitudes, autant de
25 lucidité que de naïveté. L'article que tu as lu me semble livrer une lecture claire et clairvoyante : les élèves en échec donneront des citoyens non investis.
[…] Nous ne sommes pas tous égaux face à
30 l'apprentissage scolaire, c'est un fait. L'inégalité vient parfois de la nature de l'enfant. Face au système, un rêveur, un pensif, voire même un créatif n'aura pas les mêmes armes qu'un rigoureux, un conventionnel, un scolaire.
35 D'ailleurs, ce terme « scolaire » peut parfois être considéré comme un défaut dans certains

Les correspondants
Pendant des mois, les deux artistes et amis Ben Mazué et Grand Corps Malade se sont écrit. De cette correspondance dans laquelle les deux hommes échangent sur leurs conceptions de la vie ainsi que sur leur métier d'artiste est né ce livre. *Les correspondants* est paru en 2022.

domaines… Mais pas dans le système éducatif français. Au lycée, je me suis fait un grand pote à côté de qui j'ai passé trois ans, au dernier rang de chaque cours. Il s'appelait Guillaume. 40
Guillaume m'a ouvert à des domaines que je ne connaissais pas en sortant de mon collège de Saint-Denis. Guillaume lisait beaucoup, il m'a très vite parlé de Rousseau qui était jusqu'ici pour moi un nom de lycée, d'écologie sans 45
vraiment en connaître le concept officiel (on était au début des années 90 !), il avait une vision différente : des gens, des groupes de gens, de ses projets d'avenir.
Il rêvait de vivre à la montagne, de faire du 50
surf. J'aimais bien son analyse de ce qui nous entourait au lycée. Il ne me la livrait que si je le lui demandais. Il n'était pas bavard et ne parlait pas fort, Guillaume. Il était réservé, à part sur les terrains de basket où on se mettait 55
la misère pendant des heures en 1 contre 1.
Il était un peu marginal, un poil asocial, il pensait différemment de ce que j'avais connu jusqu'alors. Guillaume est certainement un des

18 l'instruction *(f.)*
Bildung
30 un fait Fakt
33 une arme Waffe
34 rigoureux /
rigoureuse
gründlich
40 un rang Reihe
43 Saint-Denis
Vorort von Paris
44 Rousseau
*écrivain et
philosophe
(1712 – 1778)*
52 livrer qc
ici : donner
54 à part sauf
55 mettre la misère
à qn *(fam.)*
jdn. besiegen
57 un poil
(fam.) un peu

🔹 GRAMMAIRE

**Les pronoms
démonstratifs**
Guillaume n'était
pas de **ceux-là**.

I 18 🖐
interaktive Übungen
82, 2 📄

→

82, 1 ▢

60 mecs les plus intelligents que j'ai rencontrés. Mais Guillaume n'a jamais réussi à avoir son bac. Il a lâché l'affaire après trois tentatives où il a pourtant vraiment bossé, et puis il est parti surfer dans les Alpes. Cet échec scolaire m'a

65 vite fait comprendre que le système n'était pas bon… en tous cas pas parfait. Surtout quand je voyais à côté de Guillaume des élèves que je trouvais vides, sans intérêt, qui sortaient du bac avec une mention. Eux avaient bien

70 appris leur leçon, celle qu'on te demande de réciter, mais celle aussi qu'on te demande d'être. Guillaume n'était pas de ceux-là, pas adapté à ce système scolaire trop fermé, trop étroit, qui attend des réponses précises, qui

75 t'oblige à entrer dans des cases qui ne sont pas les tiennes.

Nous ne sommes pas tous égaux face à l'apprentissage scolaire, c'est un fait. Cette inégalité vient aussi de l'environnement évidemment, du quartier dans lequel tu

80 grandis, du niveau d'études de tes parents. J'ai grandi dans des quartiers très populaires

où l'échec scolaire était monnaie courante. Les fameux Réseaux d'éducation prioritaire, censés compenser, aider les élèves les plus

85 défavorisés à rester accrochés au système scolaire, ne fonctionnent pas bien. On a essayé de montrer ça dans notre film *La vie scolaire*, de mettre en lumière des situations en se gardant bien de trop vouloir analyser.

90 On a cherché à montrer que ce n'est pas à cause des humains. On a décrit les élèves parfois bordéliques mais bourrés de talent, on a dépeint des parents parfois maladroits mais pleins de bonnes intentions, et des

95 profs et des CPE investis, croyant en leur métier. Alors si ce n'est pas la faute des humains, c'est la faute du système. Un système scolaire un peu vieillot, un système trop lourd, un

100 système qui juge, un système qui te demande plus d'écouter que de t'exprimer. […]

Extrait de : Grand corps malade, Ben Mazué :
Les correspondants, p. 101 / 103
© JC Lattès, 2022 (texte écourté)

3 De quelle inégalité le texte parle-t-il ?

4 Relevez dans le texte tous les mots et expressions employés pour décrire un élève « pas scolaire » et un élève « scolaire ». Puis, à l'aide des mots trouvés, expliquez en quoi ils sont différents l'un de l'autre.

5 a) En quoi consiste l'inégalité dans le système scolaire français ?
   b) Trouvez dans le texte les facteurs qui mènent à l'inégalité scolaire. Puis classez-les en trois catégories.

Stratégie 307

6 Relevez dans le texte toutes les informations données sur Guillaume, puis faites son portrait.

7 Imaginez la vie de Guillaume trois ans après son échec scolaire. Puis échangez avec plusieurs partenaires.

MÉDIATION
Stratégie 313

9 Wie Milieus in Deutschland zementiert werden

ÉCRIRE
83, 1 ▢

1 Pour son cours de sciences économiques et sociales, votre correspondant(e) français(e) prépare une présentation sur « Les inégalités sociales en Europe : causes et conséquences ». Il / Elle est surpris(e) par l'inégalité des chances dans le système scolaire français et vous demande si vous avez des informations sur la situation en Allemagne. Vous venez de lire l'article ci-dessous et vous lui en présentez les informations principales dans un e-mail.

Gesellschaftliches Ansehen und beruflicher Erfolg hängen hierzulande stark von der sozialen Herkunft ab, sagt Andreas Kemper. Der Klassismus-Forscher sieht das deutsche
5 *Bildungssystem und Erbrecht als Hindernisse für Aufstiegschancen an.*

Abwertung, Diskriminierung, Ausgrenzung, Ausbeutung – das sind Erfahrungen, die viele Menschen machen.

10 Die Wahrscheinlichkeit, dem ausgesetzt zu sein, ist dann besonders groß, wenn sie nicht das Glück haben, in ein familiäres Umfeld geboren zu werden, dass sie mit den nötigen Ressourcen ausstattet, um in unserer Gesell-
15 schaft wertgeschätzt zu werden. Dabei gehe es zwar in erster Linie um ökonomische Ressourcen, aber entscheidend seien ebenso kulturelle und soziale, sagt der Soziologe Andreas Kemper im Rahmen unserer Denk-
20 fabrik „Von der Hand in den Mund".

Das Bild, das sich Menschen von anderen machen, und der Wert, den sie ihnen zuschreiben, ist entscheidend, „wirkungsmächtig" geprägt durch deren soziale Herkunft
25 oder sozialen Status. Sprache, Mode- und Musikgeschmack, Umgangsformen, Benehmen werden dabei in der Regel gemessen an bürgerlichen Normen. Abweichungen werden als defizitär bewertet. Unter anderem mit
30 diesen – zum Teil verinnerlichten – Vorurteilen und ihrer ausgrenzenden Wirkung befasst sich die Klassismus-Theorie.

Klassismus legitimiert die Klassengesellschaft
Aus soziologischer Sicht führten klassistische
35 Strukturen und klassistisches Denken letztlich dazu, „dass die Klassengesellschaft aufrechterhalten wird, entsteht, legitimiert wird." Klassistische Gesellschaften diskriminierten all jene strukturell, werteten sie ab und beuteten
40 sie aus, die Angehörige von in der gesellschaftlichen Hierarchie sozial unten stehenden Gruppen sind oder als solche wahrgenommen werden. Allerdings erlebe nicht nur die besitzlose „Arbeiterklasse" im Marxschen Sinne
45 Ausbeutung, Ausgrenzung und Abwertung. Menschen, denen ihre Arbeit aus den unterschiedlichsten Gründen nicht zum Leben reicht, die buchstäblich von der Hand in den Mund leben, erführen Ähnliches. Sie gehörten
50 gewissermaßen zu einer „Armutsklasse". Die Wahrscheinlichkeit, in Armut zu rutschen, sei bei niedrigem sozialen Status und geringen ökonomischen Ressourcen deutlich höher. Eine unzureichende Bildung erhöhe das
55 Armutsrisiko.

Das Bildungssystem ist festgefahren
Andreas Kemper kritisiert, dass die Milieus in Deutschland „sehr stark zementiert" seien. Das bedeute, „dass Menschen, die in eine bestimmte soziale Herkunft geboren wurden,
60 meist in diesem Milieu bleiben." Schuld daran seien unter anderem ein Bildungssystem und ein Erbrecht, die Chancenungleichheit zur Folge hätten. Während etwa einige Menschen Millionen erbten, kämen andere zeitlebens
65 kaum über die Runden. Geld ließe sich umsetzen in „kulturelles Kapital", denn Geld erleichtere auch den Zugang zu guter Bildung. Gute Bildung wiederum erleichtere den Zugang zu gut bezahlten Jobs
70 erheblich. Das Bildungssystem sei einerseits durch bürgerliche Normen geprägt und durch die frühe Auflösung des gemeinsamen Unterrichts aller Kinder. Seit den Bildungsreformen der 70er-Jahre seien die Entwicklungen im
75 Bildungssystem „festgefahren". Arbeiterkinder könnten zwar theoretisch studieren, „es ist ja nicht verboten." Aber die Wahrscheinlichkeit, ein Studium erfolgreich abzuschließen, sei bei Akademiker-Kindern ungleich höher – unab-
80 hängig von den schulischen Leistungen. […]

Andreas Kemper, Annette Riedel „Wie Milieus in Deutschland zementiert werden", 30/07/22, (gek.)
© Deutschlandradio

LIRE

10 Une petite bosse

1 Regardez la photo. À votre avis, qu'est-ce qui se cache sous cette bosse ?
Notez vos idées sur une grande feuille ou dans un espace virtuel collaboratif.

2 Lisez le poème et dites (ce) qui se cache sous la bosse.

1 **tiré au cordeau**
ici : akkurat
gemacht

Un lit tiré au cordeau
Rectangle parfait
Des couvertures et des duvets
Une bosse au milieu

5 Un homme est caché dessous

Un lit posé
Comme un gâteau
Sur le trottoir
Dans l'air glacé

10 Des passants pressés
Merveilleux de verticalité
Détournent le regard

Ne restera
Qu'une petite bosse
15 Dans ma pensée

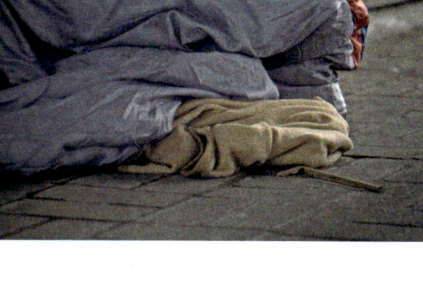

Lise Mathieu : « Une petite bosse », dans : Le bonheur ne dort
que d'un œil, p. 68 © Le Castor Astral, 2006

D 19
digitale Vorlage

3 a) Seul(e), notez toutes vos idées au sujet du
contenu, du langage et de la forme autour du
poème. Vous pouvez aussi souligner des
éléments du poème, utiliser des symboles, etc.
Cherchez les mots inconnus dans un dictionnaire.
b) Comparez vos résultats avec un(e) partenaire et
complétez vos notes. Puis résumez le sujet du
poème en une phrase.

● 274, 8
Stratégie 295

4 a) Analysez
1. la situation dans laquelle l'homme se trouve.
2. le langage imagé que l'autrice utilise pour décrire l'homme dans les strophes.
b) À votre avis, pourquoi le cinquième vers reste-t-il isolé ?

5 Relisez la première et la troisième strophe et faites-en un dessin. Concentrez-vous sur la
relation entre l'homme et les passants. Après, expliquez votre dessin à un(e) partenaire.

6 a) Expliquez la signification de la « bosse » dans la dernière strophe. Quel sentiment du
moi lyrique exprime-t-elle ?
b) Dans quelles autres situations pourrait-on éprouver ce sentiment ? Racontez.

7 Quel est le message du poème ? Échangez avec d'autres élèves et notez en bas du poème
le message qui vous semble le mieux convenir.

ÉCRIRE
● 274, 9
83, 1

8 Le soir, le moi lyrique n'arrête pas de repenser à cette rencontre. Imaginez au moins trois
de ses pensées.

> **EXPRESSIONS UTILES**
>
> **une strophe** Strophe
> **un vers** Vers
> **une rime** Reim
> **rimer avec** sich reimen mit

11   Réalité sociale

1 **un(e) clochard(e)** un(e) SDF
1 **faire la manche** betteln
3 **un aveu** Eingeständnis
6 **des sous** *(m., pl.)* de l'argent *(m.)*
15 **tonitruant(e)** très fort
17 **un rieur / une rieuse** une personne qui rit
18 **hurler** crier très fort
19 **s'esclaffer** rire fort
21 **un clodo** *(fam.)* un clochard
23 **dénoncer qn / qc** anprangern
23 **conforter qn** bestärken

Maintenant, il y a un clochard qui fait régulièrement la manche dans le RER, entre Cergy et Paris. Sa technique est celle de l'aveu : *« Je ne suis pas un voleur, un assassin, je suis*
5 *un clochard !* » puis *« donnez-moi un peu de sous pour que je puisse manger et aussi boire un petit coup ».* (Dire « je suis sans travail » attire immédiatement la suspicion des gens, leur irritation, il n'a qu'à en chercher, etc.)
10 Il annonce : *« Je vais passer parmi vous, donnez-moi une petite pièce, les grosses aussi sont acceptées. »*

Journal du dehors
Il s'agit d'un recueil de chroniques dans lequel l'écrivaine Annie Ernaux raconte ses observations de la vie quotidienne dans la région parisienne.
Née en 1940, Annie Ernaux a été professeure de lettres. Elle a reçu en 2022 le prix Nobel de littérature.

L'humour plaît, les gens rient. Il reçoit beaucoup d'argent, crie d'une voix tonitruante *« bonnes vacances et bonne*   15 *journée »* et à ceux qui ne donnent rien *« petites vacances et petite journée ».* Rieurs de son côté. En descendant, il hurle *« bon, eh bien, à demain ».* Le wagon s'esclaffe. Excellence de cette stratégie où les places   20 sont respectées : je suis clodo, je bois et je ne travaille pas, tout le contraire de vous. Il ne dénonce pas la société mais la conforte. C'est le clown, qui met une distance artistique entre la réalité sociale, misère,   25 alcoolisme, à laquelle il renvoie par sa personne, et le public-voyageur. Rôle qu'il joue d'instinct avec un immense talent.

Extrait de : Annie Ernaux : « Le journal du dehors », p. 78 – 79
© Éditions Gallimard, 1993

1   Lisez le texte, nommez les personnages et résumez l'action en une phrase.

2   a) L'autrice parle de la « technique » (l. 3) du clochard quand il fait la manche. Dégagez-la de cet extrait.
    b) Comparez ce SDF à celui évoqué dans *La petite bosse* à la page 129.
    À votre avis, pourquoi les passants du poème détournent-ils le regard alors que ceux du *Journal du dehors* « rient » et donnent « beaucoup d'argent » ?

3   Trouvez-vous juste que les gens réagissent ainsi ? Discutez en classe.

4   Selon vous, comment pourrait-on réagir autrement dans les deux situations ? Imaginez les phrases qu'un(e) passant(e) pourrait dire, puis jouez chacune des scènes entre le / la passant(e) et le SDF.

LIRE

12 Arthur, ambassadeur de la différence

85, 1 📱

1 Lisez le titre. À votre avis, sur quels sujets Arthur poste-t-il des vidéos sur TikTok ?
Faites des hypothèses.

Si on m'avait dit, lorsque je me suis enfin décidé à mettre en ligne ma première vidéo, que mon compte TikTok comptabiliserait un jour 47 millions de « like » et que je serais suivi
5 par plus de 758 000 abonnés, je n'y aurais pas cru une seule seconde et ça m'aurait même fait éclater de rire : moi, Arthur, 17 ans, dans un fauteuil roulant depuis l'âge de 2 ans, on s'intéresse à ma vie ? On regarde mes contenus
10 et on s'abonne à mon compte ? N'importe quoi. Quand t'y penses, c'est tellement bizarre de se dire que, derrière ces chiffres, derrière ces « K » totalement abstraits, il y a des vraies personnes, dans des vraies maisons. Et, au
15 total, ça fait quand même dix stades de France quasiment remplis de vraies personnes qui s'intéressent à moi de l'autre côté de l'écran – ben oui, un stade de France, c'est 80 000 spectateurs !

20 Ça fait des années qu'on me dévisage lorsque je sillonne les rues de ma ville aux commandes de mon bolide, qu'au mieux on m'ignore quand je veux monter dans un tram bondé et qu'au pire on me dit : « *T'as qu'à rester chez toi* »
25 Je vous promets que c'est vrai : un jour, j'avais un peu bousculé une dame dans la foule compacte d'un tram bondé en faisant marche arrière avec mon fauteuil – vous noterez que n'ayant pas des yeux derrière la tête, je ne peux
30 pas contrôler tout ce qui se passe à l'arrière de mon fauteuil – et elle m'a répondu sur un ton odieux que « *j'avais qu'à ne pas être handicapé ou rester chez moi* ».
Je ne sais pas si ce qui m'a le plus contrarié,
35 ce sont les paroles intolérables de cette femme ou l'attitude des gens autour : personne n'a bronché. Entassés comme on l'était dans ce tram, il y a au moins quinze ou vingt personnes qui l'ont entendue m'agresser, eh bien
40 personne autour de nous n'a trouvé utile, normal ou gentil de prendre ma défense et de lui demander de s'excuser. C'est sûr que, avec des gens comme ça, notre société n'ira pas loin. Je me suis dit que nous, les personnes en

situation de handicap, on n'avait pas assez 45
de visibilité dans l'espace public comme dans les médias. C'est sans doute pour ça qu'on n'est pas véritablement intégrés dans la vie quotidienne et que, par conséquent, elle nous est parfois très compliquée, par manque de 50
représentation, de véritable présence, et donc par manque de reconnaissance et de connaissance de ce que nous vivons.
Alors, peut-être qu'en m'affichant sur les réseaux et en partageant mon quotidien, 55
je pourrais contribuer à faire évoluer les mentalités, à faire changer le regard des gens sur la différence ? […]

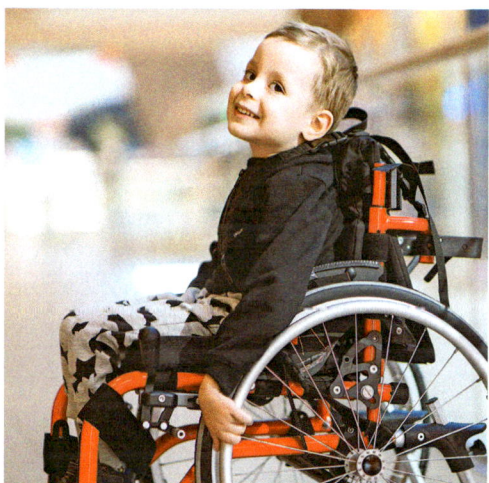

J'ai eu mon premier fauteuil à 2 ans. Et il a changé ma vie. Notre vie à tous a changé, à 60
la maison. Pour mes parents, l'arrivée de ce fauteuil, c'était un peu l'épreuve du feu : ils ont basculé dans la réalité du handicap, en devenant, aux yeux de tous, le père et la mère d'un enfant invalide. Jusque-là, j'étais dans ma 65
poussette, comme tous les petits de mon âge, et en dehors de nos proches, personne ne pouvait « deviner ».
Papa a ravalé sa fierté et a pris sur lui. Pour Maman, c'était plus difficile. Elle aurait voulu 70
dire à ces gens qu'on croisait dans la rue et qui pour certains détournaient le regard, que j'étais

→

73 **éveillé(e)**
aufgeweckt
75 **hurler** crier
très fort
76 **faire taire**
zum Schweigen
bringen
85 **une arme** Waffe
92 **élever qn** *ici :*
hochheben
92 **abattre qn**
ici : erdrücken

heureux et en bonne santé, éveillé et
intelligent. Elle admet qu'elle avait même
75 parfois envie de le hurler en pleine rue pour
faire taire les « *ma pauvre* », « *je vous plains* »,
« *ça doit être difficile* ». Dans ces cas-là, elle
choisissait pourtant de ne rien dire, et se
tournait vers moi pour me faire un grand
80 sourire et me rappeler combien elle m'aimait,
mais elle s'est surprise parfois à tirer la langue
à ces personnes maladroites à qui elle ne
savait pas quoi répondre : même prête à tout
pour défendre son petit garçon, elle admet
85 aujourd'hui qu'elle n'avait ni les armes ni les
mots pour se protéger.

Finalement, le handicap reste à la porte de la
maison : chez moi, je ne suis pas handicapé.
Ce regard appuyé, celui qui stigmatise la
90 différence, c'est de l'extérieur qu'il entre dans
ma vie. C'est ce regard-là qui rend invalide.
Le regard des autres peut t'élever ou t'abattre,
le regard qu'on porte sur l'autre, c'est notre
responsabilité. Et elle est énorme. […]

Extrait de : Arthur Baucheron : *Les roues sur terre,
la tête dans les étoiles* © First Éditions, Paris, 2022

86, 2 🗐

2 Présentez la situation personnelle et familiale d'Arthur.

3 Analysez le regard des autres et ses conséquences sur
   a) Arthur quand il est sur TikTok.
   b) Arthur au quotidien.
   c) les parents d'Arthur.

4 « *L'enfer, c'est les autres.* » (Jean-Paul Sartre). Mettez cette citation en rapport avec
le témoignage d'Arthur Baucheron. Vos réponses de l'exercice 3 peuvent vous aider.

86, 3 🗐

5 Pensez-vous que le moyen qu'Arthur a choisi est efficace pour « *faire changer le regard
sur la différence* » (l. 57 – 58) ? Justifiez votre opinion.

VOCABULAIRE
🧩

6 Trouvez dans le texte au moins 10 mots et expressions autour du thème « être
différent(e) » et notez-les sur des cartes (digitales).
   a) Organisez les mots et expressions trouvés dans une structure représentant les
      relations entre les mots. Puis expliquez votre structure à un(e) partenaire.
   b) Intégrez d'autres mots et expressions d'au moins un autre texte de ce module.
      Puis présentez vos structures en classe.

> ◤ **POUR VOUS AIDER**
>
> • Le mot / L'expression … se trouve au centre parce que …
> • Il s'agit du terme générique *(Oberbegriff)* qui regroupe …
> • Ce sont des hyponymes *(Unterbegriffe)* de …
> • J'ai mis ce mot / cette expression tout en haut / tout en bas / à côté du mot … parce que
>   cela souligne le fait que / la relation entre / l'importance de / la différence entre …
> • Ce mot / Cette expression est essentiel(le) / important(e) quand on veut parler de …
> • Il y a une relation entre ces mots / expressions parce qu'ils / elles représentent …

ÉCRIRE

87, 4

7 Vous trouvez le parcours d'Arthur intéressant et vous partagez vos impressions avec votre correspondant(e) dans un message.

Parlez de son livre et de son action et dites en quoi sa démarche vous a amené(e) à réfléchir sur le handicap. Le vocabulaire de l'exercice 6 peut vous aider.

ÉCOUTER ET REGARDER

V 12

13 ⊙ Mise en situation

Avant le visionnage

1 Avez-vous déjà vécu une situation dans laquelle vous avez dû adapter votre comportement ? Si oui, pourquoi ?
Si non, imaginez une situation.

Stratégie 292

87, 1

Pendant le visionnage

2 Regardez le court métrage jusqu'à la minute 00'53''.
a) Qui sont les personnages ?
b) Quel est le problème ?

3 Continuez le visionnage sans le son jusqu'à la minute 1'30'' et observez le comportement de Bastian envers Sylvie.
a) Lesquels de ses gestes sont inadaptés ? Pourquoi ?
b) De quelle façon les corrige-t-il ?

En plus 274, 10

4 Regardez la fin du court métrage avec le son.
Relevez les faux pas de Bastian envers Sylvie, puis expliquez-les.

EXPRESSIONS UTILES

être aveugle blind sein ; **être tétraplégique** gelähmt sein ; **le braille** Blindenschrift ; **un handicap** Behinderung ; **la malvoyance** Sehbehinderung ; **la non-voyance** Blindheit ; **la cécité** Blindheit ; **la synthèse vocale par ordinateur** Sprachassistent

Après le visionnage

PARLER

Au choix

5 Jugez la réaction de Sylvie par rapport à la réflexion de Bastian concernant « *une famille normale* » (2'40'').

6 À votre avis, faudrait-il proposer ce genre d'entraînement par exemple dans des entreprises, à l'école, etc. ? Pourquoi (pas) ? Racontez.

POUR VOUS AIDER

sensibiliser qn au handicap ;
ouvrir les yeux de qn sur qc ; se mettre à la place de qn ; remettre son propre comportement en question ;
faire changer le regard de qn sur qc ;
avoir un comportement approprié

Mots et contexte

D 20 📄
thematischer
Wortschatz

I 19 👥
interaktive
Übungen

Dans une **société**, les **individus** doivent très vite **s'adapter** et vivre avec les autres. Enfant, ils apprennent à **obéir aux lois**, à **respecter** les **règles**. Peu à peu, ils **se conforment aux**
5 **normes** pour ne pas être **marginaux**, pour ne pas être **stigmatisés** et vus comme des personnes **asociales**. Adolescent, ils peuvent **refuser** les **interdictions**, avoir envie de **se démarquer** ou même de **s'opposer à**
10 toutes les **obligations**. Ils le font sans vouloir **nuire** vraiment **à** la société, mais pour **s'affirmer**. Ils vont **afficher** leurs opinons, jouer sur leur **apparence**, leur **façon de parler**, leur **allure** ou leur **comportement** pour montrer
15 qui ils sont. Ils **sont** très **sensibles au regard des autres**.

Certains jeunes sont plus **conformistes** que leurs aînés. Ils ne veulent surtout pas être **différents**. Ils **consentent** même parfois
20 **à** être des citoyens qui n'ont pas trop d'**attentes**. D'autres **sont en quête d'**une **appartenance à un groupe** parce qu'ils sont **déçus** par une société très **individualiste**. Pour eux, la **citoyenneté**, ce n'est pas
25 seulement la **liberté individuelle**, c'est aussi la **justice** et le **vivre ensemble**. Ils ne peuvent **ignorer** les **inégalités** entre **classes sociales**, la **misère** et les **discriminations**. Ils ne veulent pas être des passants qui **détournent le**
30 **regard** quand ils voient un **SDF** qui **vit dans la rue**.

Aujourd'hui surtout, les jeunes veulent changer notre **modèle** de société. Ils n'acceptent plus d'**être enfermés dans un rôle**. Ils veulent discuter de l'**égalité homme-**
35 **femme**, de ce qu'est la **virilité**, des **personnes transgenres** qui sont **discriminées** et des **pronoms non genrés**. Ils et elles remettent en question le **modèle binaire**.

La **communauté LGBT+** a joué un grand rôle
40 pour faire avancer les choses et changer les **mentalités**. On sait maintenant ce qu'est un **comportement inadapté**.

Mais il y a un sujet dont on parle peu, c'est le **handicap**. On ne pense pas toujours aux
45 personnes en **situation de handicap**, par exemple **malvoyantes** ou **en fauteuil roulant**. Il faut apprendre à **adapter son comportement** envers elles et mieux les **intégrer** dans la société.
50

---

1 Reliez les définitions aux mots et expressions du texte correspondants.

a) ce qui caractérise le sexe masculin	1. l'apparence
b) respecter les règles de l'État	2. le comportement
c) rechercher qc	3. la virilité
d) l'aspect extérieur d'une personne	4. s'opposer à qc
e) la façon d'agir de qn	5. la misère
f) refuser qc	6. obéir aux lois
g) le fait d'être très pauvre	7. être en quête de qc

2 Expliquez les mots et expressions suivants avec vos propres mots.

a) l'égalité homme-femme   d) une discrimination   g) être malvoyant(e)
b) un(e) SDF   e) détourner le regard   h) être conformiste
c) nuire à qn / qc   f) une classe sociale   i) être individualiste

3 Vivre ensemble dans une société idéale, qu'est-ce que c'est pour vous ?
Écrivez un court texte à l'aide des mots et expressions donnés dans le texte.

ÉCOUTER
A 13 🔊
Stratégie 291
D 21 📄
Abiturformate

14 🔊 Boycotter la journée contre l'homophobie ?

Sur son canal histoires / enquêtes / revues de presse, Gaspard G. parle de sujets actuels, donne la parole à d'autres personnes et fournit des informations avec pour objectif d'aider à « mieux comprendre notre société ». Dans cet extrait, il parle de la journée contre l'homophobie.

1 Écoutez l'extrait et présentez l'évènement qui s'est produit les 14 et 15 mai 2023.

2 Décrivez ce qu'ont fait Zakaria Aboukhlal et Mostafa Mohamed et les raisons qui ont motivé leur action.

3 Expliquez pourquoi leur action est illégale et quelles peuvent en être les conséquences.

4 Présentez le droit qui existe depuis 10 ans et dont se réjouit l'homme interviewé.

5 Relevez les actes homophobes dont Gaspard G. parle et donnez la conclusion à laquelle il arrive dans sa chronique.

ÉCRIRE
Stratégie 306

6 Rédigez l'article de journal sur l'incident qui s'est produit lors de la journée contre l'homophobie.

ÉCOUTER
A 14 🔊
Stratégie 291

15 🔊 Vivre comme tout le monde

1 Écoutez les trois extraits de reportages. Reliez le bon titre à chaque extrait. Attention : il y a trois titres en trop.

Titres		1	2	3
A	Les difficultés des personnes en situation de handicap à trouver un logement adapté			
B	Une course pour les personnes en situation de handicap			
C	Des colocations créées spécialement pour des personnes en situation de handicap			
D	La stigmatisation des personnes en situation de handicap dès la maternelle			
E	Des compétitions annuelles de course pour les personnes en fauteuil roulant			
F	L'importance de l'intégration scolaire des enfants en situation de handicap			

LIRE
Stratégie 294

16 Je m'installe dans la rue.

Jean-Marie Roughol a vécu plus de vingt ans dans la rue où il fait par hasard la connaissance de l'homme politique Jean-Louis Debré. Les deux hommes se parlent régulièrement. Avec l'aide de Jean-Louis Debré, le sans-abri accepte d'écrire son histoire dans Je tape la manche.

19 **une rame**
U-Bahn-Zug
26 **dégueulasse**
(fam.) dreckig
45 **crado**
(fam.) sale
84 **faire son trou**
(fam) sich
durchschlagen
95 **avoir dans la**
peau im Blut
haben
99 **un pèlerin**
ici : un passant

J'ai traîné toute la journée, faisant plusieurs haltes dans des bars. Je buvais pour me donner du courage. Mes faibles économies y sont presque toutes passées. J'étais complètement
5 noyé dans l'alcool. J'étais seul et ma solitude me faisait mal. Je n'avais pas de famille – j'avais pris mes distances avec mon père –, pas d'amis à rejoindre, personne à qui parler. J'ai continué à traîner, rien ne m'intéressait vraiment.
10 Ma tête était vide, un trou noir. Je subissais le temps. Cela a duré jusqu'au petit matin. À cinq heures, le métro a rouvert, je me suis installé dans une rame, j'ai somnolé. Au terminus, j'ai refait le trajet en sens inverse.
15 J'étais épuisé, déçu, découragé, déprimé. En début d'après-midi, je suis remonté à la surface, j'ai retrouvé la lumière du jour, toujours aussi seul, toujours incapable de réagir. [...] J'étais sale, mais ne savais où me laver. Mes
20 vêtements étaient dégueulasses, sentaient le vieux. Je n'avais pas de quoi me changer ou les moyens de les faire laver. J'ai tenté de faire la manche pour gagner un peu d'argent pour me payer quelque chose à manger. Mais
25 je récoltais très peu de monnaie ...

Le soir venant, j'ai cherché où passer la nuit. Je ne pouvais me résoudre à dormir dans la rue. Ce n'était pas mon truc. Je suis allé m'échouer un peu par hasard dans le parc des
30 Buttes-Chaumont. Je me suis vautré sur une pelouse, puis planqué dans un buisson pour ne pas être repéré par un gardien et être expulsé. J'ai dormi sans être dérangé. Le lendemain, j'ai appris par un mec qu'il y
35 avait, place des Fêtes, des douches gratuites pour les gens de la rue. J'y suis allé. Cela m'a fait du bien de me laver. Mais, au fil des jours, à ce rythme, mes habits sont devenus de plus en plus crados. Cela a duré longtemps,
40 probablement un mois. Je m'en souviendrai toute ma vie. C'était pénible à supporter, mais je n'avais pas le choix. J'étais chaque jour un peu plus désespéré. [...]

Je m'installe dans la rue. [...]

45 Je me sentais seul. Je ne savais plus quel jour, quelle heure il était. Je n'étais rien, n'avais plus aucune notion du temps. J'ai fait la manche vers la station Laumière, puis sur une avenue du XIXᵉ arrondissement. [...] À cette époque,
50 pour manger, il m'est arrivé souvent de fouiller dans les poubelles. [...] La nuit dans la rue, c'est la loi de la jungle, le jour, la règle c'est chacun pour soi, chacun son trottoir, et même chacun sa rue. La nuit,
55 c'est pire. Je voulais m'en sortir, quitter cet univers qui n'était pas le mien. [...]

[J]'en ai croisé des gens riches ou importants [...] J'en ai vu des chanteurs célèbres ou des
60 comédiens connus, et pourtant ils faisaient comme s'ils ne me voyaient pas pour ne pas nous donner une petite pièce. [...] Une petite pièce ne les aurait pas ruinés. Plus ils ont de fric, plus ils sont radins. [...]

Parfois, dans ma tête, je me demande :
65 « Pourquoi je suis né ? » Je ne fais rien d'intéressant. Je n'existe pas. Il m'est arrivé de vouloir me suicider. Mais j'ai des enfants. Et puis je ne sais pas ... Parfois, j'en ai marre de la rue, de cette vie trop dure, trop souvent.
70 De la galère. Mais il arrive qu'on vous tende la main, qu'on ne vous prenne pas pour un chien, qu'on vous considère normalement. [...] C'est aussi cela notre monde à nous, ça vient, ça va, on se rencontre par hasard, on se sépare
75 sans se dire au revoir, et on se revoit plus jamais. C'est quand même dur, la rue, difficile d'y gagner sa vie, d'y faire son trou, de résister à ceux qui veulent vous pousser, vous virer pour prendre votre place, pénible d'affronter le froid
80 ou la pluie. Encore plus difficile d'accepter certaines remarques du genre « tu ferais mieux de travailler » ou ces regards en coin méprisants. Mais là, c'est mon univers, mon monde. J'y suis libre d'aller où je veux, de
85 prendre un café quand j'en ai envie. Je ne sais plus aujourd'hui, malgré tout ce que j'ai subi, si je peux m'en passer ... Pour faire quoi ? Pour aller où ? J'ai la rue dans la peau. J'aime mes potes de manche, les rigolades avec eux,
90 ces rencontres parfois avec des gens bien, ces jours où la chance vous fait un signe et des pèlerins vous glissent un billet dans la main. Je fais beaucoup d'heures à attendre, à taper la manche, mais il y a des moments
95 inoubliables.

(764 mots)
Extrait de : Jean-Marie Roughol ; Jean-Louis Debré :
« Je tape la manche » © Calmann-Lévy, 2015

1 Décrivez la situation actuelle et le parcours du protagoniste.

2 Analysez la manière dont le protagoniste en parle.

ÉCRIRE

Stratégie 309

Au choix

3 En parlant de la vie dans la rue, le protagoniste dit :
« *J'y suis libre d'aller où je veux, de prendre un café quand j'en ai envie. Je ne sais plus aujourd'hui, malgré tout ce que j'ai subi, si je peux m'en passer … Pour faire quoi ? Pour aller où ?* » (l. 91–94)
Commentez la vision de la liberté qu'exprime le protagoniste dans cette citation.

4 Imaginez ce que le protagoniste pourrait dire à une des personnes qui « *faisaient comme si* [elles] *ne me voyaient pas pour ne pas nous donner une petite pièce* » (l. 66–68).
Rédigez son monologue.

ZOOM SUR … L'opérateur **commenter**

Der Operator *commenter* verlangt den Ausdruck der eigenen Meinung zu einem Thema, einer Fragestellung oder einem Zitat, indem verschiedene Argumente abgewägt werden und daraus ein Fazit gezogen wird. Die Vorgehensweise bzw. der Aufbau ist dabei wie folgt:

ON DIT

1. In der **Einleitung** wird das Thema, die Fragestellung oder das Zitat genannt und erläutert.

> *C'est la question qui se pose quand on discute de …*
> *X / Y émet l'idée que …*

2. Im **Hauptteil** werden die Argumente logisch sortiert präsentiert, z.B. mit steigender Wirkung im Hinblick auf Ihre eigene Position. Stützen Sie jedes Argument durch passende Beispiele / Belege. Entkräften Sie zudem Gegenargumente.

> *L'auteur / L'autrice a raison / tort de penser que … / … quand il / elle affirme que …*
> *Je ne suis pas (du tout / tout à fait) d'accord avec X / cet argument.*
> *La thèse selon laquelle … me paraît (peu / très) convaincante / (in)acceptable.*
> *De mon point de vue, … / Quant à moi, …*
> *D'un côté, j'ai l'impression que …, de l'autre, on peut réfuter cet argument car …*

3. Ziehen Sie im **Schlussteil** ein Fazit, indem Sie die für Sie wichtigsten Argumente knapp zusammenfassen und daraus Ihre eigene Position ableiten.

> *Ce que je trouve intéressant, c'est …*
> *Il ne faut pas oublier que …*
> *J'aimerais souligner que …*
> *Pour moi, ce qui compte, c'est … / l'essentiel est de …*

POUR VOUS AIDER

- Steigen Sie direkt in das Thema ein, z.B. mit einer (rhetorischen) Frage zur gegebenen Problematik oder einem realen / realistischen Beispiel.
- Nutzen Sie Konnektoren zur logischen Verbindung Ihrer Sätze.
- Die Argumente können auch mit theoretischen Überlegungen untermauert werden (z.B.: *Comme X l'explique dans son concept Y, on peut … / je suis d'accord avec la théorie de X qui dit que …*).

6 Une France multiculturelle

ÉCOUTER
A 15 🔊
Stratégie 291

1 L'émission Origines TV veut transmettre les histoires d'immigration et donne la parole à des enfants d'immigrés en France.
Écoutez les extraits suivants dans lesquels des personnes qui ont grandi en France parlent de leur double culture.
 a) Quelles sont leurs expériences quand elles vont dans le pays de leurs parents ou grands-parents ?
 b) Quelle influence est-ce que leur double culture a sur la façon dont ils perçoivent leur identité ?

2 À votre avis, en quoi une double culture peut-elle représenter une chance ? Racontez.

Panorama

- Les vagues d'immigration et leurs origines
- Un dur chemin vers l'Europe
- Les banlieues, réservoirs de jeunes talents
- Le racisme au quotidien
- Vivre entre deux cultures

ÉCOUTER ET
REGARDER

V 13 ▷

88, 1–2 📄

1 ▷ L'immigration en France

Avant le visionnage

1 Pour quelles raisons des personnes quittent-elles actuellement leur pays ? Racontez.

2 D'après vous, quelle définition peut-on donner d'un(e) immigré(e) ?

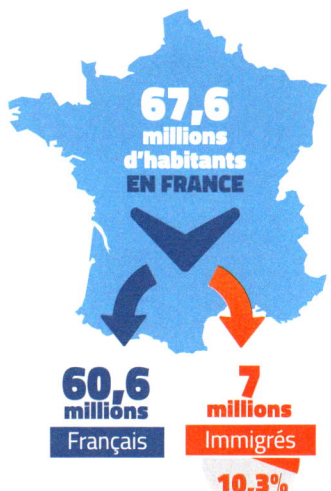

EXPRESSIONS UTILES

les Trente Glorieuses une période de forte croissance économique après la guerre (1945 – 1975) ; **recenser qc** erfassen; **en situation irrégulière** ohne Aufenthaltserlaubnis; **la moyenne** Durchschnitt; **un(e) descendant(e)** Nachfahren; **les flux (migratoires)** Migrationsströme

Pendant le visionnage

3 Regardez la vidéo jusqu'à 00'26''. Comparez votre définition de l'exercice 2 à celle de l'INSEE.

4 Regardez la vidéo jusqu'à la fin et répondez aux questions suivantes.
   a) Quelles sont les trois périodes pendant lesquelles l'immigration a augmenté ?
   b) Quelles sont les raisons de l'augmentation récente de l'immigration ?
   c) Qu'appelle-t-on les deuxième et troisième génération d'immigrés ? Expliquez.
   d) Comment l'origine des immigrés a-t-elle évolué depuis la deuxième moitié du XXe siècle ?

Après le visionnage

Point info 321

5 À l'aide des informations données à la page 321, présentez brièvement les vagues d'immigration après la Première Guerre mondiale / la Seconde Guerre mondiale / depuis les années 2000.

MK

Stratégie 289

6 Quelles vagues d'immigrations y a-t-il eues en Allemagne après 1945 ? D'où venaient les immigrés ? Quels parallèles existent avec la France ? Faites des recherches sur Internet.

2 Tenter sa chance

LIRE

D 22 📄
Texthilfe

1 **tenter** versuchen
4 **au bout de sa ligne** am Ende der Angelschnur
12 **le destin** *(angl.)* destiny
15 **un camion** Lastwagen
15 **sauver sa peau** seine Haut retten

Tenter sa chance. C'est comme ça qu'elle vient, la chance, disait son grand-père. La chance ressemble aux poissons, il faut la tenter avec du vivant au bout de sa ligne. Celui qui ne
5 tente rien ne mange pas. Il a décidé de quitter son pays parce qu'il est jeune, que son avenir n'est pas là et qu'il n'a ni femme ni enfant. Personne à abandonner, c'est doux. Ton avenir est devant toi, lui a-t-on dit. Tous les jours, il
10 marche pour le trouver.

Il n'a fait que le désespoir de ses parents, mais n'est-ce pas le destin de tous les enfants quand ils vivent leur vie ?

Seul, il pourrait également tenter sa chance en sautant du camion. Il n'a que sa peau à 15 sauver et c'est un luxe. Le problème, c'est qu'il n'a aucune idée de l'endroit où il est.
[…]

→

Après un long voyage, le protagoniste arrive à
20 *Bruxelles et ne trouve pas d'endroit où se loger.*

Des gens, une minorité, ne trouvent pas le
sommeil quand ils ont honte. Pendant
quelques jours, il s'établit dans ce parc où
attendent une centaine de migrants. Ils
25 attendent quoi ? Le lendemain et le
surlendemain qui apporteront peut-être une
nouvelle dose d'espérance et des papiers
en règle même si la plupart des migrants ont
perdu l'espoir d'en recevoir. Que faut-il faire
30 pour recevoir des papiers ? Personne ne sait
vraiment. Se présenter à l'Office des étrangers,
faire la file longtemps pour rien peut-être,
remplir un questionnaire, répondre aux
questions d'un fonctionnaire soupçonneux
35 dont le travail consiste à savoir s'ils ont assez
souffert de la faim ou de la guerre, mais, au
moment précis où leur arrivée sur le territoire
sera officialisée, ils risquent d'être renvoyés
d'où ils viennent. Leur légalisation, ils savent
40 que c'est un piège. Ils ont tous compris qu'ils
sont prisonniers dans un étau et que leur
situation est inextricable. Un voyage si long
et dangereux pour aboutir dans une impasse.
L'Europe, continent des droits de l'Homme,
45 est un mensonge. Qui lui a fait avaler cette
couleuvre ? Les colons ? L'école ? Des rumeurs ?

La plupart des migrants qui dorment dans le
parc sont désespérés. Ils ignorent pourquoi
ils se réveillent et se lèvent encore le matin.
Se lever pour se rasseoir immédiatement 50
sur le sol, contre un arbre en attendant une
éventuelle bonne nouvelle. Dans le port de
Tanger et sur le bateau, l'Europe disparaissait
dans la brume mais réapparaissait parfois.

À cette époque, elle semblait à portée de main 55
alors que, depuis qu'il a posé les pieds, elle
paraît lointaine et insaisissable comme une
femme qui n'est pas amoureuse.

Extrait de : Robberecht, Thierry : Trouver sa place,
pp. 19 ; 36 – 37 © Weyrich édition, 2022

89, 1 🗐

1 Résumez en deux à trois phrases de quoi parle le texte.

2 a) Qu'apprend-on sur le protagoniste dans le premier extrait ?
    b) À votre avis, quelles attentes a-t-il ? Faites des hypothèses.

3 Décrivez en quelques phrases à quoi ressemble la journée des immigrés clandestins qui vivent
dans le parc.

4 Expliquez comment l'image de l'Europe qu'avait le protagoniste a évolué après son arrivée en
Belgique.

○ 274, 1   **5** Relevez les moyens stylistiques qui soulignent le désespoir des migrants.

VOCABULAIRE   **6** Travaillez à deux. À l'aide des mots et expressions suivants, faites à tour de rôle des phrases sur
la situation des gens qui ont immigré dans un pays étranger.

| tenter sa chance | avenir | abandonner | le désespoir | l'espoir | désespéré(e) |

| avoir honte | faire la file | remplir un questionnaire | souffrir | risquer |

| aboutir dans une impasse | renvoyer qn |

Au choix

ÉCRIRE

7 Imaginez la suite de l'histoire. À votre avis, qu'est-ce que le protagoniste va faire ? Quelles expériences va-t-il vivre ?

PARLER

Stratégie 302

8 Le protagoniste appelle son meilleur ami resté en Afrique et lui parle de sa situation depuis son arrivée en Belgique : il ne sait pas s'il doit rester là ou rentrer chez lui. Travaillez à deux. Imaginez, puis jouez leur conversation.

3 ☆ ⊙ Rentrez chez vous !

Stratégie 291

1 Écoutez la chanson et regardez le clip. Puis répondez aux questions.
   a) Dans quelle situation se trouvent Flo et Oli ?
   b) Comment est-ce que les deux frères quittent la France ?
   c) Qu'est-ce qui est arrivé à Flo pendant sa fuite ?
   d) Comment Oli et sa famille sont-ils accueillis de l'autre côté de la Méditerranée ?

BigFlo et Oli
Florian et Olivier, les membres de ce groupe de rap, sont frères.
Rentrez chez vous est tiré de l'album *La vie de rêve*, sorti en 2018.

2 **faire sauter** sprengen
7 **prendre par le col** am Kragen packen
8 **un murmure** Flüstern
9 **des débris** *(m, pl.)* Trümmer
10 **bredouille** *ici :* mit leeren Händen
16 **une tour d'ivoire** Elfenbeinturm
18 **veiller sur qn / qc** aufpassen
21 **une camisole** Zwangsjacke
22 **la place du Capitole** une place à Toulouse
26 **une balle** Kugel
26 **narguer** verspotten

[Bigflo]
Ça y est, ils ont fait sauter la tour Eiffel
On pensait pas qu'ils oseraient mais le mal est fait
Comment on a pu en arriver là ? Difficile à croire
5 La nuit a été calme, ils ont bombardé que trois fois
Je suis monté à Paris retrouver ma copine
La guerre nous a pris par le col, nous a sortis de la routine
Remplacé les fleurs par les pleurs, les murmures par les cris
Son immeuble a été touché, j'l'ai pas trouvée sous les débris
10 Je vais rentrer bredouille, rejoindre ma famille dans le premier train
Le départ est prévu pour demain matin
Les hommes sont capables de merveilles et des pires folies
Ça fait 4 jours que j'ai pas d'nouvelles d'Oli

[Oli]
15 Putain c'est la guerre !
On a cassé nos tours d'ivoire
Moi qui l'ai connue qu'au travers des livres d'histoires
J'veille sur la famille, c'est vrai, nos parents s'font vieux
On entasse des bus, on bloque les routes
20 On s'protège comme on peut

Et la foule suit ces fous sans camisole
Paraît qu'ils exécutent des gens place du Capitole
Quatre billets pour un ferry
Une chance de s'évader
25 Une nouvelle vie de l'autre côté de la Méditerranée
Les balles nous narguent, on a peur d'être au mauvais endroit

→

32 **accoster**
anlegen
33 **des barbelés**
(m., pl.)
Stacheldraht
35 **un (gilet)**
pare-balle
kugelsichere
Weste
37 **fouiller**
durchsuchen
39 **un matelas**
Matratze
44 **étouffer**
erdrücken
49 **un poing** Faust
50 **scander** im
Sprechchor
rufen
51 **un périple**
Seereise
53 **une pancarte**
Schild

Mon frère m'a dit « Si j'reviens pas, partez sans moi »
Difficile d'être au courant, ils ont coupé le réseau
Ça fait bientôt quatre jours que j'ai pas d'nouvelles de Flo
30 […]

[Oli]
Le bateau accoste
Première vision, des barbelés
Ça, mon frère ne m'en avait pas parlé
35 Encore des armes et des pare-balles
On nous fait signer des papiers dans une langue qu'on ne parle pas
On nous fouille, nous désinfecte comme des animaux
On nous sépare de mon père, pas le temps de lui dire un dernier mot
Dans des camps provisoires, des couvertures, un matelas
40 Un Niçois me raconte qu'il est là depuis des mois
Toulouse me manque déjà
Ma mère s'endort dans mes bras
Elle me répète tout bas que Flo nous rejoindra
La chaleur étouffe, on a vidé toutes les bouteilles
45 Dans un journal, j'apprends qu'ils ont fait sauter la tour Eiffel
Le lendemain on nous entasse dans des bus
Les autres sur les uns, qui peut le moins peut le plus
Des centaines de fous accompagnent notre départ
Des poings brandis en l'air, des cris, des sales regards
50 Je croise celui d'un type qui scande avec ferveur
C'est la première fois du périple que j'ai vraiment peur
Je ne vois que lui au milieu de la foule
Sur sa pancarte, il est écrit « Rentrez chez vous ! »
[…]

Rentrez chez vous, T : Ordonez, Florian Jose / Ordonez, Olivio Laurentino
© Warner Chappell Music France / La Main Invisible Publishing / Neue Welt Musikverlag GmbH, Hamburg /
Golden Child SARL / BMG Rights Management GmbH, Berlin / La Taniere

2 Lisez les trois strophes de la chanson.
Faites des filets à mots autour de « la guerre » et « être réfugié(e) ».
a) Commencez par le vocabulaire du texte puis rajoutez vos propres idées, si nécessaire à l'aide d'un dictionnaire.
b) Comparez vos filets à mots avec un(e) partenaire et complétez-les.

3 Quelle est la particularité de cette chanson sur l'immigration ?

4 À la fin de la chanson, le titre revient. Dans quel contexte et pourquoi ?

○ 274, 2

89, 1 ⬚

ÉCRIRE

ꙮ

Stratégie 312

5 Commentez la ligne 12 de la chanson.

6 Travaillez à trois.
Chacun(e) choisit un des moments suivants de la chanson et se met dans la position du protagoniste.
Rédigez chacun(e) un monologue intérieur et lisez-le l'un(e) après l'autre dans l'ordre chronologique.

| Oli avant de partir | Flo pendant la traversée | Oli après son arrivée |

LIRE

Point info 324

4   Afrikanista

1   Regardez la photo et décrivez le style de l'entreprise de mode Afrikanista.

La Seine-Saint-Denis et les quartiers prioritaires

Le département du 93 (Seine-Saint-Denis) à l'est de Paris abrite de nombreux quartiers prioritaires (des quartiers dans lesquels les habitants ont peu de revenus). Ces quartiers ont souvent mauvaise réputation.

1	**l'entreprenariat (m.)** Unternehmertum
7	**un fondateur / une fondatrice** Gründerin
9	**gérer** *ici :* s'occuper
10	**un colis** Paket
14	**le In Seine-Saint-Denis** *Netzwerk zur Imagepflege des départements*
16	**coudre** < la couture
17	**au sein de** dans
23	**un(e) auxiliaire de vie** Pflegehilfe
24	**une enseigne de mode** un magasin de mode
28	**s'emparer de qc** sich bemächtigen
29	**une réminiscence** un souvenir
31	**un(e) manutentionnaire** Lagerist(in)
32	**dégriffé(e)** ohne Markenzeichen
35	**coquet(te)** auf sein Äußeres bedacht
42	**intense** intensiv
46	**apprendre sur le tas** *(angl.)* learning by doing
47	**taper dans le mille** *(fam.)* ins Schwarze treffen
51	**subitement** tout à coup
53	**une retombée** Resonanz

S'il est une femme qui sait ce qu'est l'entreprenariat au quotidien, c'est bien Aïssé N'Diaye, fondatrice en 2014 d'Afrikanista, marque de vêtements distribués en ligne mais aussi à l'international à New York, Accra au Ghana, Dakar au Sénégal et à Lausanne en Suisse. « *À part mon attachée de presse qui gère les relations publiques de la marque, je suis toute seule pour créer les collections, gérer le service après-vente, préparer et envoyer les colis. Et puis, je gère aussi mes réseaux sociaux et j'organise mes propres évènements lorsque je fais des pop-up stores ponctuels* », raconte la nouvelle ambassadrice du In Seine-Saint-Denis. Évidemment et heureusement pour sa santé, ce n'est pas elle qui coud ses modèles réalisés au sein « *d'un petit atelier de confection parisien.* »

[…] Aînée d'une famille de quatorze enfants, elle grandit entre Paris et Clichy-sous-Bois où elle passe son adolescence, obtient un bac pro commerce et rentre directement dans la vie active. D'abord comme auxiliaire de vie, puis en intégrant une grande enseigne de mode où elle sera vendeuse, puis « visual merchandiser » pendant un peu plus d'une dizaine d'années. […]

Et puis, en 2014, Afrikanista s'empare de sa vie, comme une sorte de réminiscence de son enfance passée à accompagner son père manutentionnaire dans une société de confection et de ventes d'articles dégriffés à Paris : « *J'allais souvent le voir au travail, je passais beaucoup de temps dans l'atelier et puis ma mère était très coquette. Ça m'a sûrement influencée* », dit-elle.

C'est peut-être ce qu'on découvrira dans sa « *collection d'inspiration 100 % féminine* », présentée en digital en mai prochain. Mais, chut, elle ne « *peut pas en dire plus pour le moment…* » Quelques journées et pas mal de nuits de préparation bien intenses en perspective qui lui font dire : « *Ce n'est pas du tout évident de se lancer dans l'entreprenariat quand on commence toute seule comme moi et qu'on doit apprendre sur le tas.* […] »

Dans ce domaine, elle tape vraiment dans le mille lorsque la pop-star et icône afro-féministe Beyoncé s'affiche en décembre 2018 avec l'une de ses créations. « *Pour Afrikanista, ça a été subitement un énorme buzz, puisqu'en dehors des parutions dans la presse féminine et people française, j'ai eu beaucoup de retombées dans les médias américains* », se souvient Aïssé N'Diaye. […]

→

59 **rendre hom-
mage à qn**
würdigen

74 **pousser à faire
qc** drängen

74 **s'investir**
s'engager

78 **un vivier**
Nährboden

85 **valoriser**
aufwerten

90 **phosphorer**
sich den Kopf
zerbrechen

95 **s'appuyer**
sich stützen

96 **trotter dans la
tête** im Kopf
herumspuken

GRAMMAIRE
Le futur simple
· … ce qu'on
découvrira…
· L'objectif **sera**
donc…

I 20 ✎
interaktive Übungen

L'objectif en 2021 sera donc de faire prospérer sa petite entreprise via le digital et de mieux faire connaître Afrikanista, une marque qui rend « *hommage à mes parents, mais aussi*
60 *à tous ces hommes et ces femmes issus de la deuxième génération d'immigrés arrivés en France dans les années 60 – 70.* » Photos de familles africaines vintage et proverbes africains sont ainsi les basiques qui habillent
65 ces différentes collections. Surtout, elle n'hésite pas néanmoins à faire passer des messages très directs comme lorsqu'en 2015, elle affiche en grand le slogan « Liberté, égalité, affaire de papiers » sur ses créations.
70 « *Une manière, commente-t-elle, de mettre le doigt sur le fait que les personnes issues de l'immigration ne sont souvent considérées que comme des Français de papier.* » […]

Un constat qui la pousse à vouloir s'investir du
75 côté de Clichy-sous-Bois et de cette Seine-Saint-Denis où habitent toujours ses parents : « *Au-delà des clichés qu'on peut lui accoler, le 93 est un département où il y a un vivier de créatifs qu'on ne met pas forcément en*
80 *avant, un vrai réservoir de talents qui gagnerait à être visibilisé en termes de créations ou d'initiatives. C'est donc important de donner à la jeunesse des modèles de personnes qui ont réussi, su monter des entreprises. Il y a*
85 *une jeunesse qui a envie d'être valorisée et qui peut raconter la Seine-Saint-Denis avec une certaine poésie, mais aussi une dimension sociale et économique très positive.* » Un vrai

projet d'ambassadrice du In sur lequel elle phosphore en ce moment :
90 « *Mon ambition avec Afrikanista, c'est aussi de travailler avec les jeunes de Seine-Saint-Denis, de raconter l'histoire de l'immigration en banlieue parisienne aux jeunes des quartiers populaires en m'appuyant sur la mode. C'est*
95 *une idée qui me trotte dans la tête depuis longtemps …* » […]

Frédéric Haxo : « Aïssé N'Diaye, un peu plus qu'une histoire de mode … », 03/03/2021

ÉCRIRE
Stratégie 305
90, 1

91, 2

92, 3
En plus 275, 3

PARLER

2 À l'aide des éléments du texte, faites le portrait d'Aïssé N'Diaye sous forme d'une mini-série en ligne. Présentez-la en plusieurs épisodes. Pour chaque épisode, trouvez un titre et notez les éléments principaux qui vont être traités.

3 Décrivez ce qui caractérise sa mode et ce qui fait d'Aïssé N'Diaye une représentante de la société multiculturelle.

4 Dégagez le message du texte.

5 Travaillez à trois et inventez ensemble à l'exemple d'Afrikanista votre propre marque de mode qui représente vos origines et votre identité.
   a) Trouvez un slogan pour votre marque et imaginez un vêtement. De préférence, dessinez-le.
   b) Présentez votre marque et votre vêtement à la classe et expliquez en quoi ils représentent vos origines.

PARLER

5   J'suis pas raciste, mais…

92,1

1   Cherchez dans un dictionnaire (en ligne) la définition du racisme.

2   Vous êtes-vous déjà retrouvé(e)s confronté(e)s à une situation raciste ?
Échangez avec un(e) partenaire.

3   Selon vous, les phrases suivantes sont-elles racistes ? Pourquoi (pas) ? Expliquez.

6   ▷ Les Misérables

ÉCOUTER ET
REGARDER

A   Le film

Les Misérables
Ce film dramatique a été réalisé en 2019 par Ladj Ly.
Stéphane intègre la Brigade Anti-Criminalité de Montfermeil
dans la banlieue parisienne et se retrouve vite confronté aux
tensions entre les jeunes du quartier et la police.

Avant le visionnage

1   Le film se déroule dans le quartier des Bosquets à
Montfermeil.

MK

   a)   Où se trouve ce quartier ? Faites une recherche sur
Internet et promenez-vous dans le quartier à l'aide d'un
service de navigation virtuelle (allée Frédéric Ladrette,
allée Jean Jaurès, allée François Rabelais, allée Victor
Hugo…).

VOCABULAIRE

   b)   Notez les adjectifs qui vous viennent à l'esprit pour décrire ce quartier
dans un filet à mots autour du thème de la banlieue.

Stratégie 292

93, 1 📄

Pendant le visionnage

2 Regardez sur Internet la bande-annonce du film *Les Misérables* et décrivez l'ambiance qui règne dans les extraits.

3 a) Résumez la scène à l'arrêt de bus.
b) Décrivez le comportement des différents personnages. Qu'est-ce que vous en pensez ?

4 Travaillez à deux : A s'occupe des jeunes de banlieue, B des policiers.
a) Décrivez le quotidien des personnes, leur situation et leurs défis en banlieue.
b) Chacun(e) présente à son / sa partenaire les informations trouvées.
c) D'où vient l'agressivité des jeunes et des policiers ? Expliquez.

○ **275, 4**

5 Décrivez le contraste entre la scène de fête après la coupe du monde de foot en 2018 montrée sur l'affiche du film et les extraits de la bande-annonce.

LIRE

B L'interview avec le réalisateur

18 **un cri d'alerte** (f.) Warnruf
37 **abandonner qn / qc** aufgeben
55 **s'attacher à qn** lieb gewinnen

Au cinéma, quand on parle de banlieue, on nous montre souvent des ados ou des jeunes. Là, vous nous montrez la génération d'après : pourquoi aller chez les enfants ?

10 Ladj Ly : Parce que c'est la nouvelle génération qui est là aujourd'hui, qui évolue dans ces quartiers qui sont difficiles, des quartiers de misère. […] Quand on prend le cas de Clichy-Montfermeil, c'est 40 % de chômage, une heure
15 et demie pour arriver à Paris… Je me mets à la place de ces enfants, je me demande quel avenir on leur prépare. Quand on voit la fin du film, c'est un cri d'alerte : attention, cette nouvelle génération va tout exploser. Notre
20 génération a attendu, on a pris sur nous. Cette génération-là n'a plus envie d'attendre. On a eu 2005, quinze ans après, ça n'a pas bougé. […] Mon premier contrôle, j'avais dix ans, j'étais avec mes potes, on jouait au foot, on s'est fait
25 contrôler par les policiers, ils nous ont maltraités, ils nous ont traités de sales macaques. Dès le plus jeune âge, ce sont des choses qui te marquent à vie. Depuis ça, je me suis fait contrôler 800 fois. Tous les jours, toutes les
30 semaines. C'est trop. Là, on le dit à nouveau : attention. La prochaine révolution, elle arrivera des quartiers, de la banlieue, ça risque d'exploser.

Ça fait vingt ans qu'on essaie de revendiquer nos droits, qu'on dit qu'on va mal, qu'on est en 35 souffrance dans les quartiers, qu'on se sent abandonnés. On crie à l'aide, mais on ne se fait pas entendre, et on a l'impression que ce n'est que lorsqu'on est violents qu'on se fait entendre.
La colère que vous exprimez ne vous mène pas 40 **à diaboliser les policiers. Au contraire, vous dites qu'ils sont dans le même bain…**
Ladj Ly : Bien sûr, ce n'est pas le but. Ce sont les misérables, tous, les habitants comme les policiers. Ils vivent la misère. Quand je me mets 45 dans la peau d'un policier qui est là tous les jours à tourner en moyenne huit heures dans le quartier, ils vivent aussi cette misère. Après, je ne suis pas là à les défendre non plus. J'essaie d'être le plus juste possible, et de parler d'une 50 situation. Oui, c'est dur d'évoluer en banlieue. Ce sont des quartiers qui ont été abandonnés. Les trois policiers de mon film sont avant tout des humains. Même Chris, qui reste un connard, on s'attache à lui. J'avais envie de parler surtout 55 de l'humain. Oui, il y en a qui se comportent très mal. Mais ça reste une minorité. J'ai l'impression que chaque fois, on se fixe sur cette minorité, on ne parle que d'eux. C'est important d'être juste, pour pouvoir essayer 60 de trouver de vraies solutions. […]
Dans votre film, il y a une grande importance de l'image…
Ladj Ly : Cela va faire 15 ans que je filme ce territoire. Pendant cinq ans, je faisais des « cop 65 watch » où je filmais les policiers pendant leurs interventions parce qu'il y avait beaucoup trop

→

70 **une bavure policière** polizeilicher Übergriff

de violences. À chaque fois, je ramenais ma caméra, ça permettait de calmer la situation,
70 jusqu'au jour où j'ai filmé ma bavure policière. Je l'ai postée sur Internet, c'est la première fois

que des policiers ont été condamnés suite à une vidéo. L'image a une force incroyable, ma caméra est une arme. […]

Eva Bettan : Ladj Ly, 15.05.2019 © Radio France

94, 2 📄

1 Pourquoi est-ce que Ladj Ly met en avant les enfants dans son film ?

2 Comparez les expériences du réalisateur dans sa jeunesse à celles des jeunes du film.

3 *« Ce sont les misérables, tous, les habitants comme les policiers. »* (l. 43 – 45)
Expliquez la phrase en vous référant au quotidien vécu par les policiers et les jeunes.

4 Expliquez en quoi une caméra peut être une arme. Donnez des exemples.

PARLER
Point info 320
En plus 275, 5
94, 3 📄

5 *« On crie à l'aide, mais on ne se fait pas entendre, et on a l'impression que ce n'est que lorsqu'on est violents qu'on se fait entendre. »* (l. 37 – 39)
Que pensez-vous de cette phrase ? Discutez en classe en tenant compte des évènements qui se sont passés en juillet 2023.

ÉCOUTER
A 16 🔊
Stratégie 291

7 🔊 Messages à la jeune génération

Vous allez écouter une interview qu'a donnée Lilian Thuram dans un lycée d'Orléans.

Avant l'écoute

Lisez le titre et les infos sur Lilian Thuram. Quels pourraient être ses messages ? Faites des hypothèses.

Lilian Thuram
Lilian Thuram est né en 1972 en Guadeloupe. Jusqu'en 2000, il est footballeur international et remporte avec l'équipe de France la coupe du monde en 1998. Depuis la fin de sa carrière sportive, il a écrit plusieurs livres et créé en 2008 la fondation Lilian Thuram-Éducation contre le racisme.

95, 1 📄

Pendant l'écoute

1 Écoutez l'interview, puis répondez aux questions suivantes.
   a) Le racisme, qu'est-ce que c'est pour Lilian Thuram ?
   b) Avec quel exemple est-ce que Lilian Thuram démontre que le racisme existe depuis longtemps et encore aujourd'hui ? Expliquez.
   c) Comment peut-on lutter contre le racisme ?
   d) Dans quelle mesure des conditionnements influencent-ils notre comportement ? Donnez aussi un exemple concret.
   e) Selon Lilian Thuram, pourquoi les catégories noir et blanc n'existent-elles pas ?

> **EXPRESSIONS UTILES**
>
> **un leurre** Attrappe; **une minorité** Minderheit; **véhiculer** transportieren; **dénoncer qc** *ici :* anprangern; **un schéma de pensée** Denkschema; **une fondation** Stiftung; **interpeler qn** verhaften; **un conditionnement** Konditionierung; **Christophe Colomb** Kolumbus; **piégé(e)** gefangen; **se percevoir** sich wahrnehmen

Après l'écoute

2 *« On ne naît pas raciste, on le devient. »* : c'est la devise de la fondation de Lilian Thuram.
Expliquez cette phrase et pourquoi il est si important pour Thuram de s'adresser aux enfants.

MÉDIATION
Stratégie 313
VOCABULAIRE

8   Rassismus im Alltag

1   Lisez l'article et paraphrasez en français les expressions suivantes.

anfeinden (l. 4)   gehässige Kommentare (l. 17)   ein Schlag in die Magengrube (l. 29)

demütigen (l. 37)   Anzeige erstatten (l. 41)   abschätzig behandeln (l. 51)

bereichernd (l. 54)   Umdenken (l. 64)

ÉCRIRE
96, 1

2   Votre correspondant(e) veut monter un projet anti-raciste avec des ami(e)s et est à la recherche d'une idée. Vous avez lu récemment cet article sur le projet du lycée d'Eltville. Vous lui présentez cette action dans un e-mail.

Wie geht es jungen Menschen, die aus ihrer Heimat geflüchtet sind, bei uns? Wie oft müssen sie sich dumme Sprüche anhören oder werden sogar offen angefeindet – und was
5 macht das mit ihnen? Schülerinnen und Schüler aus Eltville haben darüber mit jungen Migranten gesprochen und ein Ratgeber-Heft erarbeitet. Es hilft dabei, Rassismus im Alltag zu erkennen und dagegen aufzustehen.

10 Im Jugendzentrum in Eltville liefern sich Jungs aus verschiedenen Nationen ein Match am Tischkicker. Doch das Zusammenleben läuft nicht immer so entspannt wie hier. Der junge Syrer Laith etwa macht gerade eine Ausbildung
15 zum Altenpfleger. Wie alle Jungs trägt er modische Sneaker. Das reicht schon aus, um gehässige Kommentare zu provozieren, denn das Geld könne er ja wohl nur mit Drogen verdient haben. Auch als Bombenleger wurde
20 er schon beschimpft. *„Das passiert am Bahnhof, auf der Straße, im Zug."*

Der 14-jährige Amanuel ist in Äthiopien geboren, wächst aber bei Adoptiveltern im Rheingau auf. Bemerkungen über seine

Hautfarbe verfolgen ihn schon seit der   25 Grundschule, *„Du siehst aus wie Schokolade"* ist noch bei Weitem die freundlichste. Was er dann am Gymnasium in Eltville erlebt hat, war trotzdem ein Schlag in die Magengrube: *„Ich kam gerade von der Pause, dann waren da ein*   30 *paar größere Schüler, und dann haben die zu mir das N-Wort gesagt und ich soll vergast werden. Ich fand das echt schlimm. Und ich hatte mit denen vorher auch gar nichts zu tun, also ich habe denen überhaupt nichts getan."*   35

Am Bahnhof, in der Schule, hier und jetzt passiert es, dass Menschen gedemütigt werden, weil sie eine andere Hautfarbe oder Religion haben. Amanuel hat sich mit Hilfe einer Vertrauenslehrerin und seiner Mutter   40 dagegen gewehrt, hat Anzeige erstattet. Und redet darüber, wie er Rassismus im Alltag erlebt. *„Was wisst Ihr über unser Leben?"* heißt ein Ratgeber-Heft, das dabei entstanden ist.

Schülerinnen und Schüler des Gymnasiums in   45 Eltville haben vier Jugendliche mit Migrationshintergrund im Rahmen einer Anti-Rassismus-AG dazu befragt, was es für sie bedeutet, wenn sie ohne Grund beschimpft oder beleidigt werden, wenn sie Vorurteilen   50 begegnen oder abschätzig behandelt werden. Simon Jäger gehört zur Redaktion des Heftes und hat bei der Arbeit daran viel gelernt: *„Zum einen war es eine total bereichernde Erfahrung, all diese Gespräche zu führen. Und auf der*   55 *anderen Seite war es aber zum Teil auch bedrückend, wenn man all diese wirklich furchtbaren Berichte gelesen hat. Das macht was mit einem."*

→

60 Die erste Auflage von 1.000 Stück ist schon vergriffen, 1.000 weitere Hefte wurden nachgedruckt. Sie enthalten nicht nur Erfahrungsberichte, sondern auch Tipps zum Umdenken, damit sich etwas verändert.

65 Das Ratgeber-Heft wird jetzt bei Workshops an Schulen und mit Jugendgruppen eingesetzt. *„Mission: wir alle"* heißt dieses Bildungsprojekt im Rheingau-Taunus-Kreis.

Laith ist stolz, dass er mit seinem Erfahrungsbericht etwas beitragen konnte. Und Amanuel 70 hofft, dass sich dadurch etwas bewegt, auch in den Köpfen derer, die ihn oder andere beleidigt haben und, *„dass sie einfach anhand dessen merken, dass so etwas eigentlich überhaupt nicht geht und das in Zukunft auch einfach* 75 *lassen."*

Birgitta Söling: Antirassismusprojekt des Gymnasiums Eltville „Bedrückend, diese furchtbaren Berichte zu lesen", 07.11.22, Hessischer Rundfunk

---

LIRE
D 23 📄
Texthilfe

9 ☆ Grandir dans un quartier populaire

Avant la lecture

Stratégie 304

1 Décrivez la photo et trouvez un titre.

VOCABULAIRE
Stratégie 287

2 Trouvez le sens des mots suivants à partir d'un mot de la même famille ou d'une autre langue.

un(e) passionné(e)   l'art urbain

institutionnalisé(e)   être exposé(e)

la conscience   un opus

être confronté(e)   une réflexion

stéréotypé(e)   une généralité

la violence   l'enfance *(f.)*   évident(e)

---

9 **Bondy, Auber-villiers, Aulnay-sous-Bois** *villes de la banlieue parisienne*
11 **une cité** *ici :* Hochhaussiedlung
19 **argentique** Analogfotografie

L'artiste Marvin Bonheur est né en 1991. Il grandit dans ce qu'on a appelé les « no go zones » de la Seine-Saint-Denis. En 2020, le magazine Vanity Fair le classe parmi les « trente
5 *espoirs de moins de 30 ans ». Dans cette interview, il parle de son travail de photographe et de sa trilogie commencée en 2014.*

D'où viens-tu ?

J'ai grandi en Seine-Saint-Denis, entre Bondy,
10 Aubervilliers jusqu'à mes 8 ans et ensuite Aulnay-sous-Bois, à la cité des 3000. Aujourd'hui encore, mes parents y vivent. Moi, je suis parti à 22 ans. Maintenant j'habite à Paris, dans le XVIIe arrondissement.

Quel âge as-tu ?   15
J'ai 29 ans.

Depuis quand prends-tu des photos ?
Depuis 2011. […]

Argentique ou numérique ?
Argentique. […]   20

Tu es un autodidacte. Comment cela t'est venu de faire de la photo ?
D'une envie de m'exprimer. Je ne suis pas un passionné de photo, être artiste pour moi ça vient surtout d'une envie de s'exprimer. Chaque 25 personne va trouver un medium différent et moi c'était la photo. […]   →

GRAMMAIRE

La mise en relief
C'est dans cette cité-là **que** j'ai vécu ces souvenirs…

I 21
interaktive Übungen
97, 3

Tu viens d'Aulnay-sous-Bois : quelle est la place, selon toi, de la photo dans l'art urbain, où la
30 *musique prend par exemple beaucoup de place ?*

Je pense que l'art a été institutionnalisé par la société, c'est un peu comme le sport : certains vont plus se retrouver dans une classe sociale
35 que dans une autre. L'art a malheureusement pris ce chemin, lui aussi. […]

La musique est très présente en banlieue car, souvent, on vient de pays culturellement animés par la musique. Elle prend une place
40 énorme également parce que c'est une sorte de modèle social : quand tu vois tout le monde autour de toi pratiquer une forme d'art, tu te dis que c'est ça qui t'est destiné, tu ne tentes pas forcément autre chose, tu te dis que ce
45 n'est pas ton milieu. Cela a été le cas pour moi dans la photographie, au début. Je ne me suis pas dit que j'allais être exposé dans Paris, j'en avais l'envie mais j'avais aussi la conscience que ça allait être difficile, parce que ce n'est
50 pas mon milieu.

Je ne connais pas énormément de photographes noirs reconnus, je ne connais pas beaucoup de très grands photographes de notre génération qui viennent de quartiers
55 populaires. […]

En 2017, tu publies la série « Alzheimer », premier opus de la « Trilogie du Bonheur » qui sera complétée ensuite par « Thérapie » et « Renaissance ».
60 […] C'est né d'une envie de montrer ce que c'est de grandir dans un quartier populaire. Actuellement, j'habite à Péreire : l'architecture, l'ambiance, c'est assez bourgeois et blanc. Cela ne ressemble pas aux quartiers dans lesquels
65 j'ai grandi. Au travail, j'étais confronté à des réflexions sur les quartiers, les jeunes de quartiers, qui étaient complètement stéréotypées. Le fruit d'une éducation de la télé et des informations « faits divers » : les gens
70 ne connaissaient pas autre chose que cela. Je n'ai jamais nié le fait que ça existait, mais ce que je trouve dommage, c'est qu'on en fait une généralité alors que cela ne représente que 10 % de la vie en banlieue. […]

C'est donc plus philosophique que politique ?
75
Le côté politique est arrivé vers « Thérapie » logiquement, par le fait de travailler sur les personnes vivant dans les quartiers populaires qui ont mauvaise réputation. J'ai grandi à la cité des 3000, pendant longtemps, c'était un
80 des quartiers les moins bien vus en France. On est collés à Sevran, qui a été une des villes les plus pauvres de France. Personne ne se verrait aller dans ces endroits, personne ne se verrait aller visiter Aulnay-sous-Bois. Il y a des gens
85 qui en ont peur. Forcément, d'avoir pris des photos qui montrent une autre image que celle des médias, c'est vu comme un travail politique. Je suis très engagé dans ma vie de tous les jours, ça se ressent, mais ce projet n'avait pas
90 vocation à être politique, il l'est devenu.

Donc tu ne t'es pas explicitement dit que tu allais casser l'image « trafic / violence », tu as pris ta vie en photo et ensuite tu t'es rendu compte du message politique sous-jacent ?
95
Oui voilà, c'était plutôt cela. Mais je n'ai pas envie de dire « *dans le quartier dans lequel j'ai grandi, c'était cool* ». J'ai envie de dire que c'était compliqué, qu'il y a des côtés négatifs
100 que tu ne retrouveras pas dans d'autres quartiers […] et qu'il y a aussi des moments géniaux, uniques, des moments de bonheur que d'autres personnes dans d'autres quartiers n'ont jamais connus. Je m'en suis rendu compte
105 en discutant de nos enfances avec des amis, au travail, à Paris. Quand je leur racontais des anecdotes de mon enfance, ils étaient émerveillés en me demandant où j'avais vécu ça. Je répondais « *tu vois la cité que tu vois sur*
110 *Enquête exclusive, c'est dans cette cité-là que j'ai vécu ces souvenirs incroyables* ». Finalement, ce que je trouvais triste c'est qu'on ne voyait pas ce versant, cela m'a donc paru évident de le montrer, je voulais montrer une diversité
115 de vies et de personnes. […]

„Marvin Bonheur, à la recherche du temps perdu",
Interview réalisée par Martin Sibieude (ig : @onclewaldo),
10.12.20 (texte écourté)

275, 6
Stratégie 307
96, 1; 97, 2

3 Complétez le tableau suivant à l'aide des informations sur Marvin Bonheur données dans le texte. Puis faites son portrait.

nom, âge	
lieu de résidence (enfance / jeunesse / présent)	
parcours artistique et intentions artistiques	

PARLER

4 a) D'après vous, quelles sont les idées stéréotypées sur les quartiers et les jeunes des quartiers populaires dont parle Marvin à la ligne 68 ? Racontez.
  b) Comparez l'image des quartiers populaires donnée par les médias à celle que Marvin Bonheur montre dans ses photos et expliquez en quoi son œuvre est politique.

5 Analysez en quoi le fait de choisir la photographie est inhabituel pour un jeune de quartier populaire.

MK

Au choix

PARLER
Stratégie 304

6 Cherchez sur Internet une photo de la série « La trilogie du bonheur » et décrivez-la. Puis parlez de vos sentiments face à cette photo.

7 Connaissez-vous des exemples d'art urbain dans votre ville ou près de l'endroit où vous habitez ? Prenez-les en photo ou cherchez des photos sur Internet. Expliquez dans une légende (*Bildunterschrift*) où se trouvent les exemples et quels messages ils transportent.

LIRE

10 Ghett'up

98, 1

1 Expliquez le jeu de mots dans le titre. À votre avis, de quoi va parler l'article ?

VOCABULAIRE
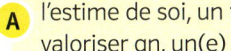
Stratégie 288

2 Dans un dictionnaire (en ligne), trouvez la traduction des mots suivants et expliquez-les à votre partenaire.

> **A** l'estime de soi, un témoignage, valoriser qn, un(e) bénévole

> **B** un héritier / une héritière, se réapproprier qc, un fondateur / une fondatrice, un(e) militant(e)

1 **miser sur qc** auf etw. setzen
5 **l'estime** *(f.)* **de soi** Selbstachtung
6 **un quartier prioritaire** Arbeiterviertel
13 **une grappe** *ici :* (Menschen) Traube
18 **œuvrer** travailler
24 **percevoir** wahrnehmen
24 **une frange** *ici :* Randgruppe
24 **à tort** zu Unrecht
27 **un dispositif** Reihe von Maßnahmen
28 **prisé(e)** geschätzt

L'association Ghett'up mise sur les talents des jeunes de banlieues

Depuis cinq ans, en Île-de-France, elle a mis sur pied des programmes d'activités et des ateliers
5 pour renforcer l'estime de soi chez les jeunes des quartiers prioritaires.

Madagascar, Maroc, Côte d'Ivoire, Chine … 24 élèves et 24 origines différentes. La classe de seconde 10 du lycée Angela-Davis, à Saint-
10 Denis, au nord de Paris, est le témoignage d'une France qui se vit au pluriel. Accompagnés de leur professeure de français, ce jeudi, les lycéens arrivent par grappes au Centre de documentation et d'information (CDI),
15 pour participer à un atelier créé par l'association Ghett'up.

Un réseau de jeunes pour les jeunes, fondé en 2016, qui œuvre pour que les moins de 30 ans issus des quartiers prioritaires, davantage touchés que les autres par les inégalités
20 scolaires et le chômage, se sentent à l'aise dans leurs baskets et légitimes pour rêver, grandir et agir. Afin de valoriser cette jeunesse perçue par une frange de la population, à tort, comme un problème, l'équipe de Ghett'up et
25 sa soixantaine de bénévoles, met en place des dispositifs pour lui redonner le pouvoir d'agir.

Une « websérie » prisée

À Saint-Denis, l'enjeu de l'atelier du jour ?
« *Savoir d'où l'on vient pour mieux savoir où*
30 *l'on va* », répond avec un enthousiasme communicatif, Tehani Omar, 22 ans, une des →

deux animatrices. Lancés en février 2021
dans les collèges et lycées d'Île-de-France,
35 les ateliers sont le prolongement de la
« websérie » Nos Daron·ne·s, mise en ligne par
l'association sur YouTube le 1er janvier 2021.

Une date de lancement symbolique :
le 1er janvier est la date de naissance par
40 défaut de milliers d'immigrés, inscrite par
l'administration française sur leurs papiers.
Composée de 13 épisodes de 5 à 10 min, la
« websérie » entremêle des témoignages
d'experts comme celui de l'historienne Naïma
45 Yahi, qui étudie l'immigration algérienne
en France, et des tête-à-tête touchants entre
un père ou une mère et sa fille ou son fils.

Jeunesse héritière de l'immigration
Les premiers sont nés au Cambodge, au
50 Portugal, en Algérie, en Guadeloupe ou en Irak ;
les seconds en France. Avec leurs mots, ils
évoquent l'immigration et se racontent grâce
à un échange ludique de questions-réponses.
Ahmad Wahab, architecte, a quitté Bagdad
55 à l'âge de 17 ans, et sa fille Linda, 24 ans,
n'a jamais mis les pieds en Irak. L'étudiante
ne connaît pas toute l'histoire de son père
et aimerait garder des souvenirs pour elle
et ses sœurs.
60 Samba Doucouré, 32 ans, se rend compte que
son père, décédé en 2005, a travaillé toute
sa vie comme éboueur à la mairie de Paris :
« *Mais il n'a pas seulement passé le balai
et nourri une douzaine d'enfants.* » Arrivé
65 en France dans les années 1960, il a été l'un

des fondateurs des premiers syndicats
de travailleurs maliens. L'objectif de
la « websérie » de Ghett'up est que
la « *jeunesse héritière de l'immigration
se réapproprie son histoire à travers* 70
celle de ses parents ». […]

L'engagement, au cœur des activités
Être entre deux mondes. Voilà un
sentiment que la fondatrice de
Ghett'up, Inès Seddiki, spécialiste de 75
l'inclusion pour la plateforme Change.
org connaît pour d'autres raisons.
En toile de fond du brillant parcours
professionnel de cette jeune femme,
qui a grandi entre Sarcelles et Saint- 80
Denis, une double casquette, Paris et banlieue,
pas toujours agréable à porter.
Comme beaucoup d'autres militants de
l'association, issus en quasi totalité des
quartiers prioritaires, la trentenaire affirme 85
que Ghett'up est la structure qu'elle aurait
aimé connaître quand elle avait 15 ans.
Premier projet monté par l'association en
2016, les Ateliers 93-express est un programme
de six mois, destiné aux collégiens et lycéens 90
du département de Seine-Saint-Denis.
Ateliers d'écriture, initiation au débat, séances
de boxe, échanges culturels avec d'autres
étudiants à travers le monde… L'idée est
qu'en s'adonnant à des activités plurielles, 95
une cinquantaine d'ados âgés de 14 à 19 ans
retrouvent confiance en eux, gagnent en
compétences et apprennent à s'engager
dans la société.
À la fin du programme, par petits groupes, 100
les jeunes doivent mettre en place une action
locale de leur choix. Cette année, c'étaient
la réalisation en vidéo d'un micro-trottoir
sur les clichés concernant les banlieues
et une sensibilisation à la santé mentale 105
des étudiants par temps de pandémie.
« *L'engagement est au cœur de nos activités,*
rappelle Inès Seddiki. *C'est un levier
d'apprentissage et de changement social qui
permet de véhiculer une image plus positive* 110
des quartiers populaires ». […]

Alice Papin, 21/06/2021, www.lavie.fr

3 a) À l'aide des informations données dans l'article, présentez l'association Ghett'up (objectifs, membres, …) et dites en quoi son nom correspond à ses objectifs.

   b) Décrivez les deux projets de l'association.

4 Expliquez les raisons pour lesquelles la websérie Nos Daron·ne·s aide à « *savoir d'où l'on vient pour mieux savoir où l'on va* ». (l. 30)

**ÉCOUTER ET
REGARDER**
○ 275, 7
98, 2; 99, 3

5 Regardez en ligne l'épisode de Nos Daron·ne·s sur Ahmad et Linda. Prenez des notes sur les questions posées dans la vidéo. Puis présentez les deux protagonistes à l'aide des réponses qu'ils donnent dans la vidéo.

LIRE

PARLER

11 Entre deux cultures

1 Quand on vit entre deux cultures, quels aspects sont importants pour se sentir à l'aise dans la société ? Racontez.

4 **bangladais(e)**
qui vient du
Bangladesh
13 **avoir les mêmes
délires** *(fam.)*
rire des mêmes
choses
17 **la complicité**
Vertrautheit
18 **bien entouré(e)**
gut aufgehoben
28 **insérer** einfügen
31 **faire de même**
faire la même
chose

Reju, 16 ans, lycéenne, Paris
« Parfois, des personnes me font me sentir différente »

Née en France de parents bangladais arrivés ici
5 en 1997, j'ai la nationalité française. Mais je ne sais pas à quel pays m'identifier. Je me sens intégrée à la France, et même à l'Europe. Je me sens aussi différente. Je vais à l'école depuis treize ans. Tous les matins, lorsque je retrouve
10 mes amis, je ne ressens pas de différences. Nous parlons la même langue, nous avons plus ou moins la même culture, nous aimons les mêmes films, les mêmes séries, nous avons les mêmes délires. Des fois, on n'a pas besoin de
15 se parler pour communiquer, certains gestes ou grimaces suffisent pour que je parte en fou rire avec eux. J'apprécie cette complicité. Je me sens bien entourée. Mais il m'arrive parfois de parler à des personnes qui me font me sentir
20 différente : « *Ce n'est pas difficile de vivre avec une couleur de peau différente ?* » ; « *Tu viens de quel pays ?* » Ce genre de questions me ramène à mes origines et me fait penser que je ne suis pas aussi intégrée que ce que je
25 croyais.
Chez moi, il y a un mélange de cultures. Je ne parle pas la même langue : je parle le sylheti, un dialecte bangladais. Mais j'insère quand même quelques mots de français dans mes
30 phrases. Je mélange les deux langues que je maîtrise, et mes parents font de même. Ils ont petit à petit intégré des éléments de la culture

française. Dans certains aspects de la vie quotidienne, je fais bien la distinction des cultures. Lorsque je mange chez mes amis, 35 j'utilise des couverts. À la maison, j'utilise ma main droite. Je mange principalement du riz avec de la sauce curry, même si mes parents adorent cuisiner des plats du monde.

→

42	**lors** pendant
53	**indépassable** unübertrefflich
59	**parfaire** améliorer
64	**terrifié(e)** qui a très peur
67	**aveuglé(e)** geblendet
71	**un tournant** Wende
72	**l'Oise** (f.) un département au nord de Paris
76	**mener un train de vie** einen Lebensstil führen
77	**s'écouler** passer
81	**le porc** ici : Schweinefleisch
84	**un atterrissage** Landung
85	**dépaysé(e)** verloren
85	**dérouté(e)** überfordert
87	**un rejet** Ablehnung
94	**une causerie** Plauderei
94	**un grin** un lieu de rencontre et d'échange au Mali
95	**futile** belanglos

40 Il y a aussi une grande différence entre la mode française et la mode bangladaise : lors des fêtes de famille, je ne mets jamais de pantalon, de vêtements courts. Je mets plutôt de longues robes traditionnelles que 45 je n'oserais jamais mettre au lycée. Je pense que je ne peux pas être soit française soit bangladaise, je suis un doux mélange des deux.

Seydou, 23 ans, étudiant, Nanterre
« De retour au Mali, je me suis senti étranger
50 **dans mon pays »**
J'ai passé mon enfance à Tombouctou, dans le nord du Mali. Le « vivre ensemble » était indépassable. On partageait les joies comme les peines collectivement. On m'avait habitué
55 à dire bonjour aux gens que je croisais et je connaissais le nom, le prénom et l'histoire de chacun. Quand j'ai eu mon bac, mon beau-père m'a proposé de venir vivre en France pour parfaire mon français et élargir mes
60 connaissances. Mon père trouvait l'idée ridicule. Pour lui, on ne quittait pas Tombouctou pour chercher le savoir ailleurs. On venait à Tombouctou, ville universitaire, pour chercher le savoir. Ma grand-mère était, elle, terrifiée à
65 l'idée de me voir marié à une Blanche. Malgré tout, j'ai décidé de partir.
Le jour du départ, j'étais aveuglé par l'excitation, mon père par la colère, ma mère par la fierté et ma grand-mère par la peur.

À tout juste 18 ans, je n'avais pas conscience 70 du tournant que ma vie allait prendre. En arrivant chez mon oncle, dans l'Oise, j'ai eu une impression de déjà-vu, sans doute à cause de mes nombreuses recherches sur Internet. Venant d'une société altruiste, je me suis 75 retrouvé à mener un train de vie individualiste et capitaliste. Trois années se sont écoulées. J'ai intégré assez rapidement le mode de vie français, tout en restant fidèle à mes valeurs conservatrices : j'ai continué à prier cinq fois 80 par jour, je n'ai pas mangé de porc, pas bu d'alcool, et je n'ai pas fait l'amour hors mariage. Puis est venu le jour du retour. J'étais impatient. Mais la joie de l'atterrissage a vite laissé place à la frustration. Dépaysé et dérouté, je me 85 sentais étranger dans mon pays. J'étais surnommé « le Français ». Leur rejet n'enlevait rien à mon bonheur de retrouver des habitudes oubliées. Toutefois, certaines coutumes m'étaient devenues insupportables ! J'étais 90 fatigué par les innombrables visites que je me sentais obligé de rendre à mes proches. Les mariages étaient trop bruyants et les causeries nocturnes au « grin » me paraissaient si futiles ! Au bout de deux semaines, j'ai quitté 95 le Mali avec satisfaction, mais aussi un grand chagrin. Maintenant, j'habite en France avec ma petite sœur que j'ai fait venir. Elle aussi sera bientôt entre deux pays.

Extrait de : Libération, 05.08.2018
© La Zone d'Expression Prioritaire (texte écourté)

100, 1–2

PARLER
○ 276, 8

2 Travaillez à deux. Chacun(e) choisit un témoignage.
a) Notez en quoi consiste la double identité du / de la jeune en question et comment il / elle la vit au quotidien.
b) Prenez ensuite les rôles de Reju et Seydou et échangez dans un speed dating.

3 Expliquez la phrase *« je ne peux pas être soit française soit bangladaise, je suis un doux mélange des deux. »* (l. 46)

4 Comparez la vie de Seydou à Tombouctou et en France.

VOCABULAIRE
100, 3

5 Relevez dans les témoignages les mots et expressions qui montrent que Reja et Seydou sont partagés entre deux cultures.

PARLER
Stratégie 304
101, 4

6 À l'aide de ce que vous avez appris sur la double culture dans les témoignages de Reju et Seydou et du vocabulaire de l'exercice 5, décrivez et commentez le dessin page 153.

ÉCOUTER ET
REGARDER

V 14 ▷

Point info 321

Stratégie 303

12 ▷ Jeunes et laïcité

Avant le visionnage

1 Quels symboles religieux connaissez-vous et quelle importance ont-ils dans votre entourage ?

2 Analysez les chiffres de l'infographie. Que disent-ils sur la vision qu'ont les jeunes de la loi sur la laïcité ?

> **La laïcité à l'école**
> La loi de 2004 garantit le principe de laïcité à l'école : les signes et tenues montrant une appartenance religieuse sont interdits dans les écoles publiques.

ostensible offen-sichtlich

> **Q.** Personnellement, seriez-vous favorable **au port de signes religieux ostensibles** (ex. : croix, voile, kippa, turban, soutane, kesa, etc.) par… ? **(En pourcentage d'opinion positive)**

> Sondage Ifop pour la Licra et le «DDV» réalisé en ligne du 15 au 20 janvier 2021 auprès de 1 006 personnes représentatives de la population lycéenne âgée de 15 ans et plus. Méthode des quotas.

■ **Réponses des lycéens**   ■ **Réponses de l'ensemble des Français**

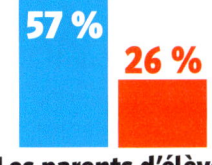  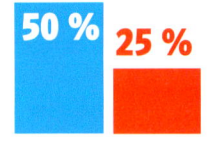 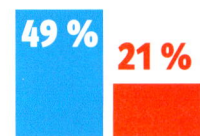

| 57 % | 26 % | 52 % | 25 % | 50 % | 25 % | 49 % | 21 % |

Les parents d'élèves accompagnant bénévolement les enfants lors d'une sortie scolaire — **Les élèves dans les lycées publics** — **Les agents des services publics (ex. : policiers, infirmières, enseignants…)** — **Les élèves dans les collèges publics**

SOURCE : IFOP.   LP/INFOGRAPHIE. 2/3/2021

Stratégie 292

103, 1

Pendant le visionnage

3 Regardez le reportage et répondez aux questions suivantes.
a) Combien de cas posent problème à l'entrée du lycée ce jour-là et comment y réagit le lycée ?
b) Quelle est la position des jeunes interviewé(e)s (Yara, Adam, Julie et Natalia) sur l'interdiction de l'abaya ?
c) Selon Jérôme Bourne Branchu, qu'est-ce qui est important dans l'application de la loi dans les écoles ?

> **Interdiction de l'abaya à l'école**
> En août 2023, le gouvernement français interdit le port de l'abaya (un long vêtement féminin traditionnel) dans les établissements scolaires, considérant que cette tenue constitue un signe d'appartenance religieuse.

Après le visionnage

PARLER
Stratégie 300
103, 2

4 Que pensez-vous de cette interdiction de l'abaya dans les écoles françaises ? Discutez en classe en tenant compte des règles qui existent en Allemagne.

Mots et contexte

D 24 📄
thematischer
Wortschatz

I 22 🎧
interaktive
Übungen

La France est le plus vieux pays d'**immigration** en Europe. Depuis le XIXᵉ siècle, le pays a connu plusieurs **vagues d'immigration**. Ainsi, de nombreuses personnes qui **ont**
5 **la nationalité française** sont **issues de l'immigration** ou ont des **origines** étrangères. Elles ont un père, une grand-mère, un cousin qui est venu(e) en France comme **travailleur / travailleuse immigré(e)** et qui **a** même parfois
10 **été recruté(e)** dans **son pays d'origine**. Ces **immigrés** sont arrivés avec des **permis de travail** car la France manquait de **main d'œuvre**.

Aujourd'hui, des **migrants** continuent de quitter
15 leur pays pour **tenter leur chance** en Europe. La France reste un **pays d'accueil** possible pour ces **réfugiés** qui pensent être sans **avenir** dans leur pays d'origine. Ceux-ci **ont fui**, par exemple, la guerre ou la faim. Ils sont prêts à faire un
20 **périple** dangereux, à **traverser la mer**, puis à **s'évader** des **camps de migrants**. Ils ont l'**espoir** d'**obtenir le droit d'asile** ou d'avoir un **titre de séjour légal**. Ils savent aussi que seule une **minorité** va pouvoir avoir des papiers en règle.
25 Les autres **étrangers** vont être des **sans-papiers** qui risquent tous les jours d'**être expulsés** et **renvoyés** dans leur pays.

Pour **s'intégrer**, il ne suffit pas d'avoir des papiers. Les immigrés doivent aussi **maîtriser la langue** du pays d'accueil et trouver un
30 emploi. Ils peuvent **être confrontés au chômage** et à des situations de **rejet** à cause de la **couleur de leur peau** ou de **préjugés racistes** sur leurs **coutumes traditionnelles**. Plus tard, même avec la **citoyenneté** française,
35 leurs enfants, **héritiers** de cette histoire, **sont** souvent **ramenés à** leurs origines étrangères. Mais pourquoi devraient-ils en **avoir honte** ?

Les **bénévoles** des associations **dénoncent** les **inégalités** qui existent dans la société française
40 entre les différentes **classes sociales** et les **discriminations** dont **sont victimes**, en particulier, les habitants des **banlieues** ou des **quartiers populaires** des villes. Ils voudraient que les médias **véhiculent une image** plus
45 **positive** de ces endroits et les **valorisent**. Ceux-ci **ont** souvent **mauvaise réputation** comme si la **violence** était partout et les jeunes des **cités** toujours en colère. Mais ceux-ci essaient aussi d'agir pour changer les choses.
50 La **diversité** n'est pas seulement un problème comme on l'entend à chaque fois qu'on parle de **laïcité** et de **voile** à l'école, mais aussi une grande chance.

Stratégie 287

1 a) Trouvez un mot de la même famille dans le texte ci-dessus.

| l'intégration (*f.*) | un chômeur / une chômeuse | violent(e) | une tradition | accueillir |

| être honteux / honteuse de qc | un recrutement | migrer | un(e) citoyen(ne) |

| être chanceux / chanceuse | rejeter qn / qc | une expulsion | une fuite |

Stratégie 288

b) À l'aide d'un dictionnaire, complétez ces familles de mots. Utilisez différentes couleurs pour marquer les catégories grammaticales (verbes, noms, adjectifs, …).

2 Choisissez une illustration et relevez dans le texte un maximum de mots et d'expressions qui vont avec. Puis écrivez un petit texte sur l'illustration choisie.

13 Le château européen

LIRE
Stratégie 294

23 **tenir la plume**
ici : die Macht
haben
30 **un cortège**
Parade

Le Nord est riche et pauvre le Sud, tout
le monde le sait.
Cent mille morts causés par des conflits, des
génocides, des catastrophes naturelles ou
5 des maladies dans le Sud font moins de bruit
qu'un rhume dans le Nord. Quand on parvient
à pénétrer dans le château européen, on se
fiche de savoir de quel genre de pièces il est
composé. De grandes, des petites, des belles,
10 des laides et Bruxelles. De longs couloirs et
des salles d'attente. Une table de banquet
peut-être, un donjon, des cellules avec du
matériel de torture, des caves et des oubliettes
très probablement. Des soldats et des flics,
15 certainement, car ils sont répandus partout
sur la Terre.

Au pays, on l'a mis en garde en lui répétant
que rien ne sera facile. Il s'en doute car rien
n'est jamais facile, mais il veut prendre le
20 risque. Mourir sans rien tenter serait mourir
deux fois. Chez lui, en Afrique, son avenir
tragique est déjà écrit. La pauvreté, les milices
et les dictateurs tiennent la plume. Il est
temps pour lui de fabriquer un autre avenir
25 en quittant tout, en s'arrachant à son destin
pour se réfugier dans le Nord.
Renverser son destin, ce tyran sanguinaire,
est une révolution comme une autre. Toutes
les révolutions de l'histoire ont connu leur
30 cortège de morts, de héros, de martyrs
et de souffrances. Il en va de même pour
la sienne.

Si le château européen comporte quelques
chambres pour dormir, des cuisines, de la
35 nourriture et des portes équipées de verrous
solides pour vivre en sécurité, c'est bien
suffisant. Quand le pont-levis est baissé,
tout est bon à prendre quand on vient d'où

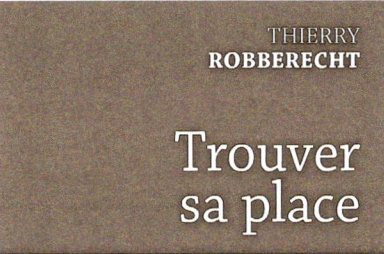

il vient. Bruxelles, c'est un concours de
circonstances, le hasard comme toujours. 40
Quand on ne fait plus confiance aux
hommes, le hasard reste la meilleure route
à suivre. Traverser la mer, affronter la mort,
la sienne probable, celle des autres, certainement, marcher vers le Nord. Faire du stop 45
et avoir faim chaque jour qui se traîne.

Quand le soleil se lève à sa droite et se
couche à sa gauche, il est sur la bonne
route. Quand le soleil a terminé sa journée,
il sait qu'il n'a pas suffisamment progressé. 50
Jamais suffisamment progressé. Pour
survivre, il faut en faire toujours plus.
Il le sait.

(381 mots)
Extrait de : Robberecht, Thierry : Trouver sa place,
pp. 11 – 12 © Weyrich édition, 2022

1 Présentez la situation dans laquelle se trouve le narrateur de cet extrait.

Stratégie 295

2 a) À l'aide des moyens stylistiques que vous relevez dans le texte, décrivez la situation
du narrateur dans son pays d'origine.

b) Analysez comment le narrateur se représente Bruxelles en tenant compte
des moyens stylistiques.

ZOOM SUR ... L'opérateur **analyser les moyens stylistiques**

Der Operator **_analyser les moyens stylistiques_** verlangt, den Text nach seiner sprachlichen Gestaltung zu untersuchen. Es geht dabei nicht nur darum, sprachliche Mittel zu erkennen, sondern auch zu analysieren und zu erklären, mit welcher Absicht sie eingesetzt werden und wie sie auf den Leser / die Leserin wirken.

	ON DIT
1. Die von dem Autor / der Autorin verwendeten Stilmittel werden genannt.	_L'auteur / l'autrice utilise / emploie …_ _L'auteur / l'autrice se sert de …_ _Le texte contient …_ _L'auteur / l'autrice compare / énumère / répète …_
2. Die Wirkung der verwendeten Stilmittel wird erklärt.	_Le moyen stylistique met en relief / exprime / illustre / met en évidence / suggère / réflète / souligne …_
3. Es wird untersucht, mit welcher Absicht der Autor / die Autorin die Stilmittel einsetzt.	_L'auteur / l'autrice utilise … pour_ _éveiller l'intérêt des lecteurs / lectrices_ _faire réfléchir les lecteurs / lectrices_ _montrer / expliquer …_ _En employant ce moyen stylistique, l'auteur / l'autrice veut insister sur … / accentuer ses idées … / donner plus de poids à / renforcer …_

ÉCRIRE

Au choix

Stratégie 309

3 « _Cent mille morts causés par des conflits, des génocides … dans le Sud font moins de bruit qu'un rhume dans le Nord._ » (l. 3) Commentez cette citation du texte.

Stratégie 306

4 Le narrateur est enfin arrivé à Bruxelles. Il écrit un e-mail à son meilleur ami dans lequel il raconte ce qu'il a vécu pendant son voyage et depuis son arrivée à Bruxelles. Rédigez ce message.

LIRE

Stratégie 294

14 « On nous prenait pour des sauvages. »

21 **en renfort** zur Verstärkung

Lors de sorties scolaires, les profs de banlieue voient régulièrement leurs élèves victimes de racisme dans les musées parisiens. Les institutions culturelles revendiquent des
5 **efforts d'inclusion, mais sur le terrain la stigmatisation persiste.**
« _Il y a un surveillant de salle qui nous prenait vraiment pour des sauvages_ », s'agace une prof en lycée à Sarcelles après la visite d'un petit
10 musée parisien, il y a quelques mois. « _Avec des rappels à l'ordre avant même qu'on entre, on a eu le sentiment qu'on n'était pas à notre_ place », relate aussi Karim, instituteur à Saint-Denis, à propos d'une sortie au musée d'Orsay. […] Il y a les remarques clairement racistes, comme ce « _On est en France_, là ? » qu'une 15 accompagnatrice d'un groupe de Saint-Denis a entendu marmonner, en mai 2023, par un agent de sécurité à l'entrée du centre Pompidou. Il y a aussi les surveillants de salle 20 appelés en renfort pour suivre à la trace les élèves, « _comme s'ils allaient repartir avec un Picasso sous le bras_ », moque Marianne Acqua, professeure de français à Saint-Denis.

→

25 […] Quand une sortie se passe mal, à qui la faute ? « *Je ne crois pas que cela soit dû à une politique des musées eux-mêmes*, répond Élise Boscherel-Deniz, enseignante d'histoire-géo à Saint-Denis. *C'est un problème que la société* 30 *française dans son ensemble a avec les jeunes des quartiers populaires, et avec les garçons en particulier.* »

[…] Fabien Truong, qui a été enseignant dans le secondaire en Seine-Saint-Denis avant de 35 devenir sociologue, insiste sur les représentations médiatiques négatives qui pèsent sur les jeunes de banlieue, entre les émeutes de 2005 et les attentats de 2015. « *Il y a une telle tension dans la conscience collective que les gens des* 40 *musées pensent que ça va mal se passer avant que rien n'arrive* », analyse le professeur à l'université Paris-8.

Selon Fabien Truong, les institutions culturelles sont quand même en train de bouger. […] Pour 45 lui, l'un des chantiers majeurs est de modifier le rapport au silence de ces lieux où le commentaire à voix haute, surtout négatif, n'est pas admis. […] Fanny Panhaleux se souvient d'une visite avec ses élèves de première en bac pro 50 électricité au musée d'Art moderne de Paris. Le guide a réussi à capter l'attention des élèves. Mais une fois en visite libre, les jeunes sont devenus bruyants, ont été rappelés à l'ordre plusieurs fois et finalement priés de 55 quitter le musée. « *C'est dommage, car à ce moment-là, c'était au contraire parce qu'ils ont vu quelque chose qui leur plaisait qu'ils parlaient* », relate cette prof d'histoire-géo à Drancy. *Ça a créé une sorte de chahut qui* 60 *ne correspond pas à la culture musée.* »[…]

Face à ces sorties ratées, les profs sont en colère, mais aussi épuisés et démunis. « *C'est*

tellement usant qu'on n'a pas le courage d'entrer dans la confrontation », explique une ancienne enseignante en Seine-Saint-Denis. 65 […] « *C'est tout à fait regrettable qu'il y ait des incidents*, admet le directeur des publics du centre Pompidou, David Cascaro. *Mais l'écrasante majorité des visites se passent très bien et ça ne doit pas cacher tout le travail de* 70 *médiation que nous faisons auprès des différents publics, scolaires ou du champ social notamment* », insiste-t-il. […] Le grand nombre des visites qui se passent sans encombre ne suffit pas à faire disparaître les conséquences 75 de celles qui laissent un goût amer. « *Je ne vais pas vous cacher que ça calme…*, explique Défendin Détard. *C'est tellement de boulot de préparer une sortie que je n'ai pas envie de faire tout ça pour que mes élèves se sentent* 80 *stigmatisés.* » […]

Les profs qui poursuivent les sorties choisissent leurs institutions. « *Ma solution personnelle, c'est de trouver des lieux 'safe'*, explique l'instituteur de Saint-Denis Karim. 85 *Je préfère boycotter les musées où ça se passe mal.* » […] Les enseignants interrogés suggèrent aussi de se tourner vers des institutions plus petites ou situées en banlieues […] 90

Au théâtre de la Tempête, « *mes élèves n'y sont pas traités simplement comme les autres spectateurs, mais comme des spectateurs spéciaux*, explique Marianne Acqua, qui y emmène souvent ses élèves. *C'est ça qui* 95 *devrait être fait partout pour les jeunes éloignés des lieux culturels parisiens. Il faut leur faire sentir qu'on veut qu'ils soient là.* » […]

(722 mots)

© Adèle Cailleteau, 27/06/23, https://basta.media/ (écourté)

1 Présentez les problèmes rencontrés par les élèves de banlieue lors de leurs sorties scolaires dans les musées parisiens.

2 Dégagez les raisons données pour expliquer les expériences vécues par les élèves de banlieue dans les institutions culturelles et les mesures proposées pour résoudre ces problèmes.

ÉCRIRE

Au choix

Stratégie 306

3 Mettez-vous à la place d'un(e) élève qui a vécu une telle situation avec sa classe lors d'une sortie scolaire et rédigez la lettre qu'il / elle envoie à un journal pour dénoncer la discrimination.

Stratégie 309

4 « *Si un musée ne sait pas accueillir un public qui n'est pas habitué à le fréquenter, il échoue dans sa mission.* » Commentez cette phrase d'un enseignant après une visite au centre Pompidou qui s'est mal passée.

La coopération

Regardons d'abord un match de rugby : un chaos au début, du combat physique parfois violent, mais grâce à une réglementation sophistiquée et au jeu collectif, les joueurs qui collaborent le plus efficacement marquent le plus de points et gagnent le match.

Lorsque les gens travaillent ensemble, cela peut se faire de différentes manières : on parle de collaboration lorsque les membres d'une équipe travaillent ensemble sur une tâche afin d'atteindre un objectif commun, par exemple résoudre un escape game. La coopération, en revanche, est la collaboration au sein d'une équipe de personnes qui élaborent un projet commun, par exemple la construction d'une tour. Mais dans ce cas, chaque membre de l'équipe travaille sur une tâche partielle qui lui est propre afin d'atteindre l'objectif commun.

En tant que citoyen(ne) du 21e siècle, il est souhaitable de connaître et maîtriser les deux méthodes de travail. Facile à première vue – mais collaborer en équipe au lieu de travailler individuellement exige beaucoup d'échanges, d'organisation, des compromis, de la confiance en soi et une bonne communication.

Réflexion

1 Travaillez à trois : allez d'un côté à l'autre de la salle de classe, mais attention : il ne peut y avoir que trois pieds à la fois sur le sol. Discutez ensuite vos stratégies et la mise en œuvre.

Action

D 9
KI-Anwendungen

2 Travaillez en groupes à trois selon la méthode Scrum :
   – **Étape 1 :** présentation du projet
   Concevez un Pecha Kucha sur la question « Comment et où voulons-nous vivre à l'avenir ? » et présentez-le.
   Faites d'abord une recherche sur les formes d'habitation / cohabitation du futur.
   Préparez ensuite les vingt diapositives avec vos propres illustrations, une application d'intelligence artificielle peut vous aider à créer les images.
   Pendant la présentation orale, les vingt diapositives s'enchaînent toutes les vingt secondes, alors soyez brefs / brèves !
   – **Étape 2 :** première conceptualisation du projet
   Travaillez sur une proposition pour la création et la présentation du Pecha Kucha.
   – **Étape 3 :** organisation des tâches
   Répartissez-vous les tâches : *doit être fait tout de suite / doit être fait aussi rapidement que possible / peut être fait si cela n'impacte pas les autres tâches / pourra être fait plus tard*. Estimez le temps nécessaire et commencez à travailler.
   – **Étapes 4, 5, 6 … :** quand vous avez fini votre tâche, regardez le résultat ensemble et si nécessaire, distribuez d'autres tâches (corrections par exemple). Puis répartissez-vous les tâches restantes comme décrit dans l'étape 3, et ce jusqu'à la fin.

Présentation du Pecha Kucha :
évaluez votre travail en groupe, en particulier le comportement des membres de l'équipe, leur manière de communiquer, leur façon de travailler et la qualité du Pecha Kucha.

Réflexion

3 Résumez sous forme de mots-clés les conclusions auxquelles vous êtes arrivé(e)s, puis visualisez-les. Vous pouvez utiliser un outil numérique, p. ex. un tableau collaboratif.

4 Puis réfléchissez seul(e) : parmi toutes les conclusions, laquelle est la plus importante / étonnante pour vous et pourquoi ? Pensez-vous différemment maintenant ?

5 À deux, comparez vos résultats et expliquez pourquoi vous avez raisonné ainsi. Puis faites des propositions : comment peut-on coopérer ? Qu'est-ce qu'on peut développer / tester ensemble ? Pensez aussi à un projet concret. Présentez vos idées en classe.

L'initiative

Si deux hommes ne s'étaient pas assis ensemble dans un garage, nous n'aurions pas de smartphones aujourd'hui. Inimaginable ! Si vous attendez constamment qu'on vous dise quoi faire, vous ne devenez pas indépendant(e)s. Inimaginable !
En prenant l'initiative, on peut saisir les chances et possibilités que nous offre le monde. En prenant l'initiative, on éprouve de la satisfaction dans son activité et on apprécie ses propres compétences. Le succès consiste à trouver des moyens d'être ingénieux / ingénieuse et à passer à l'action avant que les autres ne le fassent ou avant qu'on ne vous dise de le faire : l'autonomie et la responsabilité sont essentielles. Même dans les études, que ce soit au lycée quand on prépare le bac ou plus tard à l'université, il est extrêmement important de faire preuve d'initiative et de déterminer les tâches à faire.

Réflexion : qui prend l'initiative ?

1 a) Travaillez à trois : mettez-vous à une table où vous trouverez un carton que votre professeur(e) y a déposé.
b) Quelles expériences avez-vous faites ? Discutez.

Action : prends l'initiative !

2 Pour les jeunes, une possibilité de prendre l'initiative est le pass Culture. Sur Internet, renseignez-vous sur ce pass.

D 9 📄
KI-Anwendungen

3 Faites une vidéo de 60 secondes maximum. Filmez les activités que vous feriez avec le pass Culture. Parlez-en et intégrez aussi des images, des objets etc. Vous pouvez utiliser un chatbot pour écrire le scénario ou le storyboard de votre clip.

4 Regardez tous les films de la classe et discutez de vos préférences. Faites aussi référence à l'offre que propose le « KulturPass » allemand.

Réflexion

5 Résumez sous forme de mots-clés les conclusions auxquelles vous êtes arrivé(e)s, puis visualisez-les. Vous pouvez utiliser un outil numérique, p. ex. un tableau collaboratif.

6 Puis réfléchissez seul(e) : parmi toutes les conclusions, laquelle est la plus importante / étonnante pour vous et pourquoi ? Pensez-vous différemment maintenant ?

7 À deux, comparez vos résultats et expliquez pourquoi vous avez raisonné ainsi. Puis faites des propositions : comment peut-on prendre l'initiative ? Qu'est-ce qu'on peut développer / tester ensemble ? Pensez aussi à un projet concret. Présentez vos idées en classe.

7 Le monde du travail

Clara : « Je ne sais pas encore exactement ce que je veux faire plus tard, mais je sais que je ne veux pas entrer dans une routine et être assise sur une chaise devant un bureau. Et j'aimerais être utile, aider les autres, servir mon prochain. Vu la situation environnementale, mieux vaut choisir un travail qui soit écolo et s'inspirer des engagements de Greta Thunberg ! »

Colin : « Mon métier de rêve, c'est acteur ! J'adore le théâtre et je veux aimer mon métier pour qu'il m'apporte de la joie, plus que de l'argent. C'est important de faire un métier où on se donne de l'énergie pour aider les autres et leur apporter du plaisir. »

Gaël : « Je ne sais pas encore ce que je veux faire plus tard, je sais juste que je refuse de travailler en polluant. »

Shona : « Je rêve de devenir comportementaliste animalier, pour observer la manière dont réagissent les animaux dans leur environnement naturel. Ça, c'est un métier utile. C'est Jane Goodall qui m'a inspirée ! Le film *Animal* de Cyril Dion m'a influencée. D'ailleurs, depuis que je l'ai vu, je mange moins de viande ! »

PARLER

En plus 276, 1

1 Regardez le dessin. Quel est son message ?

2 Lisez les témoignages.
a) Qu'est-ce qui est important pour les quatre jeunes dans le choix de leur métier ?
b) De qui vous sentez-vous le plus proche ? Expliquez.

3 Dites quel métier vous (n')aimeriez (pas) faire et donnez vos raisons.

Panorama

- Comment trouver son orientation professionnelle ?
- Conseils pour une candidature réussie
- Conditions de travail aujourd'hui et au XIXe siècle
- Les jeunes : un nouveau rapport au travail ?
- L'intelligence artificielle et son influence sur le monde du travail

LIRE

1 Session orientation sur une île

1 Faites une liste des raisons pour lesquelles un(e) jeune de 18 ans va sur une île pour réfléchir à son orientation. Comparez vos idées avec 3 autres partenaires.

En arrivant en terminale, je ne savais toujours pas dans quel domaine je voulais me diriger après le bac. C'était le grand vide. […]

5 Un beau jour, surprise : mes parents m'ont inscrit à une « session orientation » d'une semaine sur l'une des îles de Lérins pour réfléchir vraiment à ce que je 10 voulais faire plus tard. Là, je n'allais pas avoir d'autre choix que de réfléchir ! Juste avant de partir, j'étais vraiment fâché contre mes parents. Franchement, j'aurais 15 préféré passer mes vacances avec mes potes plutôt que sur une île paumée avec des gens que je ne connaissais pas ! Mais bon, j'avais pas trop le choix… Arrivé à Cannes, j'ai pris le bateau avec une vingtaine de jeunes pour 20 rejoindre l'île Saint-Honorat. […]

Le matin, on avait des séances d'orientation. On nous expliquait ce qu'étaient les études. Je me mélangeais un peu les pinceaux entre les licences, les masters… au moins là, on m'a 25 tout bien expliqué. J'ai aussi vachement appris sur moi, sur ce que j'aimais, mon caractère, sur ce que je voulais découvrir et sur la manière de bosser qui me correspondait le plus. […] L'après-midi, on passait en mode « vacances 30 entre potes ». Balades sur l'île, baignades, pique-niques sur la plage pour observer le coucher de soleil, bains nocturnes, c'était trop bien ! […]

Le déclic « orientation » que j'attendais, je l'ai 35 eu au détour d'une conversation avec une fille du groupe. On s'était éparpillés en petits groupes et on divaguait sur le monde qui nous entourait, et de fil en aiguille, j'en suis venu à la conclusion que je ne voulais surtout pas rester 40 assis derrière un bureau à aligner des chiffres. Je voulais aider les gens et œuvrer pour la planète. Je ne savais pas encore précisément quelle voie j'allais emprunter, mais c'était déjà un grand soulagement d'avoir cette direction. J'avais une base sur laquelle construire un 45 projet. C'est la première fois où ça a été vraiment clair dans ma tête. Ensuite, ça n'a fait que se confirmer au fil des jours.

À la fin des deux semaines, je me suis retrouvé en tête-à-tête avec une des conseillères 50 d'orientation. Elle nous a posé à tous la question : « *En quoi veux-tu être utile dans ce monde ?* » Ma réponse a fusé : « *En réalisant des actions concrètes pour lutter contre les inégalités et pour l'écologie.* » Elle m'a donné 55 plein de pistes d'études qui pouvaient me correspondre. Je me suis senti plus serein après ce séjour. Je suis parti pour faire une licence Sciences politiques et humanités, puis un master dans l'humanitaire. 60 Et au cours de mes études, je trouverai un métier qui me plaira. Ce que je retiens de cette expérience et des échanges, c'est de dédramatiser. Ce n'est pas grave si je me lance dans une voie et que je bifurque dans 65 dix ans. Nos vies changent et c'est normal.

© Bérangère Duquenne, Phosphore, 05/10/2023

14 **franchement** ehrlich gesagt
20 **rejoindre** aller sur
21 **une séance** Sitzung
23 **se mélanger les pinceaux** alles durcheinanderbringen
25 **vachement** *(fam.)* beaucoup
28 **correspondre à qn/qc** passen
29 **passer en mode vacances** in den „Ferienmodus" wechseln
35 **au détour de** im Laufe
36 **s'éparpiller** sich aufteilen
38 **de fil en aiguille** nach und nach
40 **aligner des chiffres** Zahlen aneinanderreihen
41 **œuvrer pour qc** faire qc pour
44 **un soulagement** Erleichterung
57 **serein(e)** gelassen
65 **bifurquer** einen anderen Weg einschlagen

GRAMMAIRE
ce qui/ce que
· … pour réfléchir à **ce que** je voulais faire plus tard
· Elle m'a donné plein de pistes **ce qui** a facilité ma décision.

I 23
interaktive Übungen
V 15
Erklärvideo
104, 2

2 Expliquez ce qu'est une session d'orientation.

3 Décrivez l'emploi du temps de Sylvain et des autres jeunes sur l'île.

4 Sylvain parle d'un « déclic orientation » (l. 34). De quoi s'agit-il ?

5 Est-ce que vous aimeriez participer à une session d'orientation comme celle-ci ? Justifiez votre réponse.

VOCABULAIRE
104, 1–2

6 Faites un filet à mots sur le thème de l'orientation avec les mots que vous trouvez dans le texte.

ÉCRIRE
105, 3

7 Sur un forum d'orientation professionnelle, Valentine, 16 ans, pose la question suivante : « *Je ne sais pas ce que je veux faire plus tard. Comment avez-vous trouvé vos idées d'orientation ?* » Répondez à Valentine. Donnez-lui plusieurs idées. Votre filet à mots peut vous aider.

MÉDIATION
Stratégie 313
Point info 326

2 Nur wenige Abiturienten machen Ausbildungen im Handwerk.

Pour son cours d'histoire-géo, votre correspondant(e) doit préparer un exposé sur ce que font les élèves français et allemands après le bac. Vous vous souvenez d'un article sur ce sujet que vous venez de lire sur Internet.

VOCABULAIRE

1 Lisez l'article et paraphrasez en français les mots et expressions suivants :

Schulabschluss (l. 7)	in Rente gehen (l. 38)
sich beruflich umorientieren (l. 39)	
Abiturjahrgang (l. 63)	unterrepräsentiert (l. 65)
Quereinsteiger (l. 69)	Elternzeit (l. 77)

> **EXPRESSIONS UTILES**
>
> **eine Ausbildung** un apprentissage
> **das Handwerk** l'artisanat *(m.)*
> **der Fachkräftemangel** la pénurie de main d'œuvre ; **der mittlere Schulabschluss** le brevet des collèges
> **die Dienstleistung** les services *(m., pl.)*

ÉCRIRE
105, 1

2 Présentez dans un e-mail à votre correspondant(e) le parcours des élèves allemands après le bac, la situation de l'apprentissage en Allemagne et les solutions proposées par les artisans.

Immer mehr Abiturienten absolvieren eine Ausbildung – doch selten eine im Handwerk. Das zeigt eine aktuelle Studie. Die Branche beklagt den Fachkräftemangel – und will auf
5 **neue Lösungen setzen.**

Entscheiden sich Abiturienten nach dem Schulabschluss für eine Ausbildung, wählen sie nur selten eine in einem Handwerksbetrieb. Das zeigt eine aktuelle Erhebung des
10 Handwerks im Ruhrgebiet des Regional-verbands Ruhr (RVR). Für die Studie tat sich der RVR mit Handwerk Region Ruhr, dem →

Zusammenschluss der Ruhrgebietskammern Dortmund, Düsseldorf und Münster, sowie mit
15 zehn Kreishandwerkerschaften zusammen, und wertete knapp 100 000 Ausbildungsverträge aus, die zwischen 2011 und 2021 geschlossen wurden.

Das Ergebnis: In der Region zeige sich die
20 Tendenz zu höheren Schulabschlüssen. Obwohl immer mehr junge Menschen Abitur machten, schlössen Handwerksbetriebe überwiegend Verträge mit Auszubildenden ab, die über einen mittleren Abschluss verfügten.
25 39,6 % der Auszubildenden haben demnach einen Realschulabschluss und 36,8 % einen Hauptschulabschluss.

Denn Abiturienten entschieden sich eher für ein Studium oder eine nicht-handwerkliche
30 Ausbildung. So zählen kaufmännische Ausbildungsberufe seit Jahren regelmäßig zu den beliebtesten Ausbildungsgängen. Zusammen mit der sinkenden Zahl junger Menschen mit mittleren Schulabschlüssen
35 verstärke das den Fachkräftemangel im Handwerk: So fiel es den Betrieben im Untersuchungszeitraum immer schwerer, für Mitarbeiter, die in Rente gehen oder sich beruflich umorientieren, Ersatz zu finden. Im
40 Ausbildungsjahr 2021/2022 blieben in Nordrhein-Westfalen so zunächst knapp 60.000 Lehrstellen unbesetzt – ein neuer Negativrekord.

Dabei hatte eine andere aktuelle Studie
45 kürzlich gezeigt, dass immer mehr Abiturienten sich nach dem Schulabschluss für eine Ausbildung entscheiden. In den vergangenen zehn Jahren sei der Anteil derjenigen, die mit Abitur eine duale oder schulische Ausbildung
50 beginnen, von 35 % im Jahr 2011 auf 47,4 % im Jahr 2021 gestiegen. Das war das Ergebnis des „Ausbildungsmonitors", den das Forschungsinstitut für Bildungs- und Sozialökonomie (FiBS) im Auftrag der Bertelsmann Stiftung
55 erstellt hatte.

„Von einer mangelnden Attraktivität der Berufsausbildung für Abiturientinnen und Abiturienten kann keine Rede sein", teilte Dieter Dohmen, FiBS-Direktor und Autor der Studie,
60 damals mit, *„und auch nicht davon, dass sich Abiturientinnen und Abiturienten zu wenig für berufliche Ausbildungen interessieren würden."*

Inzwischen strebe knapp die Hälfte eines Abiturjahrgangs eine berufliche Ausbildung an.

Auch Frauen sind unterrepräsentiert   65
Doch ob das Handwerk wirklich davon profitiert, bleibt offen. Um handwerkliche Ausbildungen attraktiver zu machen, sollen auch Quereinsteiger verstärkt angesprochen werden. Es gebe bereits spezielle Beratungs-   70
angebote an Hochschulen, sagte Philipp Kaczmarek, Sprecher der Handwerkskammer Dortmund.

Ein weiteres Modell, um dem Fachkräftemangel zu begegnen, seien Ausbildungen in   75
Teilzeit. *„Das ist insbesondere für Rückkehrer aus der Elternzeit interessant"*, sagte Kaczmarek. Noch sei die Teilzeitausbildung nicht weitverbreitet. Sie solle aber normaler werden.   80
Neben Abiturienten sind der Erhebung zufolge auch Frauen in handwerklichen Ausbildungen unterrepräsentiert. Jede fünfte Stelle ist demnach mit einer Auszubildenden besetzt. Während sich bei den Männern handwerklich-   85
technische Berufsbilder der größten Beliebtheit erfreuen, sind es bei den Frauen vor allem Berufe in Dienstleistung, Beratung und Verkauf. An der Spitze steht hier die Ausbildung zur Fachverkäuferin im Lebensmittelhandwerk,   90
bei der Frauen rund 87,9 % der Auszubildenden ausmachen, gefolgt von Friseurin (79,7 %) und Konditorin (73,9 %).

dpa-Meldung v. 06.02.2023
© dpa Deutsche Presse-Agentur GmbH

LIRE

VOCABULAIRE
Stratégie 288

3   Les bonnes recos pour trouver un stage

1 Reliez les expressions françaises à leur traduction allemande.

1. postuler comme éducateur / éducatrice
2. s'intégrer dans un groupe
3. travailler dans une crèche
4. se spécialiser dans un domaine
5. s'entraîner aux entretiens
6. décrocher un stage
7. se renseigner sur l'entreprise

a) sich in eine Gruppe integrieren
b) in einer Krippe arbeiten
c) sich über das Unternehmen informieren
d) sich als Erzieher(in) bewerben
e) einen Praktikumsplatz bekommen
f) für Vorstellungsgespräche üben
g) sich auf einen Bereich spezialisieren

une reco (fam.)
une recommandation
7 **SAPAT** berufsbildender Abschluss im Bereich Sozialwesen
9 **un paquet**
ici : beaucoup
23 **faire du forcing**
nicht locker lassen
24 **un levier**
ein Hebel
26 **l'EFAP** (f.) grande école de communication à Paris
27 **la relation média**
Medienkommunikation
28 **imposer qc à qn**
fordern
29 **valider**
anerkennen
33 **y aller au culot**
forsch sein
34 **postuler** sich bewerben
36 **une promo** ici :
Jahrgang einer Hochschule
59 **l'assurance** (f.)
Selbstbewusstsein

Fin janvier, c'est le moment de chercher un stage. Parfois vu comme un moment désagréable, pour certains il s'agit d'une vraie opportunité. Une fois qu'on a trouvé son stage,
5 il faut s'intégrer et en tirer profit.

Laura a tout juste 18 ans et un bac pro Services à la personne et aux territoires (SAPAT) en poche. Son objectif ? Devenir éducatrice. Les stages ? Elle en a déjà effectué un paquet
10 « *en mairie, en crèche ou encore en secrétariat* ». […]

« On cherche un bon stage, et l'entreprise un bon stagiaire »
Comme Laura, ils sont plusieurs centaines
15 de milliers par an à pousser la porte d'une entreprise et en formation à l'école […] : la jeune étudiante doit trouver trois stages dans l'année. « *Ma mère a des contacts dans la ville où j'habite, elle en a parlé à ses amis. Alors*
20 *j'ai fait ma lettre de motivation et mon CV et j'ai attendu trois mois avant qu'ils me répondent ! Il faut relancer tout le temps, au moins une fois par semaine et faire du forcing* […] »

Marine, elle, a utilisé d'autres leviers pour trouver ses stages. En première année de
25 master à l'EFAP, elle s'est spécialisée dans la communication en relation média. Les stages, elle connaît puisque son école en impose un par an pour valider chaque année.

[…] Pour trouver, elle est passée un peu
30 partout : une plateforme interne à l'école, Indeed, LinkedIn. Mais pas seulement : « *À l'école, on nous encourage à y aller au culot et postuler sans qu'il y ait d'annonces. Il ne faut pas hésiter à demander aux autres étudiants*
35 *de la promo s'ils ont eu de bonnes expériences ou non.* » […]

Ensuite, pour postuler, « *on essaie de faire un mail un peu particulier, en montrant qu'on est motivé et une lettre de motivation détaillée.*
40 *Il faut personnaliser tout le temps, même les mails, pour montrer qu'on ne postule pas en masse sans regarder chez qui on postule. On doit montrer qu'on est intéressé par l'entreprise, pas juste pour valider notre année.* […] »
45

La lettre de motivation a été un premier défi pour Laura.
« […] *En bac pro, ce qui est bien, c'est qu'on a des profs pour nous apprendre à en faire, mais je recommande de toujours l'améliorer*
50 *et la changer.* »
Dans les écoles aussi, les profs accompagnent leurs élèves : préparation aux entretiens, coaching, tout est possible pour permettre à leurs étudiants de pouvoir décrocher un
55 entretien, puis un stage. […] Le meilleur moyen de décrocher un stage passe par « *la connaissance de soi, pour convaincre et avoir de l'assurance. Même pour faire son CV,*

→

GRAMMAIRE

Le pronom en
Les stages ? Elle **en** a déjà effectué un paquet.

I 24 👤
interaktive Übungen
106, 2 📄

60 *il faut se connaître et pouvoir parler de soi et de ce qu'on est capable de faire ».* […]

« J'ai vu une évolution entre les entretiens et au fur et à mesure des années »
Laura a finalement décroché un entretien 65 une semaine avant le début théorique de son stage, après trois mois à attendre une réponse. Deuxième grande étape pour elle. *« Avant, j'avais préparé toutes les questions qui pouvaient être posées : pourquoi tu es là,* 70 *qu'est-ce qui t'intéresse, et pourquoi tu veux faire ce stage ? Je préparais mes réponses par écrit. »* […]

Marine, elle, a pu prendre confiance en elle grâce à l'enchaînement d'entretiens et de 75 stages. *« J'ai vu une évolution entre les entretiens et au fur et à mesure des années, j'y suis allée plus facilement. Au tout début, quand on est jeune, on stresse beaucoup, mais avec le temps, on est plus à l'aise. Je m'entrainais* 80 *aux questions, et je conseille de se renseigner sur l'entreprise et les personnes qui vont vous faire passer l'entretien, d'aller voir leur compte LinkedIn. »* De la même manière, entretenir son CV et son compte LinkedIn, *« tout ce qui* 85 *peut servir à notre vitrine »* est un vrai plus.

« Il faut se forcer à aller vers les gens »
[…] En entreprise, Marine est catégorique : avoir un bon comportement, c'est le B-a.ba.

« Arriver à l'heure, poser des questions aux autres personnes, s'intéresser à l'entreprise 90 *et au secteur, on est là pour découvrir, c'est là où tout se joue au final sur notre orientation »,* explique-t-elle. *« Il faut se forcer à aller vers les gens, apprendre à les connaître et montrer qu'on n'est pas juste là pour faire son stage ».* 95 D'autant qu'en fin de stage, en laissant une bonne impression, possible que l'entreprise se rappelle de vous quand elle cherchera quelqu'un. Avec *« un stage de fin d'année, on vise l'embauche ! »* […] 100

Claire Berthelemy, 30/01/2023,
www.leparisien.fr

2 Résumez en quelques phrases le sujet de cet article.

En plus 276, 2

3 Relevez dans le texte les recommandations pour trouver un stage.

4 D'après les témoignages, quel est le meilleur moyen de se préparer aux entretiens ?

5 À votre avis, quel est le profil d'un bon / d'une bonne stagiaire ? Présentez-le aux autres élèves.

VOCABULAIRE
106, 1–2 📄

6 À l'aide des mots et expressions que vous trouvez dans le texte, faites un filet à mots autour du sujet « postuler à un stage ».

107, 3–4 📄

Au choix

ÉCRIRE
Stratégie 309

7 « Il est important de savoir ce qu'on veut faire, mais encore plus important de savoir ce qu'on ne veut pas faire. » Commentez cette affirmation et démontrez comment un stage peut vous aider dans le choix de votre parcours professionnel.

PARLER

8 Pour renforcer la mixité dans le monde du travail, on devrait offrir des stages dans des métiers considérés comme « masculins » aux jeunes femmes et vice versa. Qu'en pensez-vous ? Justifiez vos réponses.

ÉCOUTER ET
REGARDER

V 16 ▷
Stratégie 292

4   ▷ Les jeunes au service de la nature

Le service civique
Le service civique permet à des jeunes de 16 à 25 ans de s'engager en tant que citoyens. Dans le programme « Jeunesse et nature », lancé en mars 2022, des jeunes volontaires s'occupent en France et en Europe de la protection de la biodiversité.

Ce reportage va à la rencontre de Léo qui effectue actuellement son service civique dans le parc national des Pyrénées.

Avant le visionnage

PARLER

1 Est-ce que faire un service civique vous semble intéressant pour entrer dans le monde professionnel ? Pourquoi (pas) ?

Pendant le visionnage

○ 277, 3

2 Nommez les activités principales de Léo.

3 Expliquez la motivation de Léo pour postuler au service civique et les projets qu'il a après avoir fini son service.

4 Décrivez en quoi le profil de Léo correspond bien au poste.

> ### EXPRESSIONS UTILES
>
> **un nid** Nest ; **une falaise** Klippe ; **un gypaète barbu** Bartgeier ; **un rapace** Greifvogel ; **un vautour** Geier ; **remettre un volet** *ici :* einen Teil hinzufügen ; **un tremplin** Sprungbrett ; **susceptible** anfällig ; **un accompagnateur / une accompagnatrice** Begleiter(in)

Après le visionnage

ÉCRIRE
Stratégie 312
D 25 🗎
Offres de service
civique
108, 1 🗎

5 Recherchez un poste de service civique dans un pays francophone et écrivez une lettre de motivation qui montre votre enthousiasme pour un tel projet professionnel. Votre filet à mots autour du sujet « postuler à un stage » peut vous aider.

5   À la ligne

LIRE
Stratégie 294
109, 1 🗎

1 Regardez la couverture du livre et lisez les informations dans l'encadré. Quelle relation voyez-vous entre le dessin et le roman ? Racontez.

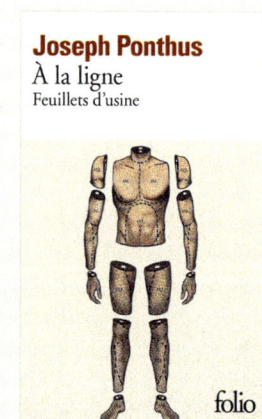

Joseph Ponthus
À la ligne
Feuillets d'usine

folio

À la ligne
À la ligne, paru en 2019, est un roman autobiographique de Joseph Ponthus.
L'auteur y décrit entre autres son travail sur une ligne de production dans les conserveries de poissons en Bretagne.

8 **vagabonder** umherschweifen
10 **tirer** ziehen
10 **tracter** schleppen
10 **trier** sortieren
10 **soulever** hochheben
10 **peser** wiegen
12 **s'entremêler** durcheinander- geraten

À l'usine
L'attaque est directe
C'est comme s'il n'y avait pas de transition avec le monde de la nuit
Tu re-rentres dans un rêve
5 Ou un cauchemar
La lumière des néons
Les gestes automatiques
Les pensées qui vagabondent
Dans un demi-sommeil de réveil
10 Tirer tracter trier porter soulever peser ranger
Comme lorsque l'on s'endort
Ne même pas chercher à savoir pourquoi ces gestes et ces pensées s'entremêlent
À la ligne
C'est toujours s'étonner qu'il fasse jour à l'heure de la pause quand on peut sortir fumer
15 et boire un café. […]
Quand tu en sors
Tu ne sais pas si tu rejoins le vrai monde ou si tu le quittes.

Extrait de : Joseph Ponthus : À la ligne (p. 18 – 19)
© Éditions La Table Ronde, Folio, 2019

2 Lisez le texte une première fois. Quelle première impression donne-t-il du travail à l'usine ?

3 a) À quoi l'auteur compare-t-il le travail à l'usine ? Relevez dans le texte le vocabulaire qui s'y rapporte.
   b) Puis expliquez cette comparaison.

Stratégie 295
○ 277, 4

4 Analysez les autres moyens stylistiques utilisés par l'auteur. Pour vous aider, commencez par lire le texte à voix haute.

5 Expliquez la dernière ligne : « *Tu ne sais pas si tu rejoins le vrai monde ou si tu le quittes* ».

VOCABULAIRE

6 Reliez les substantifs suivants aux verbes de la ligne 10.
Puis, à l'aide des expressions trouvées, décrivez le travail de l'auteur dans une usine de poisson.

un paquet   les outils   un appareil   une charge   une pièce   un carton

les poissons   un récipient   le matériel

LIRE

6   ☆ Ce midi, je suis frites.

PARLER
Point info 326

1 a) Avez-vous déjà travaillé dans la restauration rapide ou connaissez-vous quelqu'un qui y travaille ? Qu'est-ce que vous savez sur ce type de travail ?
   b) Quels aspects positifs et négatifs associez-vous à ce secteur ?

VOCABULAIRE
Stratégie 287

2 Trouvez le sens des mots suivants à l'aide d'un mot de la même famille ou d'une autre langue.

un rectangle   un équipier   un minuteur   décompter   une sonnerie   plonger   paner

la vapeur   un processus   garantir   conforme   une chaîne   manipuler

1	**un roulement** *ici :* Schicht- wechsel
4	**un tablier** Schürze
6	**strident(e)** schrill
6	**secouer** schütteln
6	**une panière** Korb
9	**appuyer** drücken
13	**les surgelés** *(m., pl.)* Tief- kühlprodukte
14	**le poignet** Handgelenk
14	**ployer** sich biegen
17	**la prod'** la production
18	**une pelle** Schaufel
19	**un cornet** Tüte
19	**racler** auskratzen
19	**un bac** Behälter
20	**lâcher** loslassen
23	**le soulagement** Erleichterung
31	**enchaîner** *ici :* wie am Fließ- band arbeiten
41	**gras(se)** fettig
42	**une volteface** un demi-tour
43	**un sachet** Tüte
44	**une cuve** Behälter
44	**égoutter** ab- tropfen lassen
45	**crépiter** *ici :* spritzen
46	**pincer** *ici :* stechen
51	**griffer** *ici :* brennen
64	**l'embal'** l'emballage *(m.)*

Ce midi un roulement, je suis frites. Les autres me disent bon courage et la formatrice réapparaît, c'est reparti. Quatre heures trente à faire, j'enfile le tablier de plastique, j'y suis.

5 Ils me donnent les consignes : aux sons stridents et lents, il faut secouer les panières, à ceux courts et pressants, sortir les frites de l'huile. D'autres sonneries retentissent mais ils disent c'est rien ça, tu n'as qu'à appuyer.
10 Je jette un coup d'oeil à l'écran des commandes juste au-dessus de ma tête, je ne lis pas, je vois bien qu'il y en a trop, j'appuie sur le bouton. Des rectangles surgelés tombent dans la panière. Je la saisis, mon poignet ploie, je la
15 plonge et le minuteur commence le décompte. Les équipiers derrière moi disent augmente ta prod' là, fais ta prod' allez.

La pelle à frites dans la main, je remplis les cornets, racle les bacs mais les alarmes
20 m'arrêtent, je lâche tout, réponds à l'appel. J'appuie, la sonnerie s'arrête, je secoue la panière, j'en plonge une nouvelle et mon soulagement dure quatre secondes, il faut valider, vingt secondes, il faut secouer, trois
25 minutes, il faut sortir les frites. Une équipière me reprend pourquoi tu lâches ta pelle, je veux que tu ne la relâches que quand tu as fait toute ta prod'. Je ne suis plus seule avec mes frites, ils surveillent mon travail, de la
30 façon dont je tiens la pelle aux mouvements des panières, je dois enchaîner. [...] Quelqu'un me dit en fait il faut que tu plonges dès que tu relèves une panière, tu vois ? tac, tac, tu vois où ? pourquoi tu le fais pas alors ?

35 Les signaux sonores, lents, deux en même temps, rapides, au début j'hésite, c'est les friteuses qui sonnent ou les poissons panés plus loin dans la cuisine ? [...] De nouvelles alarmes, les commandes internet sur le tableau
40 de bord derrière moi, mes mains sont trop grasses, le bruit me fatigue, je secoue la panière, lâche, reprends, ça sonne, volte-face, la pelle avec le sachet au bout, la panière suspendue au-dessus des cuves, égoutter,
45 secouer doucement, l'huile crépite et vient pincer mes avant-bras, allez c'est bon là, il faut

pas y passer des heures non plus, je la vide, je la jette avec les autres. Les clients qui renvoient leurs frites trop froides, envie de plonger leurs mains dans l'huile bouillante, 50 les miennes rouges, le sel griffe.

Un équipier a besoin d'une moyenne frite en urge et je la fais. Merci moyenne frite ! Ils ne connaissent toujours pas mon prénom. [...]

Une vapeur m'enveloppe à chaque panière 55 plongée. De leurs tables, les clients peuvent observer le processus : je suis au seul poste de cuisine visible depuis la salle. Je range les sachets par taille, petits, moyens, grands et, à côté de moi, les équipiers préparent les 60 burgers armés de pistolets à sauces, empaquettent, les font glisser jusqu'au tapis roulant central. Un manageur s'exclame attention l'embal' et un équipier des cuisines répond merci embal'. Ici personne ne cuisine, 65 nous sommes occupés à garantir une température élevée, un aspect correct, conforme à ce que le client connaît déjà ou a pu goûter dans un autre restaurant de la chaîne. Nous manipulons l'équipement 70 de production et nos gestes sont les mêmes que ceux des équipiers d'il y a vingt ans. [...]

Extrait de : Claire BAGLIN „En salle", (p. 107–109; p. 112)
© Éditions de Minuit, 2022

110, 1

En plus 277, 5

3 Faites la liste des tâches de la protagoniste et présentez-les.

4 Analysez les caractéristiques du travail dans la restauration rapide décrites dans le texte en tenant compte des aspects suivants.

le rôle du temps   le déroulement du travail   la relation entre les employés

○ 277, 6

5 L'autrice décrit les sensations ressenties par la protagoniste (bruits, sensations physiques…). Donnez-en quelques exemples et commentez leur effet sur les lecteurs / lectrices.

6 Quelles caractéristiques du travail dans la restauration rapide est-ce qu'on découvre dans cet extrait ? Comparez à vos réponses de l'exercice 1.

7 Jouez la scène décrite par l'autrice. La liste des tâches faite dans l'exercice 3 peut vous aider.

Stratégie 302

LIRE
Point info 327

7 ☆ Au Bonheur des Dames

1 Faites quatre groupes. Chaque groupe cherche des informations et des photos sur un des premiers grands magasins parisiens : Au bon marché, Le bazar de l'Hôtel de ville, Le Printemps et La Samaritaine. Puis présentez votre grand magasin aux autres.

Emile Zola et *Au Bonheur des Dames*
Emile Zola (1840 – 1902) est un écrivain et journaliste qu'on considère comme un des plus grands représentants du naturalisme, un courant littéraire qui a pour but de décrire la réalité de façon très minutieuse.

La protagoniste principale est Denise Baudu, une jeune fille originaire de Normandie. Après des débuts difficiles à Paris dans le commerce de son oncle, puis au Bonheur des Dames, elle se fait une place dans le grand magasin et est nommée seconde.

2 **un inventaire** Inventur
6 **une entorse** Verstauchung
8 **madame Aurélie** *la responsable du rayon*
9 **gâter qn** verwöhnen
9 **se hâter** se dépêcher
11 **un rayon** Abteilung
14 **boiter** humpeln
25 **un rétablissement** Genesung
27 **paternel(le)** < un père
29 **se méprendre** se tromper

Le premier dimanche d'août, on faisait l'inventaire, qui devait être terminé le soir même. […]
Denise n'était pas descendue à huit heures,
5 avec les autres vendeuses. Retenue depuis le jeudi dans sa chambre, par une entorse prise en montant aux ateliers, elle allait enfin beaucoup mieux ; mais, comme madame Aurélie la gâtait, elle ne se hâtait pas, achevait
10 de se chausser avec peine, résolue cependant à se montrer au rayon. […]

Quand elle fut chaussée, elle essaya de marcher dans la pièce. Il lui fallut s'appuyer aux meubles, car elle boitait encore. Mais cela
15 s'échaufferait. […]
Doucement, elle continuait de s'essayer à marcher, en se promettant de se coucher de bonne heure, afin de reposer sa jambe, lorsque la surveillante, madame Cabin, frappa
20 et lui donna une lettre, d'un air de mystère.

La porte refermée, Denise, étonnée du sourire discret de cette femme, ouvrit la lettre.
Elle se laissa tomber sur une chaise : c'était une lettre de Mouret, où il se disait heureux de son rétablissement et la priait de descendre 25
le soir dîner avec lui, puisqu'elle ne pouvait sortir.
Le ton de ce billet, à la fois familier et paternel, n'avait rien de blessant ; mais il lui était impossible de se méprendre, le *Bonheur*

→

GRAMMAIRE
Les temps du passé
· On **faisait**
l'inventaire…
· Elle **essaya** de
marcher…
· Clara **avait dîné**…

I 25
interaktive Übungen
V 17
Erklärvideo
111, 1

30 connaissait bien la signification vraie de
ces invitations, une légende courait là-dessus :
Clara avait dîné, d'autres aussi, toutes celles
que le patron remarquait. Après le dîner,
comme disaient les commis farceurs, il y avait
35 le dessert. Et les joues blanches de la jeune fille
étaient peu à peu envahies par un flot de sang.

Alors, la lettre glissée entre les genoux, le cœur
battant à coups profonds, Denise resta les yeux
fixés sur la lumière aveuglante d'une des
40 fenêtres. C'était un aveu qu'elle avait dû se
faire, dans cette chambre même, aux heures
d'insomnie : si elle tremblait encore quand il
passait, elle savait maintenant que ce n'était
pas de crainte […] Elle ne raisonnait pas, elle
45 sentait seulement qu'elle l'avait toujours aimé,
depuis l'heure où elle avait frémi et balbutié
devant lui. Elle l'aimait lorsqu'elle le redoutait
comme un maître sans pitié […]. Peut-être se
serait-elle donnée à un autre, mais jamais elle
50 n'avait aimé que cet homme dont un regard la
terrifiait. […]. La lettre glissa jusqu'à terre,
Denise regardait toujours la fenêtre, dont le
plein soleil l'éblouissait.

Brusquement, on frappa, et elle se hâta de
55 ramasser la lettre, de la faire disparaître dans sa
poche. C'était Pauline, qui, s'échappant de son
rayon sous un prétexte, venait causer un peu.
— Êtes-vous remise, ma chère ? On ne se
rencontre plus.
60 Mais, comme il était défendu de remonter
dans les chambres, et surtout de s'y enfermer
à deux, Denise l'emmena au bout du couloir,
où se trouvait le salon de réunion, une
galanterie du directeur pour ces demoiselles,

qui pouvaient y causer ou y travailler, 65
en attendant onze heures. La pièce, blanc et or,
d'une nudité banale de salle d'hôtel, était
meublée d'un piano, d'un guéridon central, de
fauteuils et de canapés recouverts de housses
blanches. Du reste, après quelques soirées 70
passées entre elles, dans le premier feu de la
nouveauté, les vendeuses ne s'y rencontraient
plus, sans en arriver tout de suite aux mots
désagréables. […]
— Vous voyez, mon pied va mieux, dit Denise. 75
Je descendais.
— Ah bien ! cria la lingère, en voilà du zèle ! …
C'est moi qui resterais à me dorloter, si j'avais
un prétexte !
Toutes deux s'étaient assises sur un canapé. 80
L'attitude de Pauline avait changé, depuis que
son amie était seconde aux confections.
Il entrait, dans sa cordialité de bonne fille, une
nuance de respect, une surprise de sentir la
petite vendeuse chétive d'autrefois en marche 85
pour la fortune. Cependant, Denise l'aimait
beaucoup et se confiait à elle seule, au milieu
du continuel galop des deux cents femmes que
la maison occupait maintenant.
— Qu'avez-vous ? demanda vivement Pauline, 90
quand elle remarqua le trouble de la jeune fille.
— Mais rien, assura celle-ci, avec un sourire
embarrassé.
— Si, si, vous avez quelque chose … Vous vous
méfiez donc de moi, que vous ne me dites plus 95
vos chagrins ?
Alors, Denise, dans l'émotion qui gonflait sa
poitrine et qui ne pouvait se calmer,
s'abandonna. Elle tendit la lettre à son amie, en
balbutiant : 100
— Tenez ! Il vient de m'écrire.
Entre elles, jamais encore elles n'avaient parlé
ouvertement de Mouret. Mais ce silence même
était comme un aveu de leurs secrètes
préoccupations. Pauline n'ignorait rien. Après 105
avoir lu la lettre, elle se serra contre Denise, la
prit à la taille, pour lui murmurer doucement :
— Ma chère, si vous voulez que je sois franche,
je croyais que c'était fait … Ne vous révoltez
donc pas, je vous assure que tout le magasin 110
doit le croire comme moi. Dame ! Il vous a
nommée seconde si vite, puis il est toujours
après vous, ça crève les yeux !

Émile Zola : Au bonheur des dames (chapitre 10,
p. 325 – 364), G. Charpentier et E. Fasquelle, Paris 1883

○ 277, 7

2 Présentez brièvement Denise et la situation dans laquelle elle se trouve.

3 D'après les informations données dans le texte, dites quelle position occupe Mouret au *Bonheur des Dames*.

VOCABULAIRE
112, 2 📄

4 a) Relevez dans le texte les mots et expressions utilisés pour décrire les sentiments de Denise envers Mouret.
b) Puis analysez leur relation.

5 Quel rôle est-ce que Pauline joue pour Denise ?

6 a) Mettez en relation le nom du magasin avec les conditions de travail décrites dans le roman.
b) À votre avis, quelles autres dames sont également évoquées dans le nom ?

Au choix

PARLER
Stratégie 302

7 Imaginez la réaction de Denise à la dernière réflexion de Pauline (l.108 – l.113) ainsi que la suite de leur conversation. Puis jouez leur échange.

ÉCRIRE
Stratégie 309

8 Ce roman a été écrit en 1883. À votre avis, est-il toujours d'actualité ?
Prenez position dans un commentaire.

PARLER
Stratégie 304
Point info 325
113, 1 📄

8   En grève !

1 Décrivez les personnages (mimique, gestes, position, …) et expliquez leur relation.

○ 278, 8

2 D'après ce dessin humoristique, quelle force la grève a-t-elle en France ?

3 Pensez-vous que la grève est un moyen adéquat pour obtenir de meilleures conditions de travail ? Justifiez vos réponses.

4 Imaginez au moins une raison pour laquelle vous feriez grève (à l'école, au travail, …) et échangez en classe.

ÉCOUTER

9 🔊 **Eksassaute**

eksassaute
et que ça saute !
(fam.) und zwar
schnell!
3 **un(e) môme**
un(e) enfant
4 **grimper les**
échelons *(m.)*
beruflich auf-
steigen
5 **la terre promise**
gelobtes Land
14 **ci-gît** hier ruht
16 **sainte Thérèse**
de Lisieux
frz. Heilige
22 **un(e) consul-**
tant(e) *Unter-*
nehmensbera-
ter(in)
22 **un(e) peintre**
Maler(in)
24 **un teint leste**
lebhafte
Gesichtsfarbe
25 **imposer qc à qn**
obliger qn
à faire qc
25 **un stabilo**
Marker
26 **une cote**
ici : Wert
26 **monter en**
flèche in die
Höhe schießen
26 **un(e) publiciste**
< une publicité
28 **un pinceau**
Pinsel
29 **se figer**
erstarren
31 **sauver qn**
(angl.) to save

J'ai fait des études et puis j'ai passé des diplômes
Et puis j'ai passé des concours, je suis un homme, déjà
plus môme
J'ai grimpé doucement les échelons de l'entreprise
5 Et puis j'ai monté ma structure, je vois enfin ma terre
promise
Il a fallu que j'aille vers plus de productivité

Aller chercher d'autres marchés pour ma petite activité
Je ne compte plus mes heures, je retrousse mes
10 manches
Je suis même contre l'ouverture des églises le dimanche
Mais victime de dumping, concurrence made in Chine
Ci-gît (ci-gît) ma petite fabrique de trampoline
Maintenant je me rends compte que j'aurais pu ouvrir
15 les yeux
Trouver du temps, de la lumière, comme sainte Thérèse à Lisieux

Refrain
Donne, d'autant de temps de ta vie pour toi, pour tes amis, n'oublie pas de le faire tête haute
Libère-toi du dogme une seconde et que ça saute
20 D'autant de temps de ta vie pour toi, pour tes amis, n'oublie pas de le faire tête haute
Et libère-toi du dogme une seconde EKSASSAUTE

C'est une consultante qui a rencontré un peintre
Et elle lui slame dans l'oreille des histoires de luxe et d'absinthe
Il avait le teint leste et ne peignait que des pastels
25 Elle lui impose le stabilo, le déjà-vu, le faux soleil
Sa cote monte en flèche, elle a séduit les publicistes
Et il est là comme un bilingue qui ne parle plus d'art mais de chiffres
Le pinceau se rebelle, la création dirige
Sur terre le temps s'arrête, au ciel les étoiles se figent
30 Savez-vous (saviez-vous) que la lune influe sur les marées
Créant un tremblement d'âme qui l'a touchée, qui l'a sauvée
Maintenant elle se rend compte qu'elle aurait pu ouvrir les yeux
Trouver du temps, de la lumière, comme sainte Thérèse à Lisieux

Refrain

MC Solaar
Claude M'Barali (nom de scène
MC Solaar) est un rappeur français
d'origine tchadienne, qui rend le rap
populaire en France dès 1990.
Son album *Géopoétique* est sorti
en 2017.

Eksassaute, T: Mc Solaar © Rechte beim Urheber

Stratégie 291

1 a) Écoutez la chanson et décrivez son style et son rythme.
   b) Aimez-vous ce style ? Donnez votre avis.

2 Travaillez à deux.
   a) A résume le parcours professionnel de la personne de la première strophe.
      B résume la relation entre la consultante et le peintre présentée dans la 2ᵉ strophe :
      quelle est leur vision de ce qui est important dans le travail ?
   b) À l'aide du refrain, dégagez le message de votre strophe.
   c) Puis présentez votre strophe à votre partenaire.

PARLER
114, 1 📄

3 Notez des mots et expressions qui décrivent votre vie professionnelle idéale.
   Puis présentez-la dans un monologue minute.

LIRE
D 26
Texthilfe
Point info 319

10 ☆ Les « déserteurs »

1 Expliquez ce qu'est un déserteur. Imaginez d'autres contextes dans lesquels on pourrait utiliser ce mot.

Les grandes écoles en France
En France, quand on fait des études longues, on peut aller à l'université ou bien dans une « grande école ». Mais pour intégrer ces grandes écoles, il faut passer un concours très sélectif.
AgroParisTech est l'une des grandes écoles d'ingénieurs les plus réputées en France.

Voici un extrait du discours que huit diplômés d'AgroParisTech ont prononcé le 30 avril 2022 lors de la remise des diplômes.

4 **un ravage** Verwüstung
8 **trafiquer une plante** eine Pflanze modifizieren
8 **un labo** un laboratoire
10 **l'asservissement** (m.) Unterwerfung
12 **soigner** behandeln
16 **une grenouille** Frosch
17 **un papillon** Schmetterling
19 **nuire à qn** faire du mal
30 **perpétuer** aufrechterhalten
31 **un poids** Gewicht
36 **clocher** (fam.) nicht stimmen
42 **une ZAD** une zone à défendre *von Aktivisten besetztes Gebiet*
43 **l'agriculture vivrière** Nahrungsmittelanbau
46 **l'apiculture** (f.) Imkerei
48 **l'accaparement** (m.) Aufkauf
54 **un(e) paysan(ne)** Bauer / Bäuerin
55 **un brasseur / une brasseuse** Brauer(in)
55 **un arboriculteur / une arboricultrice** Baumpfleger(in)

Nous sommes plusieurs à ne pas vouloir faire mine d'êtres fières et méritantes d'obtenir ce diplôme à l'issue d'une formation qui pousse globalement à participer aux ravages sociaux 5 et écologiques en cours. […]

AgroParisTech forme chaque année des centaines d'élèves à travailler pour l'industrie de diverses manières : trafiquer en labo des plantes pour les multinationales qui renforcent 10 l'asservissement des agricultrices et des agriculteurs, concevoir des plats préparés et ensuite des chimiothérapies pour soigner les maladies causées, inventer des labels « bonne conscience » pour permettre aux cadres de se 15 croire héroïques en mangeant mieux que les autres, […] ou encore compter des grenouilles et des papillons pour que les bétonneurs puissent les faire disparaître légalement. Ces jobs sont destructeurs et les choisir, c'est nuire 20 en servant les intérêts de quelques-uns. C'est pourtant ces débouchés qui nous ont été présentés tout au long de notre cursus à AgroParisTech. En revanche, on ne nous a

jamais parlé des diplômés qui considèrent que ces métiers font davantage partie des 25 problèmes que des solutions et qui ont choisi de déserter. […]

À vous qui avez accepté un boulot parce qu'il faut bien une première expérience, à vous dont les proches travaillent à perpétuer le système 30 et qui sentez le poids de leur regard sur vos choix professionnels, à vous qui, assise derrière un bureau, regardez par la fenêtre en rêvant d'espace et de liberté. […] Nous voulons vous dire que vous n'êtes pas les seuls à trouver qu'il 35 y a quelque chose qui cloche, car il y a vraiment quelque chose qui cloche. Nous aussi, nous avons douté et nous doutons parfois encore, mais nous refusons de servir ce système et nous avons décidé de chercher d'autres voies, 40 de construire nos propres chemins. […]

– J'habite depuis 2 ans à la ZAD de Notre-Dame-des-Landes où je fais de l'agriculture collective et vivrière, entre autres choses.
– Moi, je suis en cours d'installation en 45 apiculture dans le Dauphiné.
– J'ai rejoint le mouvement *Les Soulèvements de la Terre* pour lutter contre l'accaparement des terres agricoles et leur bétonnisation partout en France. 50
– Je vis à la montagne, j'ai fait un boulot saisonnier et je me lance dans le dessin.
– On s'installe en collectif dans le Tarn sur une ferme *Terre de liens* avec un paysan boulanger, des brasseurs et des arboriculteurs. 55
– Je m'engage contre le nucléaire près de Bure.

→

67 **un(e) ingénieur(e) agro(nome)** Diplomlandwirt(in)
68 **un(e) patron(ne)** un(e) chef(fe)
70 **un pavillon** une maison
72 **un gîte** Ferienunterkunft
75 **filer** *ici :* disparaître
77 **être coincé(e)** festsitzen
79 **des sous** *(m., pl.)* de l'argent

– Je me forme aujourd'hui pour m'installer demain et travailler de mes mains.

60 Nous considérons que ces façons de vivre sont plus que nécessaires et nous savons qu'elles nous rendront plus fortes et plus heureuses. Vous craignez de faire un pas de côté parce qu'il ne ferait pas bien sur votre CV, de vous éloigner de votre famille et de votre réseau, 65 de vous priver de la reconnaissance que vous vaudrait une carrière d'ingé agro, mais quelle vie voulons-nous ? Un patron cynique ? Un salaire qui permet de prendre l'avion ? Un emprunt sur 30 ans pour un pavillon ? 70 Même pas cinq semaines pour souffler par an dans un « gîte insolite » ? Un SUV électrique, un fairphone et une carte de fidélité à la Biocoop ? Et puis un burn-out à 40 ans ? Ne perdons pas notre temps et surtout, ne laissons pas filer 75 cette énergie qui bout quelque part en nous, désertons avant d'être coincés par des obligations financières, n'attendons pas que nos mômes nous demandent des sous pour faire du shopping dans le métavers parce que 80 nous aurons manqué de temps pour les faire rêver à autre chose. […]
À vous de trouver vos manières de bifurquer. […]

Billet de Blog „Remise des diplômes
AgroParisTech : appel à déserter", Mediapart

2 À qui s'adressent les diplômé(e)s ?

3 a) Faites la liste des contenus de leur formation à AgroParisTech et des conséquences qui en résultent.
b) Expliquez pourquoi ces jeunes ne sont pas fiers de leur diplôme.

4 Cherchez la définition du verbe « bifurquer » dans un dictionnaire (en ligne) et relevez dans le texte des exemples qui montrent que ces étudiants ont bifurqué.

5 Après le discours, on a appelé ces diplômés « les déserteurs ». En vous référant à vos réponses de l'exercice 1, expliquez pourquoi.

6 Analysez le vocabulaire et les moyens stylistiques employés par les étudiant(e)s pour
a) exprimer leur critique.
b) pour atteindre leur public.
Regardez pour cela aussi sur Internet la vidéo du discours.

ÉCOUTER ET REGARDER
Stratégie 292
116, 1

Au choix

7 Est-ce que vous comprenez ces étudiants ? Justifiez votre position dans un commentaire personnel.

ÉCRIRE
Stratégie 309

8 Imaginez les réactions du public présent à la remise des diplômes.
Répartissez-vous les rôles suivants :

PARLER
Stratégie 302

| un(e) étudiant(e) de AgroParisTech | un parent d'un(e) des jeunes sur scène |
| un(e) professeur(e) de la grande école | un(e) futur(e) employeur / employeuse |

Puis jouez leur discussion.

LIRE

11 Et si les jeunes avaient raison ?

Le texte suivant n'est pas annoté. Si nécessaire, cherchez les mots inconnus dans un dictionnaire (en ligne). N'oubliez pas : il n'est pas nécessaire de chercher chaque mot pour comprendre le texte de manière globale.

Stratégies 287, 288

Et si la nouvelle génération, en attendant de leur entreprise qu'elle respecte un équilibre entre vie privée et professionnelle et garantisse flexibilité et autonomie dans le
5 **travail, réussissait à consacrer un nouveau rapport au travail ?**

L'extrait tourne sur les réseaux sociaux : dans la manif des retraites, Enzo, 21 ans, explique que c'est tout le rapport au travail qui doit être
10 repensé. « *On doit limiter le temps de travail, limiter le temps que l'on donne au capitalisme* », dit-il. Il appelle même… à une retraite dès 50 ans, avec une semaine de vingt heures. Il incarne une génération qui n'a plus le même
15 rapport au travail.
Déstabilisant, parfois, pour les aînés, qui ne comptaient pas leurs heures et se résignaient souvent à accomplir un travail perçu comme un « devoir ». Les métiers les plus difficiles font
20 face à des difficultés de recrutement : ainsi de ce patron d'une entreprise de BTP qui se plaint que des jeunes cessent leur activité au pied levé pour partir ailleurs, idem pour nombre de restaurateurs qui n'arrivent plus à embaucher
25 de serveurs. Même les métiers plus attractifs ne font plus envie, seuls quelques CV reçus pour un poste de DRH dans une grande entreprise. Ça coince aussi pour des professions telles que médecin, les nouveaux
30 arrivants ne voulant plus subir les horaires auxquels les générations précédentes ont été astreintes, au service de leurs patients douze heures par jour. Les jeunes seraient devenus paresseux, individualistes, entend-on parfois.
35 En réalité, ils proposent autre chose, et il est intéressant de le comprendre et peut-être de s'en inspirer pour faire évoluer le monde du travail. Et la crise du Covid semble avoir accéléré cette mutation.

40 **Le télétravail plébiscité**
Plusieurs sondages ont objectivé cette tendance. Ainsi, 78 % des 18 – 24 ans n'accepteraient pas un emploi qui n'a pas de sens pour eux, selon une enquête de Yougov
45 pour le site Monster, en septembre 2021. Ils sont même 63 % à être prêts à accepter un

poste plus précaire pour un emploi qui a du sens. Une étude de l'Institut Montaigne, réalisée en 2022 auprès de 8 000 jeunes de 18 à 24 ans, montre que le premier critère pour 50 choisir un travail est celui de la passion pour 42 % d'entre eux, contre 33 % pour leurs parents. Le critère du salaire compte pour seulement 25 % d'entre eux.
Les jeunes attendent dorénavant que 55 l'entreprise soit en accord avec leurs engagements, en premier lieu le respect de l'environnement. Parmi les autres critères, l'équilibre entre vie privée et vie professionnelle, la flexibilité et l'autonomie 60 dans le travail. Un sondage publié par l'ADP Research Institute, qui a interrogé 32 924 actifs dans 17 pays, dont 1951 en France, en novembre 2021, donne un chiffre surprenant : 53 % des 18 – 24 ans sont prêts à démissionner 65 s'il est impossible de télétravailler dans leur entreprise (contre 38 % de l'ensemble des Français).
Selon une étude BVA pour la Fondation Jean-Jaurès et la Macif, beaucoup aspirent à un 70 régime hybride, travail à distance et présence au bureau, c'est le cas de 4 jeunes sur 10. Intéressant de voir que les entreprises commencent à s'adapter, en proposant de plus en plus des jours de télétravail. Le cabinet de 75 conseil Accenture offre même à ses salariés la possibilité d'un congé de « priorité personnelle » de trois mois, rémunéré à 50 % du salaire brut, pour réaliser des projets. Une révolution à bas bruit en marche ? 80

Laure Daussy. Dans: Charlie Hebdo, 25.01.2023

116, 1 ; 117, 2 🗐

1   Résumez l'attitude de la génération actuelle face au travail.

2   Décrivez les conséquences qu'a cette attitude sur le marché du travail.

3   a) Dégagez les critères importants pour les jeunes quand ils choisissent un travail.
      b) Comment est-ce que les entreprises réagissent aux attentes des jeunes ?

117, 3 🗐

4   À l'aide des chiffres du texte, présentez les informations données sous forme de diagrammes.

VOCABULAIRE
117, 4 🗐

5   a) Trouvez dans l'article les mots qui correspondent aux explications suivantes.
       1. un rassemblement public organisé pour protester contre quelque chose
       2. le / la chef(fe) d'une entreprise
       3. un poste dans lequel la personne s'occupe des questions liées au personnel
       4. quitter son travail
       5. ce qu'un(e) employé(e) reçoit à la fin du mois pour son travail

👥

      b) Choisissez ensuite six autres mots du texte qui font partie du champ lexical « le monde du travail ». Expliquez-les en français à un(e) partenaire qui devine de quel mot il s'agit.

6   Représentez sous forme d'une affiche (numérique) vos propres attentes envers votre premier travail.

ÉCRIRE
○ 278, 9

7   Mettez en rapport la vision du travail et l'importance que les jeunes accordent au travail décrites dans cet article avec celles présentées dans *Les déserteurs* (pages 175 – 176) et *Eksassaute* (page 174).

ÉCOUTER
A 17 🔊
Stratégie 291

12 🔊 Paroles de jeunes

Tous les mercredis, France Bleu Périgord reçoit des jeunes de la région qui parlent de leurs projets. Aujourd'hui, Lucas et Charlotte présentent leur start-up Image'In.

> **BTS et DUT**
> En France, les formations courtes sont le BTS et le DUT. Ce sont des diplômes bac + 2, c'est-à-dire que ces formations durent deux ans après le bac.

PARLER
👥

Avant l'écoute

1   À deux, nommez des défis et des avantages quand on fonde une start-up pendant ses études. Puis présentez-les en classe : y a-t-il plus d'avantages ou plus de défis ?

Pendant l'écoute

Écoutez l'émission et répondez aux questions.

118, 1 🗐

2   Indiquez les raisons qui ont motivé Lucas et Charlotte à créer leur start-up.

3   Présentez les services qu'ils veulent proposer aux entreprises.

4   Décrivez où en sont Lucas et Charlotte dans le développement de leur start-up.

5   Expliquez pourquoi il est important pour les deux jeunes de soutenir des entreprises locales.

EXPRESSIONS UTILES

une marque digitale une marque développée uniquement sur Internet ;
un cursus Studiengang ; **sur le long terme** auf lange Sicht ; **un accompagnement** Betreuung ; **prospecter** um Kunden werben ; **la Dordogne** un département du sud-ouest ; **périgourdin(e)** qui vient de la région du Périgord

ÉCRIRE

Au choix

6 Mettez-vous à la place de Lucas et Charlotte et rédigez le post qu'ils publient sur les réseaux sociaux pour présenter leurs services.

7 Créez un logo accompagné d'un slogan pour la start-up *Image'In*.

PARLER
Stratégie 304

13 L'intelligence artificielle au travail : chance ou menace ?

119, 1

1 Dégagez le message du dessin humoristique à gauche.

2 Regardez le dessin humoristique à droite.
Qu'est-ce que c'est pour vous, la « connerie naturelle » ?
Que pensez-vous de cette citation du Chat ?
Donnez quelques exemples qui illustrent votre avis.

1 **un(e) salarié(e)**
un(e) employé(e)
2 **redouter qc**
avoir peur de qc
12 **à terme**
langfristig

Plus d'un salarié sur trois dans le monde, 36 % exactement, redoutent que leur métier soit éliminé par l'intelligence artificielle dans les dix années à venir, selon une étude menée par le Boston consulting group dans 18 pays, dont la France, auprès de 13 000 personnes, employés, managers et dirigeants, principalement dans de grandes entreprises.

En France, on est encore un peu plus pessimiste, avec 42 % des personnes interrogées qui pensent que l'IA pourra à terme leur prendre leur travail. La France se place en deuxième place des pays les plus pessimistes sur ce point. […]

© Philippe Dupont, 08/06/2023,
https://www.francetvinfo.fr (gek.)

En plus 278, 10

3 Résumez en une phrase les doutes que, selon l'extrait, beaucoup de personnes ont au sujet de l'intelligence artificielle.

MK
Stratégie 289

4 a) Faites des recherches en ligne et présentez quelques métiers que l'intelligence artificielle a déjà remplacés ou dans lesquels elle a pris en charge des tâches.
b) Y a-t-il aussi des métiers qui seront créés grâce à l'IA ? Continuez vos recherches en ligne.

14 La révolution de l'intelligence artificielle en médecine

1 **un chercheur /
une chercheuse**
Forscher(in)

1 **la cancérologie**
Krebsforschung

6 **soigner**
behandeln

23 **accomplir** faire

28 **notamment**
vor allem

29 **une prédiction**
Voraussage

32 **guérir** heilen

45 **la radiothérapie**
Strahlentherapie

48 **un rayon** Strahl

50 **coupe par coupe**
Schicht für
Schicht

51 **irradier**
bestrahlen

57 **consacrer qc
à qn** widmen

59 **l'imagerie** (f.)
bildgebendes
Verfahren

60 **prédictif /
prédictive**
< une prédiction

61 **un(e) patient(e)
à risque** Risiko-
patient(in)

62 **un soin**
< soigner

Médecin-chercheur en cancérologie, Jean-Emmanuel Bibault est un des pionniers français dans le domaine de l'intelligence artificielle (IA).
Dans un ouvrage grand public, il explique de
5 *quelle manière les machines vont bientôt nous soigner mieux que nous ne saurions le faire.*

Comment définir le plus simplement possible l'intelligence artificielle ?

Difficile, sachant qu'on ne sait déjà pas trop
10 définir l'intelligence naturelle … L'intelligence artificielle est un ensemble de techniques et de méthodes informatiques qui vise à créer des machines capables de simuler l'intelligence humaine. […]

15 ### Étant dépendante de l'homme, peut-on dire que l'IA n'est pas intelligente ?

Le message important à faire passer, c'est que l'IA, ce n'est pas de la magie ! Il y a toujours derrière des hommes qui la pilotent.
20 Quand on utilise de l'IA en médecine, on peut s'en servir pour faire ce que les humains savent déjà accomplir, comme interpréter un scanner. Il est facile dans ce cas
25 de valider le travail de l'IA. En revanche, quand on confie à l'IA des tâches que l'humain ne sait pas accomplir, notamment des tâches de prédiction pour savoir, des
30 années à l'avance, si on va développer une maladie et la probabilité d'en guérir, c'est plus délicat car nous ne sommes pas capables de valider le résultat. Nous n'avons
35 pas de code standard. Ce qui est certain, c'est que l'IA est plus forte que nous pour faire de la prédiction. Notre cerveau est capable de faire de bonnes prédictions lorsqu'on tient compte de moins de 5 variables. L'IA, elle, est capable
40 d'interpréter des milliers de variables ! […]

Dans le domaine de la médecine, vous annoncez une véritable révolution. Comment va-t-elle se traduire ?

Il y a déjà des actes de routine, en cancérologie et en radiothérapie, qui sont concernés. Jusqu'à 45 maintenant, par exemple, on se servait des scanners des patients pour définir l'endroit où on devait envoyer des rayons. Pour le médecin, il fallait « contourer » les images de la tumeur coupe par coupe, mais aussi celle des organes 50 à protéger pour ne pas les irradier. L'IA permet de faire ça en deux minutes, alors qu'il faut trois heures au médecin. Dans les années qui viennent, le praticien va faire de moins en moins de technique et de plus en plus 55 d'humain. Nous aurons plus de temps à consacrer au patient. On va vers une interprétation automatisée et beaucoup plus rapide de l'imagerie, vers la création de modèles prédictifs très puissants qui nous 60 permettront d'identifier les patients à risque et de personnaliser les soins.

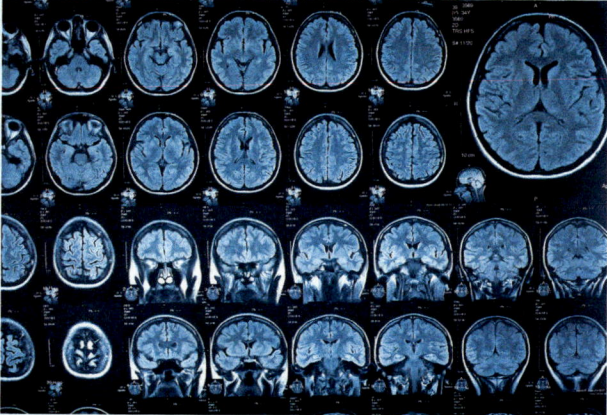

La machine soigne-t-elle mieux que les médecins ?

Actuellement, non. Dans certains cas, en se 65 projetant, il n'est pas impossible que la machine fasse un peu mieux que l'homme. Avant, sur la phase de diagnostic, mais aussi plus tard, sur le thérapeutique voire le geste lui-même. On peut imaginer qu'en 70 radiothérapie ou en chirurgie, d'ici quinze ou vingt ans, la machine puisse traiter le patient de façon quasi autonome.

→

89 **un traitement** *(angl.)* treatment
94 **de la même échelle** im gleichen Umfang

Aura-t-on encore besoin dans vingt ans
75 **de former des médecins ?**
Il faudra toujours former des médecins, ne serait-ce que pour vérifier que l'IA ne fait pas n'importe quoi ! Mais je pense qu'il va falloir modifier la formation des médecins.
80 Il faudra les former à l'IA car elle modifie les pratiques.

Quel calendrier peut-on avancer pour une généralisation de la pratique en France ?
Pour la radiothérapie, cela va aller très vite.
85 D'ici cinq ans, tous les centres pratiqueront.

Pour les tâches plus complexes, je pense que dans dix ans, il y aura de l'IA à tous les niveaux de la chaîne de soins, du diagnostic à la prédiction en passant par le traitement.
On a fêté les seize ans de l'Iphone il y a 90 un mois, et je me souviens du monde avant l'arrivée des smartphones, qui était radicalement différent. Nous allons vivre un changement de la même échelle. […]

Philippe Minard: „La révolution de l'intelligence artificielle en médecine", 26 / 03 / 2023, L'Union (texte écourté)

119, 1

1 Donnez une définition de l'intelligence artificielle avec vos propres mots.

2 Dégagez dans l'interview la supériorité de l'intelligence artificielle par rapport aux hommes dans le domaine de la médecine.

3 Quels sont les avantages liés à l'utilisation de l'intelligence artificielle pour les médecins ?

4 Analysez l'avenir de l'intelligence artificielle en médecine et les conséquences pour la formation des médecins évoquées dans le texte.

VOCABULAIRE

5 a) Travaillez à deux.
A trouve une définition pour un des mots suivants. B dit de quel mot il s'agit.
Puis changez de rôle.

un chercheur / une chercheuse   une prédiction   un(e) patient(e) à risque

irradier   soigner qn   une maladie   un diagnostic   un traitement

la chirurgie   le cerveau   guérir qn

b) Jouez l'interview avec Jean-Emmanuel Bibault.
A pose les questions avec ses propres mots et B formule lui-même ses réponses.
Changez de rôle à chaque question. Les mots de a) peuvent vous aider.

ÉCRIRE

Au choix

Stratégie 309

6 À votre avis, l'intelligence artificielle est-elle une menace ou un avantage pour le monde du travail ?
Écrivez un commentaire pour le journal numérique de votre cours de français.

Stratégie 306
○ 278, 11

7 Imaginez comment se passera une visite chez le médecin ou à l'hôpital dans 20 ans.
Écrivez une histoire courte ou une scène de théâtre.

Mots et contexte

D 28 📄
thematischer
Wortschatz

I 26 🏃
interaktive
Übungen

Beaucoup de jeunes savent qu'avant d'**entrer dans la vie active** et d'avoir un **salaire**, la route va être longue : **lire les annonces**, **faire son CV**, écrire des **lettres de motivation**, **passer des**
5 **entretiens**, **relancer** le / la **DRH**, trouver un premier **stage**… Puis **enchaîner** les stages pour **avoir des contacts** et assez d'**expérience professionnelle** jusqu'à enfin **décrocher** un premier **emploi** dans une **entreprise** et ne plus
10 être **stagiaire**.

Dès l'enfance, on leur a demandé quel **métier** ils voulaient faire. On leur a dit de choisir une **filière d'avenir** et un **secteur d'activité** avec des **débouchés**. Mais **trouver sa voie** prend du
15 temps. Certains ont très tôt l'idée d'un **cursus**, d'une **formation** et même d'un **métier**. Parmi eux, des jeunes de plus en plus nombreux préfèrent signer un **contrat d'apprentissage** et suivre une **formation professionnelle en**
20 **alternance**.
D'autres savent tout juste qu'ils veulent **se sentir utiles**, **œuvrer pour** la paix dans le monde, **faire un travail qui a du sens** ou **aider les autres**.
25 Et puis il y a ceux qui détestent la **routine**, refusent de passer leur temps en **réunion**, rêvent d'être **cadre** dans une **start-up** et ne veulent surtout pas devenir **fonctionnaires** même s'ils ont ainsi la **sécurité de l'emploi**.
30 Parfois, un **job d'été** permet de se décider. Quand on **travaille à la chaîne** comme **ouvrier** ou **ouvrière** dans une **usine** et qu'on **fait les trois-huit** pendant ses vacances, on peut avoir envie de continuer ses études et d'**obtenir des**
35 **diplômes** pour **grimper les échelons** plus facilement.

Aujourd'hui, la jeune génération veut pouvoir **concilier vie privée et vie professionnelle**. Certains jeunes **employé(e)s** demandent plus de **congés**. Ils sont aussi prêts à faire du
40 **télétravail**, à **réduire leurs horaires** et à **travailler à temps partiel**. Ils ne sont pas les seuls. Leurs aînés ne veulent pas toujours attendre leur **départ à la retraite** pour changer de vie. Ils décident parfois de **démissionner** et de **se**
45 **reconvertir** pour éviter de faire un **burn-out**.

Mais travailler, cela peut être aussi exprimer des **revendications**, rentrer dans un **syndicat**, **protester** contre des **licenciements**, **manifester** contre toujours plus de **productivité** et de
50 **flexibilité** pour la **main d'œuvre**. On peut aussi **faire grève** pour demander de nouveaux **postes** ou **recrutements** dans les **équipes**. Puis il y a l'expérience du **chômage**. Être **demandeur d'emploi** ou **chômeur de longue durée** avec
55 peu d'**indemnités** sur le **marché du travail**, ce n'est pas facile surtout quand le **taux de chômage** reste important. Il faut parfois pouvoir **acquérir** de nouvelles **compétences** dans un monde du travail **transformé** par de
60 nombreuses **mutations** comme celles créées par l'**intelligence artificielle**.

---

1 Trouvez un mot de la même famille dans le texte ci-dessus.

| recruter | un(e) retraité(e) | licencier | une œuvre | actif / active | produire | alterner |

| une réduction | une manifestation | un(e) salarié(e) | revendiquer | le chômage |

2 Trouvez dans le texte au moins 5 – 6 mots et expressions pour les catégories suivantes.

| débuter dans le monde du travail | améliorer les conditions de travail |

| les défis dans le monde du travail | le travail au XXIe siècle |

15 « Alors, tu travailles ici, maintenant ? »

LIRE
Stratégie 294

9 **volubile** qui aime parler
15 **pointilleux / pointilleuse** pingelig
83 **l'effarement** (m.) Entsetzen

Ève travaille maintenant toute seule, sans doublure. Elle reçoit des clients, tente d'être la plus professionnelle possible, même si elle ne connaît pas encore toutes les combines de la
5 vente. Claire et Geoffrey ne sont jamais loin, toujours prêts à lui apporter de l'aide. Et puis elle n'est plus la dernière arrivée. Une semaine après elle, un garçon a débarqué, Marco, nom italien, volubile, cheveux noirs et frisés, à l'aise
10 partout, son exact contraire, même s'il a le même âge. Il reste ici pour un stage dans le domaine commercial [...]. Elle le regarde, il est installé un peu plus loin, il répond avec assurance aux personnes placées devant lui, un
15 couple âgé, le monsieur a l'air pointilleux, mais Marco sait d'instinct le rallier à ses arguments. Elle envie ses certitudes.
– Mademoiselle ?
Elle bredouille un oui, fait signe à la dame
20 debout devant elle de prendre place, la journée est partie.
Avec sa première paie, Ève aimerait offrir à sa mère un foulard en soie. Elle a vu de très beaux modèles dans la boutique juste à côté. [...]
25 Elles ont traversé tellement d'épreuves toutes les deux, toujours ensemble, elle a envie de la gâter, de la chérir.
– Et pour la garantie ?
Ève revient à sa cliente. Un peu plus loin,
30 Marco se lève pour raccompagner le couple âgé.
[...] Et puis, d'abord, le foulard n'est qu'un petit cadeau en regard de ce qu'elle a déjà dépensé par avance. Elle a trouvé samedi dernier une
35 petite robe bleue qu'elle porte aujourd'hui pour la première fois. Seule Claire l'a remarqué et lui a fait un compliment. Sa mère ne l'a pas encore vue. [...]

À midi, elle a pris l'habitude de déjeuner avec
40 l'équipe de vente, [...] dans l'arrière-boutique. Cet endroit que Geoffrey nomme « le bazar » sert à tout : briefing du matin, café, repas, espace de réunion, et salle d'entretien. Elle jouxte le bureau du responsable, encombré de
45 tout le matériel qu'on ne sait mettre ailleurs. Cette différence entre le « front » et le « back office », entre l'espace dévolu aux clients et celui destiné à rester caché, est ce qui a le plus surpris Ève à son arrivée. D'un côté, le luxe,
50 la propreté, le rangement, de l'autre les empilements, la poussière et le désordre. « Plus c'est le bordel ici, mieux on travaille devant ! » répète à l'envi Geoffrey.

Elle mange donc ce midi avec son chef, Marco
55 et un livreur [...]. Il y a ce moment où Marco lui dit :
– Dis donc, tu aimes bien le bleu, on dirait. Elle rougit jusqu'à la racine des cheveux.

L'après-midi se déroule de la même façon.
60 Parfois les jours sont intrépides et tous les problèmes du monde semblent se rassembler au même moment, mais, aujourd'hui, [...]. Ève n'a pas besoin de solliciter ses collègues, elle arrive à tout résoudre.
65 Elle se sent fière et utile, rapide et efficace. Avec un peu de chance, elle pourra partir ce soir juste avant que ne ferme la boutique voisine, qui propose des foulards. [...] Aux derniers instants d'ouverture [...], Geoffrey
70 lui fait signe de s'en aller. Elle regarde Marco, qui donne des renseignements à quelqu'un, hésite un peu, pense au foulard et se décide à partir. Sur le trottoir, quelqu'un lui tape sur l'épaule.
75 – Alors, tu travailles ici ?
C'est son oncle Francis. Ça ne lui ressemble pas d'être en ville, il passe pour un solitaire selon sa mère. Mais elle n'a pas le temps d'y réfléchir, Francis [...] lui déballe une phrase en serrant
80 les dents.
– Comme ça tu travailles dans l'entreprise qui a été la cause de la mort de ton père ? Ève regarde son oncle avec effarement, ne sait quoi répondre, mais déjà Francis poursuit :
85 – Tout ça pour en arriver là. Tu crois qu'il aurait été fier de toi ?
Ça a duré une poignée de secondes à peine. D'autres phrases prononcées qu'elle comprend à peine, qui la laissent paralysée, bras ballants,
90 avec des larmes qui d'un coup envahissent ses yeux.
– Tu as des ennuis, Ève ?

→

104 **un sursaut** *ici :* sie fängt sich wieder

Geoffrey et Marco sont à côté d'elle. Elle voit l'ombre du rideau de fer qui achève de
95 tomber devant la boutique d'à côté. Dans une semi-conscience, elle perçoit leur présence, entend son prénom à nouveau, sent la main de son oncle qui agrippait son épaule se dégager. L'instant d'après, sa silhouette
100 s'éloigne à grands pas.
Geoffrey encore, avec Marco un peu derrière et qui la dévisage :

– On va te raccompagner, propose Geoffrey. Et d'un coup, le sursaut :
– Non, ce n'est pas la peine. C'était mon oncle. 105 Une mauvaise nouvelle…
Derrière elle, la vendeuse de foulards ferme sa boutique et leur claironne un joyeux « À demain ! ».

(787 mots)
Extrait de: Thierry Beinstingel, *Dernier travail*
© Éditions Fayard, 2022

1 Faites le portrait d'Ève.

2 Comparez l'attitude qu'a Ève dans son travail le matin à celle qu'elle a l'après-midi.

ÉCRIRE

Au choix

Stratégie 306

3 Mettez-vous dans la peau de Marco et réécrivez l'extrait de son point de vue.

Stratégie 309

4 « *Tu crois qu'il aurait été fier de toi ?* » (l. 85 – 86) Est-ce qu'il est important que vos parents approuvent le choix de votre métier / l'entreprise dans laquelle vous travaillez ou qu'ils soient fiers de vous ? Donnez votre avis dans un commentaire.

ZOOM SUR … L'opérateur **comparer**

Mit dem Operator *comparer* werden Sie aufgefordert, Gemeinsamkeiten und / oder Unterschiede zwischen zwei oder mehreren Personen, Gegenständen, Standpunkten usw. zu vergleichen. Das bedeutet mitunter ebenfalls, Entwicklungen innerhalb eines Textes zu analysieren, zum Beispiel die Gefühlslage einer Person zu Beginn, im Verlauf und / oder am Ende einer Geschichte.

	ON DIT
1. Die 1. Person / Gefühlslage (X) usw. wird detailliert beschrieben.	*On peut décrire X comme …* *Ce qui est typique pour X, c'est que …*
2. Die 2. Person / Gefühlslage (Y) usw. wird unter den gleichen Gesichtspunkten wie in 1. beschrieben, um eine Vergleichs-grundlage zu haben.	*Pour ce qui est de …, Y est …*
3. Nach der Beschreibung folgt der eigentliche Vergleich von Person / Gefühlslage X und Y.	*Tandis que X est …, Y est plutôt …* *Contrairement à X, Y est …* *On ne voit pas de différence entre X et Y en ce qui concerne …*

Tipps

Achten Sie darauf, dass Sie nicht bei der blanken Beschreibung der beiden oder mehreren Personen / Gefühlslagen usw. stehen bleiben. Ein richtiger Vergleich ist erst vollzogen, wenn Sie die beschriebenen Personen / Gefühlslagen usw. unter den gleichen Aspekten in Beziehung setzen und sagen, worin sie sich unterscheiden bzw. wo Gemeinsamkeiten zu finden sind.

16 Visions du travail

Monologue

Stratégie 304

1 A : Décrivez les images 1 et 2 et expliquez les changements dans le monde
du travail dans les secteurs de l'agriculture et de l'alimentation.
Puis commentez ces changements.

B : Décrivez les images 3 et 4 et expliquez les changements dans le monde
du travail dans les secteurs de la santé et des soins.
Puis commentez ces changements.

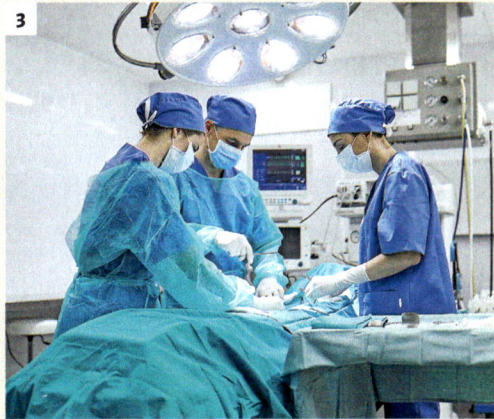

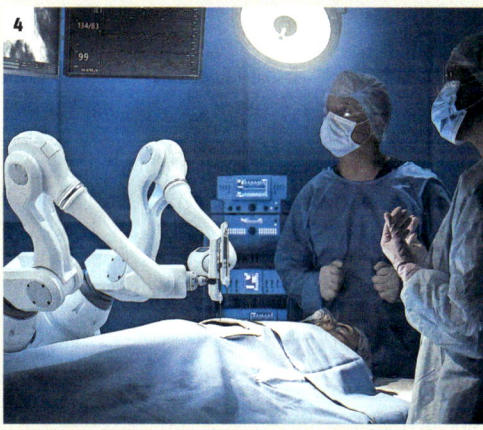

Dialogue

Stratégie 300

2 Comment pourrait-on imaginer le monde du travail dans 50 ans ?
Quels en seront les défis ?
Quel rôle l'intelligence artificielle va-t-elle jouer et comment jugez-vous cette évolution ?
Discutez à deux.

8 Planète médias

Stratégie 304

PARLER

1 Travaillez à deux. Chacun(e) décrit un des dessins humoristiques et en présente le message à son / sa partenaire.

2 À votre avis, comment s'informera-t-on et communiquera-t-on en l'an 2050 ? Faites un dessin qui illustre l'avenir, puis présentez-le à la classe.

PARLER

3 a) « *On ne peut pas ne pas communiquer.* » (Paul Watzlawick)
Expliquez cette citation.

b) À deux, imaginez une situation qui illustre cette citation. Jouez-la devant la classe. Les autres décrivent la situation et la forme de communication.

VOCABULAIRE

4 Faites un filet à mots sur les médias / les moyens d'information et de communication. Complétez le filet au cours du module.

Panorama

- Quel rôle et quelle responsabilité ont les médias dans le monde francophone ?
- La liberté d'expression en France
- Réseaux sociaux et vie privée
- À quoi ressemblera notre communication dans le futur ?

ÉCOUTER

A 18

Stratégie 291

Point info 323 – 324;
327

1 Les jeunes face à l'actualité

Dans ce reportage de France Inter, des jeunes sont interviewés sur la façon dont ils s'informent sur l'actualité.

Avant l'écoute

MK

En plus 279, 1

120, 1

1 Quels médias utilisez-vous pour vous informer ? Faites un sondage en classe. Vous pouvez utiliser une application.

Pendant l'écoute

120, 2

2 Écoutez le document une première fois et notez quel(s) médias Élisa, Antoine, Alice et Imane utilisent pour s'informer.

réseaux sociaux   YouTube   radio

presse en ligne   télévision

3 Écoutez le document une deuxième fois et répondez aux questions.
   a) À quelle occasion est-ce qu'on a interviewé ces quatre jeunes ?
   b) Pour Élisa, quel est l'avantage d'applications comme Snapchat ou Instagram ?
   c) Comment est-ce qu'Antoine vérifie les informations trouvées sur les réseaux sociaux ?

4 Dites si les phrases suivantes sont vraies ou fausses.
   a) Les quatre jeunes lisent aussi de temps en temps un journal papier.
   b) Alice allume la radio tous les matins pour s'informer.
   c) Chez Imane, la télévision est toujours allumée.
   d) Imane préfère connaître l'avis des autres sur un sujet avant de se faire sa propre opinion.

Après l'écoute

PARLER

Stratégie 302

121, 3

5 À deux, préparez une interview sur les médias et leur importance. Commencez par choisir votre rôle.

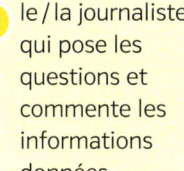

A le / la journaliste qui pose les questions et commente les informations données.

B l'interviewé(e) qui répond aux questions en donnant autant d'informations que possible.

> **POUR VOUS AIDER**
>
> Vous pouvez par exemple parler :
> - de l'importance de s'informer sur l'actualité.
> - de l'utilisation / du rôle des différents types de médias dans la vie actuelle et de leurs avantages / inconvénients.
> - des médias préférés et des raisons de cette préférence.

MK

Jouez l'interview en classe. Ou bien, si possible, enregistrez-la grâce à une application de votre choix. Puis mettez-la à la disposition de la classe.

PARLER
Stratégie 304
122, 1

2 Au cœur des médias

1 Décrivez et commentez le dessin humoristique.

2 Quels sont les effets positifs et négatifs de cette évolution pour les personnes concernées ?

LIRE
Point info 323 – 324,
327

3 Baromètre médias

une chaîne
d'information
en continu
Nachrichten-
sender

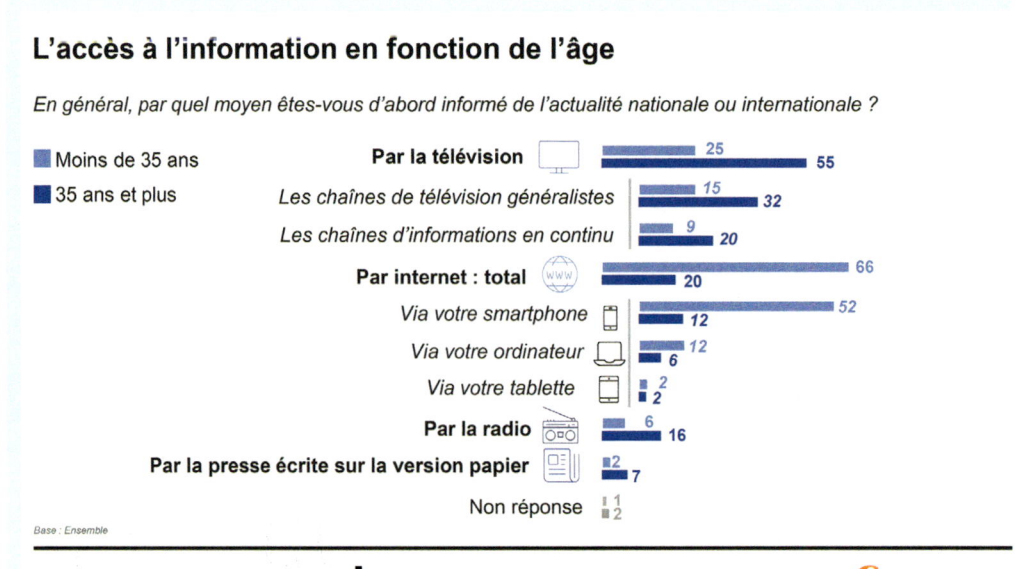

Les sources d'informations sur Internet

Plus précisément sur Internet, quelle est votre principale source d'informations ?

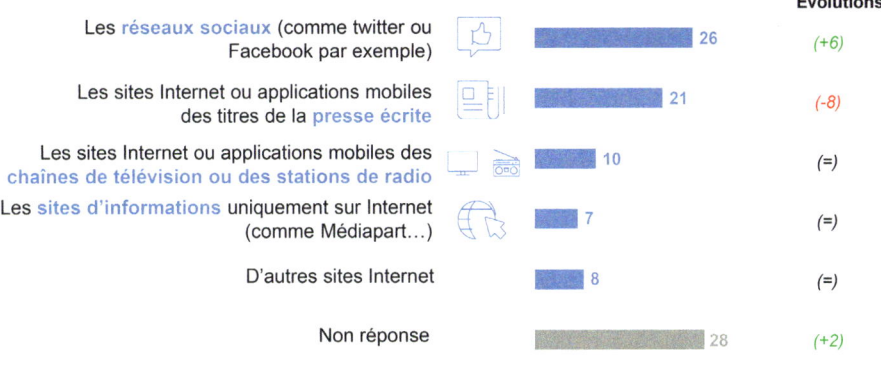

Evolutions

Les réseaux sociaux (comme twitter ou Facebook par exemple)	26	*(+6)*
Les sites Internet ou applications mobiles des titres de la presse écrite	21	*(-8)*
Les sites Internet ou applications mobiles des chaînes de télévision ou des stations de radio	10	*(=)*
Les sites d'informations uniquement sur Internet (comme Médiapart…)	7	*(=)*
D'autres sites Internet	8	*(=)*
Non réponse	28	*(+2)*

Base : Ensemble

KANTAR PUBLIC **onepoint.**   LA**CROIX**

---

relayer qc
verbreiten

L'opinion sur l'information relayée par les réseaux sociaux

Avec les réseaux sociaux, de plus en plus d'informations en lien avec l'actualité circulent et sont diffusées par des personnes qui ne sont pas des médias ou des journalistes, selon vous est-ce… ?

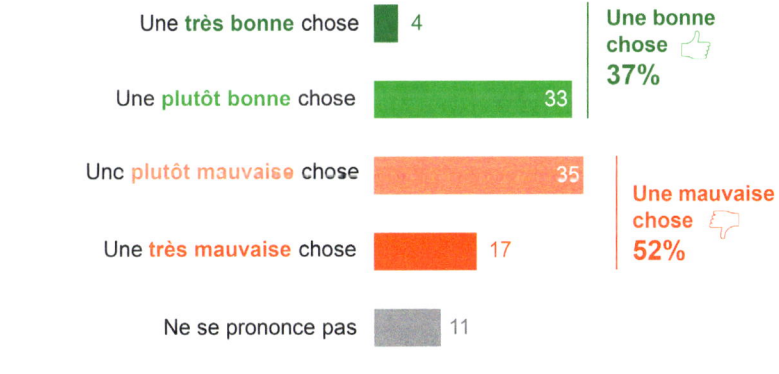

Une **très bonne** chose	4
Une **plutôt bonne** chose	33
Une **plutôt mauvaise** chose	35
Une **très mauvaise** chose	17
Ne se prononce pas	11

Une bonne chose 👍 **37%**

Une mauvaise chose 👎 **52%**

Base : Ensemble

KANTAR PUBLIC **onepoint.**   LA**CROIX**

Stratégie 303
122, 1 📱

1 Regardez les statistiques et dites en quelques phrases sur quels sujets elles donnent des informations.

2 Décrivez la façon dont les personnes présentées s'informent.

En plus 279, 2

3 Comparez le résultat du sondage (médias utilisés selon l'âge) aux résultats du sondage que vous avez fait en classe (page 187).

123, 2 📱

4 a) Quel est l'avis des personnes interrogées sur les réseaux sociaux en tant que source d'information ?

b) À votre avis, pour quelles raisons est-ce que les personnes interrogées trouvent cela bien / pas bien ? Faites des hypothèses.

c) À votre tour, donnez votre avis sur cette question et justifiez votre opinion.

VOCABULAIRE

4   ◁)) ▷ Être journaliste…

1 Faites un filet à mots dans lequel vous notez tout ce que vous savez déjà sur le métier de journaliste (activités, compétences / qualités nécessaires, défis, dangers…). Complétez-le au cours des exercices suivants.

2 Travaillez à trois.
   a) Chacun(e) choisit le document sur lequel il / elle veut travailler : extrait de film (A), document audio (B) ou article de journal (C).
   b) Travaillez d'abord individuellement sur votre document. Puis mettez en commun (page 191, ex. 3 + 4).

ÉCOUTER ET REGARDER
V 18 ▷
Stratégie 292
Point info 318

A   au XIXᵉ siècle

Illusions perdues
Ce film sorti en 2021 se fonde sur le roman *Illusions perdues* d'Honoré de Balzac (1799 – 1850). Le roman fait partie de *La Comédie humaine*, un ensemble de plus de 90 ouvrages qui décrit de façon détaillée la société de l'époque.

Lucien de Rubempré est un jeune provincial cultivé qui monte à Paris pour devenir écrivain-poète. Mais il comprend très rapidement que ce n'est pas facile.
Il fait la rencontre d'Étienne Lousteau, qui a été dans la même situation que lui et lui promet de l'aider.

1 Regardez l'extrait du film *Illusions perdues* et présentez les deux protagonistes du film et leur relation.

○ 279, 3
2 Résumez comment Étienne Lousteau décrit le métier de journaliste.

3 Mettez la scène en rapport avec le titre du film.

ÉCOUTER
A 19 ◁))
Stratégie 291

B   à l'ère numérique

Dans le cadre du Festival de l'Info locale, un évènement dédié aux professionnels des médias, on a interviewé Julien Kostrèche, directeur du Ouest Medialab, sur le métier de journaliste.

○ 279, 4
1 Écoutez l'interview de Julien Kostrèche et répondez aux questions suivantes.
   a) Quels sont les points positifs du métier de journaliste ?
   b) Quels en sont les points négatifs et les défis actuels ?
   c) Comment voit-il le métier de journaliste dans le futur ?

2 À l'aide de vos réponses, résumez la position de Julien Kostrèche sur le métier de journaliste.

C face à l'intelligence artificielle

1 Lisez l'article, puis répondez à la question suivante en vous appuyant sur les informations du texte : Les journalistes vont-ils être remplacés par les intelligences artificielles ?

3 **une vedette** une star
3 **naissant(e)** < naître
5 **conçu(e)** créé(e)
8 **l'émergence** (f.) Auftauchen
9 **un bouleverse-ment** un changement profond
21 **pousser qn dans ses retranche-ments** jdn. in die Enge treiben
27 **l'insertion** (f.) Einfügen
28 **voire** sogar
37 **une folie** Wahn
39 **fiable** ver-trauenswürdig
41 **un logiciel de reconnaissance faciale** Gesichts-erkennungssoft-ware
43 **la légende d'une photo** Bild-unterschrift
47 **être affligé(e) de** unter etw. leiden
48 **le remplacement technologique** le fait de remplacer des personnes par des technologies
52 **délégable** delegierbar

Ils s'appellent Chat GPT, Davinci 3.0, Dall-E, Midjourney ou Stable diffusion et sont les vedettes naissantes d'une révolution technologique en marche : ces algorithmes,
5 conçus pour imiter le fonctionnement du cerveau humain sont capables de créer du texte ou des images à la demande. Leur émergence provoque déjà des bouleversements.
10 En Allemagne, le groupe de médias Axel Springer a annoncé […] des suppressions d'emplois […] au motif que l'intelligence artificielle pouvait désormais « remplacer » les journalistes. Une vision que sont cependant
15 loin de partager les journalistes français Jean Rognetta et Maurice de Rambuteau qui ont lancé dès août 2022 « Qant », une infolettre technologique quotidienne écrite et illustrée à l'aide de plusieurs outils d'intelligence
20 artificielle (IA) « générative ». Le but « *était de tester les robots, de les pousser dans leurs retranchements, pour voir ce qu'on peut faire effectivement avec eux* », explique Jean Rognetta. Parmi les limites constatées de l'IA
25 durant cet exercice : une difficulté « *à dessiner des tendances* », à « *faire une synthèse journalistique* », l'insertion de passages entiers copiés sur Wikipédia, voire de mensonges. Au final, « *que ce soit ChatGPT ou Davinci,*
30 *ça nous a permis de gagner du temps, mais l'intervention humaine a été nécessaire avant,*

pendant et après », résume Maurice de Rambuteau. À l'Agence France-Presse (AFP), où l'IA est déjà utilisée au service photo, Éric Baradat, directeur adjoint de l'information pour 35 la photo, l'infographie et la documentation, se veut aussi prudent. « *Avec cette folie autour de ChatGPT, on a tendance à oublier que l'IA n'est pas suffisamment fiable pour ne pas être validée, vérifiée par des journalistes* » et 40 experts. Un logiciel de reconnaissance faciale a ainsi été conçu en interne pour accélérer le travail de légende des photos en facilitant l'identification de célébrités lors de grands évènements (tapis rouges, rencontres 45 sportives, défilés de mode). Les journalistes sont « *affligés du syndrome du grand remplacement technologique, mais je n'y crois pas* », estime Jean Rognetta. « *Les robots tout seuls ne sont juste pas capables de* 50 *produire des articles. Il reste très nettement une part non délégable du travail journalistique* », soutient-il.

Carole Guirado : Journaliste amélioré ou viré : la presse face à l'intelligence artificielle, 14 / 03 / 2023 © Le Soleil

Mise en commun

3 Échangez avec les élèves qui ont travaillé sur le même document que vous. Comparez vos réponses et si nécessaire, corrigez-les ou complétez-les.

4 Ensuite, dans votre groupe de trois, présentez vos résultats à tour de rôle.

Au choix

5 Faites le portrait d'un(e) bon(ne) journaliste. Comment doit-il / elle être et agir ? Présentez vos idées sous une forme de votre choix (texte, document audio, affiche, infographie, BD, roman photo, …). Votre filet à mots sur le métier de journaliste peut vous aider.

6 Commentez l'affirmation suivante : de nos jours, tout le monde peut être journaliste. Utilisez aussi votre filet à mots.

LIRE

5 C'est quoi, la liberté d'expression ?

assassiner qn
tuer qn
reprocher qc à qn *(angl.)*
reproach
un(e) dirigeant(e)
führende Persönlichkeit
se forger une opinion sich eine Meinung bilden

GRAMMAIRE
Le passif
Les libertés … **sont inscrites** dans les programmes scolaires.

I 27
interaktive Übungen
V 19
Erklärvideo
125, 2

1 *« La libre communication des pensées et des opinions est un des droits les plus précieux de l'homme ; tout citoyen peut donc parler, écrire, imprimer librement […] »* (Déclaration des droits de l'homme et du citoyen, 1789)

Expliquez en quoi la liberté d'expression est fondamentale pour le bon fonctionnement d'une démocratie.

125, 1–2 📖

2 Quelles sont les menaces envers la liberté d'expression ? Quelles peuvent être les raisons de restreindre cette liberté ?

3 Quelles sont les limites à la liberté d'expression ? Donnez des exemples.

EXPRESSIONS UTILES

insulter qn beleidigen ; **tolérer qc** tolerieren ; **un appel à (la haine / la violence)** Aufruf zu (Hass / Gewalt) ; **se sentir offensé(e)** sich angegriffen fühlen ; **critiquer qn** kritisieren ; **dépasser les bornes** zu weit gehen ; **calomnier qn** verleumden ; **une menace de mort** Morddrohung ; **la discrimination** Diskriminierung

LIRE

6   Au nom de la liberté d'expression

1 Qu'est-ce que c'est le blasphème ? Essayez de donner une définition ou cherchez une définition sur Internet.

2 Lisez les unes des journaux suivantes et le récit des évènements (p. 193 – 194). Puis expliquez pourquoi l'attentat contre Charlie Hebdo est loin d'être un « chapitre clos ».

la une (d'un journal) Titelseite
les locaux *ici :* les bureaux
une avance *ici :* Annäherungsversuch
sale lesbienne *(péj.)* bösartige Beschimpfung einer homosexuellen Frau
insulter qn beschimpfen
une menace de mort Morddrohung
sous protection de la police unter Polizeischutz

Ils ne tueront pas la liberté !
Le Parisien, 08 / 01 / 2015

7 janvier 2015

Une attaque terroriste a lieu dans les locaux du journal satirique *Charlie Hebdo*. 12 personnes sont tuées, dont 8 membres de la rédaction. Les terroristes reprochent au journal d'avoir publié des caricatures se moquant du prophète Mahomet.
Suite à cet attentat, le hashtag #JeSuisCharlie sera tweeté plus de 5 millions de fois en 2 jours.

DROIT AU BLASPHÈME ET MENACES DE MORT : RETOUR SUR L'AFFAIRE MILA
L'Express, 30 / 01 / 2020

18 janvier 2020

Mila, une adolescente de 16 ans, refuse les avances en ligne d'un internaute musulman qui la traite alors de *« sale lesbienne »*. Suite à cela, Mila publie sur les réseaux sociaux une vidéo dans laquelle elle critique et insulte violemment l'islam.
En réaction, elle reçoit des dizaines de milliers de messages d'insultes et des menaces de mort. Elle doit quitter son lycée et est placée sous protection de la police.

enseigner
lehren
décapiter
enthaupten
un hommage national nationale Ehrung
mettre qn en examen
anklagen
plaisanter
scherzen

LIBERTÉ, J'ENSEIGNE TON NOM

Libération, 19 / 10 / 2020

19 novembre 2020

Sur un réseau social, un lycéen de 17 ans menace une professeure : *« Je vais lui faire une Samuel Paty »*. Arrêté, il a expliqué qu'il avait eu des problèmes avec cette professeure et dit avoir *« voulu plaisanter »*.
D'autres professeurs ont reçu des menaces similaires dans d'autres villes en 2022 et 2023.

LA PEUR REVIENT

Le Midi libre, 14 / 10 / 2023

3 ans après Samuel Paty, un professeur est assassiné par un ancien élève dans un lycée d'Arras.

« Je vais lui faire une Samuel Paty » : un lycéen mis en examen à Annecy

France info, 19 / 11 / 2020

16 octobre 2020

Samuel Paty, un professeur d'histoire-géographie, est décapité en pleine rue près de son collège pour avoir thématisé les caricatures de Mahomet lors de l'un de ses cours.
Lors de l'hommage national rendu au professeur, le président de la République, Emmanuel Macron, dira de lui : *« Samuel Paty était ' de ces professeurs que l'on n'oublie pas ', ' celui qui s'était donné pour tâche de faire des républicains '. »*

3 Décrivez et commentez la une du numéro de *Charlie Hebdo* paru une semaine après l'attentat.

Au choix

ÉCRIRE
Stratégie 309
126, 1

4 Lauren, 21 ans, écrit suite à la vidéo de Mila : *« Que quelqu'un lui broie le crâne, par pitié ».*
Lors de son procès, elle reconnaît : *« Si j'avais été face à elle, je ne l'aurais pas dit, on a plus de culot sur les réseaux sociaux que dans la vraie vie. »*
Donnez votre avis dans un commentaire personnel.

PARLER
Stratégie 300

5 *« On peut rire de tout. »*
Pesez le pour et le contre de cette affirmation. Notez des arguments qui correspondent à votre position, puis discutez à quatre.

LIRE

D 29 📄

Texthilfe

7 ☆ « Ensemble, défendons la liberté. »

À l'initiative de Riss, directeur de la publication de Charlie Hebdo, *des représentants de journaux français se sont réunis pour débattre des menaces qui pèsent sur la liberté d'expression. Plus d'une centaine de médias, dont* Le Monde, *signent et publient une « lettre ouverte à nos concitoyens ».*

Riss

Riss, de son vrai nom Laurent Sourisseau, est caricaturiste et membre de la rédaction de *Charlie Hebdo*. Il survit à l'attentat et succède à Charb (assassiné le 7 janvier 2015) au poste de directeur de la publication.

1 **divergent(e)**
auseinander-
gehend
2 **usuel(le)**
< l'usage *(m.)*
3 **solennel(le)**
(tief)ernst
4 **crucial(e)**
entscheidend
7 **une cible**
Zielscheibe
8 **exercer une
pression sur qn**
Druck ausüben
11 **assassiner qn**
tuer qn
14 **Nul ne . . .**
Personne ne . . .
19 **un abus** Miss-
brauch
28 **s'emparer
de qc** ici :
ausschöpfen
31 **un collabora-
teur / une
collaboratrice**
Mitarbeiter(in)
31 **un délit** Delikt

Il n'est jamais arrivé que des médias, qui défendent souvent des points de vue divergents et dont le manifeste n'est pas la forme usuelle d'expression, décident ensemble de s'adresser à leurs publics et à leurs concitoyens d'une manière aussi solennelle.

5 Si nous le faisons, c'est parce qu'il nous a paru crucial de vous alerter au sujet d'une des valeurs les plus fondamentales de notre démocratie : votre liberté d'expression.

Aujourd'hui, en 2020, certains d'entre vous sont menacés de mort sur les réseaux sociaux quand ils exposent des opinions singulières. Des médias sont ouvertement désignés comme cibles par des organisations terroristes internationales. Des États exercent des pressions sur des journalistes français « coupables » d'avoir publié des articles critiques.

10 La violence des mots s'est peu à peu transformée en violence physique. Ces cinq dernières années, des femmes et des hommes de notre pays ont été assassinés par des fanatiques, en raison de leurs origines ou de leurs opinions. Des journalistes et des dessinateurs ont été exécutés pour qu'ils cessent à tout jamais d'écrire et de dessiner librement.

« *Nul ne doit être inquiété pour ses opinions, même religieuses, pourvu que leur manifestation*
15 *ne trouble pas l'ordre public établi par la loi* », proclame l'article 10 de la Déclaration des droits de l'homme et du citoyen de 1789, intégrée à notre Constitution. Cet article est immédiatement complété par le suivant : « *La libre communication des pensées et des opinions est un des droits les plus précieux de l'homme ; tout citoyen peut donc parler, écrire, imprimer librement, sauf à répondre de l'abus de cette liberté dans les cas déterminés par la loi.* ».

20 Pourtant, c'est tout l'édifice juridique élaboré pendant plus de deux siècles pour protéger votre liberté d'expression qui est attaqué, comme jamais depuis soixante-quinze ans. Et cette fois par des idéologies totalitaires nouvelles, prétendant parfois s'inspirer de textes religieux. [...]

Que restera-t-il alors de ce dont les rédacteurs de la Déclaration des droits de l'homme et du citoyen de 1789 avaient rêvé ? Ces libertés nous sont tellement naturelles qu'il nous arrive
25 d'oublier le privilège et le confort qu'elles constituent pour chacun d'entre nous. [...]

Les lois de notre pays offrent à chacun d'entre vous un cadre qui vous autorise à parler, écrire et dessiner comme dans peu d'autres endroits dans le monde. Il n'appartient qu'à vous de vous en emparer. Oui, vous avez le droit d'exprimer vos opinions et de critiquer celles des autres, qu'elles soient politiques, philosophiques ou religieuses, pourvu que cela reste dans les limites fixées
30 par la loi. Rappelons ici, en solidarité avec *Charlie Hebdo*, qui a payé sa liberté du sang de ses collaborateurs, que, en France, le délit de blasphème n'existe pas. Certains d'entre nous sont →

35 **le rempart de vos consciences**
ici : Ihre moralische Unterstützung
36 **un(e) adversaire** Gegner(in)
39 **incertain(e)** unsicher
39 **chasser qn / qc** vertreiben
40 **indestructible** qu'on ne peut pas détruire

croyants et peuvent naturellement être choqués par le blasphème. Pour autant, ils s'associent sans réserve à notre démarche. Parce que, en défendant la liberté de blasphémer, ce n'est pas le blasphème que nous défendons, mais la liberté.

35 Nous avons besoin de vous. De votre mobilisation. Du rempart de vos consciences. Il faut que les ennemis de la liberté comprennent que nous sommes tous ensemble leurs adversaires résolus, quelles que soient par ailleurs nos différences d'opinions ou de croyances. Citoyens, élus locaux, responsables politiques, journalistes, militants de tous les partis et de toutes les associations, plus que jamais dans cette époque incertaine, nous devons réunir nos forces pour chasser

40 la peur et faire triompher notre amour indestructible de la liberté.
#DÉFENDONSLALIBERTÉ

« Ensemble, défendons la liberté : l'appel inédit d'une centaine de médias français » par Collectif, 23 / 09 / 22 © Le Monde.fr

○ 280, 6
128, 1 📄

1 Expliquez les raisons qui ont poussé Riss et ses collègues à rédiger cette lettre ouverte.

2 Résumez son opinion sur le blasphème et l'appel qu'il adresse à ses concitoyens.

○ 280, 7

3 Analysez les moyens stylistiques caractéristiques du type de texte ci-dessus.

VOCABULAIRE
128, 2 📄

4 Relevez dans le texte au moins 8 mots qui sont liés à la liberté d'expression et ses défis. À l'aide de ces mots, écrivez un texte à trous que votre partenaire doit compléter.

PARLER
MK
Stratégie 305
129, 3 📄

5 Lors de la semaine de la presse, le club de presse de votre lycée partenaire invite les élèves à exprimer leurs pensées sur #DéfendonsLaLiberté sous forme d'un reel. Préparez un monologue d'environ une minute et enregistrez-le.

MÉDIATION
Stratégie 313
ÉCRIRE
130, 1 📄

8   „Kein Blatt vorm Mund"

1 Votre ami(e) français(e) qui est rédacteur / rédactrice pour le journal de son lycée, vous demande qui soutient les jeunes journalistes dans les écoles allemandes et de quelle manière.
Rédigez un e-mail à votre ami(e) dans lequel vous décrivez le travail de l'association *Jugendpresse Deutschland* en vous appuyant sur les informations de l'article ci-dessous.

Die Jugendpresse Deutschland kürt jedes Jahr bundesweit die besten Schülerzeitungen. Über Medienbildung und politisches Engagement für Pressefreiheit spricht
5 *Bundesvorständin Helene Fuchs im Interview.*

Online-Redaktion: Frau Fuchs, welche Angebote macht die Jugendpresse?

Helene Fuchs: Wir sind ein Verein junger Menschen und fühlen uns dem Gedanken
10 verpflichtet, allen jungen Menschen Medienbildung und einen Einstieg in den Journalismus zu bieten und dabei den Peer-to-Peer-Ansatz zu leben. Das fängt ganz klassisch bei der Schülerzeitung an.

Da bieten wir unsere „Mobile Medienakademie" an, ein Workshop-Format, mit dem wir 15 in die Schülerzeitungsredaktionen gehen. Dort kommen wir mit den Schülerinnen und →

Schülern ins Gespräch über die Herstellung
einer Schülerzeitung, aber auch über Fragen
der Pressefreiheit oder Medienbildung. Die
Redaktionen können sich dann natürlich in
unserem bundesweiten Schülerzeitungs-
wettbewerb bewerben. Dieser Wettbewerb
ist uns sehr wichtig, denn er demonstriert
öffentlichkeitswirksam, welche tolle Arbeit die
Schülerzeitungsredaktionen leisten. Und wenn
Schülerinnen und Schüler sich dann noch
weiterbilden und rausfinden wollen, ob der
Journalismus etwas für sie ist, geht es weiter
mit unserem Projekt „politikorange". Das ist
unsere Lehr- und Lernredaktion, in der junge
Menschen unter Echtzeit-Bedingungen
herausfinden, wie es ist, eine Zeitung zu
schreiben – mit Zeichenbegrenzung oder
mit Interviewterminierung. Die Ausgaben
unseres Magazins „politikorange" werden
themen- oder veranstaltungsbezogen erstellt
und bieten ein großes Feld zum Ausprobieren.
Dann gibt es noch die Großveranstaltung
YouMeCon, die Youth Media Convention, wo
sich junge Medienmacherinnen und
Medienmacher vernetzen können. Sie können
mit Medienmacherinnen und -machern ins
Gespräch kommen, die schon etwas etablierter
sind und auch im Bildungsbereich oder in der
Kreativbranche aktiv. Mit all diesen Angeboten
möchten wir Orientierung geben und vielleicht
auch einen späteren Berufseinstieg erleichtern.
Und nicht zuletzt führen wir Projekte der
politischen Bildung durch, so den jährlichen
„Jugendmedienworkshop im Deutschen
Bundestag" und die Jugendpolitiktage. Wir
finden, dass es junge Stimmen auch in der
Politik braucht und die Beschäftigung mit
Politik und das Wissen über Politik ein
wichtiger Part der Beschäftigung mit Medien
sind. […]

Online-Redaktion: Der Schülerzeitungswett-
bewerb heißt „Kein Blatt vorm Mund". Wie
berührt Sie das Thema Pressefreiheit ?

Fuchs: Für uns als Verein und als politisch
engagierte junge Menschen ist Pressefreiheit
ein Fundament für Demokratie. Wir setzen uns
dafür ein, dass die Pressefreiheit die
Aufmerksamkeit bekommt, die ihr gebührt.
In Kooperation mit „Reporter ohne Grenzen"

haben wir im vergangenen Jahr gemeinsam
eine Jugendversion der Weltkarte der Pressefreiheit herausgegeben. Und wir stellen klar
heraus, dass auch Schülerzeitungen das Recht
der Pressefreiheit zusteht.
Wir können nicht glauben, dass Kinder und
Jugendliche zu demokratisch denkenden
und engagierten Erwachsenen werden, wenn
ihnen gleich auf dem ersten Experimentierfeld,
am ersten Berührungspunkt mit Journalismus
dieses Recht nicht zugestanden wird.
Niemand muss sich aus Prinzip mit der
eigenen Schule anlegen, aber wir kämpfen
dafür, dass Schülerzeitungen kritische Themen
ansprechen können, dass sie nicht ausge-
bremst werden und nicht mit dem Verweis
auf den Schulfrieden Unangenehmes aus-
klammern müssen. Über unsere Landesver-
bände bekommen wir noch zahlreiche
Zensurfälle mit. Aber insgesamt entwickeln
sich die Schülerzeitungen in eine gute
Richtung.
Wir bringen ja auch den Jugendpresseausweis
heraus, mit dem junge Journalistinnen und
Journalisten nachweisen können, dass sie
journalistisch aktiv sind. So können sie die
Rechte, die ihnen als Teil der Presse zustehen,
wahrnehmen. Und obwohl das ein vom
Deutschen Journalistenverband anerkannter
Nachweis ist, der mit einer Prüfung verbunden ist, haben wir in manchen Situationen,
wie bei Demonstrationen oder bei Großver-
anstaltungen, feststellen müssen, dass dieser
Ausweis von Versammlungsleitungen oder
der Polizei nicht akzeptiert wird. Mit dieser
Einschränkung der Pressefreiheit müssen wir
uns auch beschäftigen. […]

LIRE

PARLER
Stratégie 304

1 **un mot-dièse**
Hashtag
16 **ivoirien(ne)**
qui vient de
Côte d'Ivoire
20 **accoucher**
entbinden
20 **une césarienne**
Kaiserschnitt
21 **une péridurale**
*Betäubungsart,
die bei Geburten
eingesetzt wird*
21 **surgir** auf-
tauchen
28 **malin / maligne**
schlau
40 **un commissariat**
Polizeirevier
41 **violer qn**
vergewaltigen
43 **gâcher qc**
verpfuschen
43 **juste la fermer**
(fam.) einfach
den Mund
halten
47 **tendre à qc**
letztlich etw. tun
47 **faire pencher
la balance** den
Ausschlag geben
51 **un viol**
< violer qn
52 **un féminicide**
Frauenmord
53 **un délit** Delikt
58 **s'exposer à qc**
risquer qc
59 **la perpétuité** *ici :*
lebenslängliche
Haftstrafe
68 **envisageable**
denkbar
71 **la journée du
pagne** *inter-
nationaler
Frauentag, an
dem in vielen
afrikanischen
Ländern tradi-
tionelle Tücher
getragen werden*

9   #VraieFemmeAfricaine

1   Décrivez l'affiche, puis dites ce qui vous
frappe.

C'est un mot-dièse qui agite la Toile et bouscule
les hommes. Une initiative qui renvoie en
boomerang les stéréotypes dont sont victimes
les femmes africaines au quotidien. Partout sur
5 le continent, #VraieFemmeAfricaine mène sa
petite révolution à coups de petites phrases
bien senties : « *Une #VraieFemmeAfricaine
s'excuse quand son mari la frappe, car elle l'a
cherché* », « *Une #VraieFemmeAfricaine doit*
10 *laver les pieds de son mari et les masser
chaque soir sinon elle n'ira pas au paradis* »,
« *#VraieFemmeAfricaine cultive la terre,
#VraiHommeAfricain la possède* »…
À l'origine de ce coup de révolte, une femme,
15 Bintou Mariam Traoré. Cette journaliste et
féministe ivoirienne de 26 ans raconte
comment, un soir de février, elle regardait
« *une émission où il se disait que, pour être
' une vraie femme africaine ', il ne fallait pas*
20 *accoucher par césarienne ou avec l'aide
d'une péridurale.* […] » C'est ainsi qu'a surgi
« *l'idée de créer ce hashtag* ».
Depuis son premier post […], son
#VraieFemmeAfricaine connaît un succès
25 fulgurant. D'abord sur des groupes
afroféministes Facebook et aujourd'hui plus
largement sur Twitter, Instagram et Snapchat.
« *Ce hashtag est très malin. Beaucoup ont
essayé de faire parler les Africaines sur les*
30 *questions qui touchent au couple, au
harcèlement, aux agressions sexuelles mais,
d'expérience, on ne parle jamais de soi, plutôt
de ' la copine ' à qui c'est arrivé*, analyse Sarah-
Jane Fouda, universitaire et consultante
35 d'origine camerounaise. *Par son sarcasme qui
colle à l'humour africain, ce hashtag, lui, crée
de la distance et libère la parole.* » […]
« *On en est encore à se poser la question du
droit à la vie. Quand tu vas te plaindre au*
40 *commissariat contre ton mari qui te bat ou te
viole, on te dit : une vraie femme africaine ne
porte pas plainte contre son mari pour ne pas
gâcher sa vie. En clair, tu dois juste la fermer.* »,
ajoute la journaliste.

#Vraiefemmeafricaine

Reste à savoir si ce hashtag pourra accélérer le   45
changement des comportements. L'exemple du
Sénégal tendrait à faire pencher la balance du
côté du « oui » après que #BalanceTonSaïSaï
#Dafadoye et #Doyna (« balance ton porc »,
« ça suffit ! » et « stop », en wolof), apparus en   50
2018 et 2019 à la suite d'une série de viols et de
féminicides, ont contribué à changer dans la loi
la qualification du viol de « délit » à « crime »,
le 30 décembre 2019. Entre 2016 et 2019,
4 320 cas de viol avaient été recensés dans le   55
pays et le combat sur les réseaux sociaux, puis
dans la rue, a aidé à cette transformation
majeure. Les auteurs de viol s'exposent
désormais à la perpétuité et non plus à cinq
à dix ans de prison. […]   60
Bintou Mariam Traoré compte bien surfer sur
cet élan pour organiser le mouvement et
concrétiser des actions. « *On me disait que
ce hashtag ne tiendrait pas soixante-douze
heures, mais il est encore là, car il libère la*   65
parole des femmes », se réjouit-elle. À la veille
de la Journée internationale des droits des
femmes, il est envisageable que
#VraieFemmeAfricaine descende dans la rue.
Pour que le 8 mars en Afrique « *ne soit plus*   70
seulement la journée du pagne », conclut
Sarah-Jane Fouda.

Extrait de : Matteo Maillard : #VraieFemmeAfricaine,
le hashtag qui renverse les clichés sexistes, 05 / 03 / 20,
© Le Monde.fr

2 Présentez le hashtag #VraieFemmeAfricaine et l'intention de Bintou Mariam Traoré quand elle l'a créé.

3 Faites la liste des problèmes auxquels sont confrontées beaucoup de femmes en Afrique.

4 Expliquez en quelques mots les raisons du succès du hashtag.

VOCABULAIRE

5 Décrivez à l'aide des mots que vous relevez dans l'article les effets que peut avoir un hashtag.

PARLER
En plus 280, 8

6 Êtes-vous d'avis qu'un hashtag comme celui dont il est question dans le texte peut changer quelque chose ? Prenez position en justifiant votre opinion.

131, 1 ; 132, 2

7 Inventez votre propre hashtag autour d'un thème important de votre choix et présentez-le à un(e) partenaire en précisant votre intention. En classe, vous pouvez voter pour le meilleur hashtag.

> **EXPRESSIONS UTILES**
>
> la solidarité ; se solidariser ;
> s'exprimer ; attirer l'attention *(f.)*
> sur qc ; faire réagir qn ;
> initier une action

LIRE

D 30

Texthilfe

10 ☆ Les enfants sont rois

1 Pensez à un vrai roi / une vraie reine de nos jours. À votre avis, quels sont les aspects positifs et négatifs de sa vie ?

VOCABULAIRE
Stratégie 287

2 Expliquez les mots suivants à l'aide d'un mot de la même famille ou d'une autre langue.

fixer   une hésitation   guider   questionner   un automatisme   féliciter

soucieux / soucieuse   salir   coiffer   insister

Mélanie Claux, la protagoniste du roman, est la propriétaire de la chaîne YouTube « Happy Récré » sur laquelle elle expose ses enfants Sammy et Kimmy (au moment de la narration 8 et 6 ans) dans des situations (plus ou moins) quotidiennes. La chaîne a plusieurs millions d'abonnés. Mélanie gagne ainsi plus d'un million d'euros par an.

Delphine de Vigan
Delphine de Vigan est une autrice, scénariste et réalisatrice française. Son roman *Les enfants sont rois* est paru en 2021.

exposer < une exposition

12 **être penché(e)** gebeugt

14 **entretenir une relation** eine Beziehung pflegen

Il y avait ce jour où Kimmy avait appris à regarder la caméra. À l'époque, Mélanie tournait encore dans son salon. Elle avait expliqué à Kimmy que pour faire comme les
5 dames de la météo, il fallait regarder l'objectif. Ce n'était pas facile, pour une si petite fille, de comprendre qu'elle devait fixer la caméra plutôt que sa mère, même quand elle

répondait à ses questions, et qu'elle donnait ainsi au spectateur le sentiment qu'elle s'adressait à lui. Car il fallait que chaque
10 enfant, chaque adolescent, penché sur sa tablette ou devant son ordinateur, puisse imaginer que Kimmy et Sammy entretenaient avec lui une relation unique.
15

→

Avec le souci de bien faire, Kimmy s'y était reprise à plusieurs fois avant d'être capable de maintenir son regard au bon endroit. Quand ses yeux
20 s'égaraient, Mélanie agitait la main pour attirer son attention et, d'un geste, désignait l'objectif. Bientôt, après quelques hésitations, Kimmy avait intégré la contrainte. En
25 quelques jours, c'était devenu un automatisme auquel elle ne pensait plus. Elle apprenait si vite. Au début, Mélanie n'apparaissait pas dans les vidéos. Elle guidait ses
30 enfants, les questionnait, interagissait avec eux, mais ne montrait pas son visage. Kimmy était si sérieuse, si concentrée. Elle s'appliquait pour apprendre les textes et recommençait plusieurs fois s'il le fallait. Elle voulait lui faire
35 plaisir. Elle voulait que sa mère la félicite.

Quelques semaines plus tard, un soir, Kimmy lui avait demandé :
– Et toi, pourquoi tu ne viens pas devant, avec nous ?
40 Mélanie avait souri puis s'était approchée d'elle.

– Parce que c'est toi la plus jolie, ma chérie. Kimmy, soucieuse, avait insisté.
– Tu as peur ?
– Non, pas du tout, peur de quoi ?   45
– D'être enfermée.
– Enfermée dans quoi ?

Kimmy montra du doigt l'écran. Que voulait-elle dire au juste, Mélanie l'ignorait. Sa fille avait toujours eu beaucoup d'imagination et il   50
n'était pas rare qu'elle fasse des cauchemars.
– Mais non, enfin, ma chérie, personne n'est enfermé dedans. […]

Quelques années plus tard, Kimmy disparaît lors d'une partie de cachecache. Mélanie reçoit un message : Sa fille a été enlevée. Dans le cadre de l'enquête, la police interroge Sammy.

Question : Tu me disais que Kimmy faisait
55 exprès de se salir, parfois, tu sais pourquoi ?
Réponse : Ben oui, par exemple quand on fait les vidéos, le mercredi ou le vendredi en rentrant de l'école, ou le dimanche, maman elle nous dit toujours ce qu'on doit mettre comme
60 habits pour le tournage. Elle nous coiffe, elle nous prépare et tout. Mais Kimmy, ben elle fait une grosse tache sur son tee-shirt ou sur sa robe juste avant de commencer. Soit c'est tout mouillé, ou éclaboussé, soit elle renverse
65 un truc exprès comme par exemple du sirop de grenadine. Maman ça l'énerve beaucoup. C'est pareil quand Kimmy elle fait comme si elle entendait pas quand maman l'appelle pour tourner les vidéos.
70 **Question :** Pourquoi elle fait ça Kimmy, à ton avis ?

Réponse : Ben, j'sais pas… elle a son caractère. Par exemple, elle veut plus faire les jeux qui lui plaisent pas, elle veut pas recommencer quand on filme et qu'elle a pas dit les bons mots,   75
elle veut plus se déguiser en princesse, elle aime pas la Reine des Neiges alors que maman elle adore. Des fois, elle dit qu'elle est fatiguée, qu'elle veut rien faire ou qu'elle en a marre… alors maman elle est pas contente.   80
Question : Et qu'est-ce qu'elle dit, maman, quand elle n'est pas contente ?
Réponse : Elle dit que ce n'est vraiment pas gentil de faire ça. Qu'on a beaucoup de chance de ce qui nous arrive, les millions d'abonnés   85
et tout ça, et tous les enfants qui nous aiment, qui veulent faire des selfies avec nous et des autographes quand on fait des meet-up, ils font la queue pendant très longtemps pour

95 **un jouet**
   Spielzeug
96 **un doudou**
   Kuscheltier

90 nous voir, parfois même deux heures, et eux
   ils rêveraient vraiment d'être à notre place,
   en plus nous on est les premiers maintenant,
   les préférés de tous les enfants de France sur
   YouTube, plus préférés que Mélys et Fantasia,
95 plus que les petits du *Club du jouet*, plus que
   Liam et Tiago de *La Bande des doudous*,

maintenant on les a tous dépassés. Alors
maman elle dit à Kimmy d'aller se changer
vite fait, sinon elle ne sera plus jamais sur
nos vidéos et tant pis pour elle, plus personne 100
ne l'aimera.

Extrait de : Delphine de Vigan : « Les enfants sont rois »,
pp. 91–92 © Gallimard, 2021 (texte écourté)

132, 1

3 Divisez l'extrait de roman en trois parties cohérentes et trouvez pour chacune un titre
   correspondant au contenu.

4 Résumez en quelques phrases comment l'attitude de Kimmy envers ce qu'elle doit faire
   devant la caméra évolue au cours du texte.

133, 2

5 Travaillez à deux et analysez le comportement de la mère et sa fille.
   A : Par quels moyens Mélanie essaie-t-elle de convaincre Kimmy d'agir face à la caméra ?
   B : Par quels moyens Kimmy essaie-t-elle de résister aux exigences de sa mère ?

PARLER
Stratégie 302

6 Kimmy et sa mère ont des attitudes différentes envers le tournage des vidéos.
   A prend le rôle de la mère, B prend le rôle de Kimmy.
   Imaginez 5 phrases que chaque personnage pourrait dire à l'autre pour exprimer ses
   sentiments. Échangez ensuite dans un jeu de rôle.

7 Expliquez pourquoi on peut dire que la vie de Kimmy et Sammy est comparable
   à celle d'un roi ou d'une reine. Pensez à vos réponses de l'exercice 1.

ÉCRIRE
133, 3

8 Est-ce qu'on devrait montrer ses enfants sur les réseaux sociaux ?
   Écrivez un post sous une des vidéos de Mélanie Claux dans lequel vous donnez
   votre opinion sur son comportement.

ÉCOUTER
Stratégie 291

11 🔊 Monsieur Pomme

Avant l'écoute

PARLER

1 Postez-vous des photos ou
   des informations sur votre
   vie privée sur les réseaux
   sociaux ?
   – Si oui, lesquelles, à
     quelle fréquence et
     pourquoi ?
   – Si non, pourquoi ?

Suzane
Suzane, de son vrai nom
Océane Colom, est une
chanteuse française qui
compose et écrit elle-même
ses chansons. Ses textes
sont critiques et parlent de
phénomènes de société.
Ils dénoncent par exemple les
inégalités hommes-femmes,
le rapport aux médias, etc.

Pendant l'écoute

2 Écoutez la chanson et dites en quelques phrases de quoi elle parle.

3 Lisez le texte et expliquez le phénomène que la chanson critique.

T'as pas dit bonjour à ta femme
Que t'es déjà sur ton téléphone
Tu lui réponds « C'est pas un drame,
on parlera quand je te sonne »
5 C'est l'heure de poster ton cliché
Comme d'habitude, t'en fais des tonnes
Si les voyeurs ont l'œil rincé
Pourvu que les envieux s'abonnent
À la page de ta vie rêvée
10 Tu la vis pas, mais tu fais comme
Si tout allait bien, mais en vrai
Tu sais déjà qu'il y a maldonne
Pour une poignée de pouces levés
Ton intimité tu la donnes
15 À des anonymes abonnés
Hashtag raconte ta vie.com

Refrain
Ta vie en scène, elle en devient moins saine
Ta vie en scène, c'est qu'une mise en scène,
20 en scène
Ta vie en scène, elle en devient moins saine
Ta vie en scène, elle en devient obscène,
obscène

De haut en bas, sur ton clavier
Ton doigt qui glisse sur monsieur pomme   25
Tu scrutes tout ce que les autres ont fait
Tu tapes son nom et tu l'espionnes
Son nouveau job, son look branché, le nombre
de like sur ses albums

Est-ce qu'il est heureux pour de vrai   30
Ou est-ce qu'un air qu'il se donne

T'as qu'une hâte c'est d'partager
Tes photos filtrées des vacances à Rome
T'as aperçu le Colisée derrière l'écran de ton
iPhone   35
Les yeux dans le vide, la bouche pincée
Sourire figé d'émoticône
T'attends que les pigeons enragés
Viennent lâcher leur plus beau comm'

Refrain   40

Monsieur Pomme, T : Colom, Océane / Boccara, Chad
© Faubourg26 Publishing / Peermusic (Germany) GmbH,
Hamburg

4 Relevez dans la première strophe trois mots / expressions se rapportant aux personnes
qui regardent les posts du protagoniste de la chanson.
Qu'est-ce que ces expressions disent sur la relation entre le protagoniste et ses
followers ?

5 Expliquez les expressions suivantes.

en faire des tonnes (l. 6)   donner [son] intimité (l. 14)   la vie en scène (l. 18)

scruter (l. 26)   espionner (l. 27)   un air qu'il se donne (l. 31)

apercevoir le Colisée derrière l'écran de ton iPhone (l. 34)   sourire figé d'émoticône (l. 37)

VOCABULAIRE
134, 1

6 Trouvez dans le texte tous les exemples qui illustrent le propos du refrain.

134, 2

Après l'écoute

ÉCRIRE

7 Donnez au moins cinq conseils au protagoniste pour que « monsieur pomme »
ne domine plus sa vie.

PARLER

8 a) Comparez le protagoniste de la chanson à Mélanie Claux, l'une des protagonistes
du texte *Les enfants sont rois* (page 199). Notez au moins trois aspects et échangez
avec un(e) partenaire.
b) Voyez-vous des parallèles entre les protagonistes des deux textes et des personnes
que vous connaissez ? Lesquels ?

LIRE
Stratégie 294

PARLER

12 ☆ Toute sa vie dans un téléphone ?

1 a) Une vie sans smartphone ? Faites une liste d'activités de la vie quotidienne qui sont facilement possibles / difficilement possibles / impossibles sans smartphone.
Comparez votre liste à celle d'un(e) partenaire. Quelle(s) conclusion(s) en tirez-vous ?

b) À quoi d'autre votre smartphone (ou un autre appareil) devrait-il servir dans le futur ?
À deux, notez au moins quatre idées.

2 **à l'aube** *(f.)* im Morgengrauen

2 **une flaque** Pfütze

3 **un linge trempé** durchnässte Wäsche

8 **des courbatures** *(f., pl.)* Muskelkater

14 **le cuir** *ici :* Lederhülle

24 **une table tactile** Tisch mit Touchscreen

25 **un capteur** Sensor

27 **un sous-bock** Bierdeckel

28 **dévisager qn** anstarren

30 **le liquide** Bargeld

45 **être fiché(e)** erfasst werden

45 **un vol** < voler qc

53 **s'écarter de** sich entfernen

53 **une couveuse** Brutkasten

54 **gicler** *(fam.)* abzischen

58 **une bague** Ring

62 **bancaire** Bank-

Les secondes d'après, il ne s'en souvient pas.
Il s'est réveillé à l'aube dans la même flaque,
sur le même quai, froid comme un linge
trempé, avec un goût de brûlé dans la bouche.
5 Il paraît que le taser fait ça, parfois.
Sans repère, il trouve un escalier pour monter
sur l'avenue qui surplombe le quai. Il a des
courbatures atroces aux ischios. Arrivé en haut,
il voudrait savoir l'heure qu'il est – alors il tend
10 sa main vers sa poche de ceinture et cherche
frénétiquement son brightphone. Réflexe.
Il regarde le soleil et demande l'éphéméride à
Scarlett. Il croit qu'elle est sur mute, il double-
tape sa poche arrière, sur le cuir vide. Qui sont
15 ses rendez-vous aujourd'hui ? Il doit rentrer
chez lui se laver, si bien qu'il porte sa main à
ses lunettes absentes pour activer le guidage
augmenté. Zéro appli. Pas de Gapple Glass.
Novak se rend compte qu'il ne sait plus
20 s'orienter, que ça fait un siècle qu'il n'a pas
regardé sa ville. […]
Il a faim et il est épuisé. Alors il entre dans
un café et commande un chocolat chaud avec
trois croissants. Sur la table tactile, il passe
25 machinalement sa main sur le capteur

pour payer. Il agite stupidement un
sous-bock devant le lecteur tandis
que la serveuse le dévisage
désagréablement.
– On n'accepte pas le liquide ici,   30
monsieur. On n'est pas un bar à
clochards. Vous n'avez pas de moyen
de paiement ?
– On m'a volé mon brightphone cette
nuit…   35
– Vous n'avez pas de phone de
secours ? s'étrangle la serveuse.
Non, répond Novak, désarmé.
– Je vais être obligée d'appeler la
police.   40
– Laissez-moi téléphoner à mes parents…
– Nous n'avons que des brightphones
inviolables ici. Je veux bien vous prêter le mien,
mais dès que vous le toucherez, vous serez
fiché pour vol. Ils sont à propriétaire unique.   45
On ne prend aucun risque avec les clients.
C'est la crise, vous savez.
Novak voudrait appeler, n'importe qui, envoyer
un message à sa communauté, tchater, il
voudrait juste surfer sur un site, n'importe   50
lequel, savoir la météo, être relié, à nouveau,
quelques secondes, appartenir à ce monde qui
s'écarte de lui. Un bébé hors de sa couveuse.
– Allez, giclez avant que j'appelle la police.
C'est mon jour de bonté.   55

À un carrefour, Novak tombe sur un miracle :
une borne de téléchargement et un
distributeur de portables. Il connecte la bague
que lui a donnée Davor Suker et uploade son
cloud. Ça marche. Il est presque en train de   60
jouir. Tout revient. De là, il n'a plus qu'à activer
son identité bancaire et à télépayer le portable
qu'il peut retirer juste à côté. Et il reviendra
dans la civilisation.

→

67 **un pouce**
Daumen
76 **baba** *(fam.)*
baff *(ugs.)*
78 **un carreau**
Kachel
80 **le plafond**
Decke
88 **une coupe** *ici :*
Haarschnitt
90 **une ride** Falte
99 **se dissiper**
sich auflösen
101 **égayer** rendre
plus gai
105 **un caddie**
Einkaufswagen
111 **puissant(e)**
stark
117 **opérationel(le)**
einsatzbereit

GRAMMAIRE
L'imparfait
Scarlett **avait**
toujours un
proverbe…

I 28 👤
interaktive Übungen
V 20 ▶
Erklärvideo

65 — Pouvez-vous iProuver votre identité ?
demande FIA de la borne.
Novak pose son pouce sur le lecteur.
— Ce nuage de données ne vous appartient
pas. Il est la propriété de Davor Suker. Nous
70 vous rappelons qu'une usurpation de cloud
est passible de… […]

Dans ces moments, Scarlett avait toujours
un proverbe, une citation classe, une blague
de blog à glisser. Elle lui mettait une radio
75 procédurale personnalisée, toujours tellement
proche de son humeur qu'il en était baba. […]
Elle lui lisait un poème, lui projetait un film sur
un carreau du métro, dans ses lunettes, sur
80 le plafond de sa
chambre avant de
s'endormir. […]
Lorsqu'il se regardait
dans la glace le matin,
85 elle superposait à son
reflet des chemises
possibles, un rasage
élégant, une coupe
trend, effaçait parfois
90 un peu ses rides sur le
miroir tactile.
Il savait que ce n'était
que du code, du code
intelligent, profilé,

individualisé pour lui remonter le 95
moral avec tact. Mais cette réserve
toute rationnelle, cette prise de
distance affective, toute cérébrale,
elle, avait fini par se dissiper dans
le bonheur qu'il avait à l'entendre 100
parler, égayer sa vie, soutenir pas à
pas, à chaque moment de la journée,
son existence solo. C'est elle qui lui
faisait ses courses perso, qui dirigeait
le caddie autoroulant, qui comptait 105
les calories et faisait les menus.
Parfois, il s'était dit que personne
n'était plus proche de lui que Scarlett.
Que c'était foutrement grave en un
sens – et génial en un autre. Il se 110
sentait augmenté, agrandi, plus puissant et
plus écouté aussi, que ce qu'il aurait jamais
pu être avec une fille normale.

Quand Novak sortit du commissariat numérique
où il s'était finalement résolu à aller, il avait 115
en poche un nouveau brightphone et dedans,
à nouveau opérationnelle, la totalité de son
Cloud. C'était comme si, après avoir traversé
le Styx, il était revenu à la vie. […]
Il eut pour première pulsion d'activer le GPS 120
piétonnier, mais il n'alluma finalement pas
son brightphone et s'étonna de la joie qu'il eut
à retrouver tout seul le Pont des Arts.

→

126 **un corbeau**
Rabe
127 **l'envahisse-ment** *(m.)*
Invasion
128 **un trait**
eine Linie

Au musée Van Gogh, il refusa la vision augmen-
125 tée des tableaux et, devant *Champ de blé aux corbeaux*, il pleura pour la première fois face à l'envahissement des oiseaux qui montent de l'horizon en quatre traits noirs. […]

À nouveau sur le pont, le visage lavé par le
130 vent, il eut pour ultime réflexe de vouloir connaître sa vitesse grâce à l'anémomètre

intégré. Il voulut aussi vérifier la météo prévue sur le net. Habitude. Pourtant il laissa le brightphone éteint dans sa poche et il leva plutôt le nez vers le ciel.   135
Un nuage y jouait avec le soleil.

Extrait de : Alain Damasio : « Scarlett et Novak »
© Rageot Éditeur 2021 (text abrégé)

D 31
digitale Vorlage

2 a) Travaillez à deux. Lisez la première partie du roman (l. 1 – l. 21) sans regarder les annotations, puis échangez :
A dit ce qu'il / elle a compris et ce qu'il / elle trouve important.
B corrige ou complète si nécessaire.
b) Puis lisez la partie suivante (l. 22 – l. 55) et échangez de nouveau. Changez de rôle : B commence. Procédez de la même façon pour le reste de l'extrait.

l. 56 – l. 71   l. 72 – l. 91   l. 92 – l. 113   l. 114 – l. 123   l. 124 – l. 128   l. 129 – l. 136

c) À la fin, résumez en une phrase qui sont Scarlett et Novak et dans quelle situation ils se trouvent.

3 Lisez le texte une deuxième fois en regardant les annotations.
Puis répondez aux questions suivantes.
a) Quel rôle joue Scarlett dans la vie de Novak ?
b) Pourquoi une vie sans brightphone est-elle impossible à l'époque et à l'endroit où se déroule l'action du texte ?

○ 280, 9
Stratégie 295

4 a) Relevez dans le texte des mots / expressions / phrases qui montrent que Novak est apparemment incapable de vivre sans son brightphone.
b) Analysez les moyens stylistiques qui soulignent son dilemme.

135, 1

5 Analysez l'évolution de Novak dans cet extrait du roman.

ÉCRIRE

Au choix

Stratégie 309

6 Une intelligence artificielle peut-elle remplacer un(e) ami(e), un(e) partenaire ? Discutez de cette question dans un commentaire personnel.

○ 281, 10

7 Imaginez une journée de la vie de Novak pendant laquelle il décide de se servir le moins possible de son brightphone. Décrivez par exemple les situations qu'il rencontre et les sentiments qu'il éprouve.

Mots et contexte

D 32 📄
thematischer
Wortschatz

I 29 🖐
interaktive
Übungen

Aujourd'hui, la **communication** est partout. Nous sommes **connecté(e)s à Internet** 24h / 24 pour **communiquer et partager** tout et n'importe quoi **sur les réseaux**. Nous 5 **exprimons** nos **opinions** librement et **donnons** nos **points de vue** sur tout avec conviction. Nous recevons aussi chaque jour une masse énorme d'**informations**. Mais sommes-nous pour autant mieux **informé(e)s** aujourd'hui 10 qu'hier ? Ce qui est sûr, c'est que nous **avons accès à** de très nombreux **médias** pour **être au courant de** l'**actualité**.

Il y a bien sûr toujours les **médias traditionnels** comme la **presse écrite**, la **radio** ou la 15 **télévision**. Certains **journaux papier** restent très **influents**, mais leurs chiffres de vente ne sont pas très bons. Nous préférons souvent, en effet, **télécharger** les **applications** de ces journaux sur nos **smartphones**, nos **ordinateurs** 20 ou nos **tablettes** ou seulement regarder leurs **gros titres** pour **suivre l'actualité**. Les jeunes, par exemple, n'**allument** plus très souvent la télévision et ils ne font pas la différence entre **une chaîne de télé publique** ou **privée**. Mais 25 ils ne sont pas les seuls à changer leur façon de s'informer.

Nous **avons** tous **tendance** à ne plus **faire confiance aux journalistes**. Nous doutons souvent de leur **indépendance** et les accusons 30 de **déformer la réalité**. Nous avons pourtant aujourd'hui la possibilité d'**être abonné(e)s à** de nouveaux médias **en ligne** qui proposent des informations **fiables**.

En général, les **réseaux sociaux** et les **influenceurs** et **influenceuses** que nous **suivons** 35 sont devenus nos nouvelles **sources d'information**. Les **outils numériques** sont, en effet, si simples que tout le monde peut aujourd'hui penser faire du **journalisme**, **créer des textes**, des **images** et les **publier** sans 40 **vérifier** les informations. Certains proposent des **contenus** très sérieux. D'autres, en revanche, ne sont pas du tout **crédibles**. En plus, on ne peut pas toujours savoir si c'est une **intelligence artificielle** qui a produit ces 45 contenus. C'est ainsi qu'on **diffuse** de **fausses nouvelles** et de vrais **mensonges**. Il suffit parfois d'un **hashtag** pour **accélérer** la **diffusion** de contenus très dangereux qu'on ne peut que **condamner**, surtout quand ils **provoquent** 50 **harcèlement** et **discrimination**. Autre **danger** : rien ne **s'efface** sur Internet et les **logiciels** des réseaux sociaux trouvent sur chacun(e) d'entre nous de nombreuses **données personnelles** qu'ils peuvent utiliser ou vendre. 55 Tous ces **bouleversements médiatiques** représentent d'un côté une **chance**, mais constituent de l'autre côté une **menace** pour les démocraties où la **liberté d'expression** est un principe aussi important que la **liberté** 60 **de la presse**. On ne peut pas **tolérer** que la **haine** et la **violence s'expriment** sans limite sur les réseaux qui doivent donc être **encadrés par la loi** et **contrôlés**.

---

1 a) Relevez dans le texte ci-dessus tous les mots qui désignent une source d'information. Classez ces mots selon la fréquence à laquelle vous les utilisez.

b) Puis décrivez à l'aide de ces mots la façon dont vous vous informez.

2 a) Trouvez ce qui va ensemble.

être	au courant de qc	informé(e)
diffuser	une fausse nouvelle	accès à qc
provoquer ⊹	encadré(e) par qc	abonné(e) à qc
avoir	confiance à qn	des discriminations
faire		

b) Qu'est-ce qui est important quand on communique / s'informe sur les réseaux ? Faites des phrases avec les expressions de a), commencez ainsi :
Je (ne) trouve (pas) important …

ÉCOUTER

A 20 🔊

Stratégie 291

D 33 📄

Abiturformate

13 🔊 Pourquoi devenir journaliste ?

Pour un reportage, France Info a interviewé des étudiant(e)s en journalisme sur leurs raisons de vouloir faire ce métier.

1 Écoutez le reportage une première fois et relevez au moins cinq raisons pour lesquelles les jeunes interviewé(e)s veulent devenir journalistes.

2 Écoutez le reportage une deuxième fois et répondez aux questions suivantes.
  a) Qu'a fait Anna avant ses études de journalisme ?
  b) À quel cliché sur les journalistes est-ce que Valentine a dû faire face ?
  c) D'après Maëlle, quelle compétence est importante pour transmettre des informations ?
  d) De quoi rêvait Antoine avant de vouloir travailler comme rédacteur ?
  e) D'après Emma, à quelles difficultés un(e) journaliste est-il / elle confronté(e) ?
  f) Pourquoi est-ce que Sophie ne voulait plus poursuivre ses études de médecine ?

ÉCOUTER

A 21 🔊

Stratégie 291

14 🔊 C'est quoi, le nouveau journalisme ?

1 Écoutez les trois extraits d'émission. Reliez le bon titre à chaque extrait. Attention : il y a trois titres en trop.

	Titres	1	2	3
A	Un guide pour trouver plus d'abonnés dans les réseaux sociaux			
B	La légitimité du journalisme classique est-elle menacée ?			
C	Le travail des journalistes remplacé par l'IA			
D	Les études de journalisme restent intéressantes malgré la méfiance envers les médias			
E	Aller dans des destinations intéressantes et créer des contenus pour gagner de l'argent			
F	Les écoles de journalisme en crise			

15 Comment les 18–25 ans s'informent-ils ?

[…] Après un début d'année 2020 où l'intérêt des Français pour l'actualité a atteint son plus bas niveau historique, l'année 2021 marque un revirement. Contrairement aux idées reçues,
5 les jeunes s'y intéressent d'ailleurs beaucoup, comme le souligne une étude du ministère de la Culture. […]

Nés avec le digital, les 18–25 ans sont plus équipés, plus connectés que les générations
10 précédentes. Ils n'ont pas recours aux mêmes outils pour s'informer que les générations précédentes. Alors que les plus de 35 ans se tournent majoritairement vers la télévision (53 %), Internet (23 %) et enfin la radio (17 %)
15 quand ils veulent se tenir au courant de l'actualité, la tendance est inversée chez les moins de 35 ans. Ces derniers privilégient Internet (66 %), via leur smartphone, puis la télévision (26 %). Chez les moins de 25 ans,
20 l'usage d'Internet pour s'informer est encore plus marqué, atteignant 75 % d'entre eux. […]

Hugo décrypte

Dès lors, les médias traditionnels n'ont plus que le choix d'aller toucher le jeune public
25 là où il se trouve, en lui proposant une offre éditoriale adaptée à ses usages. C'est ce que certains journaux ont compris en proposant du contenu en ligne quotidiennement sur les réseaux sociaux pour toucher les jeunes lecteurs. Par exemple, *Le Monde* a investi
30 les formats courts sur Snapchat et Instagram. En 2020, le journal a même sauté le pas vers TikTok, en diffusant du contenu au moment du mouvement #BlackLivesMatter. […]

Le web (et plus particulièrement les réseaux
35 sociaux) est devenu la porte d'accès à l'acquisition des connaissances chez les jeunes, modifiant ainsi leurs pratiques en matière de recherche et de consommation de l'information. Il est bien loin, le temps
40 du rendez-vous familial devant le journal télévisé du 20 h, ou celui de l'écoute des infos à la radio le matin.
C'est souvent seuls, pendant les trajets, en attendant un rendez-vous, durant
45 différentes pauses de la journée, que les jeunes suivent l'actualité via les réseaux Facebook, Instagram, Snapchat, Twitter… […]

Les jeunes se sentent éloignés des sujets traités par les médias et de la hiérarchie des
50 informations qui y est pratiquée. Les jeunes voient le monde en horizontalité, en réseau, et la parole du journaliste devient pour les jeunes aussi valable que celle d'un influenceur. Dès lors, on peut se poser la question de savoir
55 si les influenceurs d'aujourd'hui sont les journalistes de demain, alors que des jeunes montent leur propre média en misant sur les réseaux sociaux. Par exemple, *Hugo décrypte*, surnommé le « petit prince de l'info », mise sur
60 YouTube et Instagram pour convertir les jeunes à l'actualité. Grâce à sa chaîne YouTube et sur ses réseaux sociaux, le jeune journaliste vulgarise les informations, sous forme de vidéos de 10 minutes résumant l'essentiel
65 de l'actualité. *Hugo décrypte* est suivi par plus d'un million de personnes sur YouTube et est devenu le porte-voix des jeunes, notamment grâce à une vidéo, intitulée « L'appel à l'aide de notre génération », montrant des
70 témoignages d'étudiants en détresse depuis le début de la pandémie. […]

Malgré la maîtrise des outils numériques, les jeunes ne sont pas forcément armés

86 **ludique** spielerisch

88 **un geste barrière** Schutz-maßnahme

75 pour faire face au flot d'informations déversé quotidiennement sur les réseaux sociaux, et peuvent avoir une vision limitée de l'actualité puisque l'information reçue dépend directement de leurs abonnements et des 80 partages de leurs amis. Il y a là le risque de s'enfermer dans des bulles de filtres. Les parents et les enseignants ont un rôle éducatif à jouer pour aider leurs enfants à élargir leurs horizons, à prendre du recul sur le contenu de l'information reçue qui 85 peut être ludique, sans réelle portée informative et bien sûr à situer les sources et développer des « gestes barrières » pour repérer les fake news.

(610 mots)

© Extrait de : Elodie Gentina : « Snapchat, TikTok, Twitter, YouTube… Comment les 18 – 25 ans s'informent-ils ? » 10/11/2021

1 a) Exposez brièvement la manière de s'informer des jeunes et celle des générations précédentes.
b) Décrivez le concept d'« Hugo décrypte » et son succès.

2 a) Analysez l'influence du comportement médiatique des jeunes sur les médias traditionnels.
b) Expliquez la phrase suivante du texte : « *Malgré la maîtrise des outils numériques, les jeunes ne sont pas forcément armés pour faire face au flot d'informations déversé quotidiennement sur les réseaux sociaux […].* » (l. 73 – 76)

ZOOM SUR … Les opérateurs **analyser / expliquer**

Die Operatoren *analyser* und *expliquer* verlangen, Informationen eines Textes so darzustellen, dass Ursachen und Zusammenhänge deutlich werden.

1. Die **expliziten Informationen** des Textes zur konkreten Fragestellung werden markiert bzw. herausgeschrieben und mit eigenen Worten wiedergegeben.

2. Der Text beinhaltet auch **implizite Hinweise**, die miteinbezogen werden müssen. Sie können aus den Aussagen im Text logisch abgeleitet werden.

ON DIT

Il / Elle constate / déclare / affirme que …
Il / Elle insiste sur qc / sur le fait que …
C'est un fait que …
Il est incontestable que …

C'est dû au fait que …
On peut constater que …
Cela implique que …
Cela démontre / souligne que …

ÉCRIRE

Stratégie 309

Stratégie 306

Au choix

3 Commentez l'affirmation suivante : sur Internet et les réseaux sociaux, toute information perd son objectivité.

4 Le journal de votre école partenaire voudrait proposer un article sur le comportement médiatique des jeunes en France et en Allemagne et vous demande de parler de votre expérience.
Vous écrivez un e-mail dans lequel vous expliquez comment vous vous informez et pourquoi.
Tenez compte des aspects positifs et négatifs des nouveaux médias et des médias traditionnels.

La communication

Votre petit frère a cuisiné lui-même pour la première fois. Votre mère lui demande avec curiosité : « C'est quoi, le vert dans la soupe ? » Il se lève et quitte la cuisine, furieux – quel malentendu ! Évidemment, la communication joue un rôle important dans la transmission d'informations. Il est effectivement primordial de partager un message sans que celui-ci change depuis son émission jusqu'à sa réception.

La communication implique également l'écoute active et bienveillante afin d'éviter des conflits inutiles et de transmettre les informations de manière efficace. Il faut non seulement savoir transférer les bonnes informations à la bonne personne, mais également savoir « jouer les interprètes » entre les différents locuteurs. Il est aussi important de comprendre la tonalité, le langage corporel et l'interaction humaine. Et bien sûr, il faut aussi avoir la volonté de communiquer. Dans chaque contexte, la communication est indispensable, que ce soit en privé, à l'école ou en entreprise : sans communication, pas de coopération !

Réflexion

1 Faites le jeu suivant :
divisez la classe en deux groupes A et B. Chaque groupe note six mots (deux adjectifs, deux verbes et deux substantifs) sur des petits papiers et donne ces papiers à l'autre groupe. À tour de rôle, un joueur / une joueuse d'un groupe choisit un papier et dessine, mime ou explique le mot (sans dire le mot inscrit sur le papier, ni utiliser d'autres mots qui contiennent ce mot). Le reste de son groupe a une minute pour deviner le mot.

Tour 1 : A   B   A
Tour 2 : B   A   B   etc. …

Réfléchissez et discutez.
– Quelles stratégies de « communication » avez-vous utilisées pendant le jeu ?
– Qu'est-ce qui a bien fonctionné ?
– Quel type de mot était difficile à expliquer, lequel était facile ? Pourquoi ?
– Quelles conclusions peut-on en tirer pour la communication en général ?

Action

2 Les facteurs suivants peuvent être à l'origine d'une conversation ratée :

ne pas regarder son / sa partenaire   être irrespectueux / irrespectueuse

parler vite / sans pauses   parler en termes nébuleux   ignorer ce que …

Trouvez-en d'autres. Pensez aussi à des conversations ratées que vous avez eues.

3 Qu'est-ce qui caractérise une conversation réussie ? Changez de perspective : trouvez le contraire des expressions de l'exercice 2 et formulez à partir de ces derniers des règles de conversation. Attention : n'utilisez pas la négation, faites des phrases affirmatives (« *Parlez lentement* » au lieu de « *Ne parlez pas trop vite* »).

4 Échangez vos idées, puis à l'aide de celles-ci, définissez des règles pour vos conversations et discussions en classe.

5 Appliquez maintenant vos règles en discutant du rôle de la religion dans la vie des jeunes en France et en Allemagne.

> « Chez les jeunes, les religions s'effritent, mais les spiritualités fleurissent »
>
> Chute du nombre de jeunes croyants et de la culture religieuse, succès des retraites spirituelles […] … Pour le sociologue des religions Jean-Paul Willaime, même si « une partie des jeunes est devenue analphabète en matière de religion », leur intérêt pour la spiritualité reste fort.
>
> Séverin Graveleauc, 12/06/23, © Le Monde

s'effriter
schwinden
fleurir
aufblühen, *hier:*
einen Aufschwung
erleben

D 9 📄
KI-Anwendungen

MK

Procédez de la façon suivante :
a) À l'aide des aspects présentés dans l'extrait, faites des recherches ou donnez des instructions à un chatbot pour trouver des informations plus concrètes.
b) Faites deux groupes, un groupe représente les jeunes français et l'autre groupe les jeunes allemands. Comparez la position des jeunes allemands et français par rapport à la religion sous la forme d'une discussion structurée :

1) Préparez la présentation dans les deux groupes : dans quel ordre voulez-vous présenter vos arguments ? Quelles expressions choisissez-vous ? Qui dit quoi et quand ?
   Puis les groupes présentent leurs arguments (un à chaque fois) à tour de rôle.
2) Au deuxième tour, chacun(e) parle quand il / elle le souhaite. Analysez :
   – Quels sont les points communs et les différences entre les jeunes ?
   – D'où viennent les points communs et les différences que vous avez mis en évidence ?
   – Où se situent les problèmes ? Comment peut-on les résoudre ?
   – Est-ce que la comparaison de la situation dans les deux pays peut aider ?

Réflexion

MK

6 Résumez sous forme de mots-clés les conclusions auxquelles vous êtes arrivé(e)s, puis visualisez-les. Vous pouvez utiliser un outil numérique, par exemple un tableau collaboratif.

7 Puis réfléchissez seul(e) : parmi toutes les conclusions sur la communication réussie, laquelle est la plus importante / étonnante pour vous et pourquoi ? Pensez-vous différemment maintenant ?

8 À deux, comparez vos résultats et expliquez pourquoi vous avez raisonné ainsi. Puis faites des propositions : comment peut-on améliorer sa façon de communiquer ? Qu'est-ce qu'on peut développer / tester ensemble ? Pensez aussi à un projet concret.
Présentez vos idées en classe.

9 Défis de la mondialisation

Made in France

PARLER

1 Qu'est-ce que ces photos vous inspirent ? Pour chaque image, notez 2 – 3 mots-clés.

2 Dans quelle mesure ces photos sont-elles liées à des aspects de la mondialisation ?
À votre avis, y a-t-il des facettes de la mondialisation qui ne sont pas représentées ? Lesquelles ?

Panorama

- Parler des défis du XXIe siècle
- Découvrir des initiatives de protection de l'environnement et de la biodiversité
- La mondialisation : en comprendre les effets, les avantages et les inconvénients
- L'identité française : voir les spécificités françaises dans un monde globalisé

ÉCOUTER

136, 1

1 🔊 Génération désenchantée

1 Cherchez le mot « désenchanté » dans un dictionnaire. À votre avis, dans quelles situations peut-on être désenchanté(e) ? Faites des hypothèses.

6 **à la chaîne** am laufenden Band
10 **c'est la dech'** (dèche). *(fam.)* Es ist Ebbe im Geldbeutel.
13 **une pénurie** Mangel
14 *Plus belle la vie* une série télé française
16 **se mettre dans des états** *(m.)* s'énerver
19 **une soute** *(d'un avion)* Laderaum
36 **une arme** Waffe
36 **GTA** *un jeu vidéo*
37 **le plastock** *(fam.)* le plastique
39 **un(e) gamin(e)** *(fam.)* un(e) enfant
39 **mendier** betteln
44 **une tente Quechua** *Zelt einer frz. Outdoormarke*
47 **Pôle emploi** *frz. Agentur für Arbeit*
48 *Der gewaltsame Tod von George Floyd war der Auslöser für weltweite Demonstrationen gegen Polizeigewalt und Rassismus unter dem Motto Black lives matter.*
49 **s'étouffer** ersticken
53 **à fond** *(fam.) ici :* très fort
54 **Mylène Farmer** *une chanteuse française*

Allez, génération désenchantée
Ça va aller, ça va aller
Allez, le monde est à nous, qu'est-ce qu'on
    en fait ?
5 Ça va aller, ça va aller
Bad news à la chaîne
L'discours change pas
Y a toujours les mêmes
Au talk-show du soir
10 « Y a la crise, c'est la dech', un gros trou dans
    la caisse
Trop d'CO_2 dans l'air, Poutine qui fait la guerre
Pandémie, tsunamis, pollution, pénuries
Attentats, sans abris, y a *Plus belle la vie* »
15 Habiter sur Terre c'est pas toujours la joie
J'suis souvent en colère, j'me mets dans des
    états
À deux doigts d'exploser comme une bombe
    dans la soute
20 Comme du nitrate d'ammonium dans l'port
    de Beyrouth
C'est pas nos vies qui comptent
C'est l'argent qu'ça leur coûte

Refrain

25 On cherche tous une place au soleil
Un petit bout d'horizon
Avoir la vue sur la mer
Dans un paysage en béton
Allez, génération désenchantée
30 Ça va aller, ça va aller
Allez, le monde est à nous, qu'est-ce qu'on en
    fait ?
Ça va aller, ça va aller

C'est quoi l'décor que j'laisse à mon petit frère ?
J'voudrais lui fabriquer un monde imaginaire   35
Y aurait plus d'armes de guerre à part dans GTA
Y aurait plus le plastock qu'on a jeté là
Resterait que les discours de Mandela
J'verrai plus des gamins venir mendier là
J'veux plus être humaine   40
J'veux partir de là
Aller voir les aliens
Voir si c'est mieux qu'en bas
J'peux plus voir des familles dans des tentes
    Quechua   45
Voir des jeunes qui font la queue devant
    Pôle emploi
J'respire plus devant George Floyd qui
    s'étouffe sur Insta
Si tu croises l'injustice, allume ta caméra   50

Refrain

Quand ce monde me fait peur, j'mets la
    musique à fond
J'écoute Mylène Farmer, elle parle de ma
    génération   55

Refrain

Stratégie 291

2 Écoutez la chanson et dites pourquoi elle (ne) vous plaît (pas). Parlez de ce que vous inspirent la mélodie, le rythme, la voix.

VOCABULAIRE

3 Énumérez les raisons pour lesquelles, selon la chanteuse, « *habiter sur Terre, c'est pas toujours la joie* » (l. 15). Notez-les dans un champ lexical autour des « défis de la mondialisation » et complétez-le au cours du module.

4 Relevez dans la chanson les réactions et les souhaits de Suzane face à tous ces problèmes.

5 Travaillez à trois.

Stratégie 295

   a) En groupe, faites des hypothèses sur le message de la chanson.

   b) Puis examinez les moyens stylistiques qui soulignent ce message.

     – Élève A : le choix des mots

     – Élève B : les images

     – Élève C : les deux significations du verbe « aller » et l'ironie utilisée par la chanteuse.

   c) Présentez vos résultats et vérifiez vos hypothèses de a).

   d) Êtes-vous d'accord avec la chanteuse ? Justifiez votre opinion.

En plus 281, 1
136, 2

6 Comparez la chanson de Suzane à la chanson *Désenchantée* de Mylène Farmer. Pourquoi Suzane se réfère-t-elle à cette chanteuse ? Expliquez.

> **EXPRESSIONS UTILES**
>
> Contrairement à … / Au contraire de …
> Ce qui est différent dans la chanson de …
> Alors que la chanson de … , celle de …

2   🔊 ▶ Animal

ÉCOUTER
A 22 🔊

A   **L'interview avec le réalisateur**

Avant l'écoute

VOCABULAIRE

1 Reliez le mot allemand à la traduction française correspondante. Utilisez un dictionnaire si nécessaire.

Klimaaktivist(in)		la disparition des espèces
Einmalverwendung		une grève pour le climat
Klimastreik		l'interpénétration (f.)
Umverpackung	=	un(e) militant(e) écologiste
Verflechtung		la gouvernance
Führung (eines Landes)		un usage unique
Artensterben		un suremballage

Cyril Dion
Cyril Dion est un écrivain, réalisateur et militant écologiste.
En 2015, il écrit et réalise avec l'actrice Mélanie Laurent le documentaire *Demain*. Ils y présentent des actions dans différents pays qui ont pour but de répondre aux défis environnementaux du XXIe siècle.
Animal, son troisième film, est sorti en 2021.

Stratégie 291

Pendant l'écoute

Vous allez écouter une interview sur France Info de Cyril Dion, le réalisateur du film documentaire Animal.

2 Écoutez l'interview une première fois et notez

   a) le sujet principal dont traite *Animal*.

   b) à travers le regard de qui ce sujet est traité (et pourquoi).

137, 1

3 Écoutez l'interview une deuxième fois en deux étapes et répondez aux questions.

00:00 – 02:19

a) En quoi les protagonistes Bella et Vipulan ont-ils impressionné le réalisateur ?

b) Qu'est-ce que le réalisateur et les protagonistes ont vécu ensemble et quel effet cela a-t-il eu sur les deux ados ?

02:20 – fin

c) En quoi les sentiments des spectateurs et spectatrices changent-ils au cours du film ?

d) Quelles solutions Cyril Dion propose-t-il contre le plastique dans les océans ?

e) Selon lui, dans quelle mesure l'individu et l'État peuvent-ils contribuer à résoudre ce problème ?

f) Pourquoi reste-t-il optimiste face aux problèmes environnementaux ?

B   Le film

Avant le visionnage

Stratégie 304

1 Décrivez l'affiche du film. Comment illustre-t-elle le combat de la génération de Bella et Vipulan ?

Pendant le visionnage

Stratégie 292

2 Sur Internet, regardez la bande-annonce du film et répondez aux questions suivantes.

a) Quels problèmes environnementaux sont abordés dans le film ?

b) Expliquez le chiffre 50.

c) Quelles actions pour protéger l'environnement sont présentées dans cette bande-annonce ?

d) Qu'est-ce que l'éleveur de lapins veut dire par : « *On n'a pas le choix* » ? Est-ce que vous êtes d'accord ? Dites pourquoi (pas).

V 21 ▷

3 Regardez la fin du film.

a) Dans quelle mesure le tournage de ce film a-t-il changé les deux jeunes ?

b) D'après Bella, comment l'homme devrait-il voir à l'avenir sa place dans la nature ?

c) Que pense Vipulan de la biodiversité ?

Après le visionnage

PARLER

4 Pour trois problèmes environnementaux nommés dans l'exercice 2a), donnez des mesures à adopter

a) par la politique.   b) par vous-mêmes au quotidien.

Présentez vos solutions sous forme d'un plan d'action partagé en ligne.

ÉCRIRE

Au choix

Stratégie 306

5 Cherchez le profil de Vipulan Puvaneswaran sur les réseaux sociaux. En groupes, écrivez-lui un message dans lequel vous lui présentez votre opinion sur son engagement écologique et vos solutions pour protéger la nature. Vous pouvez également lui poser vos questions sur le film *Animal*, sur son engagement, ses projets, etc. Présentez vos messages en classe, puis votez pour le meilleur texte.

Stratégie 309
138, 2

6 « *Si les abattoirs avaient des vitres, on serait tous végétariens.* » (Paul McCartney) Commentez cette citation.

3 ☆ L'homme qui plantait des arbres

LIRE

D 34 📄
Texthilfe

📱 **MK**

Stratégie 289

PARLER

👥

1 On trouve dans le monde entier de nombreux projets de reforestation. On peut par exemple devenir parrain / marraine d'un arbre grâce à un don ou bien participer à la plantation d'arbres.

a) Sur Internet, faites des recherches sur quelques projets de reforestation.

b) Puis discutez avec un(e) partenaire : auriez-vous envie de participer à un tel projet ? Pourquoi (pas) ?

En 1913, lors d'une randonnée, le narrateur de cette nouvelle rencontre un berger, Elzéard Bouffier. Ce dernier plante des arbres pour faire renaître la nature dans son département des Alpes-de-Haute-Provence. Quelques années plus tard, le narrateur revient à l'endroit de cette rencontre.

Jean Giono (1895 – 1970)
Jean Giono est un auteur français. Son œuvre reflète son attitude pacifique, née de ce qu'il a vécu pendant la Première Guerre mondiale. Elle montre également son amour de la nature, en particulier dans sa région d'origine Provence-Alpes-Côte d'Azur.

J'avais vu mourir trop de monde pendant cinq ans pour ne pas imaginer facilement la mort d'Elzéard Bouffier, d'autant que, lorsqu'on en a

5 vingt, on considère les hommes de cinquante comme des vieillards à qui il ne reste plus qu'à mourir. Il n'était pas mort. Il était même fort vert. Il avait changé de métier. Il ne

10 possédait plus que quatre brebis mais, par contre, une centaine de ruches. Il s'était débarrassé des moutons qui mettaient en péril ses plantations d'arbres. Car, me dit-il (et je le constatais),

15 il ne s'était pas du tout soucié de la guerre. Il avait imperturbablement continué à planter.

Les chênes de 1910 avaient alors dix ans et étaient plus hauts que moi et que lui. Le spectacle était impressionnant. J'étais

20 littéralement privé de parole et, comme lui ne parlait pas, nous passâmes tout le jour en silence à nous promener dans sa forêt. Elle avait, en trois tronçons, onze kilomètres de long et trois kilomètres dans sa plus grande

25 largeur. Quand on se souvenait que tout était sorti des mains et de l'âme de cet homme,

sans moyens techniques, on comprenait que les hommes pourraient être aussi efficaces que Dieu dans d'autres domaines que la destruction. 30

Il avait suivi son idée, et les hêtres qui m'arrivaient aux épaules, répandus à perte de vue, en témoignaient. Les chênes étaient drus et avaient dépassé l'âge où ils étaient à la merci des rongeurs ; quant aux desseins 35 de la Providence elle-même, pour détruire l'œuvre créée, il lui faudrait avoir désormais recours aux cyclones.

Il me montra d'admirables bosquets de bouleaux qui dataient de cinq ans, 40
→

un berger / une bergère Hirte / Hirtin
4 **d'autant que** umso mehr, als
6 **un(e) vieillard(e)** qn de très vieux
10 **une brebis** Mutterschaf
12 **une ruche** Bienenstock
13 **mettre en péril** mettre en danger
16 **imperturbable** unerschütterlich
17 **un chêne** Eiche
20 **littéralement** buchstäblich
20 **être privé(e) de parole** sprachlos
23 **un tronçon** Abschnitt
31 **un hêtre** Buche
34 **dru(e)** *ici :* dicht gewachsen
35 **être à la merci de qn / qc** ausgeliefert sein
35 **un rongeur** Nagetier
35 **un dessein** un but
39 **un bosquet** une petite forêt
40 **un bouleau** Birke

43 **un fond** *ici :* Boden
43 **soupçonner qc** vermuten
46 **tendre** zart
48 **s'opérer** se réaliser
52 **un ruisseau** Bach

GRAMMAIRE
Les adverbes
· pour ne pas imaginer **facilement**…
· il avait **imperturbablement** continué…

I 30 🖐
interaktive Übungen
V 22 ▷
Erklärvideo
138, 1 🗐

c'est-à-dire de 1915, de l'époque où je combattais à Verdun. Il leur avait fait occuper tous les fonds où il soupçonnait, avec juste raison, qu'il y avait de l'humidité
45 presque à fleur de terre.
Ils étaient tendres comme des adolescents et très décidés.

La création avait l'air, d'ailleurs, de s'opérer en chaînes. Il ne s'en souciait pas ; il poursui-
50 vait obstinément sa tâche, très simple. Mais en redescendant par le village, je vis couler de l'eau dans des ruisseaux qui, de mémoire d'homme, avaient toujours été à sec. C'était la plus formidable opération de réaction qu'il
55 m'ait été donné de voir. Ces ruisseaux secs avaient jadis porté de l'eau, dans des temps très anciens.

Extrait de : Jean Giono « L'homme qui plantait des arbres »
(p. 9 – 11) © Editions Gallimard, 1983

2 À l'aide de mots-clés, notez les informations que donne le texte sur le métier, l'œuvre et le caractère d'Elzéard Bouffier, puis présentez-les.

3 Résumez l'extrait en 2 à 3 phrases.

4 Relevez dans le texte les informations qui permettent de situer cet extrait dans son contexte historique.

VOCABULAIRE **5** À l'aide du texte, faites un filet à mots autour de la nature.

les animaux

la nature

les plantes

6 Faites un dessin de la nature et des animaux décrits dans ce passage avec un maximum de détails. Puis comparez votre dessin à ceux de 2 ou 3 autres élèves.

Stratégie 295
○ 281, 2
139, 2 🗐

7 Analysez le style utilisé dans le texte. Dites en quoi le choix des mots et des moyens stylistiques souligne la fascination du protagoniste pour l'œuvre de Bouffier.

ÉCRIRE **Au choix**

○ 282, 3 **8** Écrivez une lettre dans laquelle Elzéard Bouffier s'adresse aux générations futures et leur explique ce qu'il fait et pourquoi son action est importante pour l'avenir.

9 En cadeau d'anniversaire, vous offrez à votre corres la possibilité de planter un arbre pour protéger la diversité. Expliquez-lui dans un e-mail l'importance de ce projet.

LIRE
Stratégie 299

VOCABULAIRE
Stratégie 288

4 L'ami du goûter est-il l'ennemi de la forêt ?

1 De plus en plus de produits sont certifiés et labellisés « bio », « contrôlé » ou « équitable ». Êtes-vous prêt(e)s à payer plus pour ces produits ? Pourquoi (pas) ?

2 Trouvez le sens des mots suivants dans un dictionnaire (en ligne).

une ONG   dégueuler *(fam.)*   régaler   la déforestation   l'esclavage *(m.)*

○ 282, 4
140, 1 ⃞

3 Regardez d'abord les trois premières vignettes. En tant que spectateurs / spectatrices, à quoi vous attendriez-vous dans ce « flash spécial » ?

140, 2 ⃞

4 Décrivez la « réalité » de la production de chocolat en Afrique que présente la BD et faites une liste des problèmes.

5 Dégagez le message que veut transmettre le membre de l'ONG et analysez comment le style de la BD (les bulles, les dessins, les flèches…) souligne ce message.

MK

6 Cherchez sur Internet des mesures sur les plans social, économique et écologique que proposent différentes ONG pour lutter contre les abus dans la production de chocolat.

ÉCRIRE
Stratégie 309
140, 3 ⃞

7 « Peut-on encore manger du chocolat ? » Rédigez un commentaire dans lequel vous présentez la situation des plantations de cacao ainsi que les idées des ONG pour lutter contre les problèmes. Terminez votre texte par une conclusion personnelle.

LIRE
Stratégie 294

PARLER
141, 1 📄

5 500 km à pied contre la déforestation

1 Quand est-ce que vous vous êtes promené(e)s la dernière fois en forêt ? Qu'est-ce que vous avez vu, entendu et senti ? Échangez avec votre voisin(e).

Au Québec, la Grande Marche pour la protection des forêts se bat contre le déboisement

La protection des forêts au Canada constitue
5 un enjeu important. En Colombie-Britannique, dans l'ouest du pays, des militants bloquent l'accès du territoire à l'industrie forestière pour éviter de couper des arbres centenaires. Au Québec, plusieurs associations et instances
10 locales réclament du gouvernement de s'assurer qu'on ne puisse pas déboiser certaines portions du territoire. Voilà pourquoi des centaines de marcheurs, dont plusieurs membres des Premières nations, ont parcouru
15 plus de 500 km pendant plusieurs semaines.

Avec une vingtaine d'autres marcheurs, Esther Laurent-Girard a parcouru les chemins forestiers du sud de Québec en s'arrêtant dans les localités sur le chemin pour discuter de
20 l'importance de la nature. « *C'est drôle, parce qu'on est allés dans des écoles et on a demandé aux enfants qu'est-ce que ça vous fait d'aller dans la forêt,* raconte-t-elle. *La réponse était souvent : ' Je me sens libre, je me sens*
25 *bien, je me sens grand. ' Je sens de l'empathie, ça m'attriste d'apprendre toutes ces déforestations. On n'est pas dans une décroissance, mais dans une croissance de coupes.* » […]
30 En suivant plusieurs jours un cours d'eau de la région de Québec, le groupe de marcheurs a pu constater que la biodiversité variait beaucoup selon l'aménagement rural. « *On voyait la différence sur les berges, quel est l'effet sur*
35 *l'eau,* poursuit Shandra. *Quand on met une forêt à côté de l'eau, on a l'abondance, les plantes pour la médecine, mais aussi pour faire des paniers, on a de la place pour d'autres animaux. Mais on avait des champs agricoles,*

et du purin qui allait dans l'eau… Il y a une 40
raison claire pour laquelle il n'y a plus de truites et de saumons dans ces rivières-là. » […]
Les défenseurs de l'environnement […] réclament une protection accrue là où le développement urbain et économique nuit 45
aux forêts alors qu'elles purifient l'air. Un rôle particulièrement important en ville, constate Denise Liée qui défend le couvert forestier en ville. « *L'arbre est souvent considéré comme un obstacle, alors on coupe les arbres facilement,* 50
juste pour le projet de tramway, regrette-t-elle. *On ne se rend pas compte jusqu'à quel point on a encore une richesse dans la ville de Québec, qui est la quantité d'arbres, la canopée qu'on a. On est en train de la dilapider et cela* 55
n'a pas de bon sens. » […]

© Extrait de : Pascale Guéricolas : Au Québec, La Grande Marche pour la protection des forêts se bat contre le déboisement (28/10/21)

Les forêts au Québec
Au Québec, plus de 550 000 km² sont couverts par la forêt (en comparaison : la superficie de la France métropolitaine est d'environ 544 000 km²). On y trouve aussi la plus grande forêt boréale pluviale au monde qui s'étend sur 300 km à travers la province.

une forêt
boréale pluviale
Regenwald in
gemäßigten
Breiten
3 **le déboisement**
la déforestation
5 **un enjeu** *ici :*
un sujet
8 **centenaire** qui a
cent ans
10 **réclamer** exiger
28 **la décroissance**
Abnahme
28 **la croissance**
+ décroissance
29 **une coupe** *ici :*
Fällen
30 **un cours d'eau**
Flusslauf
33 **l'aménagement
rural** ländliche
Entwicklung
34 **une berge** Ufer
36 **l'abondance** *(f.)*
Fülle, Pracht
38 **un panier** Korb
40 **le purln** Jauche
41 **une truite**
Forelle
42 **un saumon**
Lachs
48 **le couvert
forestier**
Baumschirm
54 **une canopée**
Blätterdach
55 **dilapider**
vergeuden

VOCABULAIRE

141, 2 📖

2 Relevez dans l'article tous les mots et expressions autour de « la forêt ». Intégrez les expressions en rapport avec la mondialisation dans votre filet à mots.

3 Relevez la revendication principale de la Grande Marche. Formulez un slogan que pourraient utiliser les marcheurs contre la déforestation.

4 Dégagez l'importance de la forêt pour les trois personnes citées dans l'article.

5 Présentez
   a) les raisons pour lesquelles on coupe de plus en plus d'arbres au Québec.
   b) les conséquences du déboisement mentionnées dans l'article.

PARLER
🧩
Stratégie 300
⭕ 282, 5

6 Travaillez à trois.
Imaginez la rencontre entre un(e) manifestant(e) de la Grande Marche et un(e) représentant(e) de l'industrie agricole et forestière lors du blocage du territoire.
   a) Répartissez-vous les rôles et nommez un observateur / une observatrice.
   b) Trouvez des arguments économiques, écologiques et sociaux pour votre position.
   c) Jouez la discussion. Réagissez aussi aux arguments de votre adversaire.
   d) En tant qu'observateur / observatrice, prenez des notes. Après la discussion, résumez les différentes positions et formulez une conclusion.

> **EXPRESSIONS UTILES**
>
> la fabrication du papier ; la biodiversité ; l'exportation *(f.)* du bois ; une surface agricole ; la création d'emplois ; le réchauffement climatique

MÉDIATION
Stratégie 313
VOCABULAIRE

6 Tomatensuppe auf Kunstwerke schmieren?

1 Paraphrasez les mots suivants.

die Ohnmacht (l. 4)　　die Zerstörung (l. 7)　　die Elterngeneration (l. 9)

die Vorwurfsspirale (l. 26)　　der Protest (l. 37)　　nachhaltig (l. 67)

die Verhaltensänderung (l. 71)　　auferlegt (l. 72)　　das Krisenmanagement (l. 102)

Wir haben Luisa Neubauer zum Interview getroffen und über ihr neues Buch diskutiert, das sie mit ihrer Großmutter geschrieben hat. […] Das Buch „Gegen die Ohnmacht" […] ist
5 *sehr persönlich geraten und fragt: Was kann man tun angesichts all des Unrechts und der Zerstörung unseres Planeten? […]*

Von Klimaaktivisten hört man oft den pauschalen Vorwurf an die Eltern- oder
10 **Großelterngeneration: „Eure Lebensweise zerstört diesen Planeten." Ist diese Art der Anschuldigung der richtige Weg?**

Wir können ja erst mal feststellen, dass es die Generation vor uns war, also die Eltern-
15 generation, die uns in die Lage gebracht hat, in der wir jetzt sind. Das können wir nicht schönreden. Wir haben uns in diesem Buch aber gefragt: Welchen Umgang finden wir damit? Wird es eine nie endende Vorwurfsspirale? Oder ist es der Moment, in dem wir zusammenkommen und uns besinnen auf das, was jetzt ansteht? Das ist der Ton, den wir treffen wollten.

→

Im letzten Kapitel des Buchs beschreiben Sie und Ihre Großmutter, wie das politische Handeln und die Vernetzung aktiver Menschen
35 **wirklich Veränderungen herbeiführen können. Sie glauben also unbedingt an die Wirksamkeit des Protests?**

Daran muss ich gar nicht glauben, ich sehe es. Wir beschreiben ja auch: Das nicht zu sehen
40 und nicht zu berichten, ist das größte Ziel all derer, die es nicht wahrhaben wollen. Das ist leider auch die Macht, die Menschen entfalten können. Gleichzeitig ist unser Alltag durchsetzt, umrahmt, umstellt von Errungenschaften von
45 Menschen, die sich zusammengetan haben, um Dinge zu verändern, positiven Wandel herbeizuführen: Fünf-Tage-Woche, Gewerkschaften, Frauenwahlrechte, Homo-Ehen, die Gleichberechtigung. Dahinter steckt
50 die Energie der Leute, die sich nicht aufhalten lassen von den Märchen über eine Welt, in der die Dinge schon festgelegt sind. […]

Klimaaktivisten schütten Tomatensuppe auf ein Kunstwerk, bringen den Verkehr zum
55 **Erlahmen, kleben sich an Regierungsgebäuden fest. Gibt es für Sie Grenzen des Protests oder muss er so radikal wie möglich sein, um Bewusstsein zu schaffen?**

Die entscheidende Frage ist für mich: Gibt es
60 Grenzen der Klimazerstörung? Die sollte es geben und die werden von niemandem aufgezeigt. Das ist die Debatte, die wir führen sollten. […]

Während der Corona-Zeit stand kurz der
65 **Flugverkehr fast still, Warenströme verringerten sich auf das Wesentliche. Hatten Sie die Hoffnung, dass sich nachhaltig etwas verändert?**

Das war ja nicht in dem Sinne nachhaltig.
70 Genauso wenig wie jetzt die Inflation eine nachhaltige Verhaltensänderung erwirken

wird. Sie ist auch auferlegt. Sie ist total ungerecht. Was mich inspiriert hat in der Corona-Zeit, war, dass viele Menschen mit Gedanken an das richtige oder gute Leben konfrontiert 75 waren. Das war oft mit großen Nöten verbunden, was dramatisch war. Aber es gab eben auch einen ganz kleinen Freiraum, der aber schnell wieder eingesammelt wurde. Vielleicht ist das eine Lehre, dass Krisen keine kategorischen Chancen sind, Probleme an der Wurzel 80 anzugehen. Diese Idee, dass, wenn die eine schlimme Krise kommt, dann wird man schon richtig handeln, das ist eine Mär, eine Illusion. Das verkennt so sehr die Dynamiken, wie 85 gerade auf Krisen reagiert wird. In Krisen machen Regierungen, was sie am besten können – und das ist in fossilen Gesellschaften eben: mehr fossile Energien, mehr fossiles Wachstum. […] 90

Wenn doch alles so klar und alternativlos ist, warum erreicht es die Menschen nicht? Liegt es auch an Ihrer Rhetorik, der der Klimabewegung?

Dieses Land hat ja einen Kanzler, der politische 95 Entscheidungen treffen sollte. Es sollte nicht an mir und meiner Rhetorik liegen, Veränderungen herbeizuführen. Solange Regierungen um die Welt reisen, wie das Olaf Scholz macht, und fossile Energien einkaufen, 100 als wären die im Winterschlussverkauf – wo soll bei dieser Art von Krisenmanagement ein Mensch auf die Idee kommen: Da stimmt irgendwas nicht? Wir sind doch in einer riesengroßen Existenzkrise. Regierungen 105 halten die Illusion aufrecht, dass alles nicht so schlimm ist: Noch ein bisschen mehr Gas und Öl und Kohle und dann haben wir es aber. […]

Max Kühlem: Muss man wirklich Tomatensuppe auf Kunstwerke schmieren, Frau Neubauer? (25.10.22) © BV Berliner Tageszeitungen GmbH

ÉCRIRE
○ 282, 6
142, 1 🖥

2 Votre correspondant(e) doit faire un exposé sur des activistes climatiques européen(ne)s. Il / elle a trouvé cette interview de Luisa Neubauer qu'il ne comprend pas entièrement. Vous lui écrivez un e-mail dans lequel vous présentez les informations principales sur Luisa Neubauer et ses positions.

PARLER

3 Est-ce que l'interview vous donne envie de lire le livre de Luisa Neubauer et de sa grand-mère ? Justifiez votre réponse.

MK

4 Faites une recherche sur des jeunes militant(e)s écologistes dans d'autres pays francophones. Choisissez-en un(e) et présentez-le / la ainsi que ses actions.

7 L'idée de la mondialisation

1 Qu'associez-vous au terme « mondialisation » ? Notez autant de mots que possible en 90 secondes.

se lancer
commencer
en quelque sorte
d'une certaine
façon
l'altérité *(f.)*
Anderssein
auparavant avant
**le revers de la
médaille** Kehrseite
der Medaille
davantage plus

BON, ALLEZ,
JE ME LANCE.

CE QUI EST POSITIF POUR MOI,
C'EST LA POSSIBILITÉ, AVEC
LA MONDIALISATION, D'AVOIR
UN PLUS GRAND ACCÈS À
L'« AILLEURS », À CE QUI EST
DIFFÉRENT, À CE QUI NOUS
EST, AU DÉPART, ÉTRANGER.

EN QUELQUE SORTE
LA MONDIALISATION
EST UN VECTEUR
D'ALTÉRITÉ.

HUM... PAS
SÛRE QU'ON PUISSE
LE DIRE AINSI MAIS
C'EST CE QUI ME VIENT.

C'EST LA POSSIBILITÉ D'AVOIR CHEZ SOI,
AVEC SOI, DES CHOSES QUE L'ON NE POUVAIT,
AUPARAVANT, AVOIR QU'À L'ÉTRANGER. BON, MALGRÉ
TOUT CE N'ÉTAIT PAS MAL CE TEMPS OÙ IL FALLAIT
SE DÉPLACER PHYSIQUEMENT POUR Y ACCÉDER, MAIS
L'AVANTAGE C'EST QU'AVEC LA MONDIALISATION, C'EST
DISPONIBLE POUR UN PLUS GRAND NOMBRE. JE
VEUX DIRE AUSSI À CEUX QUI N'ONT PAS
LES MOYENS DE SE DÉPLACER.

DONC LA
MONDIALISATION
C'EST PLUS D'OUVERTURE,
PAS SEULEMENT COMMER-
CIALE, FINANCIÈRE (NOS
TRUCS D'ÉCONOMISTES),
MAIS AUSSI PLUS
D'OUVERTURE
À L'AUTRE.

REVERS DE LA MÉDAILLE,
QUAND ON SE DÉPLACE ON
RETROUVE, DAVANTAGE AUJOURD'HUI
QU'HIER, LA MÊME CHOSE QUE CHEZ
SOI. PAS FACILE DE TROUVER ENCORE
DE L'EXOTISME ! DONC PLUS DE
DIVERSITÉ CHEZ SOI MAIS PLUS
D'HOMOGÉNÉITÉ GLOBALEMENT.

ET LA MONDIALISATION, TELLE QU'ELLE
S'EST DÉVELOPPÉE JUSQU'ICI, A EU
PAS MAL D'EFFETS NÉGATIFS.

DÉSOLÉE,
JE REPRENDS ICI
MA CASQUETTE
D'ÉCONOMISTE.

VOCABULAIRE

2 Trouvez dans la BD des synonymes pour les mots et expressions suivants.

bouger   avoir accès à qc   être là   avoir la possibilité   dans l'ensemble

la chance   des choses exotiques   une conséquence   le fait d'être ouvert(e)

● 283, 7

3 Donnez une définition de la mondialisation d'après la bande dessinée.

142, 1

4 Travaillez à deux : A présente les avantages de la mondialisation, B ses inconvénients.

○ 283, 8

5 Expliquez la phrase suivante : « *En quelque sorte, la mondialisation est un vecteur d'altérité.* »

142, 2

6 Imaginez les effets négatifs que la protagoniste de la BD va énumérer sur la planche suivante.

> **EXPRESSIONS UTILES**
>
> différent(e) – l'étranger (*m.*) – un accès – une possibilité – ailleurs – chez soi

---

LIRE

8 ☆ La fin de la mondialisation ?

PARLER

1 Quels évènements actuels / des dernières années ont eu un impact sur la mondialisation ? Lequel ? Discutez en classe.

VOCABULAIRE
Stratégie 288

2 À l'aide d'un dictionnaire (en ligne), trouvez la signification des mots suivants.

s'accélérer   afin de faire qc   viser à faire qc   récent(e)   une décennie

subir qc   suggérer qc   un témoin   face à qc   au risque de qc   miser sur qc

---

6 **l'ouverture** (*f.*) **des marchés** Markterschließung
10 **une marchandise** Ware
12 **faire fi de qc** ignorieren
15 **fulgurant(e)** très rapide
20 **tirer un constat** feststellen
21 **il est indéniable que …** es lässt sich nicht leugnen, dass …
27 **néfaste** schädlich
27 **une délocalisation** Standortverlagerung
34 **ébranler qc** erschüttern
35 **une répercussion** Auswirkung

BLOGUE INVITÉ. C'est à la fin des années 70 que la mondialisation s'est accélérée afin de devenir, en quelque sorte, le principe de base du « fonctionnement » géopolitique,
5 économique et culturel de notre planète. L'ouverture des marchés avait comme objectif d'intensifier les échanges de toutes sortes entre les différents pays. Cette libéralisation visait à créer un immense marché mondial
10 où marchandises, personnes, technologie et beaucoup plus pouvaient se déplacer, en faisant fi des frontières des pays. Bien que le concept de mondialisation ne soit pas récent, la fin de la Deuxième Guerre
15 mondiale, la fulgurante croissance économique qui a suivi ainsi que la chute du mur de Berlin, mettant fin à la Guerre froide, ont permis l'intensification des échanges entre pays.

Une cinquantaine d'années plus tard, nous
20 pouvons aujourd'hui tirer plusieurs constats de l'adoption de ce modèle. Il est indéniable que la mondialisation a été à l'origine d'une forte croissance économique mondiale et a permis à

des millions d'êtres humains d'améliorer leur condition de vie, mais à quel prix ? Inégalités 25 au niveau du développement, conséquences néfastes sur l'environnement, délocalisation de millions d'emplois, sont souvent donnés en exemple afin d'exposer le côté sombre de cette forte croissance. Je ne surprendrai 30 personne en vous disant que nous traversons une époque qui remet grandement en question les choix des dernières décennies. Non seulement la pandémie a ébranlé notre vie, nous devrons subir ses répercussions pour encore 35

→

plusieurs années. La pénurie de main-d'œuvre combinée au vieillissement de la population ne suggère pas qu'il y ait une solution miracle à court ou moyen terme. L'inflation, causée
40 par un déséquilibre entre l'offre et la demande, combinée aux problèmes des chaînes d'approvisionnement, ne suggère pas non plus un retour à la normale d'aussitôt. Il ne suffisait plus qu'une guerre, ce dont nous sommes
45 tristement témoins, afin de mettre encore plus de pression sur les marchés pour que la marmite soit sur le bord d'exploser. Face à cette nouvelle réalité, il est normal de voir une moins grande ouverture sur le
50 monde et de voir surgir des réflexes protectionnistes. La question doit se poser : est-ce que le

modèle de la mondialisation, tel qu'on le connaît, arrive à la fin de sa durée de vie ? Vivons-nous ses dernières années ? […]
Devrait-on prioriser notre propre économie 55
au risque de se mettre à dos nos différents partenaires commerciaux et organismes telle l'Organisation mondiale du commerce ? Comme vous pouvez le constater, le sujet est extrêmement complexe et les réponses sont 60
multiples.
[…] Certes, la mondialisation a permis au cours des 50 dernières années un développement important à l'échelle mondiale, mais est-ce le modèle sur lequel il faut encore tout miser ? 65

© Extrait de : Nicolas Duvernois : « La fin de la mondialisation ? », dans : Les affaires, 08/03/22 (texte écourté)

Stratégie 294

3 Travaillez à quatre. Chacun(e) choisit un aspect et note les informations que donne le texte sur l'aspect choisi. Puis présentez vos résultats aux autres.

idée principale / but de la mondialisation	déclencheurs de la mondialisation	domaines dans lesquels la mondialisation joue un rôle	conséquences de la mondialisation

4 Présentez le développement de la mondialisation en tenant compte des changements liés aux évènements des dernières années.

5 Faites une liste des arguments pour et contre la mondialisation. Récapitulez aussi les arguments donnés dans la bande dessinée « L'idée de la mondialisation ».

○ 283, 9

6 Analysez en 2 – 3 phrases l'opinion de l'auteur du texte sur la mondialisation et indiquez des moyens stylistiques qui soulignent sa position.

Au choix

PARLER
143, 1
Stratégie 300

Stratégie 311
143, 2; 144, 3

7 Discutez à deux sur la question « Faut-il freiner la mondialisation ? » A est fan de la mondialisation, B critique les enjeux de la mondialisation. Présentez vos arguments et trouvez un compromis.

8 Faites un plaidoyer pour ou contre la mondialisation.

9   ⊙ Vive le « made in France » !

ÉCOUTER ET REGARDER
V 23 – 25 ⊙
Stratégie 292

Avant le visionnage

1 Faites-vous attention à l'endroit où sont fabriqués les produits que vous achetez ? Dites pourquoi (pas).

PARLER

2 Quelles raisons pourrait-il y avoir d'acheter local ? Racontez.

Pendant le visionnage

3 Travaillez à trois. Chacun(e) choisit une vidéo parmi les trois. Relevez quel produit est fabriqué en France, expliquez son emploi et sa valeur (culturelle).

4 Exposez les raisons pour lesquelles ce produit est fabriqué en France et les défis associés à cette décision.

5 Est-ce que le produit est « 100 % made in France » ? Justifiez votre réponse.

6 Dans votre groupe, présentez brièvement vos produits et les informations principales. Rassemblez les atouts, mais aussi les défis d'une production française.

EXPRESSIONS UTILES

le bassin chambérien Gegend um die Stadt Chambéry ; **savoyard** qui vient de la région Savoie ; **la demande** Nachfrage ; **s'effondrer** einbrechen ; **la distribution** Vertrieb ; **une gamme** Sortiment ; **abordable** erschwinglich ; **une filière** eine Branche ; **le lin** Leinen ; **une filature** Spinnerei ; **un composite biosourcé** bio-basiertes Verbundmaterial ; **la résine** Harz ; **une faïencerie** Steingut-fabrik ; **faire perdurer** aufrechterhalten ; **l'épiphanie** *(f.)* Dreikönigstag

---

ÉCRIRE
Stratégie 306
144, 1 🗔

Après le visionnage

7 Vous faites un stage dans une agence qui gère un site web des produits « made in France ». On vous demande de rédiger un texte publicitaire pour attirer plus de consommateurs. Présentez les atouts du « made in France » et expliquez pourquoi il est important d'acheter des produits fabriqués dans le pays.

LIRE

10 Comment expliquer le succès d'*Emily in Paris* ?

1 Regardez sur Internet la bande-annonce de la série télévisée *Emily in Paris*, puis répondez aux questions. Présentez ensuite vos résultats dans un court monologue.
   a) Quels sont les sujets principaux de la série ? Nommez-en au moins 5.
   b) Quelle impression de Paris les images transportent-elles ?
   c) D'après vous, la bande-annonce est-elle représentative de la réalité ?

EXPRESSIONS UTILES

une agence de marketing Marketingagentur ; **un(e) expatrié(e)** Auswanderer / Auswanderin ; **une intrigue** Handlung ; **un défilé de mode** Modenschau ; **s'installer** sich niederlassen **s'adapter** sich anpassen, sich einleben ; **flâner** flanieren ; **tomber amoureux / amoureuse de qn** sich verlieben

---

2 **cartonner** *(fam.)* ganz oben sein
6 **remporter** *ici :* avoir
9 **décrié(e)** verschrien

Depuis sa première diffusion sur Netflix, le 2 octobre 2020, la série *Emily in Paris* cartonne et fascine. En 2020, la série comptabilise plus de 58 millions de vues, faisant du show la série comique la plus regardée sur la plateforme.
5 Pourtant très critiquée, elle remporte à nouveau un franc succès lors de la saison 2. Mais alors, comment expliquer un tel succès pour une série qui a pourtant été très décriée ?

→

GRAMMAIRE
La comparaison
· … la série **la plus regardée**…
· La série est **plus influente que** la Fashion week…

I 31 🏃 interaktive Übungen

V 26 ⏵ Erklärvideo

10 Emily Cooper est de retour à Paris. Sortez vos bérets et vos baguettes et préparez votre route pour aller explorer les alentours d'un Paris magique, comme vous ne l'avez jamais vu. En effet, la série *Emily in Paris* est le symbole
15 du fantasme américain d'un Paris parfait. Beau et romantique. D'un Paris propre. D'un Paris dans lequel il fait bon s'aimer et se déclarer sa flamme après avoir bu une belle bouteille de vin rouge.

20 Un Paris dans lequel il est possible de sortir sa table à manger sur un trottoir pour faire un dîner aux chandelles. Un Paris que ne connaît pas des millions de Français. Bref, la série a misé une grande partie de son
25 succès sur un Paris imaginaire et comme, très certainement, se le représentent les Américains. En effet, tout au long des deux saisons, les clichés sur la capitale de la France, mais aussi et surtout sur les Parisiennes sont
30 nombreux. « *Avec [le stéréotype de la Parisienne], ce que l'on nous vend, c'est une France de carte postale, une France de fantasmes. Notre pays est très conservateur et reste attaché à une mythologie, la fabrication d'une France passée.*
35 *En réalité, c'est une vision complètement rétrograde* » déplorait ainsi Rokhaya Diallo.

Mais si ce Paris rêvé a été le socle de nombreuses critiques, c'est aussi peut-être l'une des raisons du succès de la série. « *Audrey Hepburn disait*
40 *dans l'un de ses films que Paris est toujours une bonne idée* », rappelle l'acteur français William Abadie, qui incarne Antoine, à BFM. Pour Bruno Gourey, qui interprète Luc, « *Emily*

*in Paris est un conte de fées. […] Il y a une
45 chose dont je suis certain : si ça marche autant, c'est que le cliché trouve un écho chez les gens du monde entier. […] »* Pourtant, malgré ses clichés éculés, la série reste un phénomène et est attendue depuis la fin de la saison 2.
50 Et ceci serait en partie dû à son réalisateur, Darren Star, qui n'est autre que le créateur de *Sex & The City*. […] En effet, il avait déjà montré qu'il aimait fantasmer les grandes villes, comme New York dans *Sex & The City*.
55 Et s'il a réussi à trouver la recette magique pour donner vie à ses personnages, il a notamment réussi à donner vie à un second rôle auquel nous n'aurions jamais pensé : la mode. En effet, elle fait partie intégrante
60 de la série, la faisant devenir une référence pointue pour les « modeuses ». La série offre donc aux marques de luxe une immense vitrine.

[…] En effet, Launchmetrics, spécialiste de l'e-réputation et du marketing d'influence dans
65 les industries de la mode et du luxe, dévoilait que la « *valeur de l'impact médiatique* » de la saison 2 de la série avait atteint 96 millions de dollars trois semaines après son lancement. C'est davantage que les 49 millions produits
70 par la Fashion Week de Londres en septembre 2021 et les 69 millions du secteur de la haute couture parisienne en janvier 2021. La série est donc plus influente que la Fashion week, censée être la première source d'influence
75 mode. […]

© Mon Quotidien, pour les 10 – 13 ans : 10 minutes de lecture chaque jour, www.playbacpresse.fr, 2022

2 Relevez dans le texte l'image « mondialisée » de Paris que la série montre et faites une liste des clichés.

3 Dégagez du texte les différentes raisons du succès d'*Emily in Paris*.

4 Examinez le rapport entre la série et l'industrie de la mode et du luxe.

5 Vous avez trouvé les commentaires suivants sous la bande-annonce. Postez un commentaire dans lequel vous donnez votre opinion sur le succès de la série.

Naïma C'est complètement ridicule, cette image de Paris que donne la série. Rien à voir avec la vraie vie à Paris. Les rêves des téléspectateurs vont tourner au cauchemar en arrivant dans la capitale.

Paul Des clichés partout… mais finalement, Paris reste une des plus belles villes au monde ! Cette série me met de bonne humeur et me fait rêver.

En plus 283, 10
146, 1–2 📖

11 ☆ Le miracle de l'identité bretonne

1 Cherchez le sens des mots bretons suivants sur Internet. Regardez aussi les images / vidéos que votre moteur de recherche vous propose.

gavotte   kas-a-barzh   fest-noz   andro   bagad   bagadoù   (l'école) Diwan

2 **méprisé(e)**
verachtet
12 **s'amasser**
auflaufen
13 **un(e) trente-
naire** qui a
trente ans
14 **enchaîner les
airs** *(m.)* die
Melodien an-
einanderreihen
17 **une boucle**
Locke
19 **impassible**
teilnahmslos
20 **suer à grosses
gouttes** stark
schwitzen
22 **grisonnant(e)**
grau meliert
23 **s'égailler** sich
verstreuen
33 **inonder** über-
schwemmen
36 **s'approprier**
sich aneignen
39 **un drapeau**
Flagge
47 **répertorier**
auflisten
57 **la longévité**
Langlebigkeit
61 **bretonnant(e)**
Bretonisch
sprechend
62 **une sonneuse de
cornemuse** Du-
delsacksspielerin
63 **s'investir**
s'engager
68 **épaté(e)**
verblüfft
72 **louper** *(fam.)*
manquer

Alors que la culture bretonne a longtemps été méprisée, que la mondialisation tend à unifor-miser les modes de vie d'un bout à l'autre de la planète, en Bretagne, on continue à vivre
5 une identité à part. Des milliers de personnes jouent et dansent sur de la musique tradition-nelle, parlent breton et se sentent tout simplement appartenir à ce pays. Comment expliquer ce petit miracle ?

10 Un soir d'été, à Lorient. Dans ce bistrot bien connu du centre-ville, une petite foule s'amasse. Sur la scène, un groupe de trentenaires joue. Saxo, accordéon, violon enchaînent les airs. Devant eux, une vingtaine
15 de danseurs se tiennent solidement accrochés par les bras. C'est une jeune femme aux boucles noires généreuses qui mène la file, serpentant entre les buveurs de bière impassibles. Gavottes ou kas-a-barzh se
20 succèdent. Tout le monde sue à grosses gouttes, se salue, applaudit et sourit. Il y a là des étudiants, des têtes grisonnantes, quelques enfants qui s'égaillent. Un soir de fest-noz, tout simplement. Un fest-noz comme
25 il y en a tant en Bretagne, de soirées réunissant quelques dizaines de personnes aux festivals faisant swinguer des milliers de danseurs sur une gavotte ou un andro.

Quand on s'arrête un instant, la chose peut
30 sembler folle. Nous sommes en 2022. La même musique abreuve nos oreilles, les mêmes marques de vêtements nous habillent, les mêmes images nous inondent, d'un bout à l'autre de la planète. Et pourtant. Ici, en
35 Bretagne, quelque chose perdure. Des jeunes s'approprient des airs vieux de plusieurs siècles et les réinterprètent. On se reconnaît, s'interpelle, avec des éléments qui nous sont propres et qu'on range sous un drapeau aux
40 bandes noires et blanches. On se sent différent. On se dit Breton. Et on le vit. À quoi tient ce petit miracle ?

« *Il y a ici une identité dynamique et qui se renouvelle* », constate Tudi Kernalegenn, directeur de Bretagne culture diversité, un
45 organisme justement chargé, entre autres, de répertorier et de valoriser les différentes composantes de la culture bretonne.
« *Le propre d'une identité vivante, c'est qu'elle continue à évoluer. La spécificité bretonne, c'est*
50 *ça. L'identité bretonne d'aujourd'hui n'est pas la même que celle du 19ᵉ siècle ou des années 1950. C'est une bonne chose, un signe de bonne santé !* »

L'identité bretonne serait donc toujours en
55 mouvement, et ce serait le secret de sa longévité. Quoi de mieux alors pour le vérifier que d'aller interroger des jeunes qui la vivent ? Fiona Le Saint est de ceux-là. À 24 ans, celle qui termine des études en management digital
60 et e-business, est aussi une bretonnante parfaitement à l'aise et une sonneuse de cornemuse qui s'investit au sein de son bagad, à Pommerit-le-Vicomte, dans les Côtes-d'Armor. Elle est enthousiaste : « *Pour moi, c'est une*
65 *force. Quand je parle avec des gens, que je leur dis que je parle breton, que je joue de la musique bretonne, tout le monde est épaté ! Genre, trop de la chance ! Le nombre de personnes qui me disent : J'aurais trop aimé*
70 *parler breton… Certains ont l'impression d'avoir loupé quelque chose* ». La jeune →

87 **récuser** abstreiten
88 **le hasard** Zufall

GRAMMAIRE
Les verbes pronominaux
· Tout le monde **se salue**…
· Des jeunes **s'approprient** des airs…

I 32 🏃
interaktive Übungen
V 27 ▷
Erklärvideo
147, 1 📄

femme évoque « *l'ambiance* », les liens qu'elle a créés à Diwan, avec ses grands-parents
75 bretonnants et ses amis du bagad, une « *deuxième famille* ». Il y a deux ans, Fiona Le Saint a décidé de rejoindre le bureau de la fédération des bagadoù, Sonerion. « *J'ai envie de m'investir parce que je veux que tout ça*
80 *continue à vivre. Il faut que les jeunes s'impliquent pour que ça tourne. Est-ce que c'est militant ? Je ne sais pas. Moi, je suis fière de le faire en tout cas, et je vais le défendre.* »

Eflamm Louis est de cet avis. À 23 ans, étudiant
85 en management public territorial à Rennes, il est également bretonnant et coprésident du bagad de Pontivy. Lui récuse toute idée de hasard. « *Si je vis cette identité, je ne crois pas que ce soit une chance. C'est plutôt qu'il y a eu*
90 *des gens avant nous à protéger, à transmettre, à revendiquer cette culture, à faire en sorte qu'elle soit vivante. Des gens qui ont travaillé avant pour que ça soit possible.* » […]

© Maiwenn Raynaudon-Kerzerho, 19/09/2022,
www.ouest-france.fr

2 Lisez les trois premiers paragraphes du texte et décrivez avec vos propres mots le « miracle » mentionné dans le titre.

3 Après avoir lu le reste du texte, présentez brièvement Tudi Kernalegenn, Fiona Le Saint et Eflamm Louis et dites comment ils vivent l'identité bretonne.

4 Analysez comment ledit « miracle » s'explique en vous appuyant sur les opinions de ces trois personnes.

VOCABULAIRE

5 À l'aide des mots ci-dessous, faites des phrases autour du sujet de l'identité régionale dans un monde globalisé. Si possible, utilisez toujours un substantif et un verbe de la liste.

| uniformiser | appartenir | perdurer | s'approprier | valoriser | évoluer | s'impliquer |

| la mondialisation | les modes de vie | l'identité | la diversité | la spécificité |

PARLER
🧩

6 a) Réfléchissez seul(e)s : connaissez-vous d'autres exemples de cultures ou de traditions régionales qui existent depuis longtemps ? Quels sont les éléments qui constituent ces traditions ?
Échangez d'abord vos idées avec un(e) partenaire, puis comparez-les en classe.
b) Discutez : Que font les gens pour faire (sur)vivre ces traditions ?

ÉCRIRE
Stratégie 309
147, 2 📄

7 « *J'ai envie de m'investir parce que je veux que tout ça continue à vivre. Il faut que les jeunes s'impliquent pour que ça tourne.* » (l. 78)
Quand vous pensez aux traditions de votre région, êtes-vous du même avis que Fiona ?
Pesez le pour et le contre de la position de Fiona dans un commentaire personnel.

LIRE

PARLER
Point info 320,
322, 327

12 Quelles villes pour demain ?

1 Discutez en classe : qu'est-ce qui a changé dans votre ville / village sur le plan architectural / économique / écologique / social depuis votre enfance ?
Vous pouvez aussi interroger vos parents / grands-parents.

une aire Bereich
une couronne périurbaine
ici : Vororte
croissant(e)
wachsend
l'imperméabilisa-tion *(f.)* Ver-siegelung
la dégradation des sols Verschlechte-rung der Böden
prisé(e) hoch im Kurs
une énergie de récupération *(f.)* rückgewonnene Energie
une incinération Verbrennung
la surélévation Aufstockung
une maison mito-yenne Doppel-haushälfte
une friche Brachland
un dispositif *ici :* Einrichtung
un tiers lieu so-zialer Treffpunkt
un sol Boden
remédier à qc Abhilfe schaffen

VOCABULAIRE
Stratégie 287
148, 1

2 Trouvez dans l'infographie les mots correspondants à l'aide des indications (S = synonyme, A = antonyme, F = mot de la même famille)

substantif	adjectif	verbe
les magasins (S) s'aider (F) le fait de travailler à la maison (S) le fait de partager une voiture (S) donner qc (F) un logement (S)	des énergies classiques (A) un jardin dont se servent plusieurs personnes (S) le soleil (F) l'urbanisation (F) participer (F)	changer (S) s'agrandir (S) se servir de (S) bouger (S) augmenter le nombre de (S)

149, 2

3 a) Présentez les problèmes auxquels les villes sont confrontées et les mesures qu'on prend / va prendre pour remédier à ces problèmes. Notez deux ou trois exemples pour chaque mesure.

b) Imaginez ensuite d'autres exemples.

○ 283, 11
150, 3

4 Quelles mesures existent déjà dans votre ville / village / l'endroit où se trouve votre lycée ? D'après vous, quelles mesures sont souhaitables / faciles / difficiles à réaliser ? Pourquoi ? Discutez en groupes.

Au choix

ÉCRIRE

5 Décrivez une promenade dans la ville « parfaite » de demain.

PARLER

6 Faites un dessin de la ville « parfaite » de demain à vue d'oiseau *(aus der Vogelperspektive)*. Puis présentez votre dessin à un(e) partenaire ou en classe.

ÉCOUTER
A 23 ◁))
Stratégie 291

13 ◁)) Le drive tout nu

Dans ce reportage diffusé sur France Inter, le journaliste va à la découverte d'un drive tout nu.

Avant l'écoute

1 Regardez la photo. Selon vous, qu'est-ce que c'est le drive tout nu ?

VOCABULAIRE
Stratégie 288

2 Sur Internet, trouvez une définition des expressions suivantes, puis dites si vous connaissez un de ces systèmes en Allemagne. Racontez.

un drive

la consommation en vrac

une consigne

un magasin franchisé

Pendant l'écoute

3 Écoutez le reportage une première fois et notez les informations données sur le « drive tout nu ».

150, 1

4 Écoutez le reportage une deuxième fois et répondez aux questions.
 a) Quel est le but principal de cette initiative ?
 b) Combien de magasins y a-t-il et où sont-ils ?
 c) Quels sont les avantages de ce système ?
 d) Quel est l'objectif de ce système ?
 e) À quoi sert le principe de consigne inversée ?
 f) Combien de nouveaux magasins y aura-t-il bientôt ?

Après l'écoute

VOCABULAIRE

5 Reliez les expressions qui vont ensemble, puis à l'aide des expressions trouvées, expliquez ce qu'on pourrait faire pour éviter des déchets.

réduire	en vrac
la consommation	les emballages
éviter	les déchets
un service +	franchisé
récupérer ses courses	de livraison à domicile
faire	les courses
un magasin	au drive

151, 2
En plus 284, 12

6 À l'aide des informations des exercices 3 – 5, faites un filet à mots autour du projet « le drive tout nu ». Utilisez les mots que vous avez appris.

PARLER
Stratégie 300

7 En petits groupes, pesez le pour et le contre des drives tout nu. Pourriez-vous imaginer utiliser ce système dans votre famille ? Discutez.

ÉCRIRE
Stratégie 305

MK

8 En tant qu'éco-délégué(e), vous voulez lancer une initiative pour réduire les déchets dans votre lycée. Imaginez au moins 5 situations dans lesquelles on produit des déchets au lycée et proposez des solutions pour les éviter. Tournez un reel ou rédigez un guide (numérique) dans lequel vous présentez vos initiatives.

Mots et contexte

D 36 📄
thematischer Wortschatz

I 33 🖱
interaktive Übungen

La **protection de l'environnement** est devenue un **défi à l'échelle mondiale**. Dans tous les pays, les citoyens s'engagent dans des **grèves pour le climat** ou des actions avec des **ONG**. Ils ont bien compris

5 les **enjeux**. Il faut aujourd'hui lutter contre la **pollution** (surtout le CO_2), se battre contre la **disparition** de la **biodiversité** et arrêter les **énergies fossiles**. Dans certains pays, dénoncer la **déforestation**, les **plantations** trop nombreuses ou

10 le **déboisement** peut être une activité dangereuse. Mais des **militants écologistes** sont prêts à risquer leur vie pour défendre un **avenir** sur la terre.

Les pays francophones parlent ensemble de solutions et de leurs expériences autour des

15 **énergies renouvelables**. Mais protéger l'environnement, ce n'est pas seulement mettre des **panneaux solaires**, c'est aussi agir contre les **injustices** et les **inégalités sociales**. En effet, en Afrique ou en Asie, si les plus pauvres **déboisent**

20 pour faire la cuisine, à l'inverse, ils **sont** aussi les premiers **touchés** par l'**impact** de la **crise climatique** et les catastrophes qu'elle provoque comme les **tsunamis** ou les périodes de **temps sec** suivi de **fortes pluies**.

25 En France, l'**aménagement** des territoires **ruraux** et **urbains** compte beaucoup pour organiser une économie **durable** qui respecte les **spécificités**

Jardin Bio, expert du bio !

régionales. Il faut lutter contre les **déséquilibres** entre **surfaces commerciales**, **agricoles**, **forestières** et **maritimes**. 30

De leur côté, les consommateurs français **évoluent** : ils veulent, par exemple, de plus en plus souvent, acheter des produits **en vrac**, **locaux** et **équitables** dans des magasins **participatifs**. C'est leur réponse à la **mondialisation** qui **accélère** les **délocalisations**, 35 fait pression sur la **main d'œuvre**, donne des **pénuries** croissantes de **marchandises** et **uniformise** les vies. On ne peut plus seulement **miser sur la croissance financière** comme seule **valeur… au risque**, bien sûr, **de** changer aussi sa façon de voir 40 le monde !

1 Trouvez dans le texte pour les mots suivants un synonyme ou une expression à la signification équivalente.

| un challenge | une manifestation | la contamination | le développement | les travailleurs |

| une conséquence | une zone de vente | un commerce coopératif | la disparité |

2 Voici cinq des « objectifs de développement durable » des Nations Unies. Relevez dans le texte un maximum de mots et d'expressions qu'on peut utiliser dans le contexte de chaque objectif.

3 Reliez chacun des verbes ci-dessous à une expression du texte. Puis rédigez « 10 commandements » de l'engagement écologique et durable, utilisez le futur simple.

| lutter | réduire | soutenir | initier | préserver | encourager | influencer | développer |

ÉDIATION
Stratégie
313

14 PR-Mogelpackung: Bäume pflanzen fürs Klima

Große Unternehmen, kleine Start-Ups, Influencer*innen und Politiker*innen versprechen, die Welt zu retten oder sie zumindest ein bisschen besser zu machen – mit dem Pflanzen von Bäumen.

5 Das Geschäft mit den Klimawäldern ist riesig. Firmenchef*innen und Regierungsvertreter*innen lassen sich gerne beim Bäumepflanzen ablichten, schließlich zeigt das vermeintlich, wie sehr ihnen die Zukunft des Planeten am Herzen liegt. Auch

10 Unternehmen haben sich das Pflanzen auf die Werbeplakate geschrieben. So beispielsweise, wenn für Schokolade oder Schuhe ein Baum in der Ferne mitfinanziert wird, um so die Klimabilanz der gekauften Produkte auszugleichen. Durch den

15 eigenen Konsum möglichst viele neue Bäume pflanzen und dadurch den Klimawandel verlangsamen oder sogar aufhalten – klingt in der Theorie gut. Doch wirkt sich Aufforstung auch in der Praxis positiv aufs Klima aus oder bringen neugepflanzte

20 Bäume in Wirklichkeit nur wenig? […]
Laut Berechnungen der Bayerischen Landesanstalt für Wald- und Forstwirtschaft hat eine 23 Meter hohe Buche mit einem Durchmesser von 30 Zentimetern in ihrem Leben etwa eine Tonne CO_2

25 gespeichert. Zum Vergleich: Ein Mensch verursacht in einem Jahr etwa neun Tonnen CO_2-Emissionen. Um den Kohlendioxid-Ausstoß, den ein Mensch innerhalb eines Jahres verursacht, zu neutralisieren, wäre nach dieser Kalkulation also die Lebens-

30 leistung von neun riesigen Buchen notwendig, die nicht abgeholzt werden. […]
Unsere Bäume und Wälder sind für das Klima essentiell, denn sie nehmen das Treibhausgas CO_2 auf und setzen Sauerstoff frei. Je mehr Bäume es

35 gibt, desto mehr Kohlenstoff kann folglich gebunden werden. Und intakte Wälder helfen nicht nur dem Klima, sondern sind auch der Lebensraum zahlreicher Tier- und Pflanzenarten und tragen so zu einer gesunden Artenvielfalt bei. Viele Expert*innen

40 halten Aufforstung durch „zielloses" Pflanzen neuer Bäume allerdings nicht für den besten Weg, um den Klimawandel zu stoppen. Deshalb haben auch nicht alle Umweltschutzorganisationen Aufforstungsprojekte in ihrem Programm.

45 Wir sprechen für unsere Recherche unter anderem mit dem Kompensationsunternehmen „Atmosfair". Auch sie sehen den Baum-Hype kritisch und haben

sich komplett gegen Baumprojekte entschieden. Bei der NGO kann man nur Projekte finanziell unterstützen, bei denen das CO_2 bereits eingespart 50 wurde, etwa durch den Umstieg auf erneuerbare Energien.

„Denn selbst wenn sie alle freien Flächen auf unserem Planeten heute mit Bäumen bepflanzen würden, würde das vielleicht zwanzig Prozent des 55 *Klimaproblems lösen. Aber dafür müssten die Bäume dann auch bis zum Ende des Jahrhunderts stehen. Und das ist das Problem. Bäume pflanzen ist gut, aber nicht für den CO_2-Ausgleich. Dazu müssten Sie ja sicher sein, dass der Wald auch mindestens* 60 *fünfzig Jahre stehen bleibt. Und das kann niemand garantieren",* kritisiert Dietrich Brockhagen, Geschäftsführer von „Atmosfair". […]

Nichtsdestotrotz dienen Bäume der Artenvielfalt, sorgen für saubere Luft und Trinkwasser. Pflanzen 65 kann also sinnvoll sein, aber eben nicht zum Ausgleich von Konsum und Klimasünden. *„Ich will Bäume pflanzen nicht schlecht reden, wir brauchen Bäume und Wälder. Aber wir sollten das Pflanzen nicht als Begründung nutzen, um weiter fossile* 70 *Energieträger zu verbrennen",* sagt Carsten Warnecke vom NewClimate Institute. […] Pflanzungen sind ein Weg, um etwas gegen den Klimawandel zu tun. Was jedoch noch schneller und besser hilft und langfristig nachhaltiger ist: 75 Bestehende Wälder schützen und stärker gegen Abholzung vorgehen. Denn besser als jeder neugepflanzte Baum ist der Baum, der langfristig erhalten wird. Bäumepflanzen fürs Klima ist dann

→

80 sinnvoll, wenn gleichzeitig der Schutz bestehender Wälder vorangetrieben wird und wir Aufforstung nicht als Freifahrt-Schein begreifen, weiter zu konsumieren und viel CO_2 auszustoßen. Die Vermeidung von Emissionen, etwa durch weniger
85 Flüge, den Einsatz von erneuerbaren Energien oder weniger Fleischkonsum, muss weiterhin oberste Priorität haben. Denn ein winziger Baum-Setzling, den wir bei unserem Schokoladen-Kauf

mitfinanzieren, ist eine günstige Werbemaßnahme, doch Konsum für Klimaschutz ist am Ende ein 90 Trugschluss. Denn Konsum hat Folgen, und an den eigenen Klimasünden kann auch kein Baum-Setzling etwas ändern.

(600 Wörter)

© Aus: Désirée Marie Fehringer & Zita Zengerling, „PR-Mogelpackung: Bäume pflanzen fürs Klima", Hrsg. Das Erste / Norddeutscher Rundfunk, (gek.) 15.05.23

ÉCRIRE

1 Vous avez initié avec votre lycée partenaire en France le projet suivant : voyage scolaire zéro émission. Avec les éco-délégué(e)s français(es), vous discutez de la possibilité d'un voyage en avion à condition que le CO_2 généré soit compensé par la plantation d'arbres. Vous avez trouvé cet article et vous présentez les arguments donnés dans un e-mail.

ZOOM SUR ... L'opérateur **transmettre**

Der Operator **transmettre** verlangt, dass relevante Informationen aus einem Text gefiltert und sinngemäß, adressatengerecht und situationsangemessen in einer anderen Sprache wiedergegeben werden. Sprachmittlung ist somit keine Übersetzung!

ON DIT

1. Der Anlass der Sprachmittlung und das Interesse des Adressaten / der Adressatin werden dargestellt.

Tu m'as demandé si … /
Vous vous intéressez à … /
J'aimerais contribuer à ta recherche …
Dans un article que j'ai trouvé, on dit que …

2. Die für den Adressaten / die Adressatin relevanten Informationen werden in einer sinnvollen Abfolge aufgeführt.

Premièrement / Deuxièmement / …
Ce qui pourrait encore t'intéresser, c'est …
On pourrait encore ajouter que …

3. Das Verständnis des Adressaten / der Adressatin wird gesichert, indem relevante Begriffe oder interkulturell relevante Aspekte erklärt werden.

Il faut que tu saches que …
En Allemagne, ce concept implique que …
Cette expression veut dire que …

POUR VOUS AIDER

- Wählen Sie eine für die Situation und den Adressaten / die Adressatin angemessene Anrede und Sprache.
- Überlegen Sie, welche Informationen der Adressat / die Adressatin (nicht) benötigt.
- Beachten Sie, dass der Umfang des Zieltextes im Vergleich zum Ausgangstext geringer sein muss.
- Füllen Sie mögliche Verständnislücken des Adressaten / der Adressatin durch Erklärungen.

PARLER

ratégie
304

un sachet
Plastik)
üte

15 Bienvenue en mondialisation !

Monologue

1 A : Décrivez, analysez et commentez le dessin humoristique à gauche.
B : Décrivez, analysez et commentez le dessin humoristique à droite.

Dialogue

2 À deux, discutez une des questions suivantes et trouvez un compromis.
a) Est-il possible d'arrêter le changement climatique ?

Candidat A	Candidat B
Vous pensez qu'il est possible d'arrêter le changement climatique si chacun(e) change son comportement. Ajoutez d'autres arguments.	Vous pensez qu'il n'est pas possible d'arrêter le changement climatique si la politique n'intervient pas rapidement. Ajoutez d'autres arguments.

b) La mondialisation, un phénomène sans avenir ?

Candidat A	Candidat B
Vous pensez que la mondialisation est importante pour l'humanité et que les gens ne peuvent plus renoncer à ses avantages. Ajoutez d'autres arguments.	Vous pensez que les effets de la mondialisation sont de plus en plus négatifs et que les pays devraient plus se concentrer sur leurs propres produits. Ajoutez d'autres arguments.

10 Facettes de la France

En plus 284, 1

1 Quelles villes ou régions françaises connaissez-vous ? Où êtes-vous déjà allé(e)s ? Qu'est-ce que vous avez remarqué de typique ou de particulier ?

Stratégie 304

2 a) Décrivez brièvement les photos.
b) Dans quelle(s) région(s) ont-elles été prises ? Faites des hypothèses.

Panorama

- La France aux mille visages
- Paris ville lumière, Paris ville galère
- Une capitale qui se transforme
- Quitter Paris pour la province
- La Bretagne, terre de traditions
- La Corse : question identitaire et protection de l'environnement

1 Où est-on le plus fier d'habiter ?

LIRE

Point info 324
152, 1

1 Selon vous, quels aspects (sociaux, économiques, culturels…) sont importants pour se sentir bien dans une région ?

3 500 personnes de 18 à 74 ans ont répondu à des questions sur la relation qu'ils ont à la région dans laquelle ils habitent. Voici les résultats de cette enquête publiés par TF1.

La nouvelle carte des régions

Depuis 2015, la carte des régions a changé : en France métropolitaine, on est passé de 22 régions à 13, auxquelles s'ajoutent 5 régions d'outre-mer. L'idée était de réduire les coûts de fonctionnement et de créer des régions à taille européenne. Beaucoup de Français trouvent cependant ces nouvelles régions trop grandes.

4	**une entité** Einheit
12	**se fonder sur qc** durch etw. begründet sein
20	**aux dépens de qn / qc** auf Kosten von
25	**pour autant** trotzdem
27	**résider** habiter
30	**une préoccupation** Sorge, *ici :* Belange
32	**un découpage** *ici :* Zuschnitt
34	**précédemment** vorher
37	**affaiblir** < faible
41	**notamment** vor allem

Les Français sont attachés à leur région et ils en sont fiers. C'est une des conclusions de cette enquête sur le rapport des Français à cette vaste entité territoriale. Ce sentiment
5 de bien-être est particulièrement fort en Bretagne, où 94 % des personnes interrogées avouent se sentir bien là où elles habitent. Dans le Grand-Est et en Auvergne-Rhône-Alpes, ce sentiment est également très fort, puisque
10 92 % des sondés le partagent.

Un sentiment de fierté, partagé par 83 % des sondés, se fonde sur de nombreux critères. Ceux qui reviennent en priorité sont les paysages et la nature de la région des sondés,
15 à 44 %, la gastronomie, à 35 %, la qualité de vie, à 31 %, le patrimoine architectural, les monuments, les églises, à 27 %, et l'histoire de la région, à 26 %.
À noter que la qualité de vie offerte est un
20 critère qui est mis en avant par les sondés, aux dépens du dynamisme. Pour preuve, un certain désamour pour l'Île-de-France, considérée par 76 % des personnes originaires de cette région comme dynamique, sur les plans économique
25 comme culturel. Pour autant, la région ne fait pas rêver et 54 % des personnes interrogées y résidant avouent leur désir de la quitter.

Cet attachement aux régions est donc bien lié au cadre de vie qu'elles offrent, au-delà de

préoccupations administratives. En effet, 30
selon l'étude, les Français sont nostalgiques de l'ancien découpage territorial et peu d'entre eux ont retenu qu'il y avait désormais 13 régions, au lieu de 22 précédemment. 37 % des sondés pensent que cette réforme 35
n'a servi à rien, quand 37 % d'autres assurent que cela a affaibli l'identité des régions.

En général, 88 % des Français trouvent que la décentralisation des pouvoirs est insuffisante, avec une capitale qui concentre trop de 40
pouvoirs, notamment économique et politique. 83 % des sondés pensent que les régions ne décident pas assez et qu'il faut donner plus de pouvoir politique aux régions. […]

Où est-on le plus fier d'habiter ?
AL, publié le 13 décembre 2021, https://www.tf1info.fr

GRAMMAIRE
les pronoms y / en
· Les Français sont attachés à leur région et ils **en** sont fiers.
· … 54 % des personnes **y** résidant…

I 34
interactive Übungen

2 Nommez les sentiments que les Français ressentent quand on les interroge sur leur région.

152, 2 **3** Relevez dans le texte
a) les raisons pour lesquelles les Français sont fiers de leurs régions.
b) les régions dans lesquelles on se sent le mieux.
c) la région dans laquelle on se sent le moins bien.

4 Décrivez l'opinion des personnes interrogées sur
  a) la réforme des régions.
  b) la centralisation.

○ 284, 2

5 Expliquez la phrase suivante : « *À noter que la qualité de vie offerte est un critère qui est mis en avant par les sondés, aux dépens du dynamisme.* » (l. 19 – 21)

VOCABULAIRE

6 Quels sont les atouts de l'endroit où vous habitez ? Notez vos idées.
Puis échangez avec un(e) partenaire pour compléter votre liste.

> **EXPRESSIONS UTILES**
>
> Sur le plan économique / culturel / social / écologique / médical …
>
> ma région / l'endroit où j'habite
>
> propose … / offre … se caractérise par … / brille par … / se distingue par …

ÉCRIRE / PARLER
Stratégie 305
153, 3 ▯

7 En groupe, choisissez une région française qui fait rêver et trouvez des exemples concrets pour la nature, la gastronomie, la qualité de vie et l'offre culturelle de cette région.
Puis faites de la publicité pour cette région dans un texte ou un spot publicitaire (au choix : sérieux, drôle, exagéré).

2 Paris en chiffres

LIRE
Point info 323

insolite außergewöhnlich
parcourir zurücklegen
un tournage Filmdreh

Le Grand Paris
- 6,85 millions d'habitants dans le Grand Paris
- 2,1 millions d'habitants dans le 75 (Paris)
- Superficie du Grand Paris : 762 km²

Quelques faits plus insolites
- Nombre de kilomètres de trottoirs : 2900
- Temps mis pour traverser Paris du nord au sud à pied : 2h 15
- Nombre de chiens au km² : 2857
- Les ascenseurs de la tour Eiffel parcourent chaque année 103 000 km.
- Au moins 15 000 personnes admirent la Joconde chaque jour.
- 10 tournages ont lieu chaque jour à Paris.

Tourisme

34,5 millions de touristes dans le Grand Paris en 2022

Origine :
1. États-Unis
2. Royaume-Uni
3. Allemagne
4. Italie
5. Pays-Bas

Culture
- 141 musées
- 2230 monuments historiques
- 741 écrans de cinéma

Premiers sites culturels :
1. musée du Louvre
2. tour Eiffel
3. musée d'Orsay

360 événements sont organisés chaque nuit à Paris.

Transports
- 1,4 milliard de passagers par an dans le métro parisien
- 99,7 millions de passagers dans les aéroports parisiens en 2023

Office du tourisme et des congrès de Paris, juin 2022

153, 1 ▢

1 Qu'est-ce que vous aimeriez faire ou visiter à Paris ? Qu'est-ce que vous avez déjà fait ?
Comparez vos idées et expériences avec un(e) partenaire.

2 Regardez l'infographie. Quels chiffres vous étonnent / ne vous étonnent pas ?
Dites pourquoi.

Stratégie 289
[MK]

3 Choisissez une autre capitale européenne et cherchez les chiffres correspondants.
Puis comparez ces chiffres à ceux donnés sur Paris. Vous pouvez présenter vos résultats
sous forme de diagramme ou d'infographie.

ÉCOUTER
Stratégie 291

3 ◁》 ▷ Paris

1 Comment est-ce que Paris est généralement représentée dans les films / séries / chansons ?
Racontez.

2 Écoutez la chanson une première fois sans lire les paroles. Quels sont les sentiments
du chanteur pour Paris ?

2	**sortir le grand jeu** alle Register ziehen
5	**maudire qn / qc** verfluchen
5	**délaisser qn / qc** vernachlässigen
7	**retourner sa veste** seine Meinung ändern
12	**être au-dessus du lot** herausstechen
21	**triple étoilé** mit drei Sternen versehen
22	**se salir** sich beschmutzen
22	**nettoyer** sauber machen
23	**la haine ≠** l'amour

On dit qu'elle est snob, on dit d'elle qu'elle est pressée
Faut sortir le grand jeu si tu espères l'embrasser
Elle te juge à ton job, l'approche pas si t'es stressé
C'est la plus élégante, le problème c'est qu'elle le sait
5 Des fois, j'la déteste, je la maudis, je la délaisse
Je change de décor quand il pleut dehors
J'retourne ma veste, finalement je l'adore

Bien sûr j'en ai vu d'autres, des grandes, des belles
La seule qui m'fait vibrer c'est elle, c'est elle
10 C'est tellement beau que des fois, j'm'arrête, est-ce que
c'est un rêve ?
Déjà au-dessus du lot, imagine si y avait la mer

Refrain
Dis-moi que tu m'aimes, Paris, dis-moi que tu m'aimes
15 Dis-moi que t'es jalouse quand j'te quitte pour le
week-end
Dis-moi que tu m'aimes, Paris, dis-moi que tu m'aimes
Ceux qui ne t'aiment pas, l'erreur est humaine

Ouais, ça c'est l'amour, comment passer à côté
20 Quand son cœur elle ouvre, c'est un cadre de beauté
Elle cuisine le soir sous un ciel triple étoilé
Des fois elle se salit, derrière elle faut nettoyer
Alors je la déteste et ma haine j'la manifeste
Surtout quand elle m'ignore, quand je dors dehors
25 Elle n'est pas modeste, mais pourtant je l'adore
(pourtant je l'adore)

Bien sûr j'en ai vu d'autres, des grandes, des belles
La seule qui m'fait vibrer c'est elle, c'est elle
C'est tellement beau que des fois, j'm'arrête, est-ce que c'est un rêve ?
30 Déjà au-dessus du lot, imagine si y avait la mer

Symon

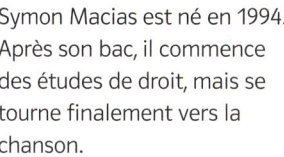

Symon Macias est né en 1994.
Après son bac, il commence
des études de droit, mais se
tourne finalement vers la
chanson.
Comme tout le monde est son
premier album.

→

37 **cruel(le)**
grausam
38 **une ruelle**
une petite rue

Refrain
J'me sens emporté par la
J'me sens emporté par la foule
J'me sens emporté par la foule
35 J'me sens emporté par la, emporté par la

Elle parle toutes les langues, elle est multiculturelle
Parfois elle est violente, c'est vrai qu'elle est cruelle
Mais j'aime me perdre dans ses ruelles
Je voudrais que toi aussi tu l'aimes

40 *Refrain*

« Paris » T : Symon, Milshtein / Durand, Olivier Emmanuel Bastien / Khaled,
Nazim Yahya Kemal
© Universal Music Publishing GmbH, Berlin

○ 284, 3
154, 1 🗐

3 Lisez les paroles de la chanson et relevez les aspects positifs et négatifs
de la vie à Paris.

Stratégie 295

4 Comment le chanteur s'adresse-t-il à la ville ? Donnez d'autres exemples
de ce moyen stylistique.

En plus 284, 4

5 Examinez la « relation sentimentale » entre le protagoniste et la ville de Paris
en tenant compte d'au moins deux autres moyens stylistiques utilisés dans
la chanson.

6 Relevez
a) le conseil que le protagoniste donne aux visiteurs de Paris.
b) l'attente qu'a le protagoniste vis-à-vis d'autres visiteurs de Paris.

Stratégie 291
154, 2 🗐

7 Décrivez la musique de la chanson (style, rythme, mélodie, instruments).
D'après vous, est-ce que la musique correspond à la ville de Paris ? Pourquoi (pas) ?

8 Regardez le clip de la chanson sur Internet et dites en quoi la mise en scène (ne) va
(pas) avec les paroles. À votre avis, quelle est l'intention du réalisateur de la vidéo ?

ÉCRIRE

9 Écrivez une quatrième strophe pour la chanson (six vers) ou bien réalisez un
acrostiche à partir de l'expression « PARIS LA (RE)BELLE ».

ÉCOUTER ET
REGARDER

4   ⊙ Sous les étoiles de Paris

Avant le visionnage

155, 2 🗐

1 Lisez le titre. Il s'agit du titre d'un long métrage. Quel genre de film / quelle histoire /
quels protagonistes attendez-vous en lisant ce titre ?

Stratégie 292

Pendant le visionnage

155, 1–2 🗐

2 Regardez une première fois les quatre extraits du film *Sous les étoiles de Paris*.
Pour chaque extrait, indiquez le lieu, le temps et les bruits que vous entendez.

155, 3 🗐

3 Regardez les extraits une deuxième fois et répondez aux questions.

V 28 ▷ ## Premier contact

1 Résumez l'extrait. Qu'apprenez-vous sur les protagonistes ?

2 Quel malentendu y a-t-il entre les deux ?

3 Imaginez les pensées qu'ils ont en s'endormant.

V 29 ▷ ## Une séparation dangereuse

1 Faites une liste des dangers auxquels Christine et Suli sont confrontés dans cette scène.

2 Comment est-ce qu'ils arrivent à s'échapper ?

3 Lisez l'inscription sur le sac de Christine qui a été volé par l'autre SDF et expliquez en quoi elle est sarcastique : « Ma vie n'a jamais été aussi pleine. »

V 30 ▷ ## La recherche

1 Qu'est-ce que vous apprenez sur le jeune homme et le groupe dont il fait partic ?

2 Décrivez le comportement des hommes vis-à-vis de Christine et Suli ainsi que l'ambiance de cette scène.

3 Comment Suli se comporte-t-il envers Christine dans cette scène ? Pourquoi ?

4 Qu'est-ce que Christine apprend du jeune homme ?

V 31 ▷ ## Retrouvailles

1 Décrivez le comportement des policiers dans cette scène.

2 Comment Christine réussit-elle à trouver la mère de Suli ?

3 En quoi les rôles de Christine et de Suli se sont-ils inversés ?

Après le visionnage

4   Après avoir visionné les extraits, auriez-vous envie de voir le film en entier ?
Expliquez pourquoi (pas).

5   Regardez votre liste de lieux, temps et bruits. Quel visage de la capitale française
montre le film ? Comparez le résultat à vos attentes initiales.

Stratégie 293
156, 4 📄

6   Regardez les extraits encore une fois et dites en quoi la lumière et les mouvements
de la caméra aident à renforcer le caractère dramatique du film.

🧑‍🤝‍🧑

PARLER

Au choix

7   Travaillez à deux. A imagine l'histoire de Christine avant sa rencontre avec Suli,
B imagine l'histoire de Suli après sa rencontre avec Christine. Échangez vos idées
et dites si l'histoire de votre partenaire vous semble plausible.

ÉCRIRE
Stratégie 306

8   À l'âge adulte, Suli écrit une lettre à Christine dans laquelle il la remercie de l'avoir aidé.
Travaillez à deux. A écrit la lettre de Suli et la lit à B, B écrit la réponse de Christine
à cette lettre.

LIRE
D 37 📄
Texthilfe

5 ☆ Métro, c'est trop…

1   a) Utilisez-vous les transports en commun souvent /
parfois / jamais / de plus en plus / de moins en
moins ?

🧑‍🤝‍🧑

b) Qu'est-ce que vous observez / avez comme
sentiments lors de vos trajets ?
Échangez avec un(e) partenaire.

> **Delphine de Vigan**
> Delphine de Vigan est une autrice,
> scénariste et réalisatrice française.
> Son roman *Les heures souterraines*
> est paru en 2009.

VOCABULAIRE
Stratégie 287

2   Trouvez le sens des mots suivants à l'aide d'un mot
de la même famille ou d'une autre langue.

la fraîcheur	matinal(e)	la densité	probable	inquiétant(e)	évacuer	le repos

s'éloigner	détourner qc	la proximité	forcer	une protestation	la détermination

1 **presser le pas**
seinen Schritt
beschleunigen
2 **s'engager**
ici : aller
5 **une avarie**
Schaden
7 **perturbé(e)**
beeinträchtigt
8 **emprunter**
ici : utiliser
11 **un cas de figure**
une possibilité
12 **une répercussion** Auswirkung
14 **entrainer** *ici :*
nach sich ziehen

Dans la fraîcheur matinale, Mathilde presse
le pas. Tandis qu'elle s'engage sur le quai du
métro, elle remarque aussitôt une densité
inhabituelle. Une voix féminine envahit le
5 quai : « *En raison d'une avarie matérielle,
le trafic en direction de Mairie de Montreuil
est très perturbé.* »
Quiconque emprunte régulièrement les
transports en commun maîtrise la langue
10 singulière de la RATP, ses subtilités et sa
syntaxe. Mathilde connaît les différents cas
de figure et leur répercussion probable sur
son temps de trajet. Une avarie technique,
une régulation du trafic entraînent des retards

→

27 **communément** gewöhnlich

35 **davantage** plus

37 **prendre la peine** sich die Mühe machen

40 **un trou** Loch

41 **basculer** kippen

42 **épuisé(e)** très fatigué(e)

45 **se frayer** *ici :* ergattern

49 **à mesure que** je mehr …

56 **un bourdonnement** Brummen

58 **inspirer** einatmen

60 **la hanche** Hüfte

62 **se bousculer** sich anrempeln

65 **s'écarter** zur Seite gehen

65 **à contrecœur** widerwillig

70 **un centimètre carré** Quadratzentimeter

71 **tendre** ausstrecken

72 **une barre** Stange

74 **se tasser** sich quetschen

75 **s'incliner** *ici :* nachgeben

78 **un gémissement** Stöhnen

15 modérés. Plus inquiétant, un voyageur malade signifie que quelqu'un, quelque part, dans une autre station, a tiré le

20 signal d'alarme ou bien a dû être évacué. Un voyageur malade peut perturber fortement le trafic. Beaucoup plus

25 inquiétant, un accident grave de voyageur, terme communément admis pour désigner un suicide, paralyse le trafic pendant

30 plusieurs heures. Il faut évacuer les morceaux.

À Paris, tous les quatre jours, un homme ou une femme se jette sous le métro. Mathilde l'a lu dans un journal. Est-ce que dans les grandes

35 villes les gens se suicident davantage qu'ailleurs ? Elle s'est souvent posé la question, sans prendre la peine de chercher une réponse. Depuis quelques mois, quand Mathilde rentre de son travail, il lui arrive d'observer les voies,

40 de fixer la profondeur du trou. Parfois elle sent son corps qui bascule en avant, son corps épuisé qui cherche le repos. Alors elle pense à Théo, Maxime et Simon[1] et Mathilde recule, s'éloigne du bord.

45 Elle essaie de se frayer une place parmi la foule. Il faut mériter son emplacement, son territoire. Il faut respecter l'ordre d'arrivée et la distance admise entre les personnes, laquelle diminue à mesure que le quai se remplit.

50 Aucun métro n'est annoncé. Mathilde regarde les autres, hommes et femmes, leurs vêtements, leurs chaussures, leur coiffure, elle les observe de dos, de face ou de profil, il faut bien s'occuper. Quand les regards se croisent,

55 elle détourne les yeux. […]

Enfin, Mathilde perçoit un bourdonnement sur la gauche, les visages se tournent, tendus, impatients : le voilà ! Il faut inspirer

profondément, plaquer son sac contre sa hanche, vérifier qu'il est bien fermé. Le métro 60 ralentit, s'arrête, il est là. Quelqu'un crie « *laissez descendre* », on se bouscule, on piétine, c'est la guerre, c'est chacun pour soi. « *Laissez descendre, merde !* »

La foule s'écarte à contrecœur, il ne faut pas 65 perdre de vue l'entrée, se tenir à proximité, ne pas se laisser entraîner par le nombre, il faut se positionner sur les côtés, rester près de la porte. Le wagon est déjà plein, il ne reste pas un centimètre carré. Pourtant elle sait qu'elle 70 peut rentrer. Il faut forcer. Il faut tendre le bras, attraper la barre centrale, ignorer les cris et les protestations, s'accrocher et tirer. Tirer de toutes ses forces. Il faut que ça se tasse. Face à sa détermination, on s'incline. Le signal 75 sonore indique la fermeture des portes. Elle y est presque. La porte se referme par à-coups, ignorant gémissements et lamentations. Mathilde gagne quatre centimètres avec son pied gauche, elle pousse une dernière fois, 80 elle est dedans.

Sur le quai, une voix féminine annonce que le trafic reprend normalement sur la ligne 9. Tout est affaire de perspective.

Delphine de Vigan : Les heures souterraines
© Édition Jean-Claude Lattès, Paris, 2009

○ 284, 5
157, 1 – 2 🖺

3 Présentez en 2 – 3 phrases l'expérience que fait Mathilde dans le métro.

4 Décrivez les inconvénients rencontrés par la protagoniste.

5 Expliquez en quoi consiste « *la langue singulière de la RATP* » (l. 8 – 30).

1 les trois fils de Mathilde

158, 3

6 a) Dégagez dans les lignes 58 – 81 ce que fait la protagoniste pour arriver à monter dans le métro.

b) Analysez dans ces paragraphes comment le choix des mots et la structure des phrases illustrent l'intensité du moment vécu par Mathilde.

7 Expliquez la conclusion de l'autrice selon laquelle « *tout est affaire de perspective* » (l. 84).

PARLER

8 La situation dans les transports à Paris est-elle exceptionnelle ? Comparez les sentiments et les observations de Mathilde à vos propres expériences.

Au choix

9 Imaginez cinq tuyaux pour rester « zen » dans le métro parisien.

ÉCRIRE
Stratégie 312
158, 4

10 Vous restez bloqués pendant trois heures dans le métro / dans un train. Que ressentez-vous / pensez-vous ? Rédigez votre monologue intérieur.

ÉCOUTER ET
REGARDER

V 32

6   ⊙ ☆ Une ville en transformation : le Paris haussmannien

Avant le visionnage

○ 285, 6

1 Donnez des exemples de monuments correspondants au Paris classique / historique et au Paris moderne.

VOCABULAIRE
Stratégie 288

2 À l'aide d'un dictionnaire (en ligne), trouvez pour chaque mot la définition correspondante.

peuplé(e)	les eaux usées (des toilettes, de la vaisselle, etc.)
les égouts *(m., pl.)*	habité(e)
l'exode *(m.)* rural	nettoyer qc
assainir qc	construire qc
un réaménagement	le fait d'apporter des changements à qc
annexer qc	une petite forêt
potable	le fait d'augmenter
un bois	le fait d'être cher
édifier qc	qu'on peut boire
la cherté	qui dure toujours
éternel(le)	le fait de quitter la ville pour la campagne
une hausse	rattacher un territoire à un autre

Napoléon III / Le baron Haussmann
Napoléon III a été Président de la République française de 1848 à 1852, puis, après son coup d'état et le rétablissement de l'Empire, empereur des Français de 1852 à 1870.

Georges Eugène Haussmann (1809 – 1891) est un homme politique français qui dirigea les travaux de rénovation de Paris sous le Second Empire.

Stratégie 292
159, 1

Pendant le visionnage

3 Regardez le film jusqu'à la minute 1'09".
a) Décrivez la situation à Paris en 1850 et ses conséquences.
b) Nommez les buts de Napoléon III et le modèle dont il s'inspire pour Paris.

4 Regardez maintenant le film jusqu'à la minute 2'50". Travaillez à trois. Chacun(e) travaille sur trois aspects. Pour chaque aspect, notez une action ou un changement lié(e) à l'intervention du baron Haussmann. Puis échangez vos informations.

A la structure de la ville
l'architecture
les transports

B la population
la nature
la culture

C l'infrastructure
la santé
l'alimentation

5 Regardez le film jusqu'à la fin et présentez
a) les réactions positives et négatives des gens aux changements haussmanniens.
b) les conflits / les conséquences qui en résultent.

Après le visionnage

Zoom sur l'art 314

6 Regardez le tableau de l'avenue de l'Opéra peint par Camille Pissarro en 1898. Quels changements dûs au baron Haussmann y reconnaissez-vous ?

ÉCRIRE
Stratégie 305
En plus 285, 7
MK

7 Pour un podcast sur des personnages qui ont marqué Paris, vous préparez un portrait du baron Haussmann. Pour cela, utilisez les informations données dans le film, puis faites une recherche complémentaire sur Internet.

> **EXPRESSIONS UTILES**
>
> **ternir l'image** dem Image schaden
> **insurrectionnel(le)** aufständisch
> **ravitailler** versorgen
> **endurer les désagréments** *(m., pl.)* Unannehmlichkeiten aushalten
> **l'amertume** *(f.)* Verbitterung

LIRE

160, 1

Stratégie 305
MK

15 **désenclaver**
ici : besser
anbinden
22 **aux abords** *(m.)*
ici : am Rand
25 **une opération
d'aménagement**
(m.) Entwick-
lungsprojekt
34 **l'émergence** *(f.)*
Entstehung

7 Les transformations actuelles à Paris

1 Travaillez à trois, chacun(e) s'occupe d'un texte.
   a) Seul(e), lisez votre texte et prenez des notes sur les aspects suivants.

Quelles transformations sont présentées ?	Quelles mesures sont / seront nécessaires ?	Quels sont les buts de ces mesures ?

   Présentez ensuite vos résultats aux autres.
   b) Puis mettez vos résultats en commun. Créez une publicité pour la ville de Paris intitulée
   « Le Paris du futur ». Vous pouvez rédiger un dépliant avec des images et des slogans ou
   tourner un reel pour un réseau social.

Le Grand Paris Express

Le Grand Paris
Express est le
5 nouveau métro qui
reliera les principaux
lieux de vie et
d'activité en banlieue
sans passer par Paris.
10 Plus qu'un réseau de
transport, le Grand
Paris Express est un
grand projet :
Social, parce qu'il
15 viendra désenclaver
des villes dont les
habitants sont
aujourd'hui éloignés
de l'emploi et de
20 l'offre de formation.

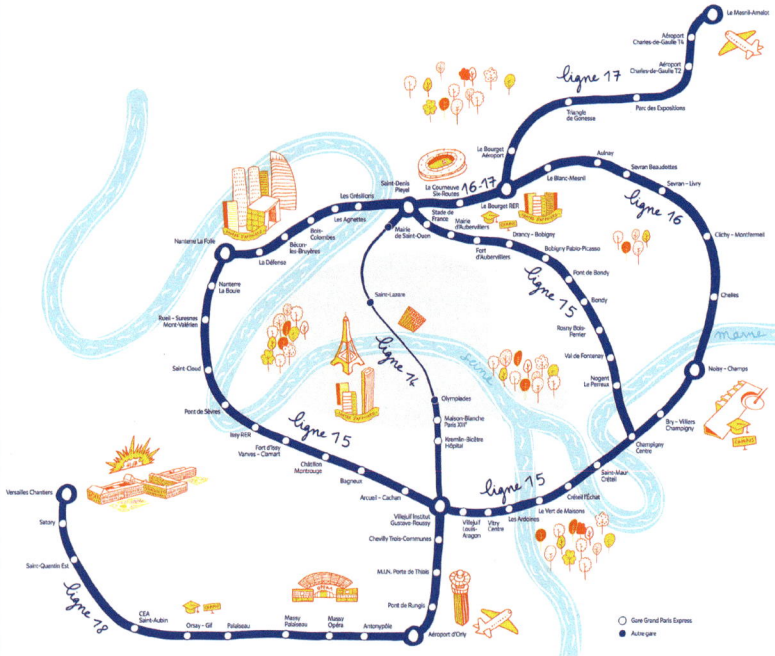

Plus de la moitié des
gares seront situées aux abords de quartiers
prioritaires de la politique de la ville.
Urbain, en effet sa réalisation accompagne
25 et impulse de nombreuses opérations
d'aménagement autour des gares, mêlant
à de justes proportions logements, bureaux,
commerces, services, espaces publics et
espaces verts.
30 Environnemental car il représente une
véritable alternative à la voiture sur certains
trajets. Le nouveau métro participera à
réduire les embouteillages et la pollution.
Son arrivée favorisera également l'émergence
d'aménagements dédiés aux mobilités 35
respectueuses de l'environnement (marche,
vélo).
Économique, puisqu'on estime à 115 000 le
nombre d'emplois créés avec la mise en
service du Grand Paris Express. La construction 40
du métro aura aussi un effet sur l'attractivité
de l'Île-de-France.

© Grand Paris Express

Comment Paris compte s'adapter au réchauffement climatique

Considérée comme une des pires, si ce n'est la pire, ville d'Europe pour affronter le
5 réchauffement climatique, Paris veut changer la donne. […]
De novembre 2022 à mars 2023, 25 000 arbres ont été plantés en six mois à Paris. Mais, pour une bonne partie, il s'agissait de jeunes plants.
10 Cela explique pourquoi le « verdissement » de Paris est encore très peu visible. Et il reste encore à savoir combien d'entre eux survivront dans le temps…
Parmi les dossiers les plus marquants en projet
15 actuellement, il y a la création d'une ceinture verte et sportive. Elle a été imaginée autour du périphérique dans les quartiers populaires. En outre, Paris veut créer un grand parc métropolitain dans le nord de Paris. […]
20 Comme pour beaucoup de capitales et de grandes villes dans le monde, Paris a été construite sans penser aux fortes chaleurs, mais plutôt à un climat tempéré et sans variations extrêmes. Toits en zinc qui
25 retiennent la chaleur et font des appartements sous les toits de véritables fours, habitations

mal isolées et parfois sans possibilité de les ventiler correctement. […]
Alors que faire ? Peindre les toits en blanc pourrait être un début. Mais comme les 30 toitures en zinc de Paris sont déjà claires, l'impact sera néanmoins plus modeste.
En revanche, la végétalisation des toits semble une piste plus intéressante.
En 2019, on comptait déjà plus de 100 hectares 35 de façades et de toitures où la végétation a pris racine.

Florence Santrot : „Comment Paris compte s'adapter au réchauffement climatique", © WE DEMAIN

Une petite baignade dans la Seine ?

[…] Piquer une tête dans la Seine à Paris ? Ce sera autorisé à trois endroits dans Paris, à l'horizon 2025. La maire (PS) Anne Hidalgo a
5 dévoilé ces emplacements ce dimanche matin […]
Les trois espaces de baignade annoncés seront aménagés et sécurisés. « *Les plans d'eau surveillés seront délimités par des bouées et un*
10 *ponton pour y accéder, avec des espaces pour se changer, se doucher et ranger ses affaires sur les quais, précise Anne Hidalgo. Ces bras de la Seine seront nagés au lieu d'être navigués. Et tout cela avec très peu d'investissement.*
15 *Nous avons fait le choix de la baignade la plus naturelle possible, et c'est la ville de Copenhague, au Danemark, qui nous a inspiré ce modèle.* » […]
La baignade est interdite depuis 1923 dans le
20 fleuve, pour raisons sanitaires. Jacques Chirac,

l'ancien maire de la capitale, avait fait la promesse de le rendre propre dès 1988.
En 1990, il assurait même qu'il s'y baignerait trois ans plus tard. Il aura donc finalement dû attendre 35 ans de plus, tant les défis étaient 25 immenses. […]
Pour les relever, les Jeux olympiques de Paris 2024 ont joué un rôle d'accélérateur. Plusieurs chantiers ont été lancés pour dépolluer la Seine dans le cadre d'un vaste plan à 1,4 milliard 30 d'euros. Avec, notamment, la construction d'un gigantesque bassin de rétention à Austerlitz. Résultat, les dernières analyses sont formelles : la Seine est d'ores et déjà prête à accueillir des nageurs. Les premiers à y plonger seront 35 toutefois les athlètes olympiques, à l'été 2024, lors de plusieurs épreuves. […]

© Florent Hélaine et Cécile Beaulieu, leparisien.fr, 09.07.2023

PARLER

8   Paris – province

1 Sur Internet, cherchez la définition et des images d'un menhir.

Stratégie 304

2 a) Décrivez le dessin humoristique.
   b) Dégagez le message de ce dessin.

160, 1 📄

3 En classe, imaginez d'autres situations drôles ou tristes entre des Parisien(ne)s et des habitant(e)s d'autres régions de France.

MÉDIATION
Stratégie 313
162, 1 📄

9   Stadtflucht: Stadt, Land, Frust – oder Lust?

1 Lisez l'article et paraphrasez en français les mots et expressions suivants.

die Landflucht (l. 1)   die Binnenmigration (l. 27)   die Entvölkerung (l. 32)

ein(e) Berufseinsteiger(in) (l. 44)   ein(e) Zuzügler(in) (l. 75)   der Kostenpunkt (l. 77)

ein Ausschlusskriterium (l. 98)   ein Selbstläufer sein (l. 103)   ein(e) Alteingessene(r) (l. 105)

ÉCRIRE

2 Pour son cours d'histoire-géographie, votre correspondant(e) prépare un exposé sur l'évolution du nombre d'habitants dans les villes européennes et vous interroge sur la situation dans les villes allemandes. Vous avez trouvé cet article et vous lui présentez dans un e-mail l'évolution de la situation ces dernières années en Allemagne ainsi que les raisons, les conditions et les défis d'un déménagement à la campagne.

Landflucht ist ein großes Problem. Städte wachsen, ländliche Räume veröden – die Entwicklung läuft in vielen Ländern Europas seit Jahren. Doch Deutschland erlebt eine
5 Trendumkehr. Wie das?
Strukturschwach, so nennt man ländliche Gegenden, in denen im wahrsten Sinn des Wortes nichts mehr los ist. Dörfer, in denen überwiegend alte Menschen wohnen, in denen
10 es keine Arbeit mehr gibt, keinen Bäcker, keinen Laden für Lebensmittel, keinen Arzt, keine Feuerwehr. Ländliche Gebiete in ganz Europa leiden unter Abwanderung. Die

Menschen zieht es in die großen Städte, die Entwicklung macht weder vor den Alpen, dem 15 Balkan noch den Pyrenäen Halt.
Zwischen 2015 und 2020 verzeichneten laut der EU-Behörde Eurostat 355 von 406 vorwiegend ländlichen Regionen in der EU mehr Abwanderung als Zuwanderung. Vor 20 allem die Zahl der jüngeren Menschen und Menschen im erwerbsfähigen Alter ging zurück. Die Zahl der Menschen im Alter von 65 Jahren und älter stieg hingegen jedes Jahr um durchschnittlich 1,8 Prozent. […] 25

→

Auch in Deutschland kannte die Binnenmigration drei Jahrzehnte nur eine Richtung: Vom Land in die Städte. Das galt nach der deutschen Wiedervereinigung 1990 in
30 besonderem Maße für die ostdeutschen Bundesländer, die in manchen Gebieten eine regelrechte Entvölkerung erlebten. Städte wie Leipzig, München oder Berlin hingegen legten zwischen 2000 bis 2020
35 teilweise deutlich über zwanzig Prozent an Einwohnern zu.
Doch dieser Trend scheint gestoppt, wie aus statistischen Daten des Bundes und der Länder aus den Jahren 2008 bis 2021
40 hervorgeht. Während Studierende, Auszubildende und zuziehende Ausländer weiter in die Städte streben, ziehen seit 2017 immer mehr Menschen zwischen 30 und 49 Jahren mit ihren minderjährigen Kindern
45 sowie Berufseinsteiger zwischen 25 und 29 Jahren aufs Land. […]

Zunächst überraschend ist, dass es dabei kaum noch eine Rolle spielt, ob die Dörfer oder Kleinstädte in der Nähe einer Großstadt
50 oder in der Peripherie liegen. Von einer neuen „Landlust" spricht die Stiftung Berlin-Institut für Bevölkerung und Entwicklung, ein Thinktank, der sich mit dem demografischen Wandel und seinen Folgen beschäftigt.
55 Zusammen mit der Wüstenrot-Stiftung hat der Thinktank die statistischen Daten analysiert und die Folgen untersucht, die das veränderte Wanderungsgeschehen in Deutschland hat. 2021 hätten rund zwei
60 von drei Landgemeinden Wanderungsgewinne erzielt, sagt der Sozialpsychologe Frederick Sixtus vom Berlin-Institut. Ein Jahrzehnt zuvor habe das nur für rund jede vierte Landgemeinde gegolten. […]

65 Auf der Grundlage der Wanderungsanalyse besuchten die Forscher eine Woche lang sechs Gemeinden in unterschiedlichen ländlichen Gegenden in ganz Deutschland, die zurzeit besonderen Zuwachs zu verzeich-
70 nen haben und führten dort viele Gespräche. *„Neu im Dorf – wie der Zuzug das Leben auf dem Land verändert"*, heißt die Studie, die daraus entstanden ist.

„Ich habe mich bewusst dazu entschieden, auf das Land zu gehen, weil es familiärer ist", 75 wird in der Studie ein Zuzügler zitiert. „Und ich bin ehrlich, wenn man bauen möchte, ist der Kostenpunkt natürlich ein großes Thema. Und das ist natürlich am Land ganz anders." In vielen Gesprächen erfuhren die 80 Wissenschaftler, dass vor allem mehr und günstigerer Platz zum Wohnen gesucht wird, mehr Natur und weniger Umweltverschmutzung. […]

Die Möglichkeit, tageweise oder sogar ganz 85 im Home-Office zu arbeiten, lässt Menschen auch längere Wege in die Stadt in Kauf nehmen. *„Die unbedingte Notwendigkeit, am Ort des Arbeitsplatzes zu leben, besteht nicht mehr"*, erklärt Sozialpsychologe Sixtus. *„Die* 90 *Corona-Pandemie hat diesen Trend verstärkt."* Wichtig ist für die Zuzügler eine funktionierende Infrastruktur, wozu vor allem schnelles Internet gehört. *„Klar, Schule, Kindergarten waren Sachen, die mussten halt einfach so* 95 *vorhanden sein. Selbst wenn das hier das schönste und günstigste Grundstück der Welt gewesen wäre, wäre das ein Ausschlusskriterium gewesen"*, wird ein Zugezogener zitiert. 100 […]

Die Wissenschaftler untersuchten aber auch, welche Folgen die Zuzüge für Einheimische hat. *„Eine funktionierende Dorfgemeinschaft ist kein Selbstläufer"*, sagt Catherina Hinz, Direktorin des Berlin-Instituts. *„Neuzuge-* 105 *zogene und Alteingesessene müssen das Zusammenleben aktiv gestalten."* Wer selbst auf dem Land aufgewachsen sei und nur vorübergehend in der Stadt gelebt habe, wisse in der Regel, was ihn oder sie erwartet. 110 Manche Zugezogene dagegen müssten das Zusammenleben auf dem Dorf erst lernen. *„Am Anfang war es schon nicht leicht: Jeder guckt so nach jedem. Das hat man ja in der Großstadt nicht. Da ist man eher anonym"*, 115 zitiert die Studie eine Zugezogene. *„Jeder grüße jeden auf der Straße"*, sagt eine andere Zugezogene. *„Das ist ein schönes Gefühl, aber musste man auch erst lernen."* […]

Sabine Kinkartz „Stadtflucht: Stadt, Land, Frust – oder Lust?"
Deutsche Welle, 13/09/2023 (gek.)

10 J'ai appris le breton à 64 ans.

1   Combien de langues régionales existent en France ? Faites des recherches sur Internet.

En Bretagne, il y a environ 200 000 locuteurs de breton. Aujourd'hui, à Brest, rencontre avec Roland qui a commencé l'apprentissage du breton à 64 ans. […]

5   **Notre Temps :** *D'où vous est venue l'envie d'apprendre le breton ?*

Roland Keroulas : Je suis originaire du Finistère sud, où mes parents étaient agriculteurs. Ils échangeaient en breton entre eux, avec leurs
10 aînés, à la sortie de la messe… Surtout pas avec moi ni avec mon frère car le français et l'anglais leur semblaient plus importants pour notre éducation. Même si je le comprenais assez bien, je ne le parlais pas et mon départ
15 en pension dès l'âge de 6 ans n'a pas facilité le maintien du lien. Cette langue a surtout été celle de mon enfance et des vacances. Je l'ai tout de même prise en option au bac pour glaner des points faciles, mais je n'ai pas
20 poursuivi l'effort, étant trop pris par les études, puis la vie professionnelle et la famille. Elle est restée ma « madeleine de Proust », j'aimais l'entendre parler, sans oser échanger avec des locuteurs plus expérimentés. Je n'avais que
25 des notions de breton de cour de ferme. Mais je m'y suis mis sérieusement dès que j'ai pu, à l'âge de 64 ans, à l'approche de la retraite.

Dans quel cadre et à quel rythme avez-vous appris – ou réappris – le breton ?
30 **R.K. :** […] J'ai opté pour la formule de la fédération Sked, en collaboration avec Stumdi, une soirée de trois heures de cours par semaine, cinq samedis de formation dans l'année et une semaine d'apprentissage à
35 temps plein, le tout étalé sur quatre ans. Là, j'ai dû apprendre – bien plus que réapprendre – cette langue pour obtenir mon diplôme de compétence en langue (DCL).

Le fait d'avoir reçu le breton en héritage ne
40 *vous a-t-il pas aidé ?*
R.K. : Au début, j'avais un petit avantage sur ceux qui ne l'avaient pas entendu parler chez eux dans leur enfance. Mais il était trompeur, je me reposais sur mes acquis et je me suis

rapidement fait doubler par les autres
45 participants qui travaillaient davantage par eux-mêmes. La plupart étaient aussi plus jeunes et semblaient mémoriser plus vite le vocabulaire, notamment. Ma formation universitaire et mon expérience
50 professionnelle m'ayant inculqué le sens de la rigueur, j'ai pu compenser, mais cela n'a pas été simple.

C'était donc un vrai défi à relever ?
R.K. : Du moins un beau pari. Il n'implique pas
55 une prise de risque au sens classique du terme, mais il ne faut pas minimiser l'impact personnel, émotionnel et presque identitaire de l'apprentissage d'une langue régionale. On est ramené profondément à ses racines
60 et ce n'est pas sans conséquence. On se met à penser et à rêver en breton. C'est très fort ! Avec mon épouse au parcours proche du mien et issue d'une famille où l'on parlait cette langue, cela n'a pas généré de tension,
65 comme on a pu l'observer pour d'autres couples. Le plus souvent, cette période de questionnement reste bien vécue, le plaisir de maîtriser la langue prend le pas sur les doutes. Et quel enrichissement ! Chaque
70 langue a ses expressions uniques, intraduisi-bles. Ainsi le mot glas désigne plusieurs couleurs : vert, bleu et ce qui est naturel, comme l'herbe, le ciel, la mer, tout ce que l'on aperçoit à l'horizon. Il n'y a pas d'équivalent
75 en français. […]

→

GRAMMAIRE

La question
· À quel rythme **avez-vous appris…**
· **Le fait** d'avoir reçu le breton en héritage **ne vous a-t-il pas aidé** ?

I 35 ⚙
interaktive Übungen

Transmettez-vous le breton à vos enfants et petits-enfants ?
R.K. : Ce n'est pas facile, car mes petits-
80 enfants vivent au Canada, où parler français relève déjà d'un engagement culturel fort. Alors le breton n'est pas une priorité pour eux. Pas encore peut-être… Je leur ai bien

envoyé des livres, mais cela reste anecdoti-
que. Je leur transmets aussi quelques 85
expressions et quand on se quitte, on se
dit kenavo !

© Sophie Viguier-Vinson,
notretemps.com, 17/11/2021

En plus 285, 8

2 Pour chaque question posée dans l'interview, résumez la réponse de Roland en une ou deux phrases.

3 Dégagez du texte le rôle que joue la langue bretonne pour Roland
   a) dans sa jeunesse.
   b) dans sa vie d'adulte.
   c) pour sa famille.

163, 1–2 🗒

4 Expliquez ce que l'apprentissage du breton a apporté dans la vie de Roland.

11 🔊 Startijenn – entre modernité et tradition

Vous allez écouter une interview menée par RCF Radio avec le musicien breton Youenn Roué à l'occasion de la sortie du nouvel album de son groupe Startijenn.

ÉCOUTER
A 24 🔊

Avant l'écoute

VOCABULAIRE
En plus 285, 9
MK

1 Sur Internet, cherchez la signification des mots bretons suivants. Regardez aussi les images que votre moteur de recherche vous propose.

   fest-noz   andro   biniou   bombarde

2 Lisez cet extrait du texte qui accompagne l'interview sur le site de RCF Radio. Puis notez au moins 3 questions que l'animateur pourrait poser à Youenn Roué.

6 **écorché(e)** *ici :* rau, zerklüftet
9 **répétitif / répéti-tive** < répéter
10 **une transe** Trance(-Zustand)
11 **tellurique** geerdet
16 **embarquer qn** emmener qn
18 **l'acidité** *(f.) ici :* Härte

« Énergie », c'est la signification du mot Startijenn. C'est aussi le nom d'un groupe de quatre copains de collège qui ont plein d'énergie à revendre. […]
5 Qui n'a pas rêvé de danser dans un fest-noz traditionnel sur les terres écorchées bretonnes au son du biniou ? Vous connaissez sûrement le « andro ». Ces danses folkloriques en rond sur des mélodies répétitives qui font entrer
10 les danseurs dans une forme de transe. « *C'est quelque chose de très tellurique, en contact avec la terre, on saute sur la terre bras-dessus, bras-dessous* » explique Youenn Roué. Dans leur septième album *Talm ur Galon,*
15 les quatre membres du groupe Startijenn nous embarquent dans une transe celte

moderne. Rock, rap et folk se mélangent au souffle du biniou et à l'acidité de la bombarde.

Vincent Belloti, Amélie Gazeau – RCF, 01/06/22 © RCF Radio

Stratégie 291

164, 1

Pendant l'écoute

3 Écoutez l'interview jusqu'à la minute 05'00".
  a) Quand le groupe Startijenn est-il né ?
  b) Quelle était la particularité de l'école où sont allés les musiciens ?
  c) Expliquez en quoi le fest-noz est un évènement particulier. Parlez de l'ambiance, des participants, etc.

4 Écoutez maintenant la fin de l'interview.
  a) Expliquez l'influence de la musique folklorique bretonne sur Startijenn, puis comment le groupe a fait évoluer cette musique folklorique.
  b) Dans quelle mesure les fest-noz aident-ils les musiciens à se faire connaître ?

Après l'écoute

PARLER

5 Sur Internet, cherchez une chanson de Startijenn et écoutez-la. En tenant compte des informations que vous avez notées sur les fest-noz à l'exercice 3c), auriez-vous envie d'aller à un fest-noz de Startijenn ? Justifiez votre réponse.

LIRE

Stratégie 294
Point info 318 – 319

MK

12 Corse : qu'en pensent les jeunes ?

1 Faites deux groupes : faites des recherches sur les aspects suivants, puis présentez les résultats de votre recherche dans un monologue minute.
  a) Faites une carte d'identité de la Corse (nombre d'habitants, villes importantes, activités économiques, etc.)
  b) Trouvez des informations sur le symbole de la Corse : ses éléments, sa signification et son histoire.

---

3 **vital(e)** lebenswichtig
4 **une (classe) prépa(ratoire)** *Vorbereitungsstudium für die Eliteschulen*
11 **relever de qc** zeugen
11 **délibéré(e)** bewusst
24 **le droit** *ici :* Jura
32 **hautain(e)** hochnäsig
34 **au moindre euro** bis auf den letzten Euro

GRAMMAIRE
Le futur simple
Ma vie, je la **ferai** sur l'île.

I 36
interaktive Übungen

Ils se prénomment Mattea, Martinu, Léa… Et voici ce qu'ils ont à dire.

« Une identité culturelle vitale pour moi »
Mattea Poggi, en prépa littéraire à Bastia

5 « Je suis née en février 1998, loin d'ici puisque je suis d'origine vietnamienne. J'ai été adoptée par une famille corse et lorsque je suis arrivée, je devais avoir un mois et demi. C'est pour ainsi dire comme si j'étais née sur l'île. Je suis
10 maintenant en prépa littéraire à Bastia. Ces études en Corse relèvent d'un choix délibéré. Mais je suis bien consciente que l'accès à la culture, aux théâtres, aux musées, passera par le continent pour poursuivre mes études. Au
15 fond, je me sens à la fois vietnamienne, un peu française et assurément corse. Cette identité culturelle reste vitale pour moi, je suis très attachée à cette île, à ces paysages qui lui valent son surnom d'île de beauté mais avant
20 tout aux gens qui y vivent. Mes parents me parlent corse, je le parle moi-même un peu et le comprends. […] »

« Ma vie, je la ferai sur l'île »
Martinu Plasenzotti, étudiant en droit à Paris

25 « Je poursuis des études de droit à Paris. Je trouve cette ville magnifique, mais j'ai l'impression de vivre dans un pays différent. Je parle bien sûr de la culture, mais plus largement de la manière de se comporter. Pour
30 moi, il y a bien un peuple corse et un peuple français. Beaucoup de gens me semblent hautains. À titre d'anecdote, quand on sort avec des amis du continent au restaurant, il faut calculer sa part au moindre euro. En Corse,
35 on met tout en commun et on partage. […] »

→

Ma vie, je la ferai sur l'île. Ma langue maternelle est le corse : je ne parlais pas français en entrant à l'école maternelle. Et c'est bien cette langue que j'utilise avec la plupart de mes amis et avec mes cousins germains. À mes enfants, je parlerai corse. Pour moi, il ne s'agit pas d'un acte politique, cela n'a rien à voir avec un quelconque symbole de résistance. Non, c'est quelque chose de naturel. Je me sens profondément indépendantiste. Le premier pas en avant serait la cooficialité de la langue corse car tout part de là. […] »

« Ici, on tourne en rond »
Léa fera une école de maquillage sur le continent.

« J'ai deux cultures, un père corse et une mère péruvienne, ça permet de s'ouvrir au monde. Je ne suis pas contre l'indépendance, je me sens Corse, mais ce n'est pas ma priorité. Avec mes amis, on parle surtout des choses de notre âge et puis de notre avenir. On est un peu paumés, on se cherche plus qu'ailleurs car ici on tourne en rond. Moi je ne resterai pas, pour évoluer professionnellement, ce n'est pas possible. J'ai hâte de partir, même si la vie ici est plus sécurisée, on ne grandit pas dans le stress, on s'entraide. Mais à côté de ça, c'est tout petit, tout le monde se connaît et se ressemble.

Les jeunes sont des clones, il n'y a que l'apparence qui compte. Moi j'ai besoin de bosser pour mes études, j'ai été caissière, c'est mal vu ! Est-ce que je reviendrai ? Peut-être, oui, pour vieillir ici. »

« Je pense que tous les candidats français doivent être contestés »
Petru Maria Marcellesi, étudiant à Corte

« Il y a en Corse une volonté de changement que l'État se doit d'entendre. Je ne suis pas allé voter lors de la présidentielle car je pense que tous les candidats français doivent être contestés. Si j'appartiens au club de supporters Bastia 1905, c'est que je conçois le football comme un vecteur social, un endroit d'échanges, y compris en politique. Je suis en deuxième année de sciences de l'éducation à l'université de Corte. Sans avoir de projet professionnel établi, j'ai déjà envisagé de créer une école alternative sur le modèle des « ikastolas » basques, avec des cours en langue maternelle uniquement. La Corse souffre, entre autres maux, d'un tourisme non maîtrisé, comme à Porto-Vecchio, alors qu'il faut promouvoir les villages de l'intérieur et protéger les zones littorales qui peuvent encore l'être. »

© Éric Pelletier, Marion Galland, www.leparisien.fr, 05/02/2018

2 Travaillez à quatre. Chacun(e) s'occupe d'un témoignage. Faites un tableau et relevez dans le texte les informations concernant les aspects suivants :

	origine(s)	formation	projets d'avenir
Mattea			

Puis présentez vos résultats à vos partenaires qui complètent leur tableau.

3 Relevez ce qui selon les quatre jeunes rend la Corse « différente » du reste de la France.

164, 1

4 Dégagez les différentes raisons pour lesquelles ces quatre jeunes (ne) se sentent (pas) attachés à la Corse.

VOCABULAIRE

5 Mettez-vous à la place d'une des personnes dans le texte. À partir des mots ci-dessous, imaginez des tweets ou des slogans pour une manifestation en faveur d'un statut spécial de la Corse.

la volonté de changement   la cooficialité des langues   promouvoir

la résistance   l'indépendance   protéger   le continent   l'ambition   appartenir

PARLER

Stratégie 300

165, 2

6 « Quitter la Corse pour le continent ? » À quatre, jouez la rencontre entre Mattea, Martinu, Léa et Petru et échangez sur cette question. Préparez d'abord une courte présentation de votre personne à l'aide du tableau de l'exercice 2 et trouvez des arguments pour votre position : rester en Corse ou partir.
Commencez la discussion en vous présentant à tour de rôle, puis échangez vos avis et vos arguments.

LIRE

Stratégie 289

MK

13 ☆ La nature saturée en Corse ?

1 Sur Internet, cherchez des informations sur le GR20 : qu'est-ce que c'est ? Où se trouve-t-il ? Qui fait le GR20 et pourquoi ? À quel moment de l'année ?

2 Auriez-vous envie de faire le GR20 ? Dites pourquoi (pas).

1 **se bousculer** anrempeln
2 **une serviette** *ici :* Handtuch
4 **une calanque** Felsbucht
9 **un balbuzard** Fischadler
16 **piétiner qc** zertrampeln
17 **être effrayé(e)** avoir peur
20 **un bateau de plaisance** *(f.)* Sportboot
22 **une préoccupation** un souci

On se bouscule sur le GR20. Sur les plages des Lavezzi, les serviettes sont collées les unes aux autres. Dans la réserve de Scandola, le ballet des bateaux rompt le silence des calanques.
5 La carte postale n'a pas de quoi faire rêver un amateur de nature sauvage. Et pourtant, c'est bien pour ses paysages préservés, ses montagnes et ses plages, ses mouflons et ses balbuzards, que quelque trois millions
10 de personnes choisissent chaque année de passer leurs vacances en Corse.

Un paradoxe qui n'est pas propre à l'île : partout dans le monde, les sites naturels remarquables attirent les touristes, mais c'est le plus souvent la nature qui en paie 15 lourdement le prix. Plantes piétinées, animaux effrayés, abords des chemins souillés de déchets, mer polluée… […]
Dans la réserve naturelle des Bouches de Bonifacio, les grands bateaux de plaisance 20 qui voguent luxueusement entre Corse et Sardaigne sont devenus une préoccupation

→

23 **un ancrage**
Ankern

24 **l'herbier** *(m.)*
de posidonie
bestimmtes
Seegras

28 **le maquis**
besondere
Vegetation
auf Korsika

31 **s'entasser**
sich zusammen-
drängen

39 **le Syndicat**
national des ac-
compagnateurs
en montagne
Bergführer-
gewerkschaft

43 **impacté(e)**
concerné(e)

46 **un itinéraire**
Route

53 **se réapproprier**
qc sich wieder
zu eigen machen

54 **sanctuariser qc**
ici : abriegeln

pour les gestionnaires du site : les ancrages sur l'herbier de posidonie sont une catastrophe 25 pour l'écosystème. […]

La surfréquentation de la réserve est aussi bien visible à terre : l'îlot de Lavezzu, seulement 69 hectares de rochers et de maquis, reçoit chaque année plus de 250 000 visiteurs. 30 En plein été, ils sont parfois plus de 3 000 à s'entasser sur 9 000 m² de plage. Au-delà de la déception de certains touristes, les gestionnaires du site veulent surtout protéger une biodiversité exceptionnelle […].

35 Bien loin des plages de l'Extrême-Sud, les sentiers de montagne connaissent le même problème : « *Le GR20, ce sont les Champs-Élysées en été*, déplore François Tomasi, vice-président de la section corse du Syndicat 40 national des accompagnateurs en montagne (Snam). *En revanche, à 100 mètres du sentier, il n'y a personne. Ce sont toujours les mêmes sites qui sont impactés.* » […]

Sans changer toute la montagne corse en 45 vaste sentier de randonnée, « *il faut ouvrir de nouveaux itinéraires* », estime le guide. […]

Dès cet été, l'OEC [Office de l'environnement de la Corse] va mettre en place des éco-compteurs

sur plusieurs sites afin de connaître les chiffres réels de fréquentation, sur le GR20 et à 50 Scandola notamment. La présence des agents de l'Office sera également renforcée. Une manière de commencer à se « *réapproprier les espaces* » sans les sanctuariser : « *La Corse a besoin du tourisme, mais il faut l'organiser.* 55 *La protection de l'environnement n'est pas négociable.* », martèle François Sargentini [président de l'OEC].

Tourisme et surfréquentation : la nature saturée en Corse ?
© Corse-Matin

166, 1–2

3 Dégagez le problème central présenté dans l'article.

4 Expliquez le « *paradoxe* » mentionné à la ligne 12.

5 Énumérez les problèmes concrets que pose le tourisme pour la montagne, les plages, les plantes et les animaux en Corse.

6 Présentez les mesures que les responsables prévoient pour protéger la nature sans « *sanctuariser* » (l. 54) le tourisme.

VOCABULAIRE

7 Choisissez six expressions et faites avec chacune d'elles une phrase qui parle soit de la protection de la nature, soit des dangers pour la nature.

une réserve   des paysages préservés   un site naturel   la saturation touristique

la valeur économique   les mesures de protection   un écosystème   la surfréquentation

la biodiversité   les sentiers   la surpopulation

ÉCRIRE

Stratégie 306

8 Vous avez prévu de passer vos vacances en Corse avec des ami(e)s français(es) et de faire le GR20. Après la lecture de cet article, vous vous inquiétez de l'impact que votre séjour aura sur la nature. Rédigez un e-mail à vos ami(e)s dans lequel vous expliquez vos préoccupations. Puis faites des propositions concrètes pour réduire votre impact écologique pendant votre séjour. Vos phrases de l'exercice 7 peuvent vous aider.

Mots et contexte

D 39 📄
thematischer
Wortschatz

I 37 🖱
interaktive
Übungen

Pour beaucoup de touristes étrangers, la France, c'est souvent seulement **Paris « ville lumière »** avec ses **monuments historiques** et tout un **patrimoine architectural.** Ils ne
5 voient par contre pas que **Paris** est également la **capitale politique, culturelle et économique** qui **concentre** aujourd'hui encore beaucoup de **pouvoirs. La centralisation** reste une réalité française même si des politiques de
10 **décentralisation et d'aménagement du territoire** sont mises en place depuis des années.

Paris, **métropole** fière de ses **racines** et de **son héritage,** n'occupe qu'un tout petit **territoire,**
15 mais elle est **desservie** par deux grands **aéroports** internationaux. Sa situation géographique et ses **infrastructures** favorisent Paris pour organiser de grands évènements comme les **Jeux olympiques** et les **promouvoir.**
20 Si les touristes ont la bonne idée (ou s'ils n'ont pas d'autre choix) de prendre les **transports en commun,** ils peuvent, pourtant, découvrir que Paris, c'est aussi un **lieu de vie et d'activité** avec de gros problèmes de **mobilité** pour ses
25 habitants ou pour les habitants des **banlieues** qui viennent y travailler. Prendre le métro à Paris, pas seulement aux **heures de pointe,** peut en effet être une aventure. La **RATP** ne rencontre pas seulement des difficultés
30 de **trafic saturé,** il y a aussi d'autres problèmes comme celui des **SDF** qui dorment dans les stations de métro.

Paris garde une très grande force d'**attractivité** en **France métropolitaine** et même également pour la **France d'outre-mer.**
35 Mais de plus en plus de familles parisiennes quittent néanmoins la capitale qu'elles trouvent trop chère et peu **végétalisée.** Elles rêvent souvent d'**espaces verts** et de **paysages préservés** et espèrent trouver dans des
40 **agglomérations** plus petites une **alternative** à la vie parisienne.

Dans certains endroits, la **résistance** à la centralisation occupe une place importante. Elle est une réponse à une **crise identitaire**
45 et conduit certaines **régions,** comme la Corse, à demander l'**indépendance.** Dans ces régions à forte **identité régionale,** on est fier de parler une **langue régionale** qui est parfois aussi une **langue maternelle.**
50 Aujourd'hui, **exode urbain** et **exode rural** coexistent. Si la vie dans les grandes métropoles peut être dure, dans certaines régions très **rurales,** elle est rendue difficile à cause du manque d'**infrastructures,** ce qui conduit
55 leurs habitants à en partir.

De nouvelles politiques **territoriales** sont donc nécessaires pour **réaménager** les différentes **zones.** Ces **réaménagements** concernent aussi l'écologie. On doit protéger les **réserves,** les
60 **écosystèmes,** la **biodiversité,** les **sites naturels et touristiques.**

1 Relevez dans le texte au moins 3 mots et expressions pour chaque image. Puis expliquez à un(e) partenaire pourquoi vous les associez aux images.

2 Travaillez avec votre partenaire de l'exercice 1. Faites des filets à mots autour de « vivre en ville / à Paris » (A) et « vivre à la campagne » (B). Puis échangez vos résultats.

3 Discutez des avantages et inconvénients d'une vie à Paris / en ville et d'une vie à la campagne.

14 Pourquoi apprendre le breton ?

Avel a 4 ans. Inscrit en maternelle à l'école publique bilingue de Questembert dans le Morbihan (56), il suit un cursus bilingue breton-français en immersion. Sa mère, Anne-Claire
5 Quiviger, n'y voit que des avantages :
« *Il devient plus curieux et il a déjà des facilités. Il passe d'une langue à l'autre sans réfléchir. Je le sens aussi moins timide car il sait que se tromper n'est pas grave. Il essaie et c'est très*
10 *naturel* », explique-t-elle.
Des écoles enseignent le breton aux tout-petits. 300 écoles (en Bretagne et en Loire-Atlantique) proposent, actuellement, l'enseignement du breton en maternelle.
15 48 écoles Diwan, 172 établissements dans l'enseignement public et 78 dans l'enseignement catholique. À ces dernières s'ajoutent plus de 10 projets d'ouvertures pour la rentrée 2022. « *Apprendre une autre langue*
20 *dès le plus jeune âge comporte de nombreux avantages. L'intérêt, c'est qu'à cet âge-là, ce n'est pas du travail, l'apprentissage est complètement naturel* », explique Anaïs Scornet. Pas trop difficile pour les enfants ?
25 « *Non*, assure Denez Dorso, directeur de l'école Diwan de Guipel en Ille-et-Vilaine (35). *Il n'y a pas de surcharge de travail pour l'enfant car il passe d'une langue à l'autre sans réfléchir. Ils ne dissocient pas les deux. Ils n'apprennent*
30 *pas le breton, ils apprennent en breton, c'est différent* », sourit-il. Lui, enseigne le breton en immersion à ses 30 élèves, dont 15 en maternelle. Et il tient à rassurer les parents qui auraient peur de ne pas pouvoir suivre
35 les devoirs, faute de ne pas comprendre le breton : « *Aucune difficulté particulière, il s'agit des mêmes lettres de l'alphabet et l'enseignement des tables de multiplication par exemple est parfaitement compréhensible*
40 *pour les parents* », explique-t-il.
Élise Lebraud a trois garçons : Gabriel, 12 ans, Malo, 10 ans et Awenn, 7 ans. Ils apprennent le breton à l'école catholique Saint-Michel

de Rennes. Originaire du Conquet, dans le Finistère (29), elle souhaitait que ses enfants
45 apprennent la langue de leurs grands-parents. Au-delà de l'héritage qu'elle leur transmet, elle y voit de nombreux autres avantages : « *Ils sont plus ouverts sur le monde qui les entoure. Ils ont aussi développé des facilités*
50 *à l'école dans toutes les matières grâce au breton.* » Ce que confirme Anaïs Scornet : « *Au-delà de l'intérêt linguistique, l'enseignement bilingue permet de renforcer les capacités d'abstraction dans l'apprentissage des*
55 *mathématiques ou de la géométrie par exemple* », dit-elle. Un des avantages du bilinguisme français-breton réside également dans les facilités d'apprentissage d'autres langues par la suite. La gymnastique
60 qu'entraîne l'apprentissage de deux langues assez éloignées l'une de l'autre, comme le français et le breton, permet à l'enfant de développer ses capacités linguistiques dans l'apprentissage d'autres langues. « *Les langues*
65 *ne sont jamais en concurrence. Plus on en apprend, plus cela facilite l'apprentissage de nouvelles langues* », écrit ici le linguiste Gilbert Dalgalian, spécialiste du bilinguisme précoce. « *L'apprentissage d'une langue ne nuit pas à*
70 *l'apprentissage d'une autre langue, c'est tout le contraire.* »
Apprendre le breton, c'est aussi créer un lien avec son territoire et ses racines familiales : « *On a empêché mes grands-parents de parler*
75 *breton. C'est un vrai plaisir de voir mes enfants parler breton avec leurs arrière-grands-parents* », sourit Élise Lebraud. Le nombre d'enfants qui apprennent le breton est en augmentation et les filières bilingues se
80 développent : « *Notre objectif, c'est de faire en sorte de créer de nouvelles classes et développer l'enseignement bilingue partout en Bretagne* », explique Anaïs Scornet. […]

(575 mots)

© ouest-france.fr, 15/03/2022

1 Présentez la situation de l'enseignement en breton selon l'article.

2 Expliquez dans quelle mesure l'apprentissage du breton dès le plus jeune âge est considéré comme important par les différentes personnes interrogées.

ÉCRIRE

Stratégie 309

Au choix

3 À votre avis, qu'est-ce qu'il est préférable d'apprendre ? Une langue régionale ou bien une autre langue étrangère ? Pesez le pour et le contre.

Stratégie 306

4 Vous êtes élève dans un établissement scolaire où vous apprenez le breton comme deuxième langue. Pour un numéro spécial, un magazine recueille des témoignages de jeunes qui ont choisi d'apprendre une langue régionale.
Décrivez vos expériences à l'école et expliquez votre choix d'apprendre le breton.

ZOOM SUR ... L'opérateur **présenter**

Der Operator **présenter** verlangt, dass im Text explizit gegebene Informationen wiedergegeben werden, ohne dass diese persönlich kommentiert werden. Dabei können z. B. Personen, Sachverhalte, Probleme, Situationen, Meinungen oder Verhaltensweisen dargelegt werden.

1. Ggf. unter Angabe des Ausgangstextes wird der Gegenstand / Inhalt der Aufgabe kurz umrissen.

2. Die in der Aufgabe verlangten Informationen werden in einer für die Leser / Leserinnen sinnvollen Abfolge aufgeführt.

ON DIT

- *Dans le texte, l'auteur / l'autrice donne un aperçu sur …*
- *Il / Elle explique que …*

- *En ce qui concerne la situation actuelle, …*
- *Premièrement, … / Deuxièmement, … / En outre, …*
- *Dans ce contexte, on apprend …*

POUR VOUS AIDER

Überlegen Sie, welche Textinhalte dem Operator **présenter** (in Abgrenzung zu anderen Operatoren des Aufgabenapparats) zugeordnet werden sollen. Nutzen Sie aufzählende Konnektoren. Vermeiden Sie Floskeln, die Ihre persönliche Meinung oder eine Schlussfolgerung suggerieren.

MÉDIATION
Stratégie 313
ÉCRIRE

15 Wo geht unsere Sprache hin?

1 Votre correspondant(e) français(e) apprend le breton depuis l'école maternelle et s'engage pour cette langue régionale. Il / Elle s'intéresse à la situation des langues régionales et dialectes en Allemagne. Vous avez lu un article qui pourrait l'intéresser.
Dans un e-mail, vous lui présentez les informations les plus importantes.

Die Brandenburger schnacken teilweise Platt, Berliner finden Berliner Schnauze knorke und junge Leute schwören auf Kiezdeutsch. Wo kommt unsere Sprache her und wo geht sie
5 hin? Ein Blick in die Sprachen und Dialekte unserer Region.

Uns Sproak mütt blievn. Das ist Niederdeutsch – auch Platt genannt – und heißt: Unsere Sprache muss erhalten bleiben. Niederdeutsch ist Regionalsprache in Brandenburg und auch die „Berliner Schnauze" hat ihren Ursprung dort. Tatsächlich gibt es in
10

→

Deutschland zwei Millionen Menschen, die immer noch sehr gut Platt sprechen können.

15 Und dennoch wird die Sprache – wie andere Sprachen und Dialekte auch – zurückgedrängt. Schon 2008 beschäftigte die Gesellschaft für deutsche Sprache (GfdS) die Frage: Können Sie den Dialekt Ihrer Region sprechen […]? 1991

20 bejahten das noch 55 % der Befragten, 1998 waren es 50 % und 2008: 48 %. Der Trend ist also rückläufig. 2014 zeigte eine Umfrage der GfdS: Der berlinernde Prototyp ist vor allem männlich, stammt aus dem früheren Berliner

25 Osten und ist 45 bis 59 Jahre alt. Die jüngste befragte Altersgruppe der 14- bis 29-Jährigen berlinert demnach am wenigsten.

Warum Dialekte und Sprachen verschwinden
Diese Entwicklung hat mehrere Gründe.

30 Zunächst tragen die Medien eine gewisse Mitschuld daran. In den 1920er-Jahren erhielt das Hochdeutsche dank des Radios Einzug in die deutschen Wohnstuben. Wenn man den ganzen Tag mit Hochdeutsch berieselt wird,

35 bleibt vermutlich etwas hängen.
Ein weiteres Problem für das Überleben der Dialekte: Die zunehmende Mobilität der Menschen. Ende des 19. Jahrhunderts lebten die meisten Menschen noch auf dem Land. Für

40 die Verständigung reichte der ortsübliche Dialekt. Dann verlagerten sich die Arbeitsplätze immer mehr Richtung Stadt, der Handel wurde ausgeprägter, ein gemeinsamer Konsens in der Sprache musste gefunden werden. […]

45 **Dialekt sprechen macht klug**
Dann kommt noch der Einfluss der Erziehung hinzu: Viele Eltern bringen ihren Kindern Mundart gar nicht mehr bei. Der Grund: In den Schulen wird Hochdeutsch gesprochen.

50 Die Kleinen sollen es dort einfach haben. Außerdem kursiert vielerorts noch das Vorurteil: Dialektsprecher seien weniger intelligent und provinziell. Ein Gerücht, das Wissenschaftler unter anderem 2016 in einer Studie

55 der University of Cambridge widerlegten […]: Mehrsprachigkeit (und dazu zählen auch Dialekte) macht schlau. Wer sich mehrerer Sprachen bedient, trainiert das Gehirn. Auffällig ist allerdings, dass im Süden Deutsch-

60 lands noch viel mehr Dialekt gesprochen wird als im Norden der Republik. Sprachwissenschaftler Peter Rosenberg von der

Europa-Universität Viadrina in Frankfurt (Oder) erklärt das auf Nachfrage von rbb|24 so:
Die Dialekte in Süddeutschland seien dem 65
Hochdeutschen sehr ähnlich. Das Niederdeutsche im Norden sei dagegen eine völlig eigenständige Sprache mit eigener Grammatik. Das „Umschalten" zum Hochdeutschen sei deswegen viel schwieriger, werde nicht so 70
sehr praktiziert und sei deswegen aus dem Wortschatz vieler Menschen verschwunden. […]

„Hast du Handy bei?"
Nun kann man bei dem in Berlin aufge- 75
schnappten Satz „Lassma Viktoriapark gehn" oder „Hast du Handy bei?" allerdings weder von Hochdeutsch noch von Platt oder „Berliner Schnauze" sprechen. Hier entwickelt sich seit ein paar Jahren eine ganz neue Sprach- 80
Variation: das sogenannte Kiezdeutsch. Sprachwissenschaftlerin Heike Wiese von der Berliner Humboldt-Universität forscht auf diesem Gebiet. Sie erklärt: Kiezdeutsch habe seinen Ursprung in urbanen Räumen wie 85
Berlin. Dort, wo 170 Nationen aufeinandertreffen, seien die Menschen wieder auf der Suche nach einer gemeinsamen Sprache – und binden Sprach-Fragmente aus anderen Sprachen wie Türkisch, Arabisch und Russisch 90
mit ein. […]

Brandenburger kämpfen um ihr Platt
In Brandenburg kämpfen die Menschen vor allem zwischen Uckermark und Prignitz darum, dass das Niederdeutsche erhalten bleibt. Seit 95
Juni dieses Jahres ist die Sprache sogar durch die Brandenburger Verfassung geschützt. In Freizeit-Einrichtungen wie der „Kinnerschool" in Sewekow (Ostprignitz-Ruppin) wird Kindern von 2 bis 12 Jahren spielerisch Platt- 100
deutsch beigebracht. Weil es die Eltern teilweise nicht mehr sprechen und somit ihren Kindern auch nicht mehr beibringen könnten, sagt Heidi Schäfer. Sie leitet die Schule seit 14 Jahren und setzt sich unermüdlich für den 105
Fortbestand des Niederdeutschen ein. „Wissen Sie, je mehr die Globalisierung um sich greift, desto mehr besinnen sich die Menschen auf ihre Wurzeln", sagt Schäfer. „Ich glaube deswegen fest daran: Das Nieder- 110
deutsche wird erhalten bleiben." […]

(654 mots)
Aus: Kira Pieper unter: https://www.rbb24.de

En plus

En plus
Stratégie 291

Module 1

1 La quête (nach Ex. 6, Seite 16)

Écoutez la chanson *Grandir* de Black M & Amir. Cherchez les paroles de la chanson sur Internet et lisez le refrain.

a) Comparez le sujet de cette chanson et son message au refrain de *La quête* d'Orelsan (p. 15, l. 17 – 20). Pour cela, notez ce qu'on apprend sur les aspects suivants :
– sentiments envers le passé
– sentiments envers l'avenir (inconnu)
– conclusions (positives / négatives) qui en sont tirées

b) Quelle chanson préférez-vous ? Tenez compte de la musique et du message.

LIRE
○

2 Les cheveux longs, les idées larges … (zu Ex. 3, Seite 18)

Complétez le tableau ci-dessous. Pour chaque domaine de la vie quotidienne, décrivez la situation dans les années 60 et 70 et celle d'aujourd'hui.

| ~~l'éducation~~ | les relations sexuelles / amoureuses | l'économie / le marché du travail |

| la technologie / les médias | les valeurs | la vie en famille | la société |

domaine de la vie	les années 1960 / 1970	aujourd'hui
l'éducation		

○
Stratégie 298

3 Coming in (zu Ex. 6, Seite 21)

Analysez le dessin. Comment la dessinatrice met-elle en scène l'attitude des manifestant(e)s envers les personnes homosexuelles et son effet sur la protagoniste ? Faites attention aux aspects suivants.

| les couleurs | la représentation des manifestants |

| les panneaux | le mot qui apparaît sur la foule |

○
Stratégie 295

4 Mets-moi mes baskets. (zu Ex. 6a, Seite 23)

Par quels moyens stylistiques l'autrice montre-t-elle que le mode de vie de la mère ne correspond pas tout à fait aux idées de sa fille même si Maud dit « mets-moi mes baskets » (l. 98 – 99) ? Lisez les passages donnés du texte et dites quel moyen stylistique y est utilisé.

a) une hyperbole
b) un paradoxe
c) une antithèse
d) une énumération
e) l'ironie
f) une anaphore
g) le discours indirect libre (c'est la parole de qn d'autre sans le marquer expressément avec des « … »)

	ligne(s)	passages du texte
1	30 – 33	Pour les exposés de primaire, on creusait chaque sous-ensemble du grand ensemble. Pour mes dissertations de secondaire, nous avons continué à creuser.
2	33 – 35	J'ai toujours joué à la dictée, goûté au musée, fait des voyages culturels.
3	35 – 39	Mes surprises n'ont jamais été des Barbie et des déguisements, des caramels ou du chocolat, mais des bons pour un cours de maths, des entrées au cinéma, une soirée musicale.
4	39 – 40	Mais depuis quelque temps, je m'étiole.
5	61 – 62	Elle a dressé une liste des expos qu'elle me propose. Je peux choisir.
6	81 – 84	On va faire un musée ce matin, avant qu'il y ait trop de monde et profiter de l'heure du déjeuner pour s'offrir un tour à la Cinémathèque.
7	95	Je dois lui prouver qu'elle a raison.

En plus

5 Je prends ma place dans la nature. (nach Ex. 4, Seite 26)

Donnez une définition du terme « rurbanité » (l. 33) d'après l'explication de Dominic Lapointe.

ÉCRIRE
○

6 Je prends ma place dans la nature. (zu Ex. 7, Seite 26)

Après avoir passé quelque temps à la campagne, la fille aînée du couple envoie un e-mail à sa / son meilleur(e) ami(e) à Montréal.
Mettez-vous à sa place et écrivez cet e-mail dans lequel vous décrivez votre nouvelle vie, vos attentes et vos sentiments. Les expressions suivantes peuvent vous aider.

> **EXPRESSIONS UTILES**
>
> | Sentiments | Attentes |
> |---|---|
> | • Je déteste / regrette que …
 • Je suis triste / déçue / soulagée / (très) (mal)heureuse que … | • J'espère / Je crains que …
 • J'ai peur que …
 • Je me demande si …
 • Je suis certaine / convaincue que … |

ÉCRIRE
○

7 Minimalistisch leben … (zu Ex. 2, Seite 26)

Trouvez des titres pour les parties suivantes du texte :
a) l. 1 – 29   b) l. 29 – 38   c) l. 39 – 53   d) l. 53 – 67   e) l. 67 – 81   f) l. 82 – 102
Puis présentez dans un article les idées principales du texte à vos partenaires français.

PARLER
○

8 Sois jeune et tais-toi ! (zu Ex. 3b, Seite 29)

Après avoir joué votre scène, comparez-la à celles des autres. Faites attention aux gestes, aux mimiques, au texte, au langage et à la façon dont les personnes sont réparties dans la salle. Voilà quelques expressions utiles (page 262).

Pour introduire vos comparaisons	En comparant la scène de X à celle de Y, je constate que … En ce qui concerne le / la / les … Quant à / au / aux …
Pour qualifier vos observations	La mise en scène / le jeu des acteurs / actrices / la mimique et les gestes des acteurs / actrices … est / sont réussi(e)(s). … correspond / correspondent (tout à fait) à l'idée du texte. … illustre / illustrent bien la situation. … est / sont bien fait(e)(s). … est / sont bien / mieux joué(e)(s).
Pour donner un jugement final	En conclusion, je préfère la présentation de X à celle de Y parce que …

ÉCRIRE

9 Sois jeune et tais-toi ! (zu Ex. 8a, Seite 30)

Lisez la citation suivante :
« Quand les vieux et les enfants ne versent plus de larmes, cela signifie que le monde est entré soit dans sa phase la plus paisible, soit dans sa phase la plus terrible. »

(Lao She, Quatre générations sous un même toit)

Expliquez le message. Réfléchissez d'abord aux questions suivantes.
– Dans quelles situations est-ce qu'on pleure, donc verse des larmes ?
– Quand on ne pleure plus, qu'est-ce que cela pourrait signifier ?
– Qu'est-ce que cette citation révèle sur la relation entre les vieux et les enfants ?

PARLER

10 Camille Étienne : « Réveillons-nous ! » (zu Ex. 4, Seite 32)

À votre avis, dans quelle mesure ce genre de vidéos peut-il « réveiller » le public et le pousser à agir ? Discutez en classe. Les mots et expressions suivants peuvent vous aider.

- Je (ne) suis (pas) sûr(e) que ce genre de vidéos peut / puisse atteindre les bonnes personnes / un grand nombre de gens parce que …
- Je trouve que … / À mon avis, ce genre de vidéos peut attirer l'attention sur les aspects / des problèmes comme …
- L'utilisation d'éléments comme la danse / la musique dramatique / … aide à créer une atmosphère pleine d'émotions / triste / dramatique …
- À l'aide de telles vidéos, on (ne) peut (pas) avoir une meilleure impression de …
- En montrant des exemples de l'influence humaine comme …, on peut mieux comprendre …
- Il est important que … (+ subj.) / Ça aide beaucoup à …
- Il vaut mieux … (+ subj.) / Il ne sert à rien de …

11 Ta voix compte. (zu Ex. 6, Seite 33)

Quelles valeurs de la devise républicaine « liberté, égalité, fraternité » retrouve-t-on dans les différents projets du texte ?

a) Commencez par relier les idées / les projets suivant(e)s aux parties du texte correspondantes.
b) Puis associez à chaque projet a)–f) la valeur qui vous semble y jouer un rôle.

Valeur	Idée(s) de projet	Partie du texte
	a) soutenir les familles qui souffrent du trafic de drogues.	l. 1 – 4
Liberté	b) mettre à disposition une aide juridique aux victimes de cyberharcèlement ou de cybersexisme.	l. 5 – 7
	c) sensibiliser les enfants très tôt au harcèlement et par conséquent empêcher ou réduire les cas de harcèlement.	l. 28 – 30
Égalité	d) permettre aux personnes qui ont des maladies chroniques de devenir pilote ou policier / policière.	l. 44 – 48
Fraternité	e) soutenir les personnes qui n'ont pas beaucoup d'argent et qui ne peuvent pas payer de loyers élevés.	l. 48 – 54
	f) rappeler aux élites politiques que, pour construire l'avenir, les idées des jeunes doivent être intégrées dans les projets politiques.	l. 54 – 60

Justifiez votre choix en utilisant les débuts de phrases suivants.

POUR VOUS AIDER

Dans la partie de la l. XX à XX … / En ce qui concerne le projet décrit de la ligne XX à la l. XX … / Quant à l'idée des lignes X à X…	je pense que … / je crois que … / j'estime que … / je suis d'avis que …	c'est la valeur X …	qui joue un rôle primordial / important / central qu'on retrouve …	parce que / car …

Module 2

En plus

1 Les valeurs de la République française
(nach Ex. 1, Seite 39)

a) Lisez la définition. Selon vous, quels sont ou pourraient être des symboles de la République française ?
b) Faites une recherche sur Internet et comparez vos résultats à vos hypothèses.

DÉFINITION

symbole 🔊 nom masculin

Un symbole est une chose, un être, un animal, un signe figuratif, qui est la représentation schématisée ou imagée d'un concept, d'une idée, d'une notion abstraite ou non.

PARLER / ÉCRIRE
○

2 Les valeurs de l'engagement
(zu Ex. 4 / 5, Seite 40)

Vous trouvez page 264 une liste de valeurs parmi lesquelles vous pourriez en choisir une ou plusieurs pour les exercices 4 et 5.

le respect, la solidarité, la responsabilité, l'autonomie, la collaboration, l'amour, la confiance en soi, la flexibilité, l'engagement social, l'honnêteté, l'empathie, la liberté, la gratitude, la générosité, la paix, l'autodiscipline, l'égalité, l'indépendance, la justice

3 Balance ton quoi

(zu Ex. 5, Seite 42)

Analysez les moyens que la chanson et le clip utilisent pour lutter contre le sexisme : les paroles explicites, l'ironie / le sarcasme, le langage familier, les répétitions et la partie narrative.

4 Différente ?

(zu Ex. 4, Seite 44)

Stratégie 307

Caractérisez Camille.
a) Trouvez dans le texte des passages qui justifient le choix de ces adjectifs pour décrire la personnalité de Camille.

| résilient(e) | déterminé(e) | éloquent(e) | courageux / courageuse |

| volontaire | authentique | plein(e) d'humour | sensible |

b) Puis utilisez vos propres mots pour caractériser Camille.

PARLER

5 Social bar

(zu Ex. 6, Seite 45)

Choisissez un des rôles et à deux, discutez du concept du social bar.

A Vous êtes grand(e) fan du social bar et vous essayez de persuader votre ami(e) de vous accompagner.

B Vous êtes un peu timide et n'aimez pas trop les bars en général. Vous n'êtes pas convaincu(e) par l'idée du social bar.

a) Commencez par classer chaque caractéristique d'un social bar d'après la catégorie qui, selon vous, convient le mieux : positif, neutre ou négatif.

Ce qu'il y a / ce qu'on doit / peut faire dans un social bar :

des gens normalement très ouverts envers des inconnu(e)s

un(e) / des inconnu(e)s qui vient / viennent vous parler   beaucoup de monde

faire un câlin à un(e) inconnu(e)   faire une tresse à un(e) inconnu(e)

se présenter sans parler de son travail   des soirées spéciales pour des migrant(e)s

des soirées pour des personnes sourdes   devenir co-patronn(e) du social bar

des bénéfices (15 à 50 %) qui sont versés à des associations

b) Choisissez les arguments qui pourraient vous servir pour jouer votre rôle et trouvez-en d'autres.
c) Puis jouez la discussion.

ÉCRIRE

6 Facettes de la vie (Ex. 6, Seite 47)

Réagissez dans un post à la story de Chloé sur les réseaux sociaux (l. 40 – 54).

a) Jugez l'action de Chloé de filmer et poster la situation observée et la façon dont elle la présente (« oreilles de chien », hashtags, …). Comprenez-vous pourquoi Chloé agit de cette façon ? Pourquoi (pas) ? Quel effet la story pourrait-elle avoir sur les abonné(e)s de Chloé ?

b) Écrivez un commentaire à sa story à l'aide des éléments de phrases suivants.

EXPRESSIONS UTILES

- Je trouve que ta story / ta réaction est normale / amusante / (in)appropriée / (in)acceptable / (in)compréhensible / égoïste / déplacée / insensée / … parce que …
- Je pense que tu vas trop loin parce que … Il fallait …
- À mon avis, c'est / ce n'est pas rigolo / drôle / marrant / sérieux / grave de …
- L'autrice du post … a bien raison (de) … / a (complètement) perdu la tête, car … / ne réfléchit pas aux conséquences (de) …

PARLER

7 La fin justifie les moyens. (zu Ex. 6, Seite 49)

A-t-on le droit de recourir à des actions illégales pour défendre une cause ? Discutez en groupes selon les situations suivantes.

conduire trop vite parce qu'on est en retard   bloquer une rue pour manifester contre qc

protéger qn par la force   voler parce qu'on est pauvre   se défendre par la force   …

ÉCRIRE
En plus

8 Ado et accro (nach Ex. 4, Seite 50)

Faites une liste de règles, de mesures ou d'accords entre parents et enfants qui pourraient aider les familles dans lesquelles un(e) enfant est accro aux jeux vidéo.

PARLER

Stratégie 300

9 Ado et accro (Ex. 7, Seite 51)

Pensez-vous que les adolescents ont trop de libertés ou qu'il y a, au contraire, trop de restrictions ?

a) D'abord, lisez les affirmations suivantes (p. 265–266). Lesquelles sont plutôt des arguments pour « Les ados ont trop de libertés. » ou plutôt des arguments pour « Les ados ont trop de restrictions. » ?

b) Discutez de la question en donnant des exemples.

Les ados d'aujourd'hui sont très gâtés.

Les ados reçoivent beaucoup d'argent de poche.

Les établissements scolaires ont des règles très claires.

Les profs réagissent souvent de façon très compréhensive envers leurs élèves.

Beaucoup de jeunes fument et boivent de l'alcool.

$\rightarrow$

Un grand nombre de jeunes manquent de maturité.

Certains parents confisquent très rapidement les appareils électroniques de leurs enfants.

On n'a pas le droit d'utiliser le portable pendant les récréations.

Les ados ne savent pas encore ce qui est bon ou mauvais pour eux.

Les ados ont le droit d'aller se coucher à n'importe quelle heure.   …

ÉCRIRE
En plus

10 Peur du lendemain   (nach Ex. 4, Seite 52)

Choisissez un(e) des jeunes. Expliquez-lui dans un e-mail pourquoi vous (ne) le /
la comprenez (pas) et ce qui d'après vous pourrait l'aider à mieux vivre avec son
écoanxiété.

○
Stratégie 295

11 Poursuivre ses rêves   (zu Ex. 5, Seite 54)

Analysez les moyens stylistiques utilisés par l'autrice pour illustrer ces effets.
Trouvez au moins
– deux comparaisons : faites attention aux expressions « comme » et « ressembler à ».
– trois métaphores : faites attention au langage imagé.
– une question rhétorique : faites attention aux signes de ponctuation. S'agit-il d'une
  question à laquelle on attend une réponse ou pas ?
– une ellipse : y a-t-il des phrases incomplètes, par exemple sans verbe ?
– une personnification : y a-t-il des expressions qui donnent des traits humains
  à quelque chose qui n'est pas humain ?
– une antithèse : y a-t-il des phrases ou expressions qui expriment une contradiction ?

PARLER
○
Stratégie 300

12 Tu seras le King !   (zu Ex. 8, Seite 57)

Jeu de rôle : A prend le rôle d'un(e) ami(e) de Willy qui est au courant de son plan
et essaie de le convaincre de ne pas partir. B prend le rôle de Willy qui défend
sa décision. Utilisez les arguments suivants et jouez la discussion.

> **POUR VOUS AIDER**
>
> | Arguments d'un(e) ami(e) de Willy | Arguments de Willy |
> | --- | --- |
> | Partir, c'est dangereux. | billets trop chers |
> | risquer sa vie | aucune autre option |
> | Jules n'est pas un expert. | la seule possibilité |
> | chercher d'autres moyens | Paris comme lieu idéal pour les études |

Module 3

PARLER
En plus
Stratégie 304

1 Un passé mouvementé
(nach Ex. 2, Seite 66)

Décrivez la photo. D'après vous, qu'est-ce que les deux jeunes pourraient penser et ressentir ? Quels sentiments et pensées l'image provoque-t-elle chez vous ? Replacez la photo dans son contexte à l'aide des informations des exercices 1 et 2 à la page 66.

ÉCOUTER ET
REGARDER

2 Le soldat
(zu Ex. 3, Seite 67)

Regardez le clip encore une fois. Décrivez les conditions de vie dans les tranchées et les dangers auxquels Valentin Grandet est confronté à l'aide des expressions suivantes.

EXPRESSIONS UTILES

bruyant(e), sale, des coups de feu, tirer sur qn / qc, être fusillé, se cacher, avoir peur, être désespéré, perdre espoir / courage, avoir le mal du pays, avoir froid / faim, avoir mal, perdre des camarades, faire preuve de courage, rester tranquille, être blessé…

ÉCRIRE
En plus

3 Il faut désobéir
(nach Ex. 7, Seite 69)

Imaginez la suite de l'histoire. Qu'arrivera-t-il au narrateur et à Pierre ?

ÉCRIRE
Stratégie 309

4 Madeleine, Résistante
(zu Ex. 9, Seite 73)

Pour le Résistant Raymond Aubrac, résister veut dire : « *Ne laisse jamais passer une injustice, sans t'opposer, même par une parole.* » Êtes-vous d'accord avec cette citation ? Justifiez votre opinion. Les photos suivantes peuvent vous donner des idées.

VOCABULAIRE /
MÉDIATION
Stratégie 313

5 Ein Jahr im Alltag der Anderen
(zu Ex. 1, Seite 77)

Votre correspondant(e) français(e) voudrait partir en Allemagne après le bac.
Vous venez de lire cet article sur le volontariat franco-allemand.
a) Commencez par paraphraser les expressions à la page 268. Utilisez un dictionnaire si nécessaire.

Deutsch-Französischer Freiwilligendienst	Städtepartnerschaft zwischen Münster und Orléans
kommunale Verwaltung	Engagement für internationale Zusammenarbeit
ein authentisches Deutschland kennenlernen	sprachlicher und kultureller Austausch
über das andere Land lernen	interkulturelle Kompetenz erwerben
deutsch-französische Freundschaft stärken	Frieden aufrechterhalten
konkrete Projekte planen	

b) Puis présentez à votre correspondant(e) dans un e-mail les motifs qui ont conduit Kim et Clément à choisir le volontariat, l'importance de ce programme et les tâches concrètes effectuées par les deux jeunes.

6 Mon Europe à moi 　　　　　　　　　　　　　　　(zu Ex. 5, Seite 83)

Inventez votre propre utopie européenne. Qu'est-ce qui rendrait cette utopie unique ?
Les idées suivantes peuvent vous aider.

les valeurs : la tolérance – l'humanité *(f.)* – l'empathie *(f.)* – l'affection *(f.)* et l'amour *(m.)*
envers les autres – l'honnêteté *(f.)* – la responsabilité – l'égalité *(f.)* – la démocratie

la société : le respect – s'entraider – être égal(e) – avoir les mêmes chances – la participation
(politique / sociale / …) – vivre ensemble – vivre en harmonie avec qc / qn – la diversité –
les conditions de vie

les moyens de transport : de nouvelles technologies – gratuit(e) / à un prix avantageux –
ponctuel(le) – bon pour le climat

les conditions de travail : le salaire – l'égalité entre les sexes – la transparence – la flexibilité –
le télétravail – l'équilibre vie-travail – être responsable de qc / qn

des manifestations culturelles : une offre (diversifiée) – accessible à tous – un festival
multiculturel – un pass culture pour tous les jeunes en Europe

l'environnement : le renoncement à qc *(Verzicht auf etw.)* – être responsable de qc –
devenir végétarien(ne) / végan(e) – respecter la nature / les animaux – voter une loi –
le développement durable

Module 4

PARLER

1 Ma langue 　　　　　　　　　　　　　　　　　　　(zu Ex. 7, Seite 89)

Dans quelle mesure le fait de parler plusieurs langues permet-il de s'ouvrir sur le monde ?
Notez vos idées, puis discutez en classe.

Votre filet à mots de l'exercice 6 et les aspects suivants peuvent vous aider.

voyager	travailler	d'autres attitudes	d'autres cultures	des préjugés
élargir son horizon	s'informer	comprendre qc	faire la connaissance de qc	…

○ **2 Petite histoire coloniale** (zu Ex. 3, Seite 92)

Décrivez le changement d'attitude envers la colonisation en tenant compte du contexte historique des deux citations. Pour cela, examinez les mots et expressions **en gras** qui sont attribués à la colonisation.

« Partout où notre drapeau se dresse, les populations **accourent**, **se mettent à son abri**, sachant qu'il les **libère de l'anarchie** et leur **apporte la paix**, **la protection**, **le bien-être**. Oui, cette guerre coloniale […] est par excellence une **guerre constructrice**, une **œuvre de paix et de civilisation** […]. »

Louis Hubert Gonzalve Lyautey (1854 – 1934)

« La colonisation fait **partie de l'histoire française**. C'est **un crime**, c'est **un crime contre l'humanité**, c'est **une vraie barbarie** et ça fait partie de ce **passé** que nous devons regarder en face en présentant aussi **nos excuses** à l'égard de celles et ceux envers lesquels nous avons commis ces gestes. »

Emmanuel Macron, Président de la République Française, 2017, lefigaro.fr, 28/11/2017

ÉCRIRE

● **3 Claude et Hamid** (zu Ex. 7, Seite 96)

Jugez l'attitude et le comportement de Claude envers Hamid ainsi que leur relation. Qu'est-ce que vous aimeriez dire à Claude ? Exprimez votre point de vue sous forme de monologue.

○ **4 La nuit des pères** (zu Ex. 6, Seite 98)

Stratégie 295

À l'aide de quels moyens stylistiques l'autrice décrit-elle les atrocités de la guerre ? Relisez les extraits ci-dessous et indiquez le moyen stylistique dont il s'agit. Puis trouvez dans le texte d'autres exemples de ces moyens stylistiques.

l'ellipse *(f.)*   la métaphore   la comparaison   l'euphémisme *(m.)*   la litote   le symbole

la répétition   l'énumération *(f.)*   l'antithèse *(f.)*   l'allitération *(f.)*

– « Il y avait la poussière, la chaleur, la soif, la transpiration, le poids des paquetages. » (l. 46 – 47)
– « Mission de pacification. » (l. 21)
– « Ce cri du ventre, de gorge, ce long cri de terreur […] » (l. 9 – 10)
– « Besoin de chair fraîche pour les armes, plutôt. » (l. 21 – 22)
– « Les murs ont flambé comme de la paille. » (l. 72 – 73)
– « Les évènements […] » (l. 22)
– « […] vingt-huit mois de vie volée. » (l. 86 – 87)
– « […] ça chauffait pas mal par là. » (l. 54 – 55)
– « […] du bleu encore, du blanc […] » (l. 32)
– « En dehors du cercle de flammes, c'était la nuit noire, glacée. » (l. 73 – 74)

ÉCRIRE

5 La nuit des pères

(zu Ex. 8, Seite 98)

Imaginez une lettre que le père écrit à sa famille en France dans une des situations données.
Les idées suivantes peuvent vous aider à structurer votre texte.

situation	évènements / sentiments / pensées
juste après son arrivée en Algérie	• être obligé de partir à la guerre au lieu de commencer ses études • être arraché à son environnement / sa vie actuel(le) • la contradiction entre la beauté d'Alger à l'arrivée et la guerre toute proche • ne pas se sentir soldat / militaire, mais … • être confronté à / supporter des ordres absurdes
après l'assaut	• des conditions inhumaines pendant le trajet • les actions des soldats pendant la nuit • voir les soldats devenir fous / la situation devenir incontrôlable / le comportement inhumain
en attendant le retour en France	• après la déclaration d'indépendance de l'Algérie, attendre le départ pendant quatre mois • laisser sur place les harkis malgré leurs supplications • avoir peur de ne pas retrouver sa place dans la société • réfléchir à l'horreur vécue en comparaison à la « normalité » en France

EXPRESSIONS UTILES

- se sentir perdu(e) / interchangeable *(austauschbar)* / abandonné(e) / déchiré(e) / …
- être choqué(e) / impuissant(e) / paralysé(e) / impatient(e) / désespéré(e) / …

ÉCRIRE

6 Comment traiter du passé colonial aujourd'hui ?

(zu Ex. 3, Seite 99)

Exposez dans un commentaire personnel pourquoi la colonisation n'est pas une histoire terminée. Les idées suivantes peuvent vous aider.

POUR VOUS AIDER

- des idées racistes qui perdurent
- des œuvres d'art volées dans les musées européens
- l'enrichissement des pays colonisateurs grâce aux matières premières des pays colonisés
- il y a encore des gens qui nient la responsabilité des colonisateurs

PARLER

7 L'Algérie aujourd'hui

(zu Ex. 6, Seite 102)

Mettez cette interview en rapport avec le texte *Ma langue* (p. 89).
Quels parallèles voyez-vous entre ce que dit Leïla Slimani et les positions de Gilbert Grandguillaume ? Commencez par examiner les aspects suivants :

– l'évolution de l'utilisation de la langue française au Maroc / en Algérie
– l'importance de la langue française / arabe pour les Marocains / Algériens
– le bi- ou plurilinguisme
– le rapport personnel de Leïla Slimani et Gilbert Grandguillaume à la langue française

8 La première ville francophone du monde (zu Ex. 5, Seite 103)

Choisissez deux pays ou régions francophones parmi les suivants : la Suisse, le Québec, le Sénégal, la Guadeloupe. Cherchez sur Internet la manière dont les locuteurs / locutrices de ces pays / régions parlent français : regardez pour cela des vidéos, écoutez des podcasts ou bien la prononciation de certains mots dans des dictionnaires en ligne etc. Puis comparez leur façon de parler en ce qui concerne les aspects suivants.

le choix des mots   l'intonation

la vitesse à laquelle ils parlent

la facilité avec laquelle vous les comprenez

EXPRESSIONS UTILES

- Le français parlé à / au / en X me semble plus rapide / clair / est pour moi plus facile à comprendre que …
- Comparé à la manière de parler à / en / au X, je trouve cette façon de parler plus hachée / mélodieuse / …
- Il y a des mots typiques de ce pays / cette région comme X ce qu'on peut traduire par X en français standard.

Stratégie 289

9 La première ville francophone du monde (zu Ex. 6, Seite 103)

Répartissez entre vous les villes mentionnées dans l'article. Puis, à deux, faites un portrait de « votre ville » en cherchant des informations en ligne. Réunissez ensuite vos informations de manière structurée et attrayante sur un mur virtuel collaboratif.

ÉCRIRE

10 Nirliit (zu Ex. 6, Seite 106)

La narratrice écrit une lettre à un(e) de ses ami(e)s à Montréal dans laquelle elle lui explique pourquoi elle revient tous les étés à Salluit. Imaginez à quoi ressemble son quotidien dans le Grand Nord. Rédigez la lettre en tenant compte des aspects suivants.

- **les habitants :** les Inuits, isolé(e), fier / fière, différentes langues, les ancêtres, …
- **le paysage / la nature :** vaste, sauvage, merveilleux / merveilleuse, époustouflant(e) (*atemberaubend*), le vent, les fjords, les montagnes, la forêt, les animaux sauvages, les falaises, l'isolement *(m.)* …
- **l'ambiance :** tranquille, paisible, unique, …
- **les sentiments évoqués :** seul(e) / isolé(e), détendu(e), impressionné(e), « chez soi », protégé(e), …
- **le déroulement d'une journée typique :** des nouvelles de la ville, dépendant(e) de la météo, échanger avec d'autres personnes, travailler, passer du temps dans la nature, vivre en conformité avec la nature, …

Stratégie 295

11 Je me souviens (zu Ex. 4, Seite 107)

Analysez les moyens stylistiques que le chanteur utilise pour souligner son appartenance à sa culture. Pour cela, tenez compte :
- du choix des mots (comme par exemple le champ lexical du « combat »).
- du choix de la langue pour les différentes parties de la chanson.
- des adjectifs par lesquels il se qualifie lui-même.
- de la façon dont il se distancie des autres cultures.
- de ce qu'il répète plusieurs fois.

Module 5

PARLER

1 Peut-on vraiment être libre en société ?   (zu Ex. 4, Seite 116)

Travaillez en groupe. Choisissez une des situations quotidiennes suivantes, répartissez les rôles entre vous et jouez-la à la fois dans le contexte d'une « liberté naturelle » et d'une « liberté civile ».

a) Vous êtes en route pour le lycée et arrivez à un carrefour où vous croisez d'autres personnes à pied, à vélo et en voiture. Vous êtes tous pressés. C'est pourquoi vous …

b) C'est la pause de midi. Vous avez faim, mais vous avez oublié votre déjeuner. C'est pourquoi vous …

c) Vous êtes étudiant(e) et habitez en colocation avec trois autres étudiant(e)s. Pendant la nuit, vous ne pouvez pas dormir. C'est pourquoi vous …

2 Heureusement que tu es vaccinée !   (zu Ex. 3, Seite 118)

Analysez dans les lignes 1 à 70 l'attitude de la mère de la narratrice envers Ethan.

a) Lisez les citations suivantes du texte et classez-les dans le tableau.

– l. 3 – 4 : « […] ma mère qui dit qu'il va me refiler toutes sortes de maladies. »
– l. 17 – 19 : « Ses tatouages lui donnent l'air d'un taulard ; ses piercings, d'une bactérie. »
– l. 69 – 70 : « Il se pointe chez nous comme ça ? Sans prévenir ? »
– l. 48 – 50 : « Avec le copain de ma sœur, ma mère est gentille, elle fait preuve d'attention, […]. »
– l. 11 – 15 : « Elle ne lui a pourtant jamais parlé. Elle l'a seulement vu par la fenêtre, et quand elle a compris qu'on montait ensemble à la maison, elle s'est planquée dans sa chambre. »
– l. 23 – 24 : « Ma mère ne comprend rien à ce besoin de se trouer. »
– l. 15 – 17 : « Elle n'est pas capable d'aller au-delà de l'apparence d'Ethan, et elle n'a pas envie de découvrir qui il est. »
– l. 41 – 42 : « À ce que je sais, il n'est ni une mine de fer ni un gisement d'acier […] »
– l. 19 – 20 : « Ma mère a quand même traité Ethan de bactérie ! »
– l. 10 – 11 : « Heureusement que tu es vaccinée contre le tétanos ! »

Ce que la mère dit	La façon dont la mère se comporte	Ce que la mère pense (selon la narratrice)
…	…	…

b) Expliquez pour chaque citation ce qu'elle révèle sur l'attitude de la mère envers Ethan.

> **POUR VOUS AIDER**
>
> Ce que la mère dit montre qu'elle …
> Son comportement souligne / reflète …
> D'après la narratrice, sa mère est d'avis que / refuse de / ne comprend pas que / essaie de / est totalement contre / préférerait …

3 « L'enfer, c'est les autres ! » (zu Ex. 5, Seite 122)

Quand Inès traite Estelle de « *petite sainte* » (l. 70) et Garcin de « *héros sans reproche* » (l. 70 – 71), c'est de l'ironie, et même du sarcasme. Expliquez son attitude envers Estelle et Garcin. Pour cela, relisez d'abord vos réponses de l'exercice 4 page 121, puis réfléchissez aux questions suivantes :
a) Comment Estelle et Garcin décrivent-ils leur rôle dans leurs relations familiales et amoureuses ?
b) Comment s'expliquent-ils le fait d'être en enfer ?
c) Est-ce qu'Inès les croit ? Pourquoi (pas) ?

4 « L'enfer, c'est les autres ! » (zu Ex. 7, Seite 122)

Stratégie 309

Expliquez une des citations suivantes et mettez-la en rapport avec la scène de la pièce de théâtre. Puis dites pourquoi vous (n')êtes (pas) d'accord en illustrant votre position avec des exemples concrets.
« *La liberté des uns s'arrête là où commence celle des autres.* » (John Stuart Mill)
« *L'homme est condamné à être libre.* » (Jean-Paul Sartre)

5 Tu seras viril mon kid (zu Ex. 5, Seite 123)

a) Eddy de Pretto utilise de nombreuses métaphores. Choisissez-en deux parmi les exemples suivants et expliquez comment ces métaphores soulignent la position du locuteur.
  – ligne 2
  – ligne 7
  – lignes 16 – 17
  – ligne 18
  – ligne 22
b) Comment réagit « je » dans la troisième strophe ? Analysez pour cela les répétitions des mots « moi » et « je » dans cette strophe.

6 Tu seras viril mon kid (zu Ex. 6a, Seite 123)

Dans le refrain, Eddy de Pretto dénonce la « virilité abusive ». Expliquez ce qu'est la virilité abusive. Donnez des exemples concrets de la vie quotidienne. Les aspects suivants peuvent vous aider.

la famille   les relations amoureuses / la sexualité   les médias   l'amitié

l'école   les hobbys (p. ex. le sport)   le travail

7 Le cri défendu (zu Ex. 7 / 8, Seite 125)

ÉCRIRE

Stratégie 309

Vous trouverez ici une liste des aspects qui pourraient vous aider à faire les exercices 7 et 8.

EXPRESSIONS UTILES

être courageux / courageuse, avoir peur de qc, (ne pas) oser faire qc,
le civisme (*Zivilcourage*), aider / soutenir / sauver qn, prendre des risques,
se mêler de qc (*sich in etw. einmischen*), s'exposer au danger (*sich in Gefahr begeben*), appeler qn à l'aide / appeler la police, calmer qn

LIRE
●
Stratégie 295

8 Une petite bosse

(zu Ex. 4a, Seite 129)

Analysez la situation dans laquelle l'homme se trouve et les moyens stylistiques que l'autrice utilise pour le décrire dans les strophes.

ÉCRIRE
●
Stratégie 312

9 Une petite bosse

(zu Ex. 8, Seite 129)

Le soir, le moi lyrique n'arrête pas de repenser à cette rencontre.
Imaginez son monologue.

PARLER
En plus

10 Mise en situation

(nach Ex. 4, Seite 133)

Faites trois groupes et préparez des jeux de rôle. Imaginez qu'il y a un(e) nouvel(le) élève aveugle en classe. Chaque groupe choisit une scène parmi les suivantes, puis la joue.
a) Le / La nouvel(le) élève arrive dans la salle de classe et doit trouver une place libre.
b) Le / La professeur veut qu'il / elle se présente à la classe.
c) C'est la pause de midi. Les autres élèves voudraient passer du temps avec lui / elle pour mieux le / la connaître.

Les observateurs / observatrices prennent des notes : est-ce que le comportement des autres personnes envers le / la nouvel(le) élève est adapté ? Pourquoi (pas ?)
Ceux / Celles qui ont joué le / la nouvel(le) élève racontent comment ils / elles se sont senti(e)s et pourquoi.

Module 6

○
Stratégie 295

1 Tenter sa chance

(zu Ex. 5, Seite 140)

À l'aide de quels moyens stylistiques le désespoir des migrants est-il souligné dans le texte ? Relevez au moins un exemple pour chacun des moyens stylistiques suivants et expliquez-en son effet.

| la métaphore | la question rhétorique | la comparaison | l'énumération |

| l'ellipse | le choix des mots |

○
Stratégie 309

2 Rentrez chez vous !

(zu Ex. 5, Seite 142)

Commentez la ligne 12 de la chanson. D'un côté, pensez aux aspects positifs (de grandes inventions, des édifices impressionnants, l'art, de jolies villes, le progrès technique, des projets humanitaires etc.). De l'autre côté, pensez aux aspects négatifs (des guerres, des inégalités, la discrimination, la criminalité etc.).

ÉCRIRE
En plus
Stratégie 289

3 Afrikanista

(nach Ex. 5, Seite 144)

Faites des recherches en ligne sur d'autres Français(es) qui ont des racines multiculturelles. Présentez leur parcours dans un court texte que vous ajoutez à votre série de l'exercice 2 (p. 144). Si possible, trouvez des informations sur la manière dont ils / elles représentent leurs origines.

Rama Yade (femme politique)   Léna Situations (youtubeuse)

Ousmane Dembelé (footballeur)   Peato Mauvaka (joueur de rugby)

Adem&Bilal (youtubeurs)   Rokhaya Diallo (journaliste, écrivaine, activiste)

Petit Biscuit (DJ)   Stromae (chanteur)   Assa Traoré (activiste)

Dany Boon (acteur)   Leïla Slimani (écrivaine, journaliste)   Alice Zeniter (écrivaine)

Lilian Thuram (footballeur, auteur, activiste)

4 Les Misérables

(zu A Ex. 5, Seite 146)

Décrivez le contraste entre la scène de fête après la coupe du monde de foot en 2018 montrée sur l'affiche du film et les extraits de la bande-annonce.
Les mots et expressions suivants peuvent vous aider.

> **POUR VOUS AIDER**
>
> Sur l'affiche règne l'enthousiasme *(m.)* / la solidarité / la joie …
> Les scènes de la bande-annonce montrent la haine / la colère / l'agressivité *(f.)*
> Il se dégage de l'affiche une atmosphère joyeuse / enthousiaste … C'est en contraste total avec la bande-annonce qui montre …
> Contrairement à l'affiche, il se dégage de la bande-annonce une atmosphère de violence / de méfiance …

En plus
ÉCRIRE

5 Les Misérables

(nach B Ex. 5, Seite 147)

Le film se termine par une citation extraite du roman de Victor Hugo *Les Misérables*.
« *Mes amis, retenez ceci : il n'y a ni mauvaises herbes, ni mauvais hommes, il n'y a que de mauvais cultivateurs.* ». Commentez cette citation.

ÉCRIRE

6 Grandir dans un quartier populaire

(zu Ex. 3, Seite 151)

Lisez l'interview de Marvin Bonheur et faites un portrait de cet artiste pour votre blog scolaire. Présentez sa biographie et parlez de son parcours et ses intentions artistiques.

ÉCOUTER ET
REGARDER

7 Ghett'up

(zu Ex. 5, Seite 153)

Regardez l'épisode de Nos Daron·ne·s sur Ahmad et Linda.

$\rightarrow$

a) Regardez la vidéo et prenez des notes sur les questions posées dans la vidéo.
b) Présentez les deux personnes en complétant les phrases données.

- Ahmad et Linda sont d'origine …
- Ahmad / Linda participe au projet parce que / pour …
- Le meilleur souvenir d'Ahmad de son pays d'origine, c'est …
- Ahmad était un enfant qui …
- Dans son pays d'origine, Ahmad travaillait dans … ce qu'il trouvait …
- Le plus grand sacrifice de la mère d'Ahmad / du père / de la mère de Linda, c'était de …
- Le chanteur / film préféré d'Ahmad / de Linda c'est … parce que …
- Ahmad ne regarde pas de films au cinéma parce que …
- Pour Ahmad / Linda, la France signifie / est l'endroit où il / elle …
- L'Irak pour Ahmad / Linda signifie …
- La situation dans laquelle il / elle s'est fait discriminer à cause de son origine, c'était …
- La / Les chose(s) culturelle(s) que Ahmad / Linda voudrait / voudraient garder, c'est / ce sont …
- Ahmad / Linda est fier / fière de sa fille / de son père parce que …
- Une chose / Un savoir qu'Ahmad / Linda voudrait donner / transmettre / dire à sa fille / à son père, c'est …

PARLER

8 Entre deux cultures

(zu Ex. 2b, Seite 154)

Prenez ensuite les rôles de Reju et Seydou et échangez dans un speed dating. Les débuts de phrases suivants peuvent vous aider.

Je m'appelle … et je suis né(e) / j'ai passé mon enfance à / en / au / aux …	Mes parents viennent de … Ils sont arrivés ici en 19xx / 20xx
Je fais bien la distinction entre les cultures quand …	Quand je suis retourné dans mon pays, je me suis senti …
Tout en conservant mes valeurs, j'ai intégré …	Je ne sais pas à quel pays m'identifier parce que …
Quand je suis à la maison, je parle …	Certaines coutumes de mon pays d'origine me sont devenues …
Il y a des questions qui me ramènent à mes origines comme la question …	Je ne peux pas être uniquement l'un ou l'autre, mais …

Module 7

PARLER
En plus
Stratégie 289

1 Approche

(nach Ex. 2, Seite 162)

Faites des recherches en ligne sur différents métiers. Quels métiers « traditionnels » connaissez-vous et quels sont les « nouveaux » métiers qui vous semblent intéressants ? Racontez.

LIRE
En plus

2 Les bonnes recos pour trouver un stage

(zu Ex. 3, Seite 167)

Relevez dans le texte les recommandations pour trouver un stage. Évaluez ces recommandations en les comparant aux expériences que vous avez déjà faites.

Si vous n'avez pas encore fait de stages : pensez-vous que les recommandations données dans l'article pourraient vous servir à trouver un bon stage ? Pourquoi (pas) ?

ÉCOUTER ET
REGARDER
V 16 ⊙

○
Stratégie 292

3 Les jeunes au service de la nature

(zu Ex. 2, Seite 168)

À l'aide de la liste suivante, notez les activités principales de Léo.

faire des études en environnement, suivre des vautours pour voir où ils s'installent, montrer des animaux aux touristes, observer les touristes avec une longue-vue, écrire son CV, faire des animations avec des scolaires, être guide de montagne, parler aux touristes de la réglementation du parc national, faire des films sur la nature, mettre des photos sur le site en ligne du parc

EXPRESSIONS UTILES

un nid Nest ; **une falaise** Klippe ; **un gypaète barbu** Bartgeier ; **un rapace** Greifvogel ; **un vautour** Geier ; **remettre un volet** *ici :* einen Teil hinzufügen ; **un tremplin** Sprungbrett ; **susceptible** anfällig ; **un accompagnateur / une accompagnatrice** Begleiter(in)

○
Stratégie 295

4 À la ligne

(zu Ex. 4, Seite 169)

Analysez les autres moyens stylistiques utilisés par l'auteur.
a) Pour vous aider, commencez par lire le texte à voix haute et trouvez le rythme et le ton qui correspondent au contenu.
b) Lors de l'analyse, concentrez-vous sur les moyens stylistiques suivants : l'enjambement – l'ellipse – l'énumération – l'anaphore – l'allitération

En plus

5 Ce midi, je suis frites.

(nach Ex. 4, Seite 171)

« *Ce midi […], je suis frites.* » (l. 1) ; « *Ils ne connaissent toujours pas mon prénom.* » (l. 53 – 54).
À votre avis, comment la protagoniste se sent-elle « en tant qu'individu » dans l'entreprise ? Faites des hypothèses, puis trouvez d'autres passages du texte qui confirment vos hypothèses.

○

6 Ce midi, je suis frites.

(zu Ex. 5, Seite 171)

L'autrice décrit les sensations ressenties par la protagoniste (bruits, sensations physiques…). Donnez-en quelques exemples et commentez leur effet sur les lecteurs / lectrices. Les lignes suivantes peuvent vous aider :

l. 19 – 21   l. 22 – 23   l. 35 – 41   l. 45 – 46   l. 49 – 51   l. 55 – 56

LIRE
○

7 Au Bonheur des Dames

(zu Ex. 2, Seite 173)

a) Lisez les titres qui correspondent aux paragraphes de l'extrait et remettez-les dans le bon ordre.

l'aveu   se reposer dans sa chambre à cause d'une blessure

une visiteuse avec une lettre   dans le salon de réunion

une invitation sans équivoque *(eindeutig)*   une tempête d'émotions

b) Présentez brièvement Denise et la situation dans laquelle elle se trouve.

PARLER

8 En grève !   (zu Ex. 2, Seite 173)

D'après ce dessin humoristique, quelle force la grève a-t-elle en France ? Les mots et expressions suivants peuvent vous aider.

EXPRESSIONS UTILES

être incontrôlable – faire peur – être désagréable / pesant(e) *(bedrückend)* / (ne pas) arriver à un compromis – avoir qc / qn en main – déterminer les conditions – les conditions de travail – négocier *(verhandeln)*

ÉCRIRE

9 Et si les jeunes avaient raison ?   (zu Ex. 7, Seite 178)

Mettez en rapport la vision du travail et l'importance que les jeunes accordent au travail décrites dans cet article avec celles présentées dans *Les déserteurs* (pages 175 – 176) et *Eksassaute* (page 174). Les expressions suivantes peuvent vous aider.

EXPRESSIONS UTILES

Dans le texte X, le travail / travailler est vu comme …
Concernant le travail, les jeunes attendent / souhaitent / demandent / n'acceptent pas / proposent que …
Comparé au texte X, ce qui est important pour les jeunes au sujet du travail dans le texte Y, c'est que … / Ce qui compte pour les employé(e)s, c'est … / Ils veulent avoir une vie dans laquelle …

En plus

10 L'intelligence artificielle au travail…   (zu Ex. 3, Seite 179)

Résumez en une phrase les doutes que, selon l'extrait, beaucoup de personnes ont au sujet de l'intelligence artificielle. Pensez aussi à quelques avantages que l'intelligence artificielle aura dans le domaine du travail et nommez-les en une phrase. Pensez aussi à vos expériences avec l'IA au quotidien.

ÉCRIRE

11 La révolution de l'intelligence artificielle…   (zu Ex. 7, Seite 181)

Imaginez comment se passera la visite chez un(e) médecin ou dans un hôpital dans 20 ans. Écrivez une histoire courte ou une scène de théâtre. Les mots et expressions suivants peuvent vous aider.

EXPRESSIONS UTILES

un robot – numérique – numériser qc – prendre rendez-vous – (se faire) examiner (par) qn – un examen médical – faire un diagnostic (précis) – automatique – automatiser qc – un traitement – assister qn – soigner qn – s'occuper de qn – avoir des traits humains – une opération – une chance de guérison *(Heilungschance)* – une maladie – une blessure – une infection – une vaccination – auto-contrôlé(e) – se faire prescrire qc contre (les douleurs) – un médicament – sans intervention humaine

Module 8

PARLER
En plus

1 Les jeunes face à l'actualité
(zu Ex. 1, Seite 187)

Quels médias utilisez-vous pour vous informer ? Faites un sondage en classe. Vous pouvez utiliser une application.
Après, discutez des résultats. D'après vous, quels sont les avantages des médias nommés le plus souvent en classe par rapport aux autres ?

PARLER
En plus
Stratégies 289, 302
MK

2 Baromètre médias
(zu Ex. 3, Seite 189)

Sur Internet, faites des recherches sur les médias (radio, presse écrite, télévision).
Puis faites un court exposé sur les médias choisis.

ÉCOUTER ET
REGARDER
V 18 ⊙
○

3 Être journaliste …
(zu A Ex. 2, Seite 190)

Dans le dialogue, Lucien et Étienne échangent leurs idées sur le métier de journaliste.
Parmi les aspects suivants, dites lesquels sont une illusion et lesquels une réalité.

ILLUSION	– enrichir les actionnaires du journal – rendre compte des nouvelles idées – la possibilité de gagner beaucoup d'argent – être payé à la ligne – rendre l'article le matin et être payé le soir même
RÉALITÉ	– éclairer les gens sur l'art, sur le monde – ratisser (*ausnehmen, aus der Tasche ziehen*) le plus possible – se faire payer par le directeur du théâtre pour une bonne critique

ÉCOUTER
A 19 ◁))
○
Stratégie 291

4 Être journaliste …
(zu B Ex. 1, Seite 190)

Écoutez l'interview du journaliste Julien Kostrèche, puis résumez sa position sur le métier de journaliste à l'aide des questions suivantes.
a) Quels sont les points positifs du métier de journaliste ?
b) Quels en sont les points négatifs et les défis actuels ?
c) Comment voit-il le métier de journaliste dans le futur ?

Les mots-clés suivants peuvent vous aider.

conditions de travail   contacts   découvertes / curiosité   méfiance

informations qui font la « une » / informations bouleversantes   digitalisation

LIRE
○

5 Être journaliste …
(zu C Ex. 1, Seite 191)

Lisez l'article, puis répondez à la question suivante en vous appuyant sur les informations du texte : les journalistes vont-ils être remplacés par les intelligences artificielles ?
L'analyse des passages suivants peut vous aider à rédiger votre réponse :

l. 10 – 16   l. 29 – 32   l. 37 – 41   l. 47 – 53

LIRE
○

6 « Ensemble, défendons la liberté »

(zu Ex. 1, Seite 196)

a) Lisez la lettre ouverte et trouvez la phrase qui correspond aux paragraphes indiqués.

	lignes
• On risque d'être trop sûr de la liberté d'expression, de la considérer comme inattaquable.	6 – 13 + 20 – 22
• Les lecteurs / lectrices sont incité(e)s à se solidariser et à se mobiliser pour défendre la liberté d'expression.	14 – 19
• La liberté d'expression est un droit fondamental.	23 – 25
• Beaucoup de personnes sont menacées ou attaquées après s'être exprimées librement. Ainsi, la liberté d'expression elle-même est menacée.	26 – 34
• Un appel est lancé aux lecteurs et lectrices de s'exprimer librement et de respecter également la liberté d'expression des autres.	35 – 40

b) À l'aide des phrases, expliquez les raisons qui ont poussé Riss et ses collègues à rédiger cette lettre ouverte.

○
Stratégie 295

7 « Ensemble, défendons la liberté »

(zu Ex. 3, Seite 196)

Voilà les moyens stylistiques caractéristiques de ce type de texte. Cherchez dans la lettre ouverte un exemple pour chacun des éléments ci-dessous, notez-en la / les ligne(s), puis décrivez la fonction du moyen stylistique employé (dans le contexte).

apostropher le lecteur / la lectrice   la citation   la répétition   l'énumération

la métaphore   la question rhétorique

Exemple :
Moyen stylistique : **apostropher le lecteur / la lectrice**
« Ces libertés nous sont tellement naturelles qu'il nous arrive d'oublier le privilège
et le confort qu'elles constituent pour chacun d'entre nous. […] » (lignes 24 – 25)
Fonction : Riss veut inclure le lecteur / la lectrice et souligner par là que tout le monde
est concerné.

PARLER
En plus

8 #VraieFemmeAfricaine

(zu Ex. 6, Seite 199)

Quels autres hashtags qui ont ou ont eu un impact important sur la société connaissez-vous ?
Présentez-les et justifiez votre choix.

○
Stratégie 295

9 Toute sa vie dans un téléphone ?

(zu Ex. 4, Seite 205)

Précisez les moyens stylistiques qu'utilise l'auteur dans les passages suivants pour souligner
que Novak ne peut pas vivre sans son brightphone.

a) « Zéro appli. Pas de Gapple Glass. Novac se rend compte qu'il ne sait plus s'orienter,
que ça fait un siècle qu'il n'a pas regardé sa ville. […] » (l. 18 – 21).
b) « Novak voudrait appeler, n'importe qui, envoyer un message à sa communauté, tchater,
il voudrait juste surfer sur un site, n'importe lequel, savoir la météo, être relié, à nouveau,
quelques secondes, appartenir à ce monde qui s'écarte de lui. Un bébé hors de sa
couveuse. » (l. 48 – 53)

c) « Que c'était foutrement grave en un sens - et génial en un autre. » (l. 108 – 110)

d) « C'était comme si, après avoir traversé le Styx, il était revenu à la vie. » (l. 118 – 119)

10 Toute sa vie dans un téléphone ? (zu Ex. 7, Seite 205)

Le texte suivant décrit un matin « habituel » de Novak. Lisez-le et discutez à quels moments et comment il pourrait / devrait renoncer à son brightphone.

Six heures et demie. Le brightphone réveille Novak. Avant de s'habiller, il regarde les messages reçus pendant la nuit et la météo sur son brightphone. C'est Scarlett qui choisit ses vêtements, ce matin appropriés à la pluie. Elle est aussi informée sur le contenu de son frigo et lui propose un petit-déjeuner formidable : un café au lait, deux croissants avec de la confiture de fraise et un œuf dur (l'autre est pourri, mais comme Scarlett l'a prévenu, il le jette). Pendant le petit-déjeuner, Novak répond rapidement à quelques messages et regarde l'actualité sur son brightphone. Scarlett se rend compte qu'il est encore fatigué et peu motivé, alors elle lui raconte quelques blagues. Quand son brightphone dit « Pour pouvoir attraper le prochain bus, tu devrais partir dans 2 minutes au plus tard », Novak quitte la maison. Dans le bus, il joue à des jeux vidéo sur son brightphone pendant que Scarlett lui annonce ses rendez-vous de la journée.

Module 9

PARLER
En plus
Stratégie 304

1 Génération désenchantée (nach Ex. 6, Seite 214)

Analysez le dessin humoristique.

a) Décrivez ce que fait le personnage à gauche et jugez son action.

b) Donnez des exemples concrets de la vie quotidienne qui montrent que beaucoup de personnes ne respectent pas l'environnement. Quelle est la demande de l'animal à droite ? Imaginez des actions qui répondent à sa demande.

Stratégie 295

2 L'homme qui plantait des arbres (zu Ex. 7, Seite 217)

Analysez le style utilisé dans le texte.

a) Dites en quoi le choix des mots souligne la fascination du protagoniste pour l'œuvre de Bouffier.

b) Reliez les moyens stylistiques aux lignes correspondantes. Puis dites pour chaque moyen stylistique en quoi il souligne cette fascination.

la métaphore	l. 7 – 8
l'antithèse	l. 28 – 30
le parallélisme	l. 46
la répétition	l. 7 – 8
l'anaphore	l. 46 – 47
la personnification	l. 7 – 10
la comparaison	l. 7 – 12
	l. 7 – 10

ÉCRIRE
○

3 L'homme qui plantait des arbres

(zu Ex. 8, Seite 217)

Écrivez une lettre dans laquelle Elzéard Bouffier s'adresse aux générations futures et leur explique ce qu'il fait et pourquoi son action est importante pour l'avenir.
Les aspects suivants peuvent vous aider.

| l'amour de … | le respect de … | la forêt | les arbres | la vie | réagir | la guerre |

| la nature | les générations futures | l'harmonie | persister | survivre | la destruction |

○

4 L'ami du goûter est-il l'ennemi de la forêt ?

(zu Ex. 3, Seite 218)

Regardez d'abord les trois premières vignettes. En tant que spectateurs / spectatrices, à quoi vous attendriez-vous dans ce « flash spécial » ? Choisissez au moins une des hypothèses suivantes.
a) Comme le présentateur parle « de lapins et d'œufs en chocolats de toutes sortes », je m'attends à ce qu'on me montre la grande variété de chocolats produits en Côte d'Ivoire.
b) Comme le présentateur dit que le chocolat peut « régaler petits et grands » et présente la « grande marque Chocoool » (dont le nom montre déjà qu'elle est « cool »), je m'attends à une publicité pour cette marque.
c) Comme le présentateur voudrait en réalité dire que « les magasins dégueulent de lapins et d'œufs en chocolats de toutes sortes », je m'attends à ce qu'on me présente les effets négatifs de cette grande offre.
d) Comme c'est une ONG qui a envoyé la boîte de chocolats, je m'attends à ce qu'on me présente des informations sur la fabrication du chocolat, par exemple les conditions de travail ou les conséquences de la production de chocolat sur l'environnement.

PARLER
⚅
○
Stratégie 300

5 500 km à pied contre la déforestation

(zu Ex. 6, Seite 220)

Travaillez à trois. Imaginez la rencontre entre un(e) manifestant(e) de la Grande Marche et un(e) représentante de l'industrie agricole et forestière lors du blocage du territoire.
a) Répartissez-vous les rôles et nommez un observateur / une observatrice.
b) Lisez dans le tableau les arguments économiques, écologiques et sociaux qui correspondent à votre rôle.

Arguments du / de la manifestant(e) de la Grande Marche	Arguments du / de la représentant(e) de l'industrie agricole et forestière
création d'emplois durables – tourisme écologique – préservation de la biodiversité et du climat – préservation de la qualité de vie	création d'emplois – importance des exportations – régénération des forêts – croissance de la population

c) Jouez la discussion. Réagissez aussi aux arguments de votre adversaire.
d) En tant qu'observateur / observatrice, prenez des notes. Après la discussion, résumez les différentes positions et formulez une conclusion.

ÉCRIRE
○
Stratégie 313

6 Tomatensuppe auf Kunstwerke schmieren?

(zu Ex. 2, Seite 221)

Votre correspondant(e) doit faire un exposé sur des activistes climatiques européen(ne)s.
Il / Elle a trouvé cette interview de Luisa Neubauer qu'il / elle ne comprend pas entièrement.
Vous lui écrivez un e-mail dans lequel vous présentez les informations suivantes.

1. le titre, contenu et but du livre de Luisa Neubauer
2. l'attitude de Luisa Neubauer envers la génération précédente
3. le rôle des manifestations et leurs limites d'après Luisa Neubauer
4. le rôle de la pandémie en ce qui concerne la protection du climat
5. l'attitude et les attentes de Luisa Neubauer vis-à-vis de la politique (allemande)

VOCABULAIRE ●

7 L'idée de la mondialisation
(zu Ex. 3, Seite 223)

Après avoir lu la BD, lisez une entrée d'encyclopédie (en ligne) sur la mondialisation.
Puis donnez une définition de la mondialisation d'après la bande dessinée et la / les
définition(s) trouvée(s) en ligne.

○

8 L'idée de la mondialisation
(zu Ex. 5, S.223)

Expliquez la phrase suivante : « *En quelque sorte, la mondialisation est un vecteur d'altérité.* »
Les définitions suivantes peuvent vous aider.

Un vecteur, c'est tout ce qui transmet quelque chose, p.ex. des idées, des technologies.
L'altérité, c'est l'ensemble des différences entre des gens, des pays, des cultures.

○
Stratégie 295

9 La fin de la mondialisation ?
(zu Ex. 6, Seite 224)

Analysez en 2 – 3 phrases l'opinion de l'auteur du texte sur la mondialisation et indiquez des
moyens stylistiques qui soulignent sa position. Trouvez au moins deux questions rhétoriques,
une énumération, un appel aux lecteurs / lectrices, une répétition et une métaphore.

> **EXPRESSIONS UTILES**
>
> Selon l'auteur, la mondialisation est / cause …
> Le fait que … / Son opinion selon laquelle …, est mis(e) en valeur par …
> L'auteur utilise / emploie / se sert de … à la ligne …
> L'effet que … produit … est …
> … vise à / insiste sur / montre / exprime / souligne / met l'accent sur …

PARLER
En plus
Stratégie 302

10 Comment expliquer le succès … ?
(nach Ex. 5, Seite 226)

En groupe, imaginez et jouez une scène qui pourrait se passer dans la série *Emily in Paris*.

PARLER
○

11 Quelles villes pour demain ?
(zu Ex. 4, Seite 230)

Quelles mesures existent déjà dans votre ville / village / l'endroit où se trouve votre lycée ?
D'après vous, quelles mesures sont souhaitables / faciles / difficiles à réaliser ? Pourquoi ?
Discutez en groupes. La liste suivante de mesures peut vous aider.

> **POUR VOUS AIDER**
>
> amélioration des transports en commun, création de pistes cyclables et de
> programmes de covoiturage, réduction de l'empreinte carbone (vélos), promotion
> du recyclage, utilisation des énergies renouvelables, création d'espaces verts

En plus

12 Le drive tout nu

(nach Ex. 6, Seite 231)

Consultez le site Internet du drive tout nu et créez une affiche publicitaire qui reprend les informations les plus importantes du concept. Vous pouvez aussi faire un dessin ou ajouter des photos.

Module 10

En plus
Stratégie 289

1 Approche

(nach Ex. 1, Seite 236)

Faites des recherches sur les régions de France et préparez aux moins deux questions avec quatre réponses possibles pour vos camarades. Ensuite, faites ce quiz en classe.

○

2 Où est-on le plus fier d'habiter ?

(zu Ex. 5, Seite 238)

« À noter que la qualité de vie offerte est un critère qui est mis en avant par les sondés, aux dépens du dynamisme. » (l. 19 – 21) Expliquez cette phrase en vous aidant des pistes suivantes.
a) Dites d'abord ce que signifie « qualité de vie ». Donnez deux ou trois exemples.
b) Dites ensuite ce que signifie « dynamisme ». Donnez à nouveau des exemples.
c) Enfin, expliquez pourquoi la qualité de vie a souvent un prix : le dynamisme.

LIRE
○

3 Paris

(zu Ex. 3, Seite 240)

Lisez les paroles de la chanson et relevez des aspects de la vie à Paris.
Pour cela, trouvez l'explication correspondante à chaque ligne de la chanson a) – f).
Puis dites s'il s'agit d'aspects positifs ou négatifs.

a) ligne 3 (… job)
b) ligne 21
c) ligne 22 (… salit)
d) ligne 24
e) ligne 36 (… langues)
f) ligne 37

1. La propreté dans la ville est un défi constant.
2. La vie parisienne peut être dure.
3. À Paris, le statut social compte beaucoup.
4. À Paris, il y a des restaurants prestigieux.
5. Paris ne s'occupe pas des SDF.
6. Il y a beaucoup de cultures différentes.

PARLER
En plus

4 Paris

(zu Ex. 5, Seite 240)

Travaillez en groupes de trois ou quatre. Chaque groupe choisit un aspect positif / négatif de l'exercice 3.
En groupe, faites un tableau figé *(Standbild)* qui illustre l'attitude de Symon envers Paris. Chaque groupe présente son tableau figé en classe. Les autres groupes doivent deviner l'aspect représenté et justifier leur réponse.

LIRE
○

5 Métro, c'est trop …

(zu Ex. 3, Seite 243)

Identifiez les expériences de la protagoniste en les classant selon les catégories suivantes.

a) les bruits qu'elle entend   b) les personnes qu'elle observe

c) l'environnement dans lequel elle se trouve

6 Une ville en transformation

(zu Ex. 1, Seite 244)

Regardez sur Internet des photos des bâtiments parisiens suivants, puis classez-les dans les catégories « classique / historique » ou « moderne ».

l'opéra Garnier – l'institut du monde arabe – la bibliothèque nationale de France – le Grand Palais – la fondation Louis Vuitton – les Galeries Lafayette – le Palais-Royal – l'Académie française – l'hôtel de ville de Paris – le centre Pompidou

PARLER
En plus

7 Une ville en transformation

(nach Ex. 7, Seite 245)

« Ouvrons des rues nouvelles, assainissons les quartiers populaires qui manquent d'air et de jour, et que la lumière bienfaisante du soleil pénètre partout dans nos cœurs. »

Lisez cette citation lancée par Napoléon III lors d'un banquet à laquelle les participants suivants réagissent. Imaginez et jouez leur réaction à l'aide du tableau.

un urbaniste	un habitant conservateur	un médecin	un militant social
• nécessité de moderniser la ville • meilleure circulation	• destruction de l'architecture • atteinte au patrimoine	• amélioration de la santé publique • diminution des maladies	• déplacement des pauvres • inégalités sociales

LIRE
En plus

8 J'ai appris le breton à 64 ans.

(vor Ex. 2, Seite 251)

Lisez les réponses données par Roland dans l'interview et trouvez la / les bonne(s) explication(s).

a) « [...] mon départ en pension dès l'âge de 6 ans n'a pas facilité le maintien du lien. » (l. 14 – 16)
   À l'internat, Roland   1. a approfondi le breton.
                           2. n'a plus parlé breton.
                           3. a tout oublié.

b) « Je n'avais que des notions de breton de cour de ferme. » (l. 24 – 25)
   Roland   1. parlait breton couramment.
                           2. connaissait des mots du quotidien.
                           3. ne parlait qu'au travail.

c) « [...] je me reposais sur mes acquis [...] » (l. 44)
   Roland   1. ne faisait pas beaucoup d'efforts.
                           2. était déjà très bon.
                           3. avait un grand succès.

d) « [...] cette période de questionnement reste bien vécue [...] » (l. 67 – 68)
   C'était une période   1. inutile.
                           2. très dure.
                           3. qui n'a pas laissé de mauvais souvenirs.

VOCABULAIRE
En plus
Stratégie 289

9 Startijenn

(nach Ex. 1, Seite 251)

Réalisez un dictionnaire des mots bretons
a) que vous avez trouvés dans le texte.
et / ou   b) qui sont utiles pour parler de la culture bretonne. Cherchez-les sur Internet.

Stratégies

Überblick über die Lernstrategien in Découvertes Oberstufe

Hier können Sie die Lern- und Arbeitsmethoden Ihres Französischbuchs nachschlagen.

Unbekannte Wörter erschließen

Gerade in **authentischen Texten** (Internetseiten, Zeitungsartikel, Romane, Gedichte) trifft man oft auf unbekannte Wörter. Viele kann man aus einer **anderen bekannten Sprache** ableiten: l'idéologie *(f.)* → die Ideologie; similaire *(m./f.)* → engl. similar. Oft hilft auch der **Kontext**, d.h. die Textelemente, die das Wort umgeben, weiter.
Sind Wörter aus der gleichen **Wortfamilie** bekannt, erleichtern Wortbildungsregeln das Erschließen. Folgende **Suffixe** können dabei helfen:

Nomen

-tion	planter (pflanzen) → une planta**tion** (Anpflanzung)
-ance / -ence	appartenir (gehören) → l'apparten**ance** *(f.)* (Zugehörigkeit), exiger (fordern) → une exig**ence** (Forderung)
-ien / -ienne	entretenir (ein Gespräch führen) → un entret**ien** *(m.)* (Gespräch), Paris → une Paris**ienne** (Pariserin)
-ment	recruter (anwerben) → le recrute**ment** (Anwerbung)
-eur / -euse	pêcher (fischen) → un pêch**eur** / une pêch**euse** (Fischer / in)
-teur / -trice	éduquer (erziehen) → un éduca**teur** / une éduca**trice** (Erzieher / in)
-eur	haut(e) (hoch) → la haut**eur** (Höhe)

Adjektive

-if / -ive	la communication (Kommunikation) → communicat**if** / communicat**ive** (kommunikativ)
-able	la vérité (Wahrheit) → vérit**able** (wirklich)
-al / -ale	la glace (Eis) → glaci**al(e)** (eisig)
-eux / -euse	la douleur (Schmerz) → doulour**eux** / doulour**euse** (schmerzhaft)

Auch die Art der **Präfixe** eines Wortes sagt oft schon etwas über seine Bedeutung aus:

Préfixes qui indiquent le contraire :	• **in- / im- / il- / ir-** : inégal(e), imprévu(e), illogique, irresponsable • **dé- / dés- / dis-** : démotivé(e), désintéressé(e), disparaître • **mé-** : mécontent(e) • **mal-** : un malentendu
Préfixes qui indiquent la grandeur ou l'exagération :	• **sur-** : surpeuplé(e) • **super-** : une superpuissance • **hyper-** : un hypermarché • **ultra-** : ultramoderne
Préfixes avec deux significations :	• **re- / ré- / r-** encore une fois : refaire, revoir, repartir en sens contraire : revenir, rapporter
Autres préfixes courants :	• **a- / al- / ar-** (rendre plus …) : agrandir, alléger • **en- / em-** (rendre plus …) : encourager • **pré-** (avant) : prédire, prévoir • **co-** (avec) : la coopération • **anti-** (contre) : l'antiracisme • **ex-** (vers l'extérieur) : exporter

In einem zweisprachigen Wörterbuch nachschlagen

Mit einem **zweisprachigen Wörterbuch** kann man schnell die **Bedeutung** eines französischen Wortes überprüfen oder herausfinden.

1. Im **Teil Französisch-Deutsch** suchen Sie die **Grundform** des unbekannten Wortes und lesen die deutsche Übersetzung. Gibt es mehrere Übersetzungen, wählen Sie diejenige aus, die am besten zu Ihrem Kontext passt.
2. Überprüfen Sie ggf. im **Teil Deutsch-Französisch**, ob die „**Rückübersetzung**" aus dem Deutschen tatsächlich zum dem unbekannten französischen Wort führt.

In einem einsprachigen Wörterbuch nachschlagen

In **einsprachigen Wörterbüchern** finden Sie **Definitionen** eines Wortes sowie weitere Informationen über dessen **Gebrauch**.

1. Suchen Sie das **Wort**. Gibt es für das Wort keinen eigenen Eintrag, suchen Sie es unter dem Eintrag eines anderen Wortes derselben Familie.
2. Lesen Sie die **Definition** des Wortes. Gibt es mehrere Definitionen, lesen Sie auch die Beispiele, um die passende Definition zu finden.
3. Auch **Synonyme** und **Wörter derselben Familie** können helfen, die Bedeutung des gesuchten Wortes zu erfassen (im Beispiel **fett**).
4. Finden Sie weitere **Informationen**, z. B. ob ein Wort (eine Bedeutung) umgangssprachlich ist, ob ein Verb transitiv (mit direktem Objekt), intransitiv oder **reflexiv** gebraucht und wie es konjugiert wird (Verweis auf entsprechende Konjugationstabelle), welche **übertragene Bedeutung** es hat, in welchen Redewendungen (*Locutions*) das Wort oft vorkommt, wie es regional verwendet wird usw.

ENFONCER [ãfcse]

v. <3> – 1278 ◊ graphie moderne de *enfonser*, de *fons*, forme ancienne de *fond*

I ~ v.tr. • **1** Faire pénétrer profondément dans une matière qui résiste. > 1 **ficher, planter.** […] *Enfoncer ses ongles dans la chair.* […] > **plonger.** […] > **rentrer.** — LOC. *Enfoncer le clou :* recommencer inlassablement une explication afin de se faire bien comprendre ou de persuader. […] • **2** Faire aller vers le fond d'une cavité, d'un creux. *Enfoncer les mains dans ses poches.* > enfouir, FAM. **fourrer.** — *Enfoncer son béret jusqu'aux yeux, jusqu'aux oreilles.* • **3** FIG. Entraîner, pousser […]

II ~ v.intr. • **1** Aller vers le fond, pénétrer jusqu'au fond. *Enfoncer dans le sable, dans la vase.* > s'**enliser,** s'**envaser,** RÉGION. **renfoncer.** • **2** Céder sous la pression. […]

In einem digitalen Wörterbuch nachschlagen

In einem **digitalen Wörterbuch** gibt man die Grundform des Wortes direkt in eine Suchmaske ein. Achten Sie dabei auf die richtige Übersetzungsrichtung. Wie im gedruckten Wörterbuch finden Sie im Eintrag viele **Informationen**: Wortart, Genus, Lautschrift, Synonyme, Beispielsätze etc. Wählen Sie auch hier unter den verschiedenen **Wortbedeutungen** (gekennzeichnet durch die arab. Ziffern) aus, welche am besten zum Kontext passt.

Die **Aussprache** der Vokabel kann zudem angehört werden. Bei Verben findet man zusätzlich **Konjugationstabellen**.

---

glace¹ [glas] SUBST *f*

1. glace (eau congelée):

| 🔊 glace | **Eis** *nt* | 🔊 … |
| 🔊 glace artificielle | **Kunsteis** | 🔊 … |

2. glace GASTRO:

🔊 glace	**[Speise]eis** *nt*	🔊 …
🔊 *glace au chocolat*	**Schokolade[n]eis**	🔊 …
🔊 *glace à la fraise*	**Erdbeereis**	🔊 …

glace² [glas] SUBST *f*

1. glace (miroir):

| 🔊 glace | **Spiegel** *m.* | 🔊 … |

2. glace (plaque de verre):

| 🔊 glace | **[Glas]scheibe** *f.* | 🔊 … |

KI-Technologien zum Übersetzen nutzen

Zum **Übersetzen** von Wörtern, Textteilen oder ganzen Texten können auch **KI-gestützte Werkzeuge** (KI = Künstliche Intelligenz) verwendet werden. KI-generierte Texte müssen wie Zitate immer kenntlich gemacht werden. Der **Vorteil** solcher Programme ist, dass sie in kürzester Zeit große Mengen an Text in verschiedene Sprachen übersetzen können. Doch müssen Sie bei der Verwendung beachten, dass KI-gestützte Übersetzungsprogramme auch **Einschränkungen** unterliegen, zum Beispiel:

– Wörter können **fehlerhaft** übersetzt werden, da sie im vorhandenen Kontext eine andere Bedeutung haben.
– **Stilistische Elemente** können nicht immer korrekt wiedergegeben werden.
– **Zusammenhänge** werden inhaltlich und sprachlich eventuell nicht berücksichtigt.
– Viele Programme sind nicht in der Lage, Texte an die **Adressaten / Adressatinnen** anzupassen.

KI-gestützte Übersetzungsprogramme können also beim Erfassen und Verfassen von Textpassagen hilfreich sein. Die ausgegebenen Texte sollten Sie jedoch nochmals überprüfen und überarbeiten, d.h. unklare Wörter oder Sätze nachschlagen und gegebenenfalls korrigieren sowie auf adressatengerechte Formulierungen achten.

Informationen im Internet finden

Um im Internet **Informationsquellen** zu finden (z.B. Nachschlagewerke, Zeitungen), können Sie verschiedene **Suchmaschinen** nutzen. Es ist wichtig, die Quellen sinnvoll und zielgerichtet auszuwählen und die Informationen **kritisch** zu bewerten.
Mehrere unterschiedliche Quellen sind besser als nur eine!

Zielgerichtet suchen

Je **genauer** die Suchbegriffe sind, desto besser sind die Suchergebnisse.
– Schreiben Sie die Suchbegriffe auf **Französisch**, um französische Internetseiten zu finden, und grenzen Sie über die Einstellungen der Suchmaschine die Ergebnisse auf ein bestimmtes Land oder eine Sprache ein.
– Setzen Sie mehrere Suchbegriffe in **Anführungszeichen**, dann wird genau nach diesen Begriffen gesucht.
– Grenzen Sie die Suche **zeitlich** ein, entweder über die Eingabe einer Jahreszahl oder die Suchfilter des Browsers bzw. der Suchmaschine.

Kritisch bewerten

– Welche **Adressen** haben die Webseiten in der Suchergebnisliste?
– Wie **verlässlich** ist die Quelle? Webseiten von Tageszeitungen, Museen oder Institutionen sind in der Regel verlässlich, soziale Netzwerke oder Foren mit persönlichen Meinungen dagegen nicht. Welche **Absichten** werden verfolgt? Das **Impressum** kann hier aufschlussreich sein.
– Wie **aktuell** ist die Quelle?

Die Quelle dokumentieren

Sie müssen immer angeben, aus welcher Quelle die recherchierten Informationen stammen. Geben Sie auch **Datum und Uhrzeit** des letzten Aufrufs einer Internetseite an, da sich die Inhalte im Internet ständig ändern können.

Mit einer Informationsquelle arbeiten

– Konzentrieren Sie sich beim Lesen auf das **Wesentliche**. Mit **Strg + F** können Sie das **Suchfeld** der Webseite oder die **Suchfunktion** des Browsers nutzen, um innerhalb einer Internetseite einen bestimmten Begriff zu finden.
– Notieren und ordnen Sie die wichtigen Punkte und formulieren Sie **eigene Sätze**.
– Kopieren Sie nur, wenn Sie zitieren wollen, und kennzeichnen Sie das **Zitat**.

Direkt und indirekt zitieren

Als **Zitat** gilt, was direkt oder indirekt aus einer Informationsquelle übernommen wurde. **Direkte Zitate** zeichnen sich durch die **wörtliche** Übernahme von Ausdrücken oder Sätzen aus. Um sie zu kennzeichnen, verwenden Sie **französische Anführungszeichen**. Wenn Sie Passagen auslassen oder verändern (z. B. damit sie grammatikalisch in den Satz passen), machen Sie das mit **eckigen Klammern** kenntlich. An das Zitat wird die **Seitenzahl** (*la page*, abgekürzt *p.*) und / oder der **Textvers** (*le vers*) bzw. die **Textzeile** (*la ligne*, abgekürzt *l.*) angefügt:

L'auteur dit que « [c]'est à la fin des années 70 que la mondialisation s'est accélérée […]. » (p. 223, l. 1–2)

Bei **indirekten Zitaten** werden Informationen aus einer Quelle **sinngemäß**, aber nicht wörtlich wiedergegeben. Sie formulieren die Informationen also in eigenen Worten, ohne dabei den Inhalt zu verändern. Setzen Sie bei indirekten Zitaten keine Anführungszeichen, sondern kennzeichnen Sie sie durch **cf.** für **„vergleiche"** (aus dem Lateinischen: *confer*) und die Angabe von **Seitenzahl** und / oder **Textzeile / Textvers**:

Selon l'auteur, la mondialisation a progressé depuis les années 70. (cf. p. 223, l. 1–2)

D 9
KI-Anwendungen

KI-Technologien zum Recherchieren und Generieren von Texten nutzen

KI-gestützte Werkzeuge (KI = Künstliche Intelligenz) können auch zum **Generieren von Texten** verwendet werden. Ihr Einsatz muss immer kenntlich gemacht werden.
Ein sogenannter **Chatbot** kann bei entsprechender **Anweisung**, auch „Prompt" genannt, einen Text in der geforderten Sprache generieren. Dabei ist es wichtig, die Prompts möglichst **präzise** zu formulieren und alle wichtigen **Informationen** zu liefern, z. B. die Ergebnisse einer zuvor geführten Recherche zu einem Thema, die Textsorte, die entstehen soll, die Textlänge, das gewünschte Sprachniveau, die zu verwendende Tempusform usw. Das vom Chatbot produzierte Ergebnis müssen Sie **kritisch** auf sprachliche und inhaltliche Richtigkeit und Angemessenheit **prüfen**. Bei Bedarf können Sie den Text dann durch **neue Anweisungen** verändern lassen.

Auch beim **Recherchieren**, bspw. für die Vorbereitung von Präsentationen, kann ein solches Programm nützlich sein. Sie können gezielt Informationen zu einem Thema erfragen oder sich Anregungen zu bestimmten Aspekten (wie z. B. die Vor- und Nachteile von etwas) einholen. Chatbots stoßen aber an ihre **Grenzen**, wenn es z. B. darum geht, **Quellen** für Informationen anzugeben. Wenn Sie den Chatbot nicht mit Informationen füttern, sondern ihn einen Text zu einem Thema selbstständig verfassen lassen, sollten Sie in der Anweisung die Nennung der Quellen veranlassen und die von ihm aufgeführten Quellen hinterher auf **Vollständigkeit** und **Richtigkeit** prüfen. Sind die Quellen unbekannt, müssen Sie die Informationen auf ihre Korrektheit hin überprüfen. Dies ist auch deshalb besonders wichtig, weil ein Chatbot auch falsche („halluzinierte") Informationen oder Quellen ausgeben kann.

Hörverstehen

D 40
Notizen machen

D 41
Geschlossene /
Halboffene Aufgaben
lösen

Vor dem Hören

Lesen Sie zuerst die **Aufgabenstellung** und die **Informationen** über den Text und stellen Sie erste Vermutungen zu folgenden Aspekten an: Titel, Autor / Autorin, Textsorte (Alltagsgespräch, Interview …), Sprecher / Sprecherin, Thema, mögliche Wortfelder. Was wird in der Aufgabenstellung verlangt? Geht es darum, insgesamt zu verstehen, oder sollen Sie bestimmte Informationen heraushören?

Globalverstehen: Insgesamt verstehen, worum es geht

Um die **Textaussage** allgemein zu erfassen, notieren Sie Schlüsselwörter:
- *Qui ?* **Wer** spricht zu wem? Achten Sie auf die Stimmen.
- *Où ? Quand ?* **Wo und wann** wird gesprochen? In welcher Situation? Achten Sie auch auf Nebengeräusche.
- *De quelle façon ?* **Wie** sprechen die Personen? Achten Sie auf den Tonfall: freudig, unsicher, fragend, auffordernd …
- *Quoi ?* **Was** geschieht? **Worüber** wird gesprochen?

Selektives Verstehen: Bestimmte Informationen heraushören

Geht es darum, gezielt **Einzelheiten** herauszuhören (z. B. Namen, Zahlen, inhaltliche Aspekte), muss nicht jedes einzelne Wort verstanden werden.
- Lesen Sie zuerst genau die **Fragen**. Erstellen Sie sich ein **Raster** (z. B. passende Überschriften, Schlüsselwörter), das Sie während des Hörens ausfüllen.
- Achten Sie auf **Schlüsselwörter**, die zum Thema bzw. den Fragen passen.

Detailverstehen: Den Text in Einzelheiten verstehen

Wenn der Inhalt grob erfasst ist, kann man beim zweiten Hören ins **Detail** gehen und sich auf speziellere Fragestellungen konzentrieren.
- Machen Sie sich **Notizen**, z. B. Schlüsselwörter und wiederkehrende Wörter.
- Achten Sie auf **Konnektoren**, die Ihnen den logischen Aufbau des Textes signalisieren: *parce que, bien que, si, d'abord,* etc.
- Achten Sie außerdem auf den **Tonfall**: Betonungen z. B. geben Hinweise auf wichtige Informationen und Sachverhalte.
- Wenn es möglich ist, hören Sie das Audio-Dokument in **Abschnitten** und notieren Sie die wichtigen Aspekte.

Chansons erschließen

Bei Chansons handelt es sich um **lyrische Texte mit Musik**. Inhaltlich lassen sich Chansons daher anhand von Texterschließungsstrategien erfassen (→ Stratégies, S. 294). Jedes Chanson transportiert seine eigene **Botschaft** *(un message)*.

Struktur und Inhalt

Chansons beinhalten in der Regel mehrere **Strophen** *(une strophe)*, welche wiederum aus einzelnen **Versen** *(un vers)* bestehen. Die Strophe, die immer wiederkehrt und damit den Höhepunkt des Liedes bildet, ist der **Refrain** *(un refrain)*.

Musikalische Merkmale

Beim Verstehen und Interpretieren eines Chansons sind folgende musikalischen Merkmale relevant:
- das musikalische **Genre**
- die **Melodie** und der **Rhythmus**
- die **instrumentale Begleitung**
- die **Interpretation** des Sängers / der Sängerin
- die **Wirkung** der einzelnen Elemente und der Musik insgesamt

	ON DIT
Parler de la musique	• Il s'agit d'une chanson de variété, de pop-rock, de rap, de reggae, … • La mélodie est simple / élaborée *(komplex)* / gaie *(fröhlich)* / mélancolique / harmonieuse. • Le rythme est lent / vif *(lebhaft)* / rapide *(schnell)* / monotone / (ir)régulier / dynamique. • L'accompagnement au piano / à la guitare / par l'orchestre souligne / donne une impression de / met en valeur *(bringt zur Geltung)* …
Parler de l'interprétation	• La voix est douce *(sanft)* / forte *(laut)* / grave *(tief)* / claire / chaleureuse *(warm)* / expressive *(ausdrucksstark)*. • L'interprétation est mélancolique / passionnée / agressive / monotone. • L'interprétation est en harmonie / en contraste avec les paroles.

Hörsehverstehen

Vor dem Sehen

Lesen Sie sich die **Aufgabenstellung** genau durch. Gibt es schon Hinweise auf den Inhalt bzw. die Handlung, z. B. Screenshots, Filmplakate …?

Während des Sehens

Sammeln Sie **Informationen**
- zum **Handlungsrahmen**: Ort, Zeit
- zu den beteiligten **Personen**: Anzahl, Beziehung zueinander, Umgangston, Mimik, Gestik, Gefühle
- zum **Inhalt**: Handlungsverlauf, Botschaft / Aussage
- zur **Atmosphäre**: Farben, Licht (hell / dunkel), Begleitmusik

ON DIT

- L'action / Le film se passe à … en …
- Le héros / L'héroïne du film est …
- Le personnage principal est … / Les personnages secondaires sont …
- Le regard du personnage exprime la douleur / la peur / le bonheur / l'espoir.
- Son visage montre qu'il / elle est touché(e), triste, heureux / heureuse / soulagé(e), désespéré(e).
- Par ses gestes, il / elle montre que …
- Le réalisateur / La réalisatrice veut montrer … / Le message du film, c'est …
- Les couleurs sont chaudes / froides.
- La musique est dramatique / mélancolique / s'accélère.

Filmsprache

Bei der Analyse der Filmsprache werden die **Kameraeinstellungen**, die **Spezialeffekte**, die **Beleuchtung** und die **Farben** sowie die **Geräusche** und die **Begleitmusik** betrachtet und deren Wirkung herausgearbeitet.

Die Kameraeinstellung *(le plan)*

Die Wahl der **Kameraeinstellung** setzt bestimmte Akzente. Beispielsweise kann der Regisseur / die Regisseurin mit einer **Großaufnahme** oder **Nahaufnahme** den Fokus auf bestimmte Details oder Emotionen legen. Achten Sie auf die Gesichter sowie die Gestik und Körperhaltung der Haupt- und Nebendarsteller / -darstellerinnen. Dagegen hilft die **Totale**, eine Szene zu situieren.

ON DIT

Le réalisateur / La réalisatrice utilise un plan d'ensemble / un plan rapproché / un gros plan pour montrer les sentiments de … / souligner le contraste entre … / créer une atmosphère … / exprimer que le personnage principal / le personnage secondaire …

le plan d'ensemble
(die Totale)

le plan rapproché
(die Nahaufnahme)

le gros plan
(die Großaufnahme)

Die Spezialeffekte *(les effets spéciaux)*

Mit **Spezialeffekten** können Handlungen oder Ereignisse hervorgehoben werden, z. B. im **Zeitraffer** *(en accéléré)* oder in **Zeitlupe** *(au ralenti)*. Durch die **Kameraführung**, z. B. den **Kameraschwenk** *(le travelling)* oder die **Kamerafahrt** *(le travelling latéral)*, werden Zusammenhänge und Eindrücke (z. B. Schwung) erzeugt. Auch die **Kameraperspektive** dient als Gestaltungsmittel, z. B. die **Vogelperspektive** (Motiv wird von oben gefilmt, *la plongée*) oder die **Froschperspektive** (Motiv wird von unten gefilmt, *la contre-plongée*).

ON DIT

- Cette scène est tournée en accéléré / au ralenti. Cela met en avant …
- Le travelling souligne l'agitation / les émotions / les impressions …
- La (contre-)plongée crée l'impression de regarder la scène à travers les yeux de … / souligne la hiérarchie entre … / l'importance / la taille de …

Die Beleuchtung *(la lumière)* und die Farben *(les couleurs)*

Mit der Wahl bestimmter **Lichtverhältnisse** und **Farben** kann eine Stimmung erzeugt oder untermalt werden.

ON DIT

- La lumière (claire / sombre) crée une ambiance / une atmosphère positive / triste / inquiétante / …
- La lumière (claire / sombre) de cette scène souligne la situation / le caractère / les émotions du personnage.
- Le contraste entre … et … est souligné par la lumière et les ombres.

Die Tonspur *(la bande-son)*: **Stimmen, Geräusche und Musik**
Achten Sie beim Analysieren der Figuren des Films auf deren **Stimmen** und **Redeweisen**, denn diese sagen viel über ihre Gefühle und Stimmung aus.
Auch die Wahl der **Begleitmusik** kann den Inhalt verstärken und zum Entstehen einer bestimmten Atmosphäre beitragen. Ebenso wichtig ist die Art der **(Hintergrund-)Geräusche**.

> **ON DIT**
>
> On entend …
> - un bruit sourd *(dumpf)* / métallique / strident *(schrill)* / récurrent *(wiederkehrend)*
> - des bruits de fond / de pas / de voix / de moteur / de vaisselle
> - une voix forte / basse *(leise)* / grave *(tief)* / aigüe *(hoch, schrill)* / rauque *(rau)*
> - une musique sentimentale / mélancolique / dramatique / entraînante *(mitreißend)*
> - La musique de fond / la musique du film …

Leseverstehen

Einen unbekannten Text erschließen

Globales Lesen: Insgesamt verstehen, worum es geht
Um eine **grobe Vorstellung** vom Textinhalt zu bekommen (z.B. um das grundlegende Thema zu erfassen oder einzuschätzen, ob der Text etwas Relevantes zu einem vorgegebenen Thema aussagt), gehen Sie so vor:
- **Textsorte** bestimmen
- **Titel** und **Zwischenüberschriften** lesen
- **Abbildungen** und **Bildunterschriften** anschauen / lesen
- **Einleitung** lesen und den Rest des Textes **überfliegen**:
Qui ? **(Wer?)** *Quoi ?* **(Was?)** *Quand ?* **(Wann?)** *Où ?* **(Wo?)**

Selektives Lesen: Bestimmte Informationen herauslesen
Manchmal werden in der Aufgabe **einzelne, ganz bestimmte Informationen** verlangt.
- Überlegen Sie, in welcher **Form** diese Informationen vermutlich dargestellt werden (Eigennamen, Daten, Zahlen) und scannen Sie den Text danach ab.
- Markieren Sie passende **Schlüsselwörter**.

Detailliertes Lesen: Den Text in Einzelheiten verstehen
Um **alle relevanten Inhalte** eines Textes im Hinblick auf eine Situation, Frage oder Aufgabe genau zu erfassen, gehen Sie folgendermaßen vor:
- Lesen Sie den Text **Abschnitt für Abschnitt** und **Satz für Satz**.
- Unterscheiden Sie **wichtige Textelemente** (z.B. Fakten, Argumente) von den **unwichtigen** (z.B. Beispiele, Anekdoten) oder Meinungen.

Einen Text in seinem Gesamtzusammenhang interpretieren

Beim Interpretieren eines Textes sind folgende Fragen zu beachten:
- Was ist **Thema** des Textes?
- **Adressaten / Adressatinnen** *(le / la destinataire)*: An wen richtet sich der Text?
- Welchen **Standpunkt** vertritt der Autor / die Autorin, welche **Botschaft** vermittelt er / sie *(le message)*? **Wie** wird das deutlich? **Textsorte**, **Perspektive**, **Tonfall** und **Stilmittel** sind mögliche Anhaltspunkte. → Stratégies, S. 295–297
- Welche **textübergreifenden Informationen** könnten Aufschluss geben?
  → In welchen **historischen Rahmen** ist die Handlung des Textes einzuordnen und was wissen Sie über das wirtschaftliche, soziale, kulturelle Leben jener Zeit?
  → Was wissen Sie über die **Entstehungszeit** (bspw. Epoche) des Textes, die Biographie des Autors / der Autorin, die Ideologien und ästhetischen Strömungen zu dieser Zeit?

Textsorten erkennen und mithilfe von Stilmitteln analysieren

Die Bestimmung der **Textsorte** hilft bei der Analyse eines Textes. Grundlegend unterscheidet man zwischen **Sachtexten** und **literarischen Texten**, die wiederum verschiedene **Textsorten** *(types de texte)* mit ihren **Intentionen** *(intentions)* umfassen.

Sachtexte sind informierende Texte. Sie haben einen **Realitätsbezug**.
Literarische Texte sind fiktionale Texte, ihr Inhalt ist **erfunden**, also nicht real.

	Type de texte	Intention
Textes explicatifs	un article de journal / de magazine, une infographie	informer de manière objective et neutre
Textes argumentatifs	un commentaire, un discours	présenter un avis, convaincre
Textes injonctifs *(vorschreibend)*	une brochure, une publicité (sur Internet), un dépliant publicitaire *(Werbeprospekt)*	provoquer une action
Textes narratifs	un roman, un conte, une BD, un récit numérique, un mème	raconter, divertir, faire réfléchir, enseigner (une morale)
Textes dramatiques	une pièce de théâtre (la tragédie / la comédie)	divertir, faire réfléchir, enseigner (une morale), critiquer
Textes poétiques	un poème, une chanson	divertir, faire réfléchir, (enseigner une morale)

Um die Aussage eines Textes zu verstärken, werden **Stilmittel** *(moyens stylistiques)* eingesetzt. Je nach Art des Stilmittels wird eine bestimmte **Wirkung** erzeugt.
Beachten Sie zudem die Wortwahl *(le choix des mots)*, z. B. Wortfelder *(les champs lexicaux)* sowie das Register.

Moyen stylistique	Explication / Effet	Exemple
l'allitération *(f.)* *(die Alliteration)*	créer un sentiment d'harmonie / de proximité ou imiter le son dont on parle par la même lettre en début des mots qui se suivent	*Chuchote, chère Charlotte !* *Chaos – crier – craquer.*
l'anaphore *(f.)* *(die Anapher)*	mettre l'accent sur une idée par la répétition d'un ou de plusieurs mots en début de phrase	*C'est lui qui me téléphone. C'est lui qui m'envoie des messages. C'est lui qui ne me laisse pas tranquille !*
l'antithèse *(f.)* *(die Antithese)*	amplifier des idées / pensées en rapprochant deux expressions qui ont des sens opposés	*Dehors, il fait chaud, mais je tremble de froid.*
la comparaison *(der Vergleich)*	rendre concrète une idée par une ressemblance ; mots-clés : *comme, ressembler à, pareil*	*La neige était comme un tapis blanc.*

l'ellipse (f.) (die Auslassung)	renforcer une pensée ou accélération de la narration par la suppression d'un ou plusieurs mots	*Interro demain. Maths. Moi ? Complètement vide.*
l'enjambement (m.) (das Enjambement / der Zeilensprung)	créer une pause, un effet de déstructuration ou mettre l'accent sur une expression particulière par la répartition d'une phrase sur deux ou plusieurs vers	*Je me demande pourquoi. Pourquoi a-t-il fait ça ?*
l'énumération (f.) (die Aufzählung)	concrétiser, détailler, souligner une pensée ou un sentiment	*Je ne supporte plus ni le soleil, ni la chaleur, ni la sueur !*
l'euphémisme (m.)	atténuer le caractère brutal / choquant d'une expression en la remplaçant par une autre expression	*Hier, notre grand-père nous a quittés pour toujours.*
l'exagération (f.) / l'hyperbole (f.) (die Übertreibung)	amplifier une idée, convaincre ou faire réagir le lecteur / la lectrice	*Il pleurait des millions de larmes.*
l'exclamation (f.) (die Exclamatio / der Ausruf)	exprimer et souligner les émotions intenses de quelqu'un par une exclamation	*Je l'ai perdu ! C'est un vrai cauchemar !*
la gradation (die Steigerung)	amplifier une idée progressivement	*J'ai attendu pendant des jours, des semaines, des mois !*
l'ironie (f.) (die Ironie)	souligner une pensée en exprimant son contraire	*Il est encore en retard, c'est super !*
la litote (die Litotes)	exprimer une pensée par la négation du contraire pour minimiser ce qui est exprimé	*Ce n'est pas mal !*
la métaphore (die Metapher)	créer une image de quelque chose par une ressemblance avec autre chose	*Ma sœur est un ange.*
la personnification (die Personifikation)	personnifier un objet / une chose inanimée / quelque chose d'abstrait	*La France est contente.*
la question rhétorique (die rhetorische Frage)	amplifier une pensée ou un sentiment par une question à laquelle on n'attend aucune réponse	*Pourquoi cela n'arrive qu'à moi ?*

Die Erzählperspektive analysieren

In narrativen Texten finden sich folgende **Erzählperspektiven** bzw. **Erzählertypen**:
- Der **allwissende Erzähler** *(le narrateur omniscient)*: Er stellt das Geschehen und die Figuren von außen dar. Er kennt aber die Gedanken aller Figuren, weiß alles über Vergangenheit und Zukunft, kann Kommentare abgeben und sich direkt an den Leser / die Leserin wenden. Erzähler und Autor / Autorin sind nicht identisch!
- Der **Ich-Erzähler** *(le narrateur-personnage)*: Er spricht immer in der 1. Person und ist eine Figur der Erzählung. Er ist subjektiv und gibt von den anderen Figuren und deren Handlungen nur das wieder, was er als Figur selbst gesehen, gehört oder miterlebt hat.
- Der **personale Erzähler** *(le narrateur effacé)*: Er zeigt das Geschehen durch die Augen einer Figur, ist aber nicht immer eins mit dieser. Er spricht in der 1. oder 3. Person und kann verschiedene Erzählformen miteinander kombinieren: direkte Rede, erlebte Rede *(le discours indirect libre)*, innerer Monolog.
  → Bei der **erlebten Rede** *(le discours indirect libre)* wird das, was eine Figur denkt oder fühlt, durch den Erzähler wiedergegeben. Dabei wird immer der **Indikativ** und die **3. Person** verwendet, häufig auch umgangssprachliche Elemente, Fragen und Ausrufe.

In **Dramen** gibt es normalerweise keinen Erzähler. Informationen über Figuren und Handlung werden explizit durch die **Regieanweisungen** *(les didascalies / indications scéniques)* und implizit durch die **Dialoge** vermittelt.

In **lyrischen Texten** spricht man nicht von einem Erzähler, sondern vom **lyrischen Ich** *(le moi lyrique)*. Auch hier gilt: Autor / Autorin und lyrisches Ich sind nie identisch!

Die Handlung und die Dialoge analysieren

Zur Analyse der **Handlung** und des **Handlungsverlaufs** stellen Sie folgende Fragen:
- Worin besteht die **Haupthandlung** *(l'action principale)*?
- Gibt es **Nebenhandlungen** *(les actions secondaires)*? Worin bestehen sie? In welchem Verhältnis stehen sie zur Haupthandlung?
- **Wer** macht **was**? **Wo**? **Wann**? **Wie**? **Warum**?
- Worin besteht der **Wendepunkt** *(le point culminant)*?
- Wie **entwickelt** sich die Handlung (und das Verhältnis der Figuren zueinander)?

In einem narrativen Text können ebenfalls **Dialoge** vorkommen. In einem Drama sind sie dagegen das Kernstück des Werkes, denn durch sie kommt es zur Entwicklung der Handlung und der Figuren. Bei der Untersuchung der Dialoge sollten Sie auf deren Inhalt, ihre Art und ihren Ton eingehen.

ON DIT

Qualifier les dialogues :

Il s'agit d'une conversation amicale / d'une discussion / d'une dispute / d'un débat / d'un long monologue.
Le ton est neutre / détendu *(locker)* / drôle / ironique / glacial *(eisig)* / agressif / violent.

Die Figuren analysieren

In jedem literarischen Werk gibt es mindestens eine **Hauptfigur** *(le personnage principal, le / la protagoniste)* sowie **Nebenfiguren** *(le personnage secondaire)*.
Figuren können **explizit** (durch Beschreibung / Aussagen der Figur selbst,
durch eine anderen Figur oder den Erzähler) oder **implizit** (durch ihre Aussagen,
ihre Sprechweise und ihr Verhalten) charakterisiert werden.
→ Stratégies, S. 307

Wichtig ist auch nachzuvollziehen,
in welcher **Beziehung** die Figuren
zueinanderstehen und ob / wie sich
die Verhältnisse im Laufe der
Handlung **entwickeln**.

- Nähe ǂ Distanz
  (z. B. verwandt ǂ fremd)
- Sympathie ǂ Antipathie
  (z. B. Liebe ǂ Hass)
- Hierarchie- oder
  Machtverhältnisse: oben ǂ unten

> **ON DIT**
>
> **Parler des relations entre les personnages**
>
> X et Y…
> - se connaissent peu / bien / depuis longtemps
> - sont proches l'un(e) de l'autre
>
> - ont de la sympathie l'un(e) pour l'autre
> - s'attirent mutuellement *(ziehen einander an)*
> - se méfient *(misstrauen)* l'un(e) de l'autre
> - se détestent
> - ont / entretiennent des relations amoureuses /
>   familiales / amicales / de bon voisinage /
>   professionnelles / d'égal(e) à égal(e) / de chef(fe)
>   à subordonné(e) *(Untergebenen)* / de maître
>   à esclave / bienveillantes *(wohlwollend)* /
>   décontractées *(locker, entspannt)* / tendues
>   *(angespannt)* / hostiles *(feindselig)*

Eine Rede verstehen und analysieren

Je nach **Aufgabenstellung** erschließen Sie den Text nach der gewohnten Vorgehensweise
(→ Stratégies, S. 294) Beachten Sie zudem folgende Aspekte:

1. **Die Redesituation**
   Wer spricht **wann / wo**? **Worüber** (Thema)? **Zu wem** (Publikum)?
2. **Die Argumentationsstruktur**
   - Sind immer wiederkehrende **Themen** auszumachen?
   - Stellt der Redner / die Rednerin **Thesen** auf?
   - Werden **Argumente** geliefert, **Forderungen** gestellt …?
3. **Die Sprache und sprachlichen Mittel**
   Die **sprachliche Gestaltung** unterstützt das Ziel der Rede.
   - **Sprachregister**: Wird formell, standardsprachlich oder umgangssprachlich formuliert?
     Wird die Sprache dabei an das Publikum angepasst?
   - Finden sich wiederkehrende **Formulierungen / Ausdrücke** oder **Wortfelder**?
   - **Sprachliche Mittel**: Welche sprachlichen Mittel werden verwendet?
     Was haben sie für eine Wirkung, vor allem im Hinblick auf das Ziel der Rede?
   - Wird das **Publikum** direkt angesprochen (z. B. durch **Personalpronomen:** *tu*, *vous*)
     oder miteinbezogen (**Personalpronomen:** *nous*)?
4. **Das Ziel**
   Welche **Intention** lässt sich festhalten?
   - Erzielt der Redner / die Rednerin die gewünschte **Wirkung**? Warum (nicht)?

Eine BD erschließen

Beim Verstehen, Analysieren und Deuten einer **BD** sind folgende Punkte wichtig:

1. **Der erste Eindruck**
   - Wie ist die Seite aufgeteilt?
   - Wie wirkt der **Zeichenstil**? Sagt er etwas über Typ und Inhalt der BD aus?
   - Welche **Stimmung** wird durch die Farben erzeugt?
2. **Die Bildseite**, **Bildreihen** und **Einzelbilder**
   - Welche Informationen erhält man über **Ort, Zeit** und die **Handlungen**?
   - Welche Informationen erhält man über die **Personen**, deren Gefühle und deren Beziehungen zueinander (z.B. Mimik, Gestik, Positionen)?
   - Welche Perspektiven werden verwendet? (→ Stratégies, S. 293)
3. **Die Ellipsen zwischen den Bildern**
   Das, was zwischen den Bildern passiert, nennt man **Ellipsen**.
   - **Was** könnten die Figuren zwischen den einzelnen Bildern tun?
   - Welche **Wirkung** hat das Auslassen bestimmter Handlungen?
4. **Der Text**
   - Gibt es **erklärende / erzählende Passage**n in, unter, zwischen den Bildern? Wozu?
   - Gibt es Variationen in **Schriftart** oder **Schriftgröße**? Was könnte der Grund sein?
   - Werden auch **Lautmalereien** und **Symbole** verwendet? Welche Funktion haben sie?
5. **Die Gesamtbetrachtung**
   - Zu welcher **Gattung** gehört die BD?
   - Was **bezweckt** der Autor / die Autorin?
   - Welche **Wirkung** hat die BD auf den Leser / die Leserin? An wen richtet sie sich?

ON DIT

Les éléments	l'album *(m.)*, la planche *(BD-Seite)*, la bande *(Bildreihe)*, la vignette / la case *(Einzelbild)*, le récitatif *(erzählende Passage)*, l'ellipse *(f.) (Auslassung)*, la bulle *(Sprech- / Denkblase)*, l'onomatopée *(f.) (Lautmalerei)*, le symbole
Les genres	C'est une BD humoristique / de science-fiction / d'aventure / de non-fiction. C'est un manga / un roman graphique.
Le graphisme	… est statique / dynamique / réaliste / fantaisiste *(unkonventionell)* / moderne / classique / simple / expressif / caricatural / très coloré
Les couleurs	Le dessinateur / La dessinatrice utilise des couleurs sombres / vives / claires (pour créer une ambiance … / souligner la situation et les sentiments …).
Les plans et perspectives	(→ Stratégies, S. 293)
Les personnages	(→ Stratégies, S. 307)
Le texte	la police *(Schriftart)*, la taille de caractères *(Schriftgröße)*
L'intention	distraire / faire rire / faire réfléchir / informer qn, expliquer / critiquer qc

La BD de non-fiction
Les BDs de non-fiction expliquent et commentent p.ex. des phénomènes scientifiques ou sociologiques. Elles partent souvent d'un problème ou d'une question et utilisent des définitions, des statistiques, des tableaux et des exemples illustrés.

Le roman graphique
Un roman graphique est un roman mis en images et ressemble ainsi souvent à une bande dessinée. Il aborde des thèmes plus adultes et respecte un format proche du roman avec un grand nombre de pages et une histoire complète en un seul tome.

Digitales Lesen

Das **Lesen eines digitalen Textes** verläuft oft stärker an der **Oberfläche** und automatisch **schneller**. Während ein klassischer Text **linear**, das heißt Stück für Stück vollständig gelesen wird, wird ein digitaler Text meist **selektiv** gelesen. Das bedeutet, dass Textteile übersprungen oder in anderer Reihenfolge gelesen werden, mit dem Ziel, nur die wichtigsten Informationen zu erfassen. Zudem finden sich Verweise auf weitere Schlagwörter und Texte in Form von Links, das nennt sich **Hypertextualität**. Nutzen Sie **Verweise** auf weitere Informationen (z.B. weiterführende Links) gezielt, aber „verlieren" Sie sich nicht darin. Machen Sie sich immer stichwortartige **Notizen** zum Gelesenen.

Dialogisches / Monologisches Sprechen

An einer Diskussion teilnehmen

In einer **Diskussion** tauschen sich mehrere Diskussionsteilnehmer / -teilnehmerinnen zu einem bestimmten Thema oder Problem aus. Das Ziel ist es häufig, den eigenen Standpunkt deutlich zu machen, die Argumente der Gegenseite zu entkräften und die Gesprächspartner / -partnerinnen zu überzeugen. Eine Diskussion kann aber auch dazu dienen, die eigene Meinung erst aufzubauen, zu festigen oder zu revidieren.

Eine Diskussion vorbereiten
- Suchen Sie für das Thema wichtige **Argumente**.
- Finden Sie **Beispiele**, die die Argumente unterstützen oder veranschaulichen.
- **Ordnen** Sie die Argumente nach ihrer Wichtigkeit und Überzeugungskraft.
- Notieren Sie mögliche **Argumente der Gegenseite** und wie diese zu widerlegen sind.

Eine Diskussion durchführen
- Jede(r) formuliert zu Beginn kurz den eigenen **Standpunkt** und begründet ihn.
- Tragen Sie im Laufe der Diskussion Ihre **Argumente** an den passenden Stellen vor.
- Hören Sie sich die **Argumente der Gegenseite** aufmerksam an, stellen Sie gegebenenfalls **Rückfragen** und **nehmen Sie Stellung** dazu.
- **Entkräften** Sie die Argumente der Gegenseite, wenn möglich. Wenn diese aber überzeugende Argumente liefert, **akzeptieren** Sie diese und passen Ihre Position an.
- Am Ende der Diskussion sollte jede(r) ein kurzes **Fazit** äußern: Hat sich die eigene Position bestätigt / verändert? Bieten sich Lösungsmöglichkeiten / Kompromisse an?

	▶ ON DIT
Introduire un argument	• Personnellement, je pense / crois / trouve / suis d'avis que … • D'après moi, / Selon moi, / À mon avis, / … • Il me semble que … • En ce qui me concerne, je …
Préciser ou souligner un argument	• Je tiens à préciser / signaler que … • Pour être tout à fait clair(e), … • Il faut tenir compte *(berücksichtigen)* du fait que …
Exprimer son accord	• C'est vrai / exact / juste. Je suis de ton avis. • Tu as raison de dire que … Je partage ton opinion. • Je suis (tout à fait) d'accord là-dessus / avec X.
Exprimer son désaccord	• Je ne suis pas (du tout) de cet avis / d'accord avec toi / ça. • Tu as tort de dire que … • Je n'accepte pas que *(+ subj.)*
Faire une concession / Émettre une réserve	• D'un côté …, de l'autre … / D'une part …, d'autre part … • Il est vrai / juste / exact que …, mais … • Je reconnais *(sehe ein)* / J'admets *(gebe zu)* que … • Cependant / Pourtant, …
Assurer la compréhension	• Tu comprends ? Tu vois ce que je veux dire ? • Ce que je voulais dire, c'est que … • Je ne suis pas sûr(e) d'avoir bien compris. Tu peux répéter / expliquer encore une fois s'il te plaît ? • Qu'est-ce que tu veux dire par là ? Tu veux dire que … ? • Si j'ai bien compris, tu crois / penses / veux que … / D'après ce que j'ai compris, …
Conclure	• Pour conclure / terminer / résumer, on peut dire que … • On est d'accord sur …, mais on voit les choses différemment au sujet de … • La conclusion que l'on peut tirer de ce débat est que …

Eine Debatte moderieren

Bei einer **Debatte** wird das Pro und Kontra zu einem Streitthema in **kurzen Redebeiträgen** gegenübergestellt. Oft führt sie zu einer **Abstimmung**.

Der **Moderator** / Die **Moderatorin** einer Debatte hat folgende Aufgaben:

- **Eröffnung** der Debatte: kurze Vorstellung des Themas und Weitergabe des Wortes
- **„Zeitwächter"**: Die Redebeiträge sollen knapp sein, jede(r) soll zu Wort kommen.
- Beseitigen von **Unklarheiten** durch Bitten um Präzisierungen
- **Zurückführen** auf das Thema, wenn die Debattierenden abschweifen
- **Zusammenfassen** der Diskussion, Ableiten eines Fazits
- Gegebenenfalls Einleiten der **Abstimmung**

Gesprächsregeln beachten

Besonders in Diskussionen / Debatten müssen **Gesprächsregeln** eingehalten werden.
Diese können vorab festgelegt werden. Wichtige Gesprächsregeln sind etwa:
- Sprechen Sie **klar** und **deutlich**.
- Stellen / Beantworten Sie, wenn nötig, **Rückfragen**.
- Diskutieren Sie **freundlich** und **sachlich**.
- Lassen Sie sich gegenseitig ausreden und reagieren Sie auf **Störungen**.
- Ermöglichen Sie auch den anderen Diskutierenden Redebeiträge und **hören** Sie aktiv **zu**. Gehen Sie auch auf vorherige Beiträge ein.
- Bleiben Sie beim **Thema** oder führen Sie, wenn nötig, zum Thema zurück.

Einen fiktiven Dialog vorbereiten

Um einen **Dialog** zwischen zwei (Text-)Figuren zu entwerfen, müssen Sie sich vorher in diese Figuren und deren Situation „einfühlen". Sammeln Sie zuerst **Informationen**:

Wer? Die Gesprächspartner / -partnerinnen
- Was wissen Sie über die **Personen** (Biografie, soziales Umfeld, Charakter)?
- Was wissen Sie über deren **Beziehungen** zueinander? (Wie gut kennen sie sich? Sind sie miteinander verwandt? Ist die Beziehung freundschaftlich, neutral oder feindselig? Stehen sie in einer bestimmten „Hierarchie" zueinander?)

Was? Thema und Situation
- In welchem **Rahmen** wird gesprochen? (formell / informell, persönlich / unpersönlich?)
- **Wo**, aus welchem **Anlass** und in welcher **Situation** findet das Gespräch statt?
- Wie ist die **Einstellung** jeder einzelnen Person zum Thema des Dialogs?
- In welchem **Gemütszustand** befinden sie sich?
- Was ist ihre jeweilige **Motivation**? (Wollen sie sich nur unterhalten? Ansichten austauschen? Den anderen von etwas überzeugen oder zu etwas auffordern?)

Wie? Die Sprache
- Verwenden Sie in Dialogen die **mündliche Sprache** bis hin zur **Umgangssprache** (je nach Rahmen, Umfeld, Beziehung zueinander).
- Hat eine Figur auf Grund ihrer Biografie oder ihres Umfelds eine **besondere Sprechweise**? (z.B.: Eine Person im privaten Umfeld spricht meist anders als eine Person im öffentlichen Raum.)
- Je nach Motivation und Beziehung der Gesprächsteilnehmer und -teilnehmerinnen ändert sich der **Ton** des Dialogs (wohlwollend, liebevoll, selbstsicher, trocken, arrogant, aggressiv etc.) und damit die **Wortwahl**.

D 43
Tipps zum
Vorbereiten und
Halten von
Präsentationen

Eine Präsentation vorbereiten

Eine **Präsentation** vorzubereiten, erfordert folgende Schritte:
1. **Beschaffen** und **Strukturieren** der **Informationen** („Spickzettel" oder Karteikarten)
2. Auswahl der **Medien** und **Materialien**, ggf. Erstellen von **Plakaten** / digitalen **Präsentationsfolien** sowie eines **Handzettels**
3. **Üben** der Präsentation zuhause (inkl. Beantworten potenzieller Fragen)
   Je besser die Präsentation inhaltlich und sprachlich vorbereitet wird, umso sicherer wird sie vor Publikum gelingen! Das ist besonders bei Präsentationen in einer Fremdsprache wichtig. Auch der reibungslose Medieneinsatz sollte vorher unbedingt getestet werden.

Statistiken und Infografiken versprachlichen

In **Statistiken** und **Infografiken** werden **Sachverhalte** und **Informationen**, häufig in Form von Zahlen und Daten, übersichtlich und einprägsam **visualisiert** (z. B. Ergebnisse von Umfragen). Das Ziel ist, der Grafik die relevanten Informationen zu entnehmen und diese zu deuten. Gehen Sie bei der Analyse schrittweise vor.

1. **Erkennen:** Verschaffen Sie sich einen **Überblick**.
   - Was ist das **Thema**?
   - Aus welchen **Elementen** besteht die Grafik und wie sind diese dargestellt?
   - **Woher** und aus welchem **Zeitraum** stammen die Informationen / Zahlen?
     Betrachten Sie die Überschrift, die Darstellung (Diagramm, Schaubild …), die Zahlen (absolute Zahlen, Prozente, Maßeinheiten), den Begleittext und die Quellenangaben.
2. **Verstehen:** Arbeiten Sie die **Bedeutung** wichtiger Informationen / Zahlen heraus, vergleichen und verknüpfen Sie diese.
   - Gibt es besonders **auffällige Zahlen**?
   - Lässt sich eine **Entwicklung** aus den Zahlen ableiten?
3. **Deuten:** Formulieren Sie die **zentrale Aussage** und nehmen Sie dazu **Stellung**.
   - Worauf soll die Grafik hinweisen bzw. was soll sie **verdeutlichen**?
   - Lassen sich **Bezüge** zu anderen (aktuellen) Themen herstellen?
   - Wie **bewerten** Sie die Grafik in Bezug auf ihre Aussage und Aussagekraft?

ON DIT

Donner des informations générales	• Ce tableau / Ce diagramme / Ce graphique montre / donne des informations sur / est une statistique sur … / est de 2024.
Nommer les graphiques	• une courbe *(Kurve)* • un diagramme à barres verticales *(Säulendiagramm)* • un diagramme à barres horizontales *(Balkendiagramm)* • un camembert *(Kreisdiagramm)* • une infographie *(Infografik)*
Parler des chiffres	• Environ / À peu près un dixième / un quart / trois quarts / un tiers / deux tiers des personnes intérrogées / interviewées … • Un peu / Plus de la moitié … Moins de / d' … • La plupart / (Près de) cent pour cent … • un nombre élevé / réduit de X • représenter le double / le triple / la moitié / le quart / … % du total des Y • un taux *(Quote)* de … % • un faible / fort pourcentage de X • un pourcentage en hausse / en baisse / qui a progressé / augmenté / diminué / baissé de … % • On enregistre *(stellt fest)* / constate une nette / légère tendance à la hausse / à la baisse.
Comparer	• X est aussi / plus / moins (+ adjectif) que Y • X a autant / plus / moins de (+ nom) que Y • Comparé à Y, X est assez / très … • Si on compare X et Y, on constate / note / remarque que …
Faire le bilan	En résumé, on peut dire que …

Bilder beschreiben

1. Um ein **Bild** zu beschreiben, treffen Sie zuerst **allgemeine Aussagen** über das Bild:
- Art des Bildes (z. B. ein Foto oder eine Illustration)
- Urheber / Urheberin
- Thema
- Situation
- Zentrale(s) Objekt(e) / Person(en)
- Ort(e): Land, Region, Landschaft / Natur, Straße, Gebäude, Zimmer …
- Zeit: historische Epoche, Jahreszeit, Tageszeit
2. Beschreiben Sie dann **detailliert**, was auf dem Bild zu sehen ist und auf welcher **Bildebene** bzw. in welchem **Bildbereich** es sich befindet (**Komposition**: Vordergrund / Hintergrund / Zentrum).
- Personen: Anzahl, äußere Erscheinung, Körperhaltung, Mimik, Gestik, daraus abgeleitete Haltungen / Gefühle
- Objekte: Art, Anzahl, Farbe, Größe
- Symbolische Bedeutung der Personen / Objekte (wenn vorhanden)
- Handlung

Stellen Sie zum Schluss Vermutungen zur **intendierten Aussage** des Bildes an und beschreiben Sie seine **Wirkung**.

	ON DIT
Aspects généraux	• Il s'agit d'une photo / d'un tableau / d'une illustration / d'un collage / d'un dessin humoristique / d'une capture d'écran *(Standbild / Screenshot)* • La photo / Le dessin / Le tableau représente … / montre … / met en scène … • La scène se passe / se déroule / a lieu en / à / dans … / à l'époque de … / vers 1900 / en hiver / la nuit / vers midi
La composition	• Au premier plan / au second plan / à l'arrière-plan, … • Au centre de l'image / au milieu / en haut / en bas / à droite / à gauche, … • Devant / derrière / près de / à côté de X, … • On voit / aperçoit / remarque / distingue / reconnaît … • Ce qui saute aux yeux, c'est …
Le message	• À mon avis, le dessinateur / la dessinatrice / le / la photographe / le / la peintre met en évidence / critique / se moque de … • Il / Elle veut montrer que … / Son but est d'attirer l'attention sur … • Il / Elle veut nous faire réfléchir …
Les impressions / sentiments	• En regardant cette œuvre, j'imagine que … / j'ai l'impression de … / je me sens … • La photo me rend triste / heureux / heureuse … • Ce qui me (dé-)plaît / surprend / frappe / choque, c'est … • Il se dégage de cette image une atmosphère / une impression de … • Ce qu'on voit sur cette photo / ce dessin laisse penser / supposer que …

Bei der Beschreibung eines *dessin humoristique* müssen noch die folgenden
Punkte beachtet werden:
- Zeichenstil → Stratégie, S. 299 (BD)
- Denk- und Sprechblasen und deren Bezug zum Dargestellten
- Titel und dessen Bezug zum Dargestellten
- Aktualitätsbezug (z. B. politisch / gesellschaftlich relevantes Thema)

D 44
Drehbuch
(Podcast)

Eine Podcastfolge erstellen

Ein **Podcast** besteht aus mehreren Folgen und wird z. B. als Audio im Radio oder auf
Internetseiten, in Audiotheken oder in Apps angeboten.
Wenn Sie selbst einen Podcast erstellen wollen, können Sie z. B. Ihr **Smartphone** benutzen.
Im Internet können Sie auch auf **kostenlose Programme** zugreifen.
1. Wichtig ist ein gut durchdachtes **Konzept**. Gliedern Sie das **Thema** in **Unterthemen**
   und verteilen es auf einzelne **Podcast-Sequenzen**.
2. Fertigen Sie ein **Drehbuch** an, in dem steht, was gesprochen werden soll und in welcher
   Form (z. B. Einbau von Interviews), wo Jingles oder Musik zur Überleitung zum Einsatz
   kommen sollen etc. (freie Jingles und Tonsequenzen finden sich im Internet).

Tipps: Beachten Sie bei der Themenfindung und bei der inhaltlichen und sprachlichen
Gestaltung, wer Ihr **Publikum** ist und was Sie erreichen wollen, und passen Sie sowohl
Inhalt als auch Sprache daran an. Verwenden Sie beim **Ausformulieren** einfache Sätze,
das erleichtert das flüssige Vortragen. Wenn Sie sich bei dem Thema sicher fühlen,
reichen auch **stichpunktartige Notizen**, dann klingt der Vortrag spontaner.

3. Denken Sie sich in Ihre jeweilige **Sprecherrolle** ein und **üben** Sie die einzelnen Partien.
   Achten Sie dabei vor allem auf die Betonung von Wörtern, die wichtig sind.
4. Suchen Sie einen **ruhigen Ort** zur **Aufnahme**.
5. Mit **kostenfreien Schnittprogrammen** können Sie Ihre Podcast-Folge schneiden.

D 45
Drehbuch /
Storyboard
(Video)

Einen Clip / ein Video drehen

Wenn Sie ein **Video** (z. B. einen kurzen Clip für ein soziales Netzwerk) drehen wollen,
können Sie so vorgehen:
1. Sammeln Sie Ihre **Ideen** zum **Inhalt** und zur **„Botschaft"**, die Sie vermitteln wollen.
2. Teilen Sie den Clip in **Szenen** ein und erstellen Sie ein **Drehbuch**: Notieren Sie für
   jede Szene alle wichtigen Informationen wie Ort, benötigte Gegenstände und ggf.
   beteiligte Personen. Sie können alternativ auch ein Storyboard, also ein „visuelles
   Drehbuch" mit Zeichnungen des Geschehens, erstellen. Formulieren Sie die Texte,
   die im Video zu hören sein werden, aus.
3. Verteilen Sie die **Rollen**. Fragen Sie die mitwirkenden Personen schriftlich um **Erlaubnis**
   (besonders wenn das Video z. B. im Schulnetz veröffentlicht werden soll).
4. **Üben** Sie die Szenen, so dass das Spielen / Sprechen sicher und **authentisch** wirkt.
5. Das Video können Sie mit dem **Handy** oder **Tablet filmen**. Halten Sie die Kamera ruhig
   und vermeiden Sie ruckartige Bewegungen. Wenn vorhanden, nutzen Sie ein **Stativ**.
   Die Personen sollten laut und deutlich sprechen und sich nie mit dem Rücken zur
   Kamera positionieren. Nutzen Sie zudem die **Lichtquellen** optimal: Diese sollten sich
   nie hinter den Personen befinden, so dass diese dunkel erscheinen.
6. Fügen Sie die Szenen mit einem **Schnittprogramm** zusammen und unterlegen Sie
   sie ggf. mit **rechtefreier Musik**, die man unter diesem Stichwort im Internet findet.

Schreiben

Texte verfassen

Vor dem Schreiben

1. Machen Sie sich vor dem Verfassen eines Textes klar: Was für eine **Art von Text** schreiben Sie und wer sind die **Adressaten / Adressatinnen**? Was ist für die **Textsorte** wichtig (Aufbau, Inhalt, Sprache)?
2. Halten Sie die **wichtigen Punkte** stichwortartig fest und ordnen Sie die Stichpunkte im Hinblick auf den angestrebten **Aufbau** (z.B. Einleitung: Vorstellung des Themas …, Hauptteil: Argument 1, Argument 2 …, Schluss: Fazit …).

Während des Schreibens

3. Achten Sie auf das passende **Sprachregister** (Umgangssprache, Jugendsprache, Standardsprache, gehobene Sprache) und den Stil (sachlich, emotional, …).
   Bsp.: T'inquiète. *(fam.)* → Ne t'inquiète pas.
4. Variieren Sie den **Satzbau** und das **Vokabular**:
5. Verbinden Sie die Sätze und Abschnitte des Textes mit **Bindewörtern** („charnières"):

D 46
Tipps für den Stil

	ON DIT
Pour relier les éléments qui forment une série :	premièrement, deuxièmement (etc.), / pour commencer, / d'abord, / puis / ensuite, / de plus, / en outre *(außerdem)*, / à part cela *(abgesehen davon)*, / enfin, / pour terminer, …
Pour introduire des éléments qui constituent une explication :	car / parce que / puisque / comme / pour cette raison, / c'est pourquoi / c'est la raison pour laquelle / ainsi, / par conséquent, / en effet, / pour que (+ *subj.*) / de manière à + inf. *(so dass)*, …
Pour relier des éléments qui font l'objet d'une comparaison :	comme / comparé à / en comparaison avec / à la différence de / de même, …
Pour relier des éléments qu'on oppose :	d'une part, … d'autre part, / d'un côté, … de l'autre, / mais / pourtant, / cependant, / malgré cela *(trotzdem)* / alors que / tandis que / bien que (+ *subj.*) / par contre, / au contraire, / en revanche *(hingegen)*, …

6. Fassen Sie sich **kurz**: Schreiben Sie kurze Sätze mit maximal einem Nebensatz.
7. Gestalten Sie Ihren Text bei Bedarf **anschaulicher** durch Adjektive, Adverbien, Einschübe, Vergleiche oder Beispiele.

> **POUR VOUS AIDER**
>
> Notieren Sie nützliche Ausdrücke und Wendungen aus französischen Texten und bauen Sie sie in Ihre eigenen ein.

D 47
Fehlerprotokoll

Nach dem Schreiben

8. Lesen Sie den Text nach einer kurzen Pause noch einmal **Korrektur**.
   - Ist der Text für den Adressaten / die Adressatin verständlich?
   - Ist er gut strukturiert?
   - Ist alles Wichtige enthalten?
   - Gibt es unnötige Wiederholungen?
   - Entdecken Sie Fehler? Verbessern Sie sie und erstellen Sie ein Fehlerprotokoll.

[MK]

Mit digitalen Korrekturhilfen arbeiten

Um die Rechtschreibung, Grammatik und Stil eines Textes durch ein **Textverarbeitungs-programm** prüfen zu lassen, markieren Sie Ihren Text und legen Sie die **Korrektursprache** über das Menü („Überprüfen" → „Sprache") fest. Sie können den Text auch mithilfe eines **KI-Tools** kontrollieren und sogar korrigieren lassen. Sehen Sie sich die Vorschläge digitaler Korrekturhilfen immer genau an, bevor Sie sie übernehmen, denn: Auch die Korrekturhilfen übersehen Fehler oder „korrigieren" sogar Richtiges fälschlicherweise.

Personen / Figuren beschreiben und charakterisieren

Bei der **Beschreibung** von Personen oder literarischen Figuren geht man auf das **Äußere** ein. Bei der **Charakterisierung** werden explizite oder implizite Informationen über **Verhalten und Charakter** einer Person / Figur gegeben.

Die Beschreibung: Äußere Merkmale
- Körperliche Erscheinung: Geschlecht, Alter, Größe, Statur, Hautfarbe, Haarfarbe und -länge, Mimik, Gestik
- Stil, Kleidung, Accessoires
- Angaben über Herkunft, Milieu, Status, Beruf usw.
- Persönliche Situation

	ON DIT
L'identité	un garçon / une fille / un homme / une femme / une personne non-binaire âgé(e) de / d'environ … ans
La religion	être catholique / protestant(e) / musulman(e) / juif / juive …
La situation sociale	être élève / étudiant(e) / vivre avec sa famille / seul(e), avoir des frères et sœurs / des ami(e)s, s'entendre bien / mal avec qn
Le physique	• être grand(e) / petit(e) / de taille moyenne / mince / corpulent(e) / sportif / sportive • avoir le teint pâle / basané *(dunkel)* • avoir un visage rond / ovale / en longueur • avoir les cheveux bruns / châtains *(mittelbraun)* / blonds / roux / longs / mi-longs / courts / frisés, avoir une coiffure … • avoir une barbe *(Vollbart)* / une moustache *(Schnurrbart)*
Des vêtements et accessoires	• porter des vêtements classiques / chics / élégants / à la mode / démodés / de couleur claire / sombre, dans un tissu *(Stoff)* uni *(einfarbig)* / imprimé *(gemustert)* / à rayures *(gestreift)* • porter un costume *(Anzug)* / un tailleur *(Kostüm / Hosenanzug)* / une cravate / une chemise / un sweat-shirt / un jean / une robe / une jupe / un chemisier / des hauts talons *(Stöckelschuhe)* • porter des lunettes / des bijoux *(Schmuck)* / une casquette / un chapeau / un sac à main / un sac à dos

Die Charakterisierung: Innere Merkmale
- Charaktereigenschaften, die sich dem Bild / Text explizit entnehmen lassen
- Charaktereigenschaften, die sich aus dem Verhalten oder den Worten einer Person / Figur implizit ableiten lassen

	ON DIT
Le caractère	• avoir bon / mauvais caractère • être timide / renfermé(e) *(verschlossen)* / ouvert(e) / cool / sûr(e) de soi / spontané(e) / franc / franche / aimable *(freundlich)* / chaleureux / chaleureuse *(warmherzig)* / méchant(e) / colérique / énergique / excentrique / autoritaire / hypocrite *(heuchlerisch)*
Les sentiments	être (mal)heureux / (mal)heureuse / gai(e) / triste / sérieux / sérieuse / mélancolique / apathique
Le comportement / la conduite *(Benehmen)*	• avoir de bonnes / mauvaises manières • avoir un comportement bizarre / inhabituel / typique de … • Son comportement / Sa manière d'agir *(Handlungsweise)* indique / montre / laisse penser que le personnage a une forte / faible personnalité
Le développement	changer (de comportement), devenir plus / moins + adj.

Eine schriftliche Personencharakterisierung wird immer im **Präsens** geschrieben.
Sie besteht aus den folgenden **Teilen**:
- **Einleitung:** Kurze Vorstellung der Person / Figur
  → *X est un / une des protagonistes du roman …*
- **Hauptteil:** Beschreibung der Person / Figur (äußere Merkmale und persönliche Situation), Charakterisierung (innere Merkmale) und Entwicklung (wenn erkennbar)
- **Schluss:** zusammenfassende Gesamteinschätzung der Person / Figur
  → *En résumé / Pour conclure, …*

Einen Text zusammenfassen

Eine **Zusammenfassung** gibt die **zentralen Informationen** eines Textes knapp wieder.

1. **Die Hauptgedanken des Ausgangstextes erfassen**
   - Lesen Sie den Text durch und bestimmen Sie das **zentrale Thema** sowie die **Gesamtaussage**.
   - Markieren Sie die wichtigsten **Schlüsselwörter** des Textes.
   - Teilen Sie ihn in **Sinnabschnitte** ein und geben Sie jedem Abschnitt eine Überschrift.

2. **Die Zusammenfassung schreiben**
   - **Einleitung:** In einem **Einleitungssatz** erwähnen Sie den Autor / die Autorin, die Textsorte, den Titel sowie Erscheinungsort und -datum des Textes und formulieren das Thema bzw. den Grundgedanken.
   - **Hauptteil:** Geben Sie die **zentralen Textinhalte** in der richtigen Reihenfolge und Logik des Ausgangstextes wieder, Details oder Beispiele lassen Sie weg. Formulieren Sie sachlich und in eigenen Worten, verwenden Sie *keine* Zitate. Schreiben Sie in der 3. Person und im Präsens, auch wenn der Ausgangstext in der Vergangenheit steht. Nutzen Sie Satzverknüpfungen, um Ihre Zusammenfassung logisch zu strukturieren.

	ON DIT
Introduire le résumé	• L'article intitulé « … » a été écrit en … par … et publié dans … Il y est question de … • Le texte, tiré / extrait de …, traite / parle / raconte l'histoire de … • Dans ce texte, l'auteur / l'autrice X explique pourquoi … / raconte comment …
Rédiger la partie principale	• Pour commencer / Au début du texte / Tout d'abord / En premier lieu, … • Puis / Ensuite / Par la suite, … • Enfin / Pour terminer / Pour conclure, …
Relier les différentes parties du résumé	→ Stratégies, S. 306 (Charnières)

Eine Stellungnahme verfassen

In einer **Stellungnahme** beleuchten Sie eine Frage oder These mit dem Ziel, zu einem begründeten, persönlichen **Urteil** zu gelangen.
Man unterscheidet zwischen dem **dialektischen** und dem **linearen** *commentaire personnel*. Der Aufgabenstellung entnehmen Sie die zu wählende Vorgehensweise.

Beim **dialektischen** *commentaire personnel* beleuchten Sie eine These oder Frage im Hinblick auf die **Pro-** und die **Kontra-Seite**. Nach dem Abwägen der jeweiligen Argumente ziehen Sie ein Fazit, äußern und begründen Ihre Meinung.
Häufig genutzte **Operatoren** sind: *discuter, justifier, prendre position, peser le pour et le contre*.

– **Vorbereitung:** Notieren Sie **Pro- und Kontra-Argumente** und ergänzen Sie diese um **Beispiele** (eigene Erfahrungen, Fakten / Zahlen usw.). Greifen Sie ggf. auf Argumente / Informationen aus anderen Quellen zurück, die Sie zuvor gelesen haben oder kommentieren sollen. **Sortieren** Sie die Argumente beider Seiten nach ihrer Überzeugungskraft und markieren Sie die, denen Sie **zustimmen**.
– **Einleitung:** Stellen Sie die zu diskutierende **Fragestellung** oder **These** vor. Greifen Sie ein **aktuelles Beispiel** oder ein **Problem** auf, um die Einleitung interessanter zu gestalten.
– **Hauptteil:** Diskutieren Sie die Fragestellung, indem Sie die Argumente und Beispiele in **logischer Reihenfolge** ausführen. Beginnen Sie z. B. mit der Seite, der Sie nicht zustimmen, und ordnen Sie die Argumente **vom stärksten zum schwächsten** an. Sie können auch Argumente **entkräften**, denen Sie nicht zustimmen. Leiten Sie in einem bis zwei Sätzen zur **Gegenseite** über und führen dann deren Punkte aus. Ordnen Sie die Argumente **vom schwächsten zum stärksten** Argument **(Sanduhrprinzip)**.
– **Schluss:** Ziehen Sie ein **Fazit**, indem Sie die wichtigsten Punkte **zusammenfassen** und Ihre **eigene Meinung** daraus ableiten. Sie können auch einen **Ausblick** zum Thema geben (Welche Fragen stellen sich? Wie könnte es damit weitergehen? Welche Lösungsmöglichkeiten gibt es?).

	ON DIT
Introduire	• Le sujet / La question de … fait débat actuellement. • On parle beaucoup de … dans l'actualité / les médias … Faut-il / Peut-on / Doit-on … ? • Dans ce commentaire, je vais discuter … / peser le pour et le contre …
Se positionner et peser le pour et le contre	• Je suis (tout à fait) d'accord / Je ne suis pas (du tout) d'accord avec X / cet argument / cette thèse. • Il est vrai / exact / certain / évident que (+ *ind.*), mais … • J'admets *(gebe zu)* / J'accepte / Je comprends que (+ *subj.*), mais … • Certes, …, mais … • L'opinion / La thèse selon laquelle … est / me semble / paraît (in)acceptable / (ir)recevable *((in)diskutabel)* / (peu) convaincante / (in)compatible avec …
Relier les différentes parties	• Après avoir présenté les avantages, il faut exposer les inconvénients. • Naturellement, il faut aussi examiner l'autre aspect …
Présenter sa propre opinion	• À mon avis / À mes yeux / D'après moi / En ce qui me concerne, … • J'ai l'impression / Je pense / crois / trouve / suis d'avis que … • Ce que je trouve intéressant / important / remarquable, c'est … • J'aimerais souligner que … • Pour moi, ce qui compte, c'est … • L'essentiel est de *(+ infinitif)* …
Tirer une conclusion	• Enfin, pour moi, ce qui compte, c'est … / je voudrais dire que pour moi … • L'auteur / L'autrice a raison / tort de penser que … / de prétendre que … / quand il / elle affirme que … • Pour terminer, j'aimerais souligner … • Pour conclure, on peut dire que …

In einem **linearen *commentaire personnel*** entwickeln Sie Ihre **eigene Meinung** zu einer These oder Fragestellung, ohne eine Gegenposition zu beleuchten. Häufig genutzte **Operatoren** sind: *juger, évaluer, commenter*.

– **Vorbereitung:** Notieren Sie **Argumente**, die Ihre Meinung stützen, und **sortieren** Sie sie (nach steigender Wirkung). Ergänzen Sie sie durch **Beispiele** aus Ihrer eigenen Erfahrung, Zahlen, Fakten usw.
– **Einleitung:** Präsentieren Sie die **These** oder Fragestellung. Betten Sie sie auch hier in einen **aktuellen Kontext** ein, um ihre Relevanz deutlich zu machen.
– **Hauptteil: Argumentieren** Sie und enden Sie dabei mit dem **stärksten Argument**.
– **Schluss:** Ziehen Sie ein Fazit und begründen Sie Ihre Meinung.

Eine Rede schreiben

Das Ziel einer **Rede** *(un discours)* ist es, vor **Publikum** vorgetragen zu werden, dieses zu **fesseln** und von den Ideen des Redners / der Rednerin zu **überzeugen**. Je nach Anlass der Rede gibt es ein übergeordnetes **Ziel**. **Anlässe** für eine Rede können beispielsweise sein: Politische Rede, Begrüßungsrede, Festrede, Dankesrede usw.
Folgende Aspekte sollten beim Schreiben einer Rede beachtet werden:

1. **Die Redesituation bestimmen**
   - **Wer** spricht **wann** / **wo** / in welchem **Kontext**? Zu **wem** (Publikum)?
   - Was ist das **Thema** / der **Anlass** der Rede?
   - **Sprachregister:** Wird formell, standardsprachlich oder umgangssprachlich formuliert?
2. **Das Ziel und die Wirkung der Rede festlegen**
   - Ziel der Rede: Soll das Publikum **informiert**, **belehrt**, **ermutigt** oder **überzeugt** werden?
   - Wie kann dieses Ziel erreicht werden, durch **Fakten** oder **Emotionen**?
3. **Die Rede sinnvoll aufbauen**
   - Beginnen Sie mit einer passenden **Begrüßung** der Zuhörer und Zuhörerinnen und stellen Sie Ihr **Thema** / Ihre **These** vor.
   - Nutzen Sie **Informationen** oder **Argumente**, die sich auf Fakten / konkrete Beispiele stützen und ordnen Sie sie nach Wichtigkeit. Widerlegen Sie Gegenargumente.
   - Benutzen Sie **Konnektoren**, um Ihre Aussagen / Argumente miteinander zu verknüpfen. → Stratégies, S. 306 (Charnières)
   - **Bedanken** Sie sich am Ende der Rede für die Aufmerksamkeit.

	ON DIT
Commencer	• Mesdames et messieurs, …
	• Chers / Chères copains / copines / collègues / …
	• Aujourd'hui, je voudrais vous parler de …
	• On parle beaucoup en ce moment de …
	• D'année en année, …
Attirer l'attention des auditeurs / auditrices	• Il faut attirer l'attention sur le fait que …
	• Notons que …
	• Précisons que …
Présenter des arguments et exprimer son (dés)accord	Vgl. *An einer Diskussion teilnehmen* → Stratégies, S. 301
Conclure	Vgl. *An einer Diskussion teilnehmen* → Stratégies, S. 301

Einen inneren Monolog schreiben

Ein **innerer Monolog** *(un monologue intérieur)* ist ein **„gedachtes Selbstgespräch"**. In der Literatur werden damit Wahrnehmungen, Gedanken und Empfindungen einer Figur wiedergegeben. Inhalt und Sprache müssen daher zur Figur und ihrer Situation passen.

Vor dem Schreiben
– Sammeln Sie Informationen über die **Figur**, aus deren Sicht Sie den inneren Monolog schreiben (Alter, Milieu, Charakter, Haltung zu bestimmten Personen / Dingen, Verfassung etc.). Daraus können Sie die **Denk- und Redeweise** der Figur ableiten.
– Sammeln Sie Informationen über die **Situation**, in der sich die Figur befindet. Diese bildet den **inhaltlichen Rahmen** für den inneren Monolog. Notieren Sie in Stichworten, was die Figur in dieser Situation realistischerweise denken / fühlen könnte.

Während des Schreibens
– Drücken Sie sich in der **1. Person** aus.
– **Formulieren** Sie die **Gedanken** so, wie sie der Figur gerade einfallen: Verwenden Sie Gedankensprünge und kurze, auch unvollständige Sätze, Wiederholungen, Umgangssprache, emotionale Formulierungen, (rhetorische) Fragen sowie Ausrufe.

D 48
Mustervorlage

Ein Bewerbungsschreiben und einen Lebenslauf verfassen

Viele französische Unternehmen legen Wert auf einen **handschriftlichen Bewerbungsbrief** und **Lebenslauf**, denn dadurch bekommen sie (oft sogar mit Hilfe von Graphologen / Graphologinnen, die die Schrift analysieren) einen Eindruck von der **Persönlichkeit** des Bewerbers / der Bewerberin. Bei manchen Unternehmen reicht eine mit einem **Textverarbeitungsprogramm** geschriebene Bewerbung, teilweise finden Bewerbungen sogar ausschließlich **online** statt. In jedem Fall sollten sowohl das Bewerbungsschreiben als auch der Lebenslauf eine bestimmte **Form** haben.

Sprachmittlung leisten

Sprachmittlung ist die sinngemäße **Übertragung** von Informationen eines Textes in eine andere Sprache (von der Muttersprache in die Fremdsprache oder umgekehrt).

1. **Vorbereitung**
   - Lesen Sie die **Aufgabe**: Wer möchte wozu welche Informationen erhalten? In welcher Form (mündlich? Brief? Mail?) sollen sie weitergeleitet werden?
   - Lesen Sie den **Ausgangstext** sorgfältig. Notieren Sie in **Stichworten** alle Informationen, die für den Adressaten/die Adressatin wichtig sein könnten (bestimmte Aspekte oder Zusammenfassung des ganzen Textes?). **Ordnen** Sie Ihre Notizen.

2. **Durchführung**
   Formulieren Sie Ihre Notizen in der **Zielsprache aus**. Verwenden Sie **Umschreibungen**, anstatt wortwörtlich zu übersetzen, möglichst **einfache Satzstrukturen** (die direkte Rede z.B. nur, wenn Sie wiedergeben wollen, was jemand gesagt hat) und einen an den Adressaten/die Adressatin angepassten **Sprachstil**.

Tipp: Informationen oder Ausdrücke in eigenen Worten wiedergeben

Wörter umschreiben	Beispiel
… mit einem *Oberbegriff*	Berufe im Bereich der Krankenpflege und Altenpflege → des métiers sociaux
… mit einer sinngemäßen *Vereinfachung*	Wird es eine nie endende Vorwurfsspirale? → Est-ce qu'on n'arrêtera jamais de faire des reproches ?
… mit einer *Erklärung*, z.B. mit einem Relativsatz	das Krisenmanagement → la façon dont on réagit à une crise
… mit einem *Synonym*	das Stereotyp → le cliché
… mit dem *Gegenteil*	unterrepräsentiert → le contraire de « assez représenté(e) »
… mit einem *Vergleich*	die Zumutung → comme une situation difficile à supporter

Zoom sur l'art

D 49
Projet l'art
en France

1860

L'impressionnisme est un mouvement artistique du XIXe siècle (1860 – 1890). Dès 1830, des peintres comme Gustave Courbet et Edouard Manet, sortent de leurs ateliers pour peindre en plein air et de nouveaux artistes suivent leur exemple. Ils s'intéressent au caractère éphémère de la lumière et veulent peindre ses effets sur les formes et les couleurs des objets. C'est le tableau de Claude Monet *Impression, soleil levant* qui donne le nom à ce courant. D'autres peintres de ce courant sont par exemple Auguste Renoir, Berthe Morisot, Mary Cassatt, Paul Cézanne, Camille Pissarro, Edgar Degas, Alfred Sisley, William Turner, …

Claude Monet, Impression soleil levant, 1872

1890

L'Art nouveau est un style artistique qui apparaît en Belgique et en France à la fin du XIXe siècle, vers 1890, et qui concerne d'abord les designers et les architectes. Inspiré par la nature, il s'appuie sur l'esthétique des lignes courbes et veut faire tomber les barrières entre arts majeurs et arts mineurs. Ses représentants s'appellent Hector Guimard, Louis Majorelle, Émile Gallé, René Lalique, Eugène Grasset.

Hector Guimard : bouche de métro Porte Dauphine, 1900

1905

Le fauvisme est un mouvement artistique éphémère et exclusivement français qui apparaît au début du XXe siècle. Inventé par Henri Matisse en 1905, il donne la priorité à la couleur, aux formes simplifiées et représente surtout des paysages. André Derain, Raoul Dufy et Georges Braque appartiennent à ce courant.

Raoul Dufy, Régates à Sainte-Adresse, 1930 environ

1907

Le cubisme est un mouvement d'avant-garde du XXe siècle (1907 – 1914) qui provoque une véritable révolution dans la peinture et la sculpture, mais aussi dans la littérature. Il propose de déconstruire le réel à travers la géométrie, mais sans jamais rendre l'art abstrait. Les artistes cherchent à représenter le monde en quatre dimensions à travers des volumes. Ils utilisent les objets du quotidien. *Les demoiselles d'Avignon* (1907) de Picasso est considéré comme un manifeste de cet esthétisme. Georges Braque est un autre peintre cubiste comme Fernand Léger et Robert Delaunay.

Robert Delaunay, Fenêtres ouvertes simultanément (1ère partie 3e motif), 1912

1920

Le surréalisme est un mouvement poétique et artistique du XXᵉ siècle qui apparaît, à la suite du mouvement dada, après la Première Guerre mondiale. Chef de file de ce mouvement, l'écrivain André Breton le définit comme quelque chose d'automatique, une exploration de l'inconscient qui permet d'exprimer la réalité des pensées sans censure. Le rêve y occupe une place importante. Mouvement libérateur, il met l'accent sur le psychisme et la sexualité. Le surréalisme a utilisé toutes les formes d'art : cinéma, arts plastiques, musique… Les principaux artistes surréalistes sont Louis Aragon, René Char, Robert Desnos en littérature, Salvador Dali, Max Ernst et René Magritte en arts plastiques.

Francis Picabia, Madame X, 1928

1945

L'art contemporain désigne un courant artistique qui, né après la Seconde Guerre mondiale, succède à l'art moderne (1900 – 1945). Il rassemble toutes les œuvres qui ont vu le jour après 1945 jusqu'à aujourd'hui. Il n'a aucune limite de support. Les œuvres de ce courant n'ont pas pour but de représenter fidèlement le monde, mais de le questionner, de révéler ses contradictions et de remettre en question les codes. L'art contemporain englobe plusieurs mouvements artistiques : le pop art, l'expressionnisme abstrait, le minimalisme, le nouveau réalisme, l'hyperréalisme, l'art postmoderne et le néo-expressionnisme.

Niki de Saint Phalle, Nanas, 1974

2000

L'art urbain est un mode d'expression artistique qui fait son apparition à partir de la fin du XXᵉ siècle. Il regroupe les formes d'art réalisé dans l'espace public comme le graffiti, l'affichage, le collage, le pochoir, des installations, certaines formes de performances. Cet art souvent éphémère est généralement vu par un très grand public.

Kouka, Les sentinelles, 2019

Zoom sur la littérature

Les écrivains qui appartiennent à un même courant littéraire partagent souvent une même façon de considérer l'écriture.

1650 Les auteurs du **classicisme** (1650 – 1700) écriv Poquelin, dit ent surtout pour le théâtre. La pièce classique doit obéir à la règle des trois unités définie dans ce vers de Boileau (Art poétique, 1674) : « *Qu'en un lieu, en un jour, un seul fait accompli tienne jusqu'à la fin le théâtre rempli* ». La pièce doit donc être constituée d'une seule intrigue (unité d'action), se dérouler en 24 heures (unité de temps) dans un seul espace (unité de lieu). Parmi les grandes œuvres du classicisme, on peut citer *Le Cid* de Pierre Corneille, les tragédies de Jean Racine comme *Phèdre* ou *Andromaque* et les comédies de Jean-Baptiste Molière, comme *Tartuffe* ou *Le malade imaginaire*.

1720 Au XVIIIe siècle, **Les Lumières** (1720 – 1770) désignent un mouvement philosophique, littéraire et culturel qui se développe dans toute l'Europe. En France, des auteurs comme Rousseau, Voltaire ou Diderot mettent en avant la raison, le progrès, la science, la liberté. Ils dénoncent les préjugés et l'intolérance et s'opposent à l'obscurantisme des autorités religieuses et politiques de l'époque. On peut citer les contes philosophiques de Voltaire comme *Candide ou l'optimisme* et *Zadig* ou bien encore *Émile ou De l'éducation* de Rousseau.

1820 En réaction, au XIXe siècle, les écrivains du **romantisme** (1820 – 1850) comme Alphonse de Lamartine, François-René de Chateaubriand et Victor Hugo, privilégient le « moi », la sensibilité, la mélancolie, l'imagination, les sentiments amoureux et le rêve. *Le lac*, de Lamartine, est l'un des plus célèbres poèmes du mouvement romantique. Mais les auteurs du **réalisme** (1830 – 1890) comme Honoré de Balzac ou Gustave Flaubert ne sont pas d'accord avec la vision romantique. Pour eux, le rôle de l'écrivain consiste à raconter la réalité et à montrer la société telle qu'elle est. On peut citer ici des œuvres comme *Le père Goriot* de Balzac ou *Madame Bovary* de Flaubert. Le **naturalisme** (1830 – 1890) dont Émile Zola est un des représentants les plus importants s'attache également à décrire la réalité, mais va encore plus loin : ce courant s'intéresse à la science, à la médecine et à la psychiatrie et documente la réalité de manière très précise, voire scientifique. La psychologie des personnages a une grande importance dans les romans.

1860 Les auteurs du **symbolisme** (1857 – 1900), comme Paul Verlaine, Arthur Rimbaud, Stéphane Mallarmé ou Charles Baudelaire par exemple, cherchent au contraire le sens caché de la réalité. Pour eux, ce sont les sensations qui sont les plus importantes et ils cherchent à évoquer les choses au moyen des impressions et sensations qu'elles provoquent. Des œuvres célèbres sont le recueil de poèmes *Les fleurs du mal* de Charles Baudelaire ou *Les poètes maudits* de Verlaine.

1920 Au XXe siècle, pendant la Première Guerre mondiale, les auteurs du **mouvement dada** comme Paul Éluard ou Louis Aragon sont engagés politiquement. Ils dénoncent les traditions, la logique et les conventions. Le mouvement dada se caractérise aussi par le goût de la provocation et du non-sens. Puis le **surréalisme** (1920 – 1940) dont André Breton est un des principaux représentants, s'oppose au rationalisme et lui préfère l'imagination et les rêves. Pour les écrivains de l'**absurde** (1938 – 1960) comme Jean Genet ou Eugène Ionesco et sa pièce *Rhinocéros*, l'existence est dépourvue de sens, l'être humain ne fait que répéter les mêmes gestes et les mêmes actions. Enfin, les auteurs du **Nouveau Roman** (1950 – 1970) comme Nathalie Sarraute et Claude Simon refusent les règles. Ils remettent en cause les principales caractéristiques du roman traditionnel : ils abandonnent ainsi la notion d'intrigue ou la conception romanesque du personnage, leurs personnages n'ont souvent pas de nom, ne sont pas définis socialement, etc.

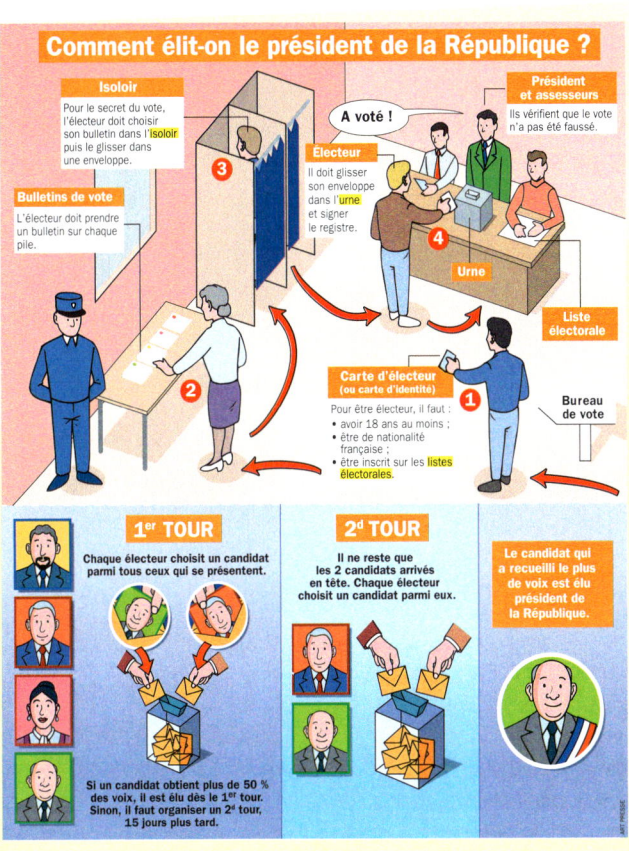

Comment élit-on le président de la République ?

Isoloir
Pour le secret du vote, l'électeur doit choisir son bulletin dans l'isoloir puis le glisser dans une enveloppe.

Bulletins de vote
L'électeur doit prendre un bulletin sur chaque pile.

A voté !

Président et assesseurs
Ils vérifient que le vote n'a pas été faussé.

Électeur
Il doit glisser son enveloppe dans l'urne et signer le registre.

Urne

Liste électorale

Carte d'électeur
(ou carte d'identité)
Pour être électeur, il faut :
• avoir 18 ans au moins ;
• être de nationalité française ;
• être inscrit sur les listes électorales.

Bureau de vote

1er TOUR
Chaque électeur choisit un candidat parmi tous ceux qui se présentent.

Si un candidat obtient plus de 50 % des voix, il est élu dès le 1er tour. Sinon, il faut organiser un 2d tour, 15 jours plus tard.

2d TOUR
Il ne reste que les 2 candidats arrivés en tête. Chaque électeur choisit un candidat parmi eux.

Le candidat qui a recueilli le plus de voix est élu président de la République.

Que fait le président de la République ?

Il peut organiser un référendum pour avoir l'avis des Français sur un projet important pour la France.

Il est le chef des armées et des soldats.

Il peut prendre tous les pouvoirs en cas de danger menaçant la France.

Il peut dissoudre l'Assemblée nationale et demander de nouvelles élections de députés.

Il choisit des hautes personnalités de l'État comme le Premier ministre, les représentants de la France à l'étranger...

Il peut libérer des prisonniers.

Il rencontre les autres chefs d'État et signe les accords entre pays.

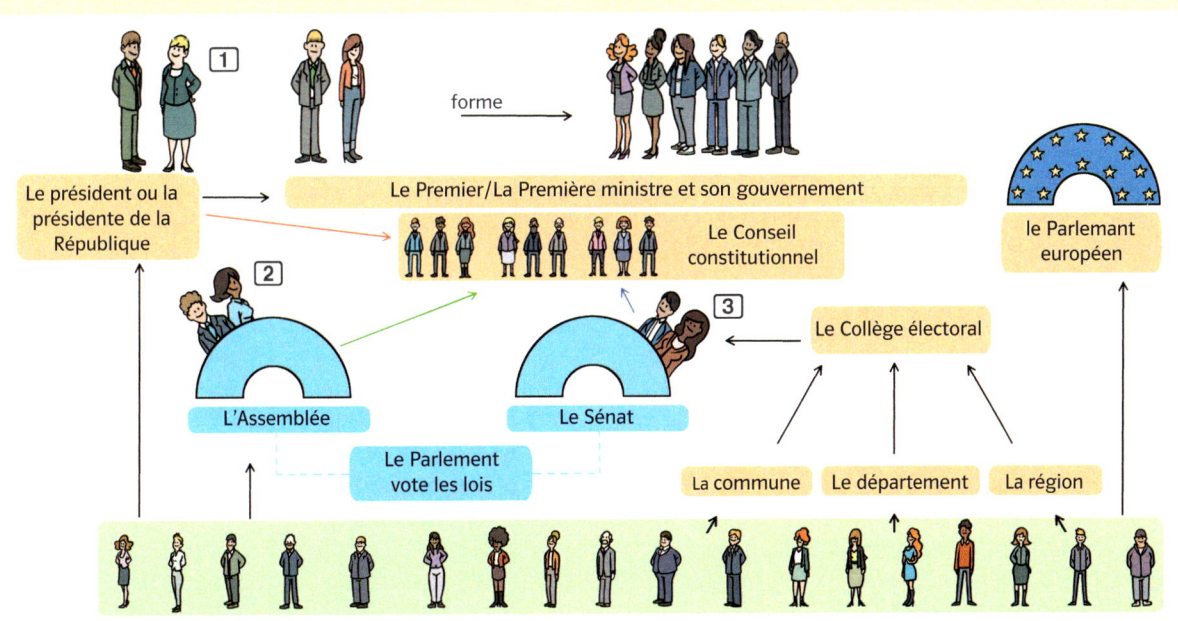

forme →

Le président ou la présidente de la République

Le Premier/La Première ministre et son gouvernement

Le Conseil constitutionnel

le Parlement européen

L'Assemblée

Le Sénat

Le Collège électoral

Le Parlement vote les lois

La commune   Le département   La région

1 Il/Elle nomme le Premier/la Première ministre.
Il/Elle peut dissoudre *(auflösen)* l'Assemblée nationale.
Il/Elle nomme trois membres du Conseil constitutionnel.

2 / 3 Le président ou la présidente de l'Assemblée nationale/ du Sénat nomme trois membres du Conseil constitutionnel.

Point info

A

l'**absolutisme** → module 2

Dans cette forme de régime politique, le chef de l'État détient tous les pouvoirs politiques et gouverne sans contrôle ni limites.
Ce terme qualifie la monarchie française aux XVIIᵉ et XVIIIᵉ siècles.
L'absolutisme atteint son apogée avec Louis XIV, souverain de droit divin, qui n'a de compte à rendre qu'à Dieu.

l'**appel** du 18 juin → module 3

Le 18 juin 1940, à Londres, Charles de Gaulle, un général français encore peu connu, appelle à la radio (la BBC) les Français à s'unir dans l'action et à résister pour libérer la France. Ce discours sera imprimé sur des tracts clandestins et distribué pendant toute la guerre. Cet appel est considéré comme le refus de la défaite et le symbole de la Résistance française.

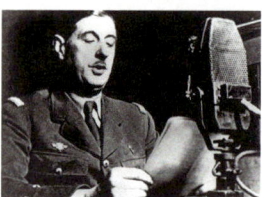

B

Balance ton porc → module 2

C'est le hashtag inventé par la journaliste française Sandra Muller en 2017 alors qu'elle vivait à New York. Sur le réseau social Twitter, elle a encouragé les femmes à dénoncer le harcèlement sexuel dans leur travail et à donner le nom de celui qui les harcèle. Au même moment, des actrices racontaient ce qu'elles vivaient à Hollywood. Sandra Muller a pensé que le milieu du cinéma ne devait pas être le seul concerné et que toutes les femmes devaient vivre en fait la même chose. Deux jours plus tard est né #metoo.

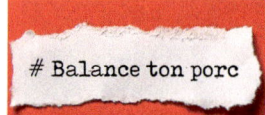

Balzac et *La Comédie humaine* → module 8

Honoré de Balzac (1799 – 1850) est un écrivain français qui a écrit plus de 90 romans, contes, essais et nouvelles sous le titre *La Comédie humaine*. Le but de cet écrivain qui a inventé le « roman moderne » était de faire le portrait de la société à son époque pour les générations futures. Parmi les romans les plus connus : *La Peau de chagrin* (1830), *Eugénie Grandet* (1833) ou *Le Père Goriot* (1835).

C

Albert **Camus** → module 2

Albert Camus (1913 – 1960) est un écrivain, philosophe et journaliste français né en Algérie qui a reçu le prix Nobel de littérature en 1957. Il est l'auteur de pièces de théâtre comme *Les Justes* et de romans dont *L'étranger* (1942) et *La peste* (1947). Comme Jean-Paul Sartre, c'est un intellectuel engagé de l'après Seconde Guerre mondiale. Dans ses textes, il évoque les problèmes de conscience que rencontrent les hommes.

le **centralisme** en France → module 10

En France, la Nation a été construite autour de son État central. La centralisation du pays s'est imposée avec la Révolution et, plus tard, pendant la IIIᵉ République

(1870 – 1940). Au fil du temps, cette centralisation a été de plus en plus critiquée. Au début des années 1980, la France a commencé à transformer son organisation avec les lois de décentralisation. En 2003, le principe d'une « organisation décentralisée » de la République a été voté.

la collaboration
→ module 3

On désigne par ce terme la politique du gouvernement de Vichy (10 juillet 1940 – 9 août 1944) qui aide l'Allemagne nazie pendant l'Occupation. Elle commence en octobre 1940 avec la rencontre entre le maréchal Pétain et le chancelier Hitler. Mise en œuvre par Pierre Laval, chef du gouvernement, elle consiste notamment à mettre la police française au service de l'idéologie nazie : rafles, arrestations, spoliation des biens juifs… On parle aussi de collaboration pour désigner les activités des individus (par exemple des dénonciations), des artistes, des journalistes, des entreprises ou des banques qui se mettent au service de l'occupant.

la situation de la Corse
→ module 10

Depuis 2018, la Corse est une collectivité territoriale à statut particulier appelée « collectivité de Corse ». Rattachée à la France par le traité de Versailles de 1768, la Corse n'est ni une région, ni un département, ni une collectivité d'outre-mer. Depuis les années 1970, les indépendantistes et autonomistes dénoncent la centralisation et demandent la reconnaissance du peuple corse. En mars 2024, un accord est trouvé avec les indépendantistes qui prévoit la reconnaissance d'un statut d'autonomie de l'île au sein de la République.

D les DROM-COM
→ module 4

Depuis la réforme constitutionnelle de 2003, la France d'outre-mer est constituée par des territoires éloignés de la métropole : cinq départements et régions d'outre-mer (DROM) et six collectivités d'outre-mer (COM). Les cinq DROM sont la Guyane, la Martinique, la Guadeloupe, la Réunion et Mayotte. Le droit de l'Hexagone s'y applique pleinement. Les six COM sont Saint-Martin, la Polynésie française, Wallis-et-Futuna, les Terres australes et antarctiques, l'île de Clipperton, Saint-Barthélemy, Saint-Pierre-et-Miquelon et la Nouvelle-Calédonie. Dans ces COM, le droit de l'Hexagone ne s'applique pas pleinement. Ces 11 territoires issus des anciens empires coloniaux français sont situés en Amérique, Océanie, dans l'océan Indien et en Antarctique.

E les grandes écoles
→ module 7

Ces écoles auxquelles on accède après le bac ont la réputation d'être le meilleur moyen de faire plus tard partie de l'élite politique et économique. On y entre par concours après des classes préparatoires ou « prépas ». Seul(e)s les meilleur(e)s élèves des lycées ont une chance d'être pris(e)s en « prépa ». Les grandes écoles les plus connues sont Polytechnique, HEC (Haute École de Commerce), Sciences Po Paris (IEP), l'École normale supérieure (ENS)… Elles forment des ingénieur(e)s, des dirigeant(e)s, des professeur(e)s… dans les domaines des sciences, des lettres, des arts et des sciences humaines.

les **émeutes** de juin 2023 / les émeutes de 2005 → module 6

Entre le 27 juin et le 7 juillet 2023, la mort de Nahel, 17 ans, à Nanterre en banlieue parisienne, a provoqué des violences dans de nombreuses villes de France. Nahel a été tué lors d'un contrôle de police. Les images ont beaucoup choqué sur les réseaux sociaux car elles ont montré que le policier a semblé tirer sur le garçon sans véritable raison. Elles posent la question du racisme et des violences policières.
En 2005, il y avait déjà eu des nuits de violence après la mort de Zyed et Bouna, deux jeunes de 17 et 15 ans, à Clichy-sous-Bois, à la suite d'une course-poursuite avec la police.

les **énergies** en France → module 9

En France, le nucléaire est pour le moment encore la principale source d'énergie (40 %), les autres étant le pétrole (28 %) le gaz naturel (16 %), les énergies renouvelables et déchets (14 %) et le charbon (2 %). La France importe 98,5 % de son pétrole. Elle a prévu de doubler d'ici 2030 la part des énergies renouvelables dont le bois représente la première source.

F

les **féminicides** et les violences faites aux femmes en France → modules 2 + 5

Le mot féminicide définit le meurtre d'une femme, d'une fille ou d'une enfant tuée parce qu'elle est de sexe féminin. Il est apparu au début des années 2000 en français et a fait son entrée dans le dictionnaire *Le Robert* en 2015. 82 % des morts au sein d'un couple sont des femmes. En 2023, en France, on a recensé 94 féminicides.

G

la **guerre** de 1870 – 71 → module 3

Appelée aussi guerre franco-allemande, elle oppose la France à une coalition d'états allemands dirigée par la Prusse d'Otto von Bismarck. La France subit une défaite humiliante qui a pour conséquence la chute du second empire et la proclamation de la République. Elle doit aussi céder l'Alsace-Moselle. Côté allemand, cette victoire aboutit à la proclamation de l'Empire allemand à Versailles et sert de ciment à l'unité allemande. La France et l'Allemagne qui, jusque-là, avaient de bonnes relations se considèrent désormais comme des « ennemis héréditaires ».

la **guerre** d'Algérie → module 4

La guerre d'Algérie (1954 – 1962) est le conflit qui oppose l'armée française aux indépendantistes algériens qui, encadrés par le FLN (Front de Libération Nationale), vont lutter pendant huit ans jusqu'à obtenir l'indépendance. Officiellement, l'Algérie n'est pas une colonie, mais une partie du territoire français composé de plusieurs départements. En 1954, une série d'attentats anti-français en Algérie provoque un choc. En réaction, l'armée française lance des opérations de « pacification » de plus en plus violentes et utilise la torture. Le conflit s'étend en métropole avec l'OAS (Organisation de l'Armée Secrète) prête à tout pour garder l'Algérie française. Il fait entre un million et 1,5 millions de morts. Mais en 1962, à la suite des accords d'Évian, la guerre prend fin et l'Algérie devient indépendante. Un million de « pieds-noirs », les colons européens venus s'installer en Algérie depuis 1830, quittent le pays.

l'immigration en France → module 6

La France est le plus ancien pays d'immigration d'Europe. Un quart des Français sont issus de l'immigration. Depuis le XIXᵉ siècle, il y a eu plusieurs vagues d'immigration. Aujourd'hui, sept millions d'étrangers vivent en France et représentent 10,3 % de la population totale. Au XIXe siècle, les mines et l'industrie ont de plus en plus besoin de main d'œuvre : de nombreuses personnes cherchent alors du travail en France, venant le plus souvent des pays voisins (Allemagne, Belgique, Pologne, Italie). Pendant la Première Guerre mondiale, on fait venir des immigrés pour remplacer les hommes partis au combat. À la fin de la guerre, la main d'œuvre étrangère est plus que nécessaire afin de reconstruire le pays.
Pendant la Seconde Guerre mondiale, les étrangers sont considérés comme indésirables par le régime de Vichy et placés en camp de travail ou déportés. Mais à la fin de la guerre, il faut de nouveau reconstruire. Pendant les Trente Glorieuses, la croissance est importante et la demande en main d'œuvre augmente. Aux Italiens succèdent les Espagnols, les Portugais, puis des immigrés en provenance des anciennes colonies françaises. Dans les années 1970 arrivent les « boat people » en provenance du Vietnam, du Cambodge et du Laos. Depuis, la part des immigrés originaires d'Europe a diminué pendant que celle des personnes venues d'Afrique subsaharienne augmente. Depuis les années 2000, ce sont les guerres, les persécutions, mais aussi la pauvreté qui poussent des étrangers à venir en France.

les institutions européennes → module 3

Les principales institutions sont le Parlement européen, la Commission européenne et le Conseil européen. Seuls 754 eurodéputé(e)s du Parlement sont élu(e)s dans chaque pays pour cinq ans au suffrage universel.
Le Parlement, qui se réunit à Bruxelles et à Strasbourg, partage le pouvoir législatif avec le Conseil de l'Union européenne. Celui-ci réunit les chef(fe)s d'État et de gouvernement. Composée d'un(e) commissaire par État membre, la Commission est un organe exécutif. Elle siège à Bruxelles. Son / Sa président(e) est élu(e) par le Parlement. Il existe également la Cour européenne de justice installée à Luxembourg.

les langues régionales en France → module 10

Il existe 75 langues régionales en France, une vingtaine en métropole comme l'alsacien ou l'occitan, 54 dans les territoires d'outre-mer (dont une trentaine rien qu'en Nouvelle-Calédonie) comme le créole ou le nengone. Ces langues étaient souvent parlées avant le français. Interdit depuis la IIIᵉ République (1870 – 1940), leur enseignement a finalement été autorisé par la loi Deixonne du 11 janvier 1951. Depuis 2008, la Constitution affirme que les langues régionales « appartiennent au patrimoine de la France ». La loi Molac de 2021 veut les protéger et les promouvoir.

la loi de 1905 → module 6

On appelle aussi cette loi « loi de séparation des Églises et de l'État ». Elle définit ce qu'est la laïcité en France. L'État doit être neutre. Il garantit la liberté de conscience et, donc, de religion. Mais dans l'espace public, comme dans les écoles ou les mairies, on ne doit pas montrer qu'on appartient à une religion. Par exemple, on n'a pas le droit de porter une croix ou bien un voile en classe.

la **loi** sur le harcèlement de rue → module 2

On ne peut pas tout dire dans les lieux et transports publics. Depuis le 3 août 2018, le droit français interdit et punit le harcèlement de rue, c'est-à-dire le harcèlement sexuel dans l'espace public. Cela s'appelle un « outrage sexiste ». On peut aller voir la police et porter plainte.

M

le **made** in France → module 9

La mention « made in France » ou « fabriqué en France » peut être ajouté sur l'emballage d'un produit. Mais cette mention n'est pas obligatoire sauf pour certains produits agricoles, cosmétiques et alimentaires (huile d'olive, fruits et légumes…). Cette mention ne veut pas dire que toutes les étapes de fabrication du produit ont été réalisées en France, mais indique qu'une partie importante de cette fabrication a été faite en France.

le **mariage** pour tous → module 1

Depuis 1999, tous les couples, qu'ils soient hétérosexuels ou homosexuels, pouvaient déjà signer en France un partenariat civil ou PACS. Avec la loi du 17 mai 2013 dite du « mariage pour tous », la France autorise, après un débat très agité, le mariage entre personnes du même sexe et, donc, le mariage homosexuel. Elle est devenue ainsi le 14e pays au monde à ouvrir le mariage aux couples homosexuels. Cette loi a provoqué une forte opposition dans le pays.

Les **Misérables** → module 6

Les Misérables est un roman historique de Victor Hugo (1802 – 1885) publié en 1862. Il raconte la vie des gens pauvres à Paris et en province au début du XIXe siècle. Ce roman a été adapté plusieurs fois au cinéma. En 2019, le cinéaste Ladj Ly donne le titre *Les Misérables* à son premier film qui se passe en banlieue et à la fin duquel il cite le roman de Victor Hugo.

les nouvelles formes de **mobilité** → modules 9 + 10

La voiture n'est plus le seul moyen de transport pour se déplacer, notamment à l'intérieur des villes. Outre les transports en commun, il existe aujourd'hui de nouveaux modes de transport, notamment des modes de transport durables pour un meilleur environnement comme la trottinette électrique, le vélo électrique, le covoiturage ou l'autopartage.

N

le **nucléaire** en France → module 9

Le nucléaire est la 1ère source de production (70,6 % en 2019) et de consommation d'électricité en France. La France est le deuxième producteur d'électricité d'origine nucléaire derrière les États-Unis et devant la Chine. Mais avec 56 réacteurs pour 18 centrales, la France est le pays du monde qui compte le plus de réacteurs nucléaires par habitant.

O

l' **Occupation** → module 3

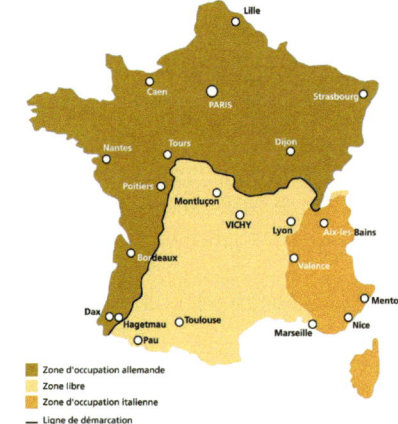

L'Occupation désigne la période entre 1940 et 1944 pendant laquelle la France a été occupée par les troupes allemandes. La France métropolitaine est alors divisée en deux parties par une ligne de démarcation. Il y a d'un côté la France occupée par les troupes

Zone d'occupation allemande
Zone libre
Zone d'occupation italienne
Ligne de démarcation

du IIIᵉ Reich et de l'autre, au sud, une France dite « libre ». Mais en novembre 1942, à la suite du débarquement des troupes alliées en Afrique du Nord, la zone « libre » est envahie par les Allemands et les Italiens.

Paris → module 10

Paris est la capitale de la France, mais aussi la préfecture de la région Île-de-France et le chef-lieu du département. Traversée par la Seine, elle compte vingt arrondissements. Si Paris intra-muros s'étend sur 105 km² pour 2,1 millions d'habitants, la région parisienne, c'est-à-dire Paris et les autres villes autour, couvre 18 941 km² pour une population d'un peu plus de 13 millions d'habitants. C'est l'aire d'attraction la plus peuplée de France et de l'Union européenne.

les partis politiques en France → module 1

En France, il existe environ 500 partis dont le rôle est inscrit dans la constitution. Certains partis sont de gauche comme La France insoumise (LFI), le Parti socialiste (PS), le Parti communiste (PC) ou Les Écologistes dont certainsmembres voudraient n'être ni à droite, ni à gauche. D'autres partis sont de droite : ce sont par exemple Les Républicains (LR) et l'Union des Démocrates et Indépendants (UDI). À l'extrême-droite, il y a le Rassemblement National (ex-Front National). Enfin, le parti fondé par Emmanuel Macron, La République en marche (LREM) devenu Renaissance en 2022, se situe plutôt à droite, même si, au départ, ce parti voulait dépasser la séparation gauche-droite.

les pieds-noirs → module 4

À partir de 1830, des milliers de Français s'installent en Algérie. En 1960, on y comptait environ 1,4 million d'Européens, qu'on appelait aussi pieds-noirs. Après l'indépendance en 1962, la majorité d'entre eux rentrent en France où ils ont du mal à trouver leur place.

la politique immigratoire → modules 2 + 6

Jusqu'en 1945, il n'y a pas vraiment de politique d'immigration en France. Mais après la Seconde Guerre mondiale, l'État encourage les étrangers à venir pour reconstruire le pays. Au début des années 1970, à cause de la crise économique, cette immigration est d'abord arrêtée, puis limitée. En 1977, on donne une aide financière aux immigrés pour qu'ils rentrent dans leur pays d'origine. En 1981, le nouveau Président François Mitterrand décide de changer de politique et de régulariser 130 000 clandestins. On parle de politique d'intégration. Mais dès 1983, sous la pression du Front national, la politique se fait plus dure : le gouvernement veut lutter contre l'immigration clandestine. À la même époque, les jeunes issu(e)s de l'immigration dénoncent le racisme. Depuis, l'immigration est un sujet politique permanent.

la presse écrite en France → module 8

En format papier ou numérique, la presse écrite reste la première source d'information. Plus de 60 % des Français lisent les journaux en ligne. Les journaux les plus connus au niveau national sont *Le Monde*, *Le Parisien / Aujourd'hui en France*, *Le Figaro*, *Libération*, *Les Échos*, *La Croix*, *L'Équipe* (pour le sport). Mais on compte aussi de nombreux journaux régionaux comme *Ouest France*, *Sud Ouest*, *Le Dauphiné libéré* ou *La Voix du Nord*.

Q

les **quartiers** populaires → module 6

Ce sont des quartiers dans les villes ou les banlieues où habitent surtout des personnes qui ne gagnent pas beaucoup d'argent, essentiellement des familles, des jeunes et des immigrés. Le chômage y est souvent important et les habitants souffrent d'un manque de perspectives. Autour de Paris, les quartiers populaires sont par exemple ceux de Clichy-sous-Bois, Aulnay-sous-Bois, Saint-Denis, à Marseille les banlieues nord et autour de Lyon, Vaulx-en-Velin et Vénissieux.

R

les **radios** en France → module 8

70 % des Français écoutent la radio chaque jour. Mais ils sont de moins en moins nombreux. Radio France, groupe de radio publique, est, avec 14,4 millions d'auditeurs et d'auditrices quotidien(ne)s, le premier groupe radio de France. Sa station, France Inter, est la radio la plus écoutée de France. France Info, une autre station du groupe, est numéro 3. Les autres radios sont RTL, RMC et Europe 1. Parmi les radios musicales, les plus connues sont NRJ, Skyrock et Nostalgie.

la **rafle** du Vélodrome d'Hiver → module 3

Les 16 et 17 juillet 1942, la police française, sur ordre du gouvernement de Vichy, procède à Paris et dans sa banlieue à l'arrestation de 13 152 Juifs dont 4 115 enfants. Ils sont détenus pendant plusieurs jours au Vélodrome d'Hiver dans des conditions d'hygiène catastrophiques avant d'être internés à Drancy ou déportés vers Auschwitz. Moins d'une centaine d'adultes ont survécu.

le **régime** de Vichy → module 3

On désigne par là le régime autoritaire qui gouverne la France entre 1940 et 1944. Il collabore avec l'Allemagne nazie pendant la Seconde Guerre mondiale et la période de l'Occupation. Traditionnaliste, xénophobe et antisémite, il est dirigé par le maréchal Pétain. Ce gouvernement siège à Vichy, dans le département de l'Allier, ville située en zone libre.

les **régions** et départements en France → module 10

La France compte 101 départements, et depuis la réforme de 2016, 17 régions, dont 12 se trouvent en métropole.
La Guadeloupe, la Guyane, la Martinique, Mayotte et la Réunion sont les cinq départements et régions d'outre-mer. La Corse a un statut spécial, c'est une collectivité à statut particulier.
Le tiers de la population française vit dans deux régions – l'Île-de-France et Auvergne-Rhône-Alpes – qui ne représentent pourtant que 13 % du territoire métropolitain.

les grandes dates des **relations** franco-allemandes → module 3

La date la plus importante est le 22 janvier 1963, date à laquelle le président français Charles de Gaulle et le chancelier allemand Konrad Adenauer signent le traité de l'Élysée. Ce traité marque la première étape de la réconciliation entre les deux pays. Le but est de garantir la paix pour mettre fin à un passé marqué par les guerres en 1870, 1914 – 1918 et 1939 – 1945.
Différentes initiatives voient le jour : création de l'Office franco-allemand pour la Jeunesse, lycée et baccalauréat franco-allemands, production commune de l'Airbus.

En 1974, on parle du « couple franco-allemand » avec Helmut Schmidt et Valéry Giscard d'Estaing. En 1984, à Verdun, main dans la main, Helmut Kohl et François Mitterrand se souviennent des soldats des deux pays morts pendant les deux guerres mondiales.

En 1992, la chaîne de TV franco-allemande ARTE voit le jour.

En 2019, Emmanuel Macron et Angela Merkel signent le traité d'Aix-la-Chapelle le 22 janvier, jour de l'amitié franco-allemande. Ce traité prévoit entre autres d'encourager la coopération transfrontalière et l'apprentissage de la langue du pays voisin.

la retraite → module 7

Le système de retraite a été mis en place avec la création de la sécurité sociale en 1945. Cotiser à la retraite est obligatoire pour toutes les personnes qui travaillent. Le système des retraites fonctionne sur le principe de répartition : les cotisations versées aujourd'hui servent à payer immédiatement les retraites et ouvrent des droits aux personnes qui travaillent pour leur future retraite. Il est fondé sur une solidarité entre les générations.

Depuis 1982, il y a eu plus d'une dizaine de réformes des retraites. La réforme de 2023 a fait passer l'âge légal de la retraite de 62 à 64 ans. Mais ceux qui ont commencé à travailler entre 20 et 21 ans pourront partir un an plus tôt que les autres. Pour avoir toute sa retraite, il faudra cotiser à la caisse de retraites pendant 42 ans, puis pendant 43 ans à partir de 2027. Cette réforme a provoqué l'opposition des syndicats et un énorme mouvement social pendant plusieurs mois. Mais les manifestations n'ont rien changé et la réforme a été adoptée.

les mouvements de Résistance → module 3

Pendant la Seconde Guerre mondiale, la résistance s'organise en France face à deux ennemis : l'Allemagne nazie qui occupe le territoire français et le régime de Vichy. Ce qui n'est au début qu'un mouvement d'individus isolés qui refusent la défaite française aboutit à la naissance de mouvements très nombreux. Il y a en zone occupée : le musée de l'Homme, Libération-Nord, Valmy, Résistance… En zone libre : Combat, Libération, Franc-Tireur. À la demande de Charles de Gaulle, Jean Moulin crée le Conseil national de la Résistance (CNR) en 1942. Ce CNR va peu à peu intégrer les différents mouvements et partis résistants. Après l'arrestation de Jean Moulin, Georges Bidault prend la tête du CNR. D'autres grands noms de la Résistance sont Pierre Brossolette, Jean Zay, Lucie Aubrac, Germaine Tillon, Geneviève de Gaulle-Anthonioz.

la Révolution française (1789 – 1799) → module 2

La Révolution française est une période pendant laquelle plusieurs rassemblements et émeutes se produisent dans un pays marqué par les crises économiques et les inégalités. Le 14 juillet 1789, la foule attaque la prison de la Bastille, symbole de l'autorité du roi. Ces manifestations mettent fin à la monarchie absolue et à l'Ancien régime. La noblesse et le clergé perdent leurs privilèges. Les députés votent la « Déclaration de l'Homme et du citoyen » qui précise que tous les citoyens sont désormais libres et égaux.

Le drapeau « bleu, blanc, rouge » apparaît également à cette époque. La France va être découpée en départements. Les premières élections législatives ont lieu en France et provoquent l'opposition de toutes les monarchies européennes. En 1792 est proclamée la Ière République.

Après l'exécution du roi Louis XVI en janvier 1793, les soulèvements continuent.
Le Comité de salut public (un gouvernement révolutionnaire) met en place
la Terreur qui vise à lutter contre les ennemis de la Révolution. Des dizaines
de milliers de personnes sont condamnées à mort entre 1793 et 1794.
En 1795, la Marseillaise devient l'hymne français.
Le 9 novembre 1799, le coup d'état de Bonaparte met fin à la période
de Révolution.

S

Jean-Paul Sartre et l'existentialisme → module 5

Jean-Paul Sartre (1905 – 1980) est un philosophe et écrivain français. Il est l'auteur
de romans comme *La nausée* et *Le mur*, de pièces de théâtre comme *Huis clos*
et *Les mains sales* et d'ouvrages philosophiques comme *L'Être et le néant*.
Sartre est considéré comme le père de l'existentialisme français. L'existentialisme
selon Sartre se résume dans la formule « l'existence précède l'essence ». Pour
Sartre, l'individu se définit par ses actes lors de son existence et est entièrement
responsable de ses actes qui vont au cours de sa vie transformer son essence.

les secteurs d'activités (primaire / secondaire / tertiaire) → module 7

Le secteur primaire regroupe l'agriculture, la pêche, les forêts, etc. Le secteur
secondaire désigne les activités de transformation et en particulier l'ensemble
de l'industrie. Le secteur tertiaire est celui des services. 76 % des Français
travaillent dans le secteur tertiaire qui est un secteur où les femmes sont les
plus présentes, notamment dans la santé, l'action sociale et l'enseignement.
19,7 % des personnes actives travaillent dans le secteur secondaire dont 13 %
dans l'industrie et 6,7 % dans la construction. L'agriculture emploie seulement
2 % des personnes actives.

le SMIC (salaire minimum de croissance) → module 7

Il indique la rémunération horaire minimale d'un(e) salarié(e) de plus de 18 ans en
France. Une entreprise ne peut donc pas payer un(e) salarié(e) moins que le SMIC.
Au 1er janvier 2024, il s'élève à 11,65 euros de l'heure brut (9,23 euros net).

les symboles de la République → module 2

Le premier est le drapeau bleu-blanc-rouge. Le bleu et le rouge sont les couleurs
de Paris et le blanc est celle du roi. Ces trois couleurs sont symboliques, depuis
1789, d'une France unie.
Avant chaque rencontre sportive, l'équipe de France chante la Marseillaise,
l'hymne national français depuis 1795.
Le 14 juillet est le jour de la fête nationale : on se rappelle la prise de la Bastille
en 1789.
La devise de la République « liberté, égalité, fraternité » a vu le jour pendant la
Révolution française. Depuis 1880, on la trouve inscrite sur les édifices publics en
France. Enfin, dans chaque mairie, on trouve une statue de Marianne. C'est le
visage choisi pendant la Révolution pour représenter la Liberté et la République.

le système politique en France → module 2

La France est une démocratie parlementaire. Le président de la République,
élu pour cinq ans au suffrage universel direct, a des pouvoirs importants.
Il nomme le Premier ministre / la Première ministre qui est chef(fe) du

gouvernement. Le Parlement est formé par les deux chambres que sont l'Assemblée nationale, où siègent les député(e)s élu(e)s au suffrage universel direct, et le Sénat, dont les membres sont élu(e)s au suffrage indirect.
Le Parlement discute et vote les lois proposées par le gouvernement.
Celui-ci est responsable devant le Parlement. (→ le système politique en France, page 317)

_T   la télévision en France   → module 8

La télévision reste la première activité des Français, qui la regardent en moyenne 3h26 par jour. 44 millions de Français regardent la télévision chaque jour, mais ils sont de moins en moins nombreux. Chaîne de télévision privée, TF1 est la première chaîne de télévision française devant les chaînes publiques France 2 et France 3, et bien loin devant les autres chaînes plus spécialisées comme M6 ou Canal +.
Il existe un peu plus de 200 chaînes de télévision en France dont 30 sur la TNT (télévision numérique terrestre).

les transports en France   → module 9

Avec 1,1 million de kilomètres de route sur le territoire français, le transport routier domine largement. 88 % des marchandises sont transportées par camion et 82 % des gens se déplacent en voiture.
Seuls 12 % des voyageurs utilisent le train et le transport ferroviaire représente à peine 10 % du transport des marchandises.
Responsable de 32 % des émissions de gaz à effet de serre (GES), le secteur des transports est le plus grand émetteur de GES avant ceux de l'agriculture (19 %) et de l'industrie manufacturière (18 %).

_Z   Émile Zola et le réalisme (les Rougon-Macquart)   → module 7

Émile Zola (1840 – 1902) est un romancier majeur du XIXᵉ siècle. Chef de file du naturalisme, il veut décrire le réel et témoigner de son temps. En cela, il s'inscrit dans le mouvement réaliste qui veut rompre avec le romantisme et la société bourgeoise. Cependant, Zola va plus loin : il veut explorer le réel jusque dans les milieux populaires. Il s'appuie sur une documentation importante pour montrer les plaies de la société et en identifier les causes afin d'agir sur elles. Il écrit les Rougon-Macquart (1870 – 1893), un ensemble de vingt romans qui, chacun, à travers l'histoire d'une famille sous le Second empire, raconte un aspect de la société française. Le but de Zola est de montrer comment le milieu influence les individus.
En 1898, il écrit dans le journal *L'Aurore* une lettre ouverte intitulée « J'accuse » dans laquelle il défend le capitaine Dreyfus, accusé injustement d'espionnage au profit de l'Allemagne au président de la République.

Les opérateurs

Anforderungsbereich I (compréhension)
= Textverstehen und Wiedergeben von Textinhalten

Operator	Bedeutung	Beispiel
décrire	beschreiben (ohne zu kommentieren)	Décrivez le comportement de la mère envers le copain de sa fille.
exposer	darstellen (ohne Details)	Exposez brièvement les hypothèses présentées dans le texte.
présenter	vorstellen (ohne zu kommentieren)	Présentez l'opinion de l'autrice.
relever	herausarbeiten	Relevez dans le texte les éléments de description du pays et de la culture.
résumer	zusammenfassen (ohne zu kommentieren)	Résumez les idées principales de l'article.

Anforderungsbereich II (analyse)
= Auswählen, Strukturieren, Verarbeiten, Erläutern und Darstellen von Textinhalten

Operator	Bedeutung	Beispiel
analyser	analysieren (bestimmte Textelemente / Aspekte untersuchen)	Analysez les raisons pour lesquelles de moins en moins de jeunes font une formation dans le domaine social.
caractériser	charakterisieren / detailliert beschreiben	Caractérisez le personnage principal du roman.
comparer	vergleichen, gegenüberstellen	Comparez l'attitude des deux experts envers la mondialisation.
dégager	herausarbeiten / aufzeigen	Dégagez le message du discours politique.
étudier	detailliert untersuchen und erklären	Étudiez dans cette scène le comportement contradictoire du personnage principal.
examiner	detailliert untersuchen und erklären	Examinez les moyens stylistiques qui soulignent l'opinion du protagoniste.
expliquer	erklären	Expliquez la décision des autres personnes de ne pas intervenir.

faire le portrait	eine Person beschreiben und charakterisieren	Faites le portrait de la narratrice et d'Ethan.
mettre qc en rapport / en relation avec qc	in einen Zusammenhang setzen	Mettez la citation en relation avec l'extrait de la pièce de théâtre.
préciser	präzisieren, genauer erläutern	Précisez en quoi consistent les effets positifs et négatifs de la mondialisation.

Anforderungsbereich III *(commentaire)* = Interpretieren / Deuten, Werten und kreatives Gestalten		
Operator	**Bedeutung**	**Beispiel**
commenter	kommentieren, seine Meinung äußern	Commentez les citations suivantes.
discuter	diskutieren, erörtern	Discutez des avantages et inconvénients d'un stage après le bac.
évaluer	bewerten, Stellung nehmen	Évaluez l'impact de l'intelligence artificielle sur le marché de travail.
juger	begründet beurteilen / einschätzen	Jugez le comportement du personnage principal.
peser le pour et le contre	Vorteile und Nachteile abwägen	Partir pour travailler dans un autre pays ? Pesez le pour et le contre.
prendre position et justifier	Stellung nehmen (ausführlich begründet)	L'IA est-elle une chance ou une menace dans le contexte de l'école, du travail etc. ? Prenez position et justifiez votre point de vue.
rédiger	verfassen	Rédigez le monologue intérieur du personnage.
se mettre d'accord	einen Kompromiss finden	Des uniformes à l'école ? Discutez à deux de ce sujet et mettez-vous d'accord.

La francophonie

Le Québec

Le Maroc

Le Canada

Le Québec

L'OCÉAN
PACIFIQUE

L' AMÉRIQUE
DU NORD

St-Pierre-et-Miquelon
Chef-lieu: Saint-Pierre

La France

L' EUROPE

Le Michigan   Le Maine
Le Vermont

Les États-Unis

La Louisiane

L'OCÉAN

Le Maroc

L'Algérie

La Martinique

Haïti

les Antilles
françaises

La Mauritanie   Le Mali

Le Sénégal

L'île Clipperton

La Guinée

Chef-lieu: Fort-de-France

La Côte d'Ivoire
Le Burkina-Faso
Le Togo
Le Bénin

La Guyane
française

L' AMÉRIQUE
DU SUD

ATLANTIQUE

La Polynésie française
Chef-lieu: Papeete

Le Sénégal

SAINT-MARTIN
SAINT-BARTH

LES ANTILLES
FRANÇAISES

GUADELOUPE   LA DESIRADE
           Pointe-à-Pitre
LES SAINTES   MARIE-GALANTE

la mer des

Caraïbes

Fort-de-France   MARTINIQUE

l'océan

Atlantique

Les pays francophones

- Pays ou régions où le français est une langue maternelle et officielle
- Pays ou régions où le français est une langue officielle
- Pays ou régions où le français est présent, mais en recul
- Collectivités territoriales d'outre-mer

L´EUROPE

La Belgique

L´ASIE

La Belgique (la Wallonie)
Le Luxembourg

La Suisse romande
Monaco

La Tunisie

Le Liban

L´AFRIQUE

Le Niger
Le Tchad
Le Cameroun
La Guinée équatoriale
Djibouti
La République Centrafricaine
Le Rwanda
Le Burundi
La République démocratique du Congo
Le Gabon
Le Congo

Les Seychelles
Mayotte Chef-lieu: Mamoudzou
Les Comores
L'île Rodrigues
L'île Maurice
Madagascar
La Réunion
Chef-lieu: Saint-Denis

L´OCÉAN INDIEN

Les îles Kerguelen

L´OCÉAN PACIFIQUE

Wallis-et-Futuna
Chef-lieu: Mata-Utu

L´OCÉANIE

Vanuatu

L´Australie

La Nouvelle-Calédonie
Chef-lieu: Nouméa

L´ANTARCTIQUE

Les Terres Australes et Antarctiques Françaises (TAAF)

331

Quellennachweis

Textquellennachweis

Adèle Cailleteau: Un surveillant de salle nous prenait pour des sauvages » : dans les musées, les classes de banlieue face au racisme; 27/06/23, https://basta.media/un-surveillant-de-salle-nous-prenait-pour-des-sauvages-dans-les-musees-les-eleves-de-banlieues-face-au-racisme (écourté), **158; 159;** Alice Papin, 21/06/2021, www.lavie.fr, **151;** Alice Zeniter: L'Art de perdre (p. 56-58, texte écourté) © Ed. Flammarion 2017, **95; 96;** Andreas Kemper, Annette Riedel „Wie Milieus in Deutschland zementiert werden", 30/07/22, unter: https://www.deutschlandfunkkultur.de/soziologe-andreas-kemper-klassismus-armut-100.html (Zugriff: 04.12.23, gek.) © Deutschlandradio, **128;** Annalena Baerbock zit. nach „L'Allemagne et la France célèbrent ensemble les 60 ans de l'amitié franco-allemande" unter: https://allemagneenfrance.diplo.de/fr-fr/actualites-nouvelles-d-allemagne/actualites-des-relations-franco-allemandes-seite/-/2574658 (Zugriff: 23.01.24), **86;** Ariane Bois : Le monde d'Hannah (p. 79-83, texte écourté) © Charleston Poche, Paris 2022, **85;** Article « Paris n'est plus la première ville francophone du monde » Michel Feltin-Palas / LEXPRESS.fr / 03.09.2019, **102;** Aus: Caroline Hoffmann „Auf den Spuren des Kolonialismus", 19.03.23, unter: https://www.tagesschau.de/inland/gesellschaft/decolonize-wuppertal-101.html (Zugriff: 01.02.24 gek.), **99;** Aus: Désirée Marie Fehringer & Zita Zengerling, „PR-Mogelpackung: Bäume pflanzen fürs Klima", Hrsg. Das Erste/Norddeutscher Rundfunk, unter: https://daserste.ndr.de/panorama/archiv/2021/PR-Mogelpackung-Baeume-pflanzen-fuers-Klima,baeume292.html (gek.) Zugriff: 15.05.23, **233;** Aus: Ein Jahr im Alltag der Anderen: Clément und Kim Charlotte setzen Zeichen, 07.10.2022, unter: https://www.stadt-muenster.de/aktuelles/pm-details?1113215 (Zugriff: 23.01.24 gek.), **77;** Aus: Kira Pieper „Wo Dialekte verschwinden – und neue entstehen", 05/11/22, unter: https://www.rbb24.de/panorama/beitrag/2022/11/dialekt-mundart-berlin-brandenburg-sprachen-kiezdeutsch.html (Zugriff: 26.06.2023) gek., **258;** Aus: „Ein unglaubliches Jahr in Benin", unter: https://www.evim-freiwillig.de/freiwilligendienste/auslandsdienste/erfahrungsbericht-aus-benin/(Zugriff: 01.02.24, gek.), **111;** Bérangère Duquenne, Phosphore, 05/10/2023, **163;** Billet de Blog „Remise des diplômes AgroParisTech : appel à déserter", https://blogs.mediapart.fr/edition/bifurquons-ensemble/article/110522/remise-des-diplomes-agroparistech-appel-deserter" (Zugriff: 28.02.24, gek.), **175;** Birgitta Söling : Antirassismusprojekt des Gymnasiums Eltville „Bedrückend, diese furchtbaren Berichte zu lesen", 07.11.22, Hessischer Rundfunk, unter: https://www.hr-inforadio.de/programm/themen/antirassismusprojekt-des-gymnasiums-eltville-bedrueckend-diese-furchtbaren-berichte-zu-lesen-v1,wir-gesucht-antirassismusprojekt-anti-rassismus-projekt-eltville-100.html (Zugriff: 10.07.23), **148;** Carole Guirado: Journaliste amélioré ou viré: la presse face à l'intelligence artificielle, 14/03/2023 © Le Soleil, **191;** Citation de Maria Montessori d'après: https://citations.ouest-france.fr/citation-maria-montessori/ecole-doit-devenir-lieu-ou-139769.html, **59;** Claire Berthelemy, 30/01/2023, www.leparisien.fr, **166;** Definition «symbole» dans: https://www.dictionnaires.com/symboles/; 23/01/2024 © Copyright Dictionnaires, **263;** De: Eva Giandomenico, „Il y a 60 ans, La Roche-sur-Yon accueillait le premier échange franco-allemand", 04/07/23, https://www.ouest-france.fr/pays-de-la-loire/la-roche-sur-yon-85000/il-y-a-60-ans-la-roche-sur-yon-accueillait-le-premier-echange-franco-allemand-ef9704c4-1988-11ee-b34a-b36553860272 © Ouest-France, **77;** De: Jean-Jacques Rousseau „L'Émile ou De l'éducation" (1762), cité d'après l'édition d' Ed. Flammarion Siren, 2010, **61;** De: Larousse, https://www.larousse.fr/dictionnaires/francais/valeur/80972 © Éditions Larousse, **38;** De: Le Robert Dico en Ligne, https://dictionnaire.lerobert.com/definition/ecoanxiete © Le Robert, **51;** De: Sophie Viguier-Vinson „J'ai osé: J'ai appris le breton à 64 ans", 08/11/21, https://www.notretemps.com/loisirs/langue-francaise/apprentissage-breton-64-

ans-40703, **285; 285; 285; 285;** De: Umar Timol „Les Affreurismes®", © 2005, Editions Kiltir.Com, https://www.kiltir.com/francais/b0034/download/les_affreurismes.pdf, **51;** Du: Claire Castillon : Rebelles, un peu © Éditions de l'Olivier, 2017, **261; 261; 261; 261; 261; 261; 261; 272; 272; 272; 272; 272; 272; 272;** Du: Claire Castillon : Rebelles, un peu, pp. 109-116 (texte écourté) (c) Éditions de l'Olivier, 2017, **116; 272; 272;** Du: Claire Castillon : Rebelles, un peu, pp. 51-60 (texte écourté) © Éditions de l'Olivier, 2017, **22; 23; 260;** Du: Delphine de Vigan: Les heures souterraines © Edition Jean-Claude Lattès, Paris, 2009, **242;** Du: Delphine de Vigan: Les heures souterraines © Edition Jean-Claude Lattès, Paris, 2009, **243; 244;** Du: Marie Sellier : Willy; pp. 42-44, 91 © Editions Thierry Magnier, 2021 (texte écourté), **56;** Du: Vincent Mondiot: Les derniers des branleurs; pp. 11-15 © Actes Sud, 2020 (texte écourté), **45;** Elodie Soulié, leparisien.fr, 09.03.2022, **32;** Émile Zola: Au bonheur des dames (chapitre 10, p. 325-364), G. Charpentier et E. Fasquelle, Paris 1883; https://fr.wikisource.org/wiki/Au_bonheur_des_dames/10, **171;** Émile Zola: Au Bonheur des Dames. Éditeur G. Charpentier Paris 1883, p. 325-364, **171;** Emmanuel Macron, Président de la République Française, 2017, lefigaro.fr, 28/11/2017, **92; 269;** Eric Pelletier, Marion Galland, www.leparisien.fr, 05/02/2018, **252;** Eva Bettan: Ladj Ly : „Mon film est un cri d'alarme. Attention, la prochaine révolution viendra des banlieues", 15.05.2019: https://www.radiofrance.fr/franceinter/ladj-ly-mon-film-est-un-cri-d-alarme-attention-la-prochaine-revolution-viendra-des-banlieues-6152630 © Radio France, **146;** Eva Giandomenico, ouest-france.fr, 04.07.2023, **75;** Extrait de: Guy de Maupassant, « Alger à vol d'oiseau », Le Gaulois, 17.07.1881, **95;** Extrait de: Alain Damasio: „Scarlett et Novak" (pp. 47-48) © Rageot Éditeur 2021, **203;** Extrait de: Alain Damasio: „Scarlett et Novak" (pp. 51-53) © Rageot Éditeur 2021 (texte abrégé), **203;** Extrait de: Alain Damasio: „Scarlett et Novak" (p. 37) © Rageot Éditeur 2021 (texte abrégé), **203;** Extrait de: Alain Damasio: „Scarlett et Novak" (p. 38-41) © Rageot Éditeur 2021 (texte abrégé), **203;** Extrait de: Alain Damasio: „Scarlett et Novak" © Rageot Éditeur 2021, **280; 280; 281; 281;** Extrait de: Albert Camus, „Les Justes", acte 2 (écourté) © Gallimard, 1950, **48;** Extrait de: Alice Papin, „L'association Ghett'up mise sur les talents des jeunes de banlieues" 21/06/2021, https://www.lavie.fr/actualite/solidarite/lassociation-ghettup-mise-sur-les-talents-des-jeunes-de-banlieues-74525.php, **153;** Extrait de: Annie Ernaux: „Le journal du dehors", p.78-79 © Éditions Gallimard, 1993, **130;** Extrait de: Arthur Baucheron: Les roues sur terre, la tête dans les étoiles © First Éditions, Paris, 2022, **131; 132;** Extrait de: Claire BAGLIN „ En salle", p. 108 © Éditions de Minuit, 2022, **170;** Extrait de: Claire BAGLIN „En salle", p. 109 © Éditions de Minuit, 2022, **170;** Extrait de: Claire BAGLIN „ En salle", p. 112 © Éditions de Minuit, 2022, **170;** Extrait de: Claire Baglin: En salle (p. 107) © Éditions de Minuit, 2022, **170;** Extrait de: Claire Baglin: En salle © Éditions de Minuit, 2022, **277; 277;** Extrait de: Delphine de Vigan : „Les enfants sont rois", pp. 85-87 © Gallimard, 2021 (texte écourté), **199;** Extrait de: Delphine de Vigan : „Les enfants sont rois", pp. 91-92 © Gallimard, 2021 (texte écourté), **200;** Extrait de: DISCOURS DU PRESIDENT DE LA REPUBLIQUE A L'OCCASION DE LA CÉLÉBRATION DU 60ÈME ANNIVERSAIRE DU TRAITÉ DE L'ÉLYSÉE. Emmanuel Macron, Président de la République, 22/01/2023, https://www.elysee.fr/emmanuel-macron/2023/01/22/celebration-du-60eme-anniversaire-du-traite-de-lelysee-a-la-sorbonne (Site de la Présidence de la République), **74; 75;** Extrait de: Elodie Gentina: „Snapchat, TikTok, Twitter, YouTube… Comment les 18-25 ans s'informent-ils?" 10 Nov 2021; https://theconversation.com/twitter-snapchat-tiktok-brut-une-nouvelle-facon-de-sinformer-pour-les-jeunes-171226, **208; 209;** Extrait de: Etienne Labrunie, „À 30 ans, Arte voit toujours plus grand", Télérama, 25/05/2022, https://www.telerama.fr/ecrans/a-30-ans-arte-voit-toujours-plus-grand-7010546.php, **79; 80;**

bonnier, 19/03/2023 © Le Monde, 59; Florence Santrot : „Comment Paris comte s'adapter au réchauffement climatique", https://www.wedemain.fr/respirer/comment-paris-compte-sadapter-au-rechauffement-climatique/ © WE DEMAIN, 247; Florent Hélaine et Cécile Beaulieu, leparisien.fr, 09.07.2023, 247; France info, 19/11/2020, unter: https://www.francetvinfo.fr/faits-divers/terrorisme/enseignant-decapite-dans-les-yvelines/je-vais-lui-faire-une-samuel-paty-un-lyceen-mis-en-examen-a-annecy-apres-avoir-menace-une-professeure_4187867.htm, 194; Frédéric Haxo : „Aïssé N'Diaye, un peu plus qu'une histoire de mode… ", 03 /03/2021, https://inseinesaintdenis.fr/aisse-ndiaye-un-peu-plus-quune-histoire-de-mode, 143; Gaspard d'Allens et Alain Pitton, Reporterre.net, 28/04/2022, 51; John Stuart Mill, On Liberty (1859), 122; 273; Ladj Ly : „Mon film est un cri d'alarme. Attention, la prochaine révolution viendra des banlieues" Par Eva Bettan, 15.05.2019, https://www.radiofrance.fr/franceinter/ladj-ly-mon-film-est-un-cri-d-alarme-attention-la-prochaine-revolution-viendra-des-banlieues-6152630, 147; 147; Laure Daussy : Vie active : et si les jeunes avaient raison? Dans: Charlie Hebdo, 25.01.2023, 177; Le Midi libre, 14.10.2023, 194; Le Monde de Sophie, la philo de Socrate à Galilée – tome 1, de Nicoby et Vincent Zabus © Éditions Albin Michel, 2022, 120; Le Parisien, 08.01.2015, 193; Libération, 19.10.2020, 194.1; Lise Mathieu : „Une petits bosse", dans: Le bonheur ne dort que d'un œil, p. 68 © Le Castor Astral, 2006, 129; Louis Hubert Gonzalve Lyautey (* 1854, † 1934), 92; 269; M Campus-Solène Corider „Dans les lycées et les universités, une nouvelle génération de jeunes féministes", Le Monde, 17/11/ 2021, https://www.lemonde.fr/campus/article/2021/11/17/dans-les-lycees-et-les-universites-une-nouvelle-generation-de-jeunes-feministes_6102346_4401467.html, 40; Maiwenn Raynaudon-Kerzerho, 19/09/2022, www.ouest-france.fr, 227; Max Kühlem: Muss man wirklich Tomatensuppe auf Kunstwerke schmieren, Frau Neubauer? (25.10.22) unter: https://www.berliner-zeitung.de/politik-gesellschaft/interview-luisa-neubauer-will-nicht-ueber-tomatensuppe-auf-kunst-sondern-ueber-klima-zerstoerung-reden-li.280092 (Zugriff: 30.08.23) © BV Berliner Tageszeitungen GmbH, 220; Melina Meyer: Jugendliche träumen von Beständigkeit. In: Goslarsche.de , 11.01.2019, https://www.goslarsche.de/junge-szene_artikel,-jugendliche-tr%C3%A4umen-von-best%C3%A4ndigkeit-_arid,1415674.html (c) Verlag der Goslarschen Zeitung (Zugriff: 09.01.23, gek.), 54; Mérième Stiti : „Mémoires : un musée de l'histoire de l'esclavage et de la colonisation en France est-il possible ?" 10/05/21, https://france3-regions.francetvinfo.fr/auvergne-rhone-alpes/memoires-un-musee-de-l-histoire-de-l-esclavage-et-de-la-colonisation-en-france-est-il-possible-2085250.html, 109; Napoléon III (*1808 , †1873), 285; Où est-on le plus fier d'habiter ? AL, publié le 13 décembre 2021 à 13h00, https://www.tf1info.fr/societe/ou-classement-des-regions-est-on-le-plus-fier-d-habiter-decouvrez-les-resultats-de-la-grande-enquete-du-13h-de-tf1-de-marie-sophie-laccarau-2204397.html (Zugriff: 02.03.23, gek.), 237; 238; 284; ouest-france.fr, 15/03/2022, 257; Par LEXPRESS.fr avec AFP, 30/01/2020, 193; Paul Mc Cartney cité par L'Acadie Nouvelle, www.acadienouvelle.com, 2022, 215; Paul Watzlawick cité d'après Centre des Jeunes Dirigeants (CJD) 09/15/2023, https://www.cjd.net/dirigeant/developpement-du-dirigeant/on-ne-peut-pas-ne-pas-communiquer/#, 186; Philippe Dupont : „Emploi : les craintes et les espoirs des salariés face à l'arrivée de l'intelligence artificielle" 08/06/2023, https://www.francetvinfo.fr/replay-radio/c-est-mon-boulot/emploi-les-craintes-et-les-espoirs-des-salaries-face-a-l-arrivee-de-l-intelligence-artificielle_5845649.html (gek.), 179; Philippe Minard: „La révolution de l'intelligence artificielle en médecine", 26/03/2023, https://www.lunion.fr/id467404/article/2023-03-26/la-revolution-de-lintelligence-artificielle-en-medecine; L'Union (texte écourté), 180; Planche tirée de La folle histoire de la mondialisation, de Isabelle Bensidoun, Sébastien Jean et Enzo © Éditions Les Arènes, 2021., 223; 283; Ralf Augsburg: Schülerzeitung im Ganztag: „Kein Blatt vorm Mund", 05.08.2. In: https://www.ganztagsschulen.org/de/ganztagsschule-vor-ort/partizipation/schuelerzeitung-im-ganztag-kein-blatt-vorm-mund.html (Zugriff: 03.07.23), 196; Raymond Aubrac cité d'après: https://www.france24.com/fr/20160508-8-mai-1945-portrait-resistante-liberation-paris-madeleine-riffaud-attentats-reporter-guerre, 73; 267; Ronan Tésorière , leparisien.fr, 19.05.2023, 31; Sabine Kinkartz „Stadtflucht : Stadt, Land, Frust – oder Lust ?" Deutsche Welle, 13/09/2023, unter: https://www.dw.com/de/stadt-land-frust-oder-lust/a-66800110 (Zugriff: 10.04.24, gek.), 248; Séverin Graveleauc: « Chez les jeunes, les religions s'effritent mais les spiritualités fleurissent » 12/06/23, https://www.lemonde.fr/campus/article/2023/06/12/chez-les-jeunes-les-religions-s-effritent-mais-les-spiritualites-fleurissent_6177203_4401467.html (écourté), 211; Sophie de Tarlé et Paul-Henri Wallet, 14/04/2022, www.etudiant.lefigaro.fr, 49; Sophie Viguier-Vinson, notretemps.com, 17/11/2021, 250; Tourisme et surfréquentation : la nature saturée en Corse ? Source: https://www.corsematin.com/articles/tourisme-et-surfrequentation-la-nature-saturee-en-corse-93035# © Corse-Matin, 254; Ulrike Rapp-Hirrlinger : „Gegen Vorurteile helfen Begegnungen" in Stuttgarter Nachrichten v. 16.08.2023 , unter: https://www.stuttgarter-nachrichten.de/inhalt.deutsch-franzoesisches-jugendcamp-in-denkendorf-gegen-vorurteile-helfen-begegnungen.f3192146-3873-43f8-91e1-150a7e1016c6.html (Zugriff: 21.02.24, gek.), 86; Victor Vasseur : « L'Europe nous apporte beaucoup » : ces jeunes veulent améliorer l'Union européenne de demain; 26/07/23 France Inter © Radio France, 81; 82; Victorine Michalon: Témoignage: J'ai quitté la ville pour la campagne; 16/02/22, https://www.coupdepouce.com/vie-perso/argent-et-consommation/article/temoignage-j-ai-quitte-la-ville-pour-la-campagne (écourté), 25; Willy, de Marie Sellier © Éditions Thierry Magnier, 2021 (texte de la couverture), 56; Wörterbucheintrag „glace", aufgerufen unter https://de.pons.com/übersetzung/französisch-deutsch/glace am 28.10.2022; (c) PONS Langenscheidt GmbH, 288; Zitat aus: Oscar Wilde, Le portrait de Dorian Gray (Originaltitel: The Picture of Dorian Gray, 1890), 51; „Ensemble, défendons la liberté : l'appel inédit d'une centaine de médias français" par Collectif, 23/09/22, https://www.lemonde.fr/idees/article/2020/09/23/ensemble-defendons-la-liberte-l-appel-inedit-d-une-centaine-de-medias-francais_6053245_3232.html © Le Monde.fr, 195; 280; „Le Petit Quotidien, pour les 6-10 ans : 10 minutes de lecture par jour", www.playbacpresse.fr „, 39; „Marvin Bonheur, à la recherche du temps perdu", Interview réalisée par Martin Sibieude(ig: @onclewaldo), 10.12.20, https://declic.medium.com/interview-marvin-bonheur-%C3%A0-la-recherche-du-temps-perdu-31da881851a8 (texte écourté), 149; (dpa/lnw) Nur wenige Abiturienten machen Ausbildungen im Handwerk, dpa-Meldung v. 06.02.2023 © dpa Deutsche Presse-Agentur GmbH, 164; " Mon Quotidien, pour les 10-13 ans : 10 minutes de lecture chaque jour, www.playbacpresse.fr «, 225; „Entsorgt und befreit", F.A.Z., 19.04.2021, S. 26, Hannah Nies, 26; © ADEME/ Agence Giboulées, 229; © Gaspard G - Enfant Terrible, 135; © WE DEMAIN 100% ADO -Jeannette Laquerre, 162; 162; 162; 162;